HOTEL
DYNAMICS

ホテル・ダイナミクス
個人消費時代に抑えておくべき新たなホテル力学

北村剛史

本書は週刊ホテルレストラン 2011 年 10 月 7 日号より連載中である「新しい視点『ホテルの価値』向上理論 〜ホテルのシステム思考〜」を、2016 年 7 月時点で加筆、修正の上、再構成したものです。

はじめに

　ホテルには、リミテッドサービスやエコノミークラスあるいはバジェット型と言われるタイプのホテル、ミッドスケールホテル、アップスケールホテルやシティホテルと言われるタイプのホテル、さらに手厚いサービスを提供するアッパーアップスケールホテルやラグジュアリーホテル等様々なホテルカテゴリーやホテルタイプがあります。また提供機能では、宿泊部門だけではなく、料飲部門、一般宴会部門、婚礼宴会部門、スパエステ部門やアミューズメント部門等様々です。それらのホテルカテゴリーあるいはホテルタイプは、それぞれに固有で特有な価値の提供を行なっています。

　例えば、収益性や経済的価値だけではなく、宿泊機能、宴会機能等の機能提供価値の他、さらに細かく提供しているサービスの価値を考えても、サービスの迅速性、サービスの丁寧さ、サービスの正確性、快適性、機能性、サービスの積極性、サービスの共感性、維持管理力、安全安心、海外対応力、清潔感、地域文化性、バリアフリー、環境配慮、意匠性、審美性、情報提供、社会性、ステータス性、プライバシー確保等様々な顧客価値を提供しているのです。

　昨今、訪日観光客増を背景に宿泊需要が拡大する中で、経済的価値を短期的視点からどのようなホテルを建設するかを検討する場合を想定しますと、建物の使用効率が重視されるとともに、利益率が重んじられ、宿泊特化型ホテルの建設やあるいは、利益率が低い部門はできるだけスリムにするとともに、建物使用効率が低下しても補える高いＡＤＲ（Average Daily Rate：平均客室単位）を追求できるアッパーアップスケールホテルを検討することが多くなる傾向が見られます。

　一方でホテルは上記のように様々な価値を提供するものです。それらのうちどのような顧客提供価値を重視するかには、当該ホテルを見つめる時間軸の違いが影響を与えます。短期的視点では経済的価値に、また中長期的視点ではホテルとしての意匠性、審美性、社会性等に関連する顧客価値をもケアされる傾向があります。さらに、社会性や審美性等を数値化することが難しいことから、ホテル完成後の収支フォーキャストには、それら貢献を織り込むのも容易ではありません。また、収益性が特に議論上のインパクトが強いことから、利益率の高い施設構成やホテル・コンセプトになりが

ちです。最終的なホテル自体の価値は、収益性だけで決まりません。純収益の安定性等事業としてのリスク量や期待される期待利回りの影響を強く受けます。社会性が高い、あるいは宴会部門があることで向上する地域性を強く帯びることができればホテルが生み出す純収益に安定性が増しますので、適切に「価値」に関する議論ができれば、宿泊特化型よりもむしろ多くの機能や顧客価値を提供するシティホテルクラスが望ましいという結論もありうるのです。

ホテルはハードウェア、ソフトウェア、ヒューマンウェアが混然一体となる事業用不動産ですので、短期的なビジネスモデルではありません。中長期的にどのような観点からどのような価値を追求することが最も高いホテル「価値」に繋がるのかを議論することが非常に重要なのです。

ホテルが有する、また提供する様々な「価値」を考える意義とは以下のように整理することができます。

（1）「価値」を考えることで、短期的視点だけではなく中長期的観点から適切なホテルサービスを考え、利害関係者間で議論することが可能となる。
（2）「価値」には、顧客価値から、利害関係者にとっての「価値」、ホテル自体の「価値」、所在する地域にとっての存在「価値」等視点の違いで様々な「価値」があり、それらすべてを考えることで、事業用不動産として長期的視点が求められるホテルにとって、必要不可欠な長期安定的なホテルの在り方を検討することができる。
（3）協力関係にありつつある場合には、利益相反の関係にもある所有、経営、運営等利害関係者間の共通の利益として、ホテル自体の価値やそれぞれの利害関係者固有の価値を当事者が共通認識を有することで、健全な意思疎通が図られ、ハードウェア、ソフトウェア、ヒューマンウェアの適切なバランスを維持することに繋がる（利益相互について：「所有者」に多くの賃料を支払うためには「経営者」側の利益を圧縮する必要がある等」）。

上記の視点は、ミクロ的に顧客ニーズを検討し、適切な提供サービスを検討することから始まり、ホテルを様々な経営要素が複雑に絡み合うシステムとして捉える視点、常に変化の過程にあるマーケットとの関係において、適切なホテルポジションを考えるマクロ的な視点等を常に並列して有することを意味しているのです。

また、顧客にとってのホテル提供サービスの「価値」は、収益性となってホテル自

体の経済的価値に繋がり、ホテルから顧客、また顧客からホテルを通じてその背後の利害関係者へと、様々な形に姿を変えながら「価値」が循環していきます。つまり、価値に関して好循環を生じることも可能ですので、ハードウェア、ソフトウェア、ヒューマンウェアが混然一体となることで顧客と適切に対話ができるホテルサービス高いレベルでの顧客価値の提供が求められるのです。そのためには、ハードウェア、ソフトウェア、ヒューマンウェアそれぞれの背後にある利害関係者であるホテルの所有者、経営者、運営者が一丸となってよりよいホテル造りを継続的に取り組んでいく必要があるのです。

　ホテルの価値に関するキーワードを整理しますと以下の通りとなります。
（キーワード）
- 「価値」と「価値構造」、「価値連鎖」
- 「システム思考」
- 「文脈」の重要性
- 「利害関係者間の意思疎通」
- 顧客の「感情」
- 「顧客ニーズ」と「顧客満足」

「価値」に関する視点を有することで下記に列挙するような課題点や経営視点を読者の皆様に自然ともたらすはずです。
* 笑顔は会話の潤滑油であり、またホテルの場合、笑顔を伴わない会話は顧客接遇ではない。また、笑顔には忙しい中でもゆとりを感じさせることができる。
* ホテルには様々な機能があり、その分様々な「顔」がある。
* ハードウェアの欠点はソフトウェア、ヒューマンウェアが補える。ハードウェアは時間の経過に伴って劣化するが、ソフトウェア、ヒューマンウェアは顧客コンプレイン（顧客からの不満や苦情）を吸収する仕組みさえ有していれば時間の経過に伴って総合的なホテル競争力を向上させ続けることができる。
* 客室に入った瞬間の臭いが大切。臭いがあるということは、臭いの元があり、汚れがあるはず。

* 1品1品丁寧且つ拘りあるプレートは、1つ1つが食欲を刺激していく。
* 本質主義とは、何かを本気で伝えることできれば、顧客の心を揺さぶることができ、顧客側も応えてくれる。
* 顧客と共感する視点、顧客のライフスタイルに共感したサービスであり、所得クラス別の嗜好を把握したサービス提供が軸となる。
* ブランドが5スタークラスと言われるものであっても、ホテルはハードウェア、ソフトウェア、ヒューマンウェアで構成されるため、同じブランドであってもそれぞれのホテルによって実際には3スタークラスということもありうる。
* 修繕や清掃は、顧客が汚してくれることを喜べるようなレベルで対応すべきである。どうぞいっぱい汚してくださいと、それを願う程清掃に対して「積極的な心」が必要である。
* 魅力的なサービス開発は、「オノマトペ」を検討することで見出すことができる（「キュン」とするホテルとはどのようなサービスかを検討する等）。
* スタッフは「ホテルの人格」発現の契機となるとともに、「顧客の写し鏡」である客層の統一感をもたらす。
* トップクラスで感じること、それはおもてなしか、心地よい緊張感か、何かにすべてを囲まれた感覚。トップクラスでは、何かに包まれた感があるが、それは、清潔感、機能性、快適性、共感性、おもてなし等である。
* 来店動機でのポジショニングが重要となる（同じ人でも目的によってホテルを使い分けている）。
* ホテルマンとしてのプロフェッショナルさが大切。冷静さ、笑顔、積極性、共感性、豊富な知識、話術を兼ね備える。レストランでは、積極性と共感性で洗練さが表現できる。
* ハードウェアは、運営効率に関係するだけではなく、顧客接遇接点を作るという視点が必要であり、またその空間における人の行動を左右する力、「アフォーダンス」という観点が重要となる。天井高はこのアフォーダンスという意味において、自然の壮大さを表現し伝えるのみにあらず、そこでしか振る舞わないような行動を人にもたらすことができる。
* レストランは計算されたザワザワ感も重要であり、単に壮大さがある天井高の

高いスペース、広ければよいというわけでもない。
* 大衆は高級化し、高級店は大衆化することも念頭におくべきである。
* すべての顧客ニーズを満たす必要はない。個々のホテルからのアピール内容はそれぞれ異なる。
* ハードウェア、ソフトウェア、ヒューマンウェアの伝達レベルがバランスするようなゴールデントライアングルがある。
* ハードウェア、ソフトウェア、ヒューマンウェアの組み合わせで、様々なアプローチで顧客の５感を刺激できる。
* コンセプトを表現するためだけのスペースがあっても良い。
* 計算された「よごし」が重要という視点もある。
* 快適な客室とは、顧客のテンションを下げてあげる、靴を脱いで寛ごうという気にさせ、無防備にさせる客室である。
* 等級格付けや品質認証は記憶のフック、つまりブランディングともなる。
* 情報価値とは、顧客の情報ニーズがあり、そこに即座に答えることで生じる。ホテルは顧客と地域を結びつけるゲートウェイであり、多くの顧客に地域情報を発信することで、顧客側にもそのニーズがある限り大きな価値を生じることとなる。また東京等代表的大都市の場合、その地域は国全体等とも言える。
* ハードウェア、ソフトウェア、ヒューマンウェアを通じて安心感や清潔感、快適性を感じることができ、またホテルのコンセプトも伝えることができる。
* 偶然ではないハーモニーがあれば注意する、喜びを感じる、その先にさらに感情の共感、それは場、客層、スタッフとの間にあれば、心が震え感動する。
* 偶然はない。それが無意識の処理の仕方である。
* 支配人のパーソナリティ（人格特性）は伝わる。
* 所有、経営、運営は持ちつ持たれつの関係でもある。
* 婚礼部門、一般宴会部門、その他多数のレストランやバーはホテル利用者間にホテルの客層の統一感を感じさせる契機ともなっている。
* ホテルの予約時にサービスやハードに関する適切な情報が無いと、顧客が事前の予約リスクを負うことになり、他ホテルの料金をベンチマークとする結果、ホテル間の料金序列が生じやすくなる。

* シティホテルはビジネスホテルより地域の人も多く使用する。つまり地域との繋がりを多く持っているというポテンシャル、地域性を発現することによる社会的価値にも繋がっている。また、その結果3スタークラスでは駅路線に沿ってマーケットが形成されやすい。アップスケールホテルはターミナル駅が適地等ホテル等級やクラスに応じて望ましい立地が異なる。アッパーアップスケールホテルやラグジュアリーホテルは来ることが1つの目的ともなり得る。
* 客室規模が400室以上等あれば、チェックイン、チェックアウトを柔軟に設定しやすい。
* 地産品は強い。通常はその地産品が生産されている現地までいかないと体験できない。それをホテルがショールームとなり情報提供することで、ホテルは世界と戦えるインターナショナルサービス商品となりうる。
* 待ちのビジネスではなく、来る目的を作ることができるビジネス、それがホテルでもある。
* 花は人を幸せにする力があると同時に高いサービス力があることを期待させる力がある。
* ドアマンにはホテルの格式を伝えるだけではなく、顧客にホテル滞在の安心感を伝えることができる。
* 安全安心の提供には通常お金がかかる(価値がある)。
* 自然には力(価値)がある。
* ホテルブランドにフィロソフィーがあれば、現地での体験をそれにそって解釈しようとする。
* 良い古さと悪い古さがある。
* ホテルとの対話、ハード、サービス、スタッフの接遇を通じて、顧客はホテルと対話ができる。
* 人の社会的承認欲求は非常に強い。
* エステは、トリートメント、リラックスだけでは人が呼べない。それに加えて顧客側の利用経験も豊富となっており顧客は非常にアクティブになっている。
* トップクラスの顧客は環境を買いに来ている。
* システム化されたおもてなし、それはサービス提供の順序であり、文脈造りで

ある。
* 自然の壮大さは伝えきれない。コンテンツや企画、そこに来ることで期待できる体験をどのように「ブランディング」するかがポイントとなる。
* ブランディングはイメージを伝えることから、人を動かす力がある。自己ブランディングも同じ。トップとなる人材は、部下を期待通り、望ましいように行動してもらうため、指揮官であるトップ自身の自己ブランディングが大切でもある。
* リゾートはホテルライフを楽しませる。つまりホテルでの体験や企画をブランディングすることで、期待感を伝え、行動につなげてそこまで来てもらう必要がある。
* 経済性以外のホテル独特の価値を利害関係者間で共有するためにも、価値に関する議論が必要となる等・・。

以下ではホテル経営にあたって重要な考え方として「システム思考」を重視しています。

これは様々な要素が他の要素との関係において意味を有する「システム」として捉えること、それをMECE（ダブりなく、漏れがない状態）で整理する思考法です。全体システムをなるべく初期に把握する必要があること、またそのように捉えることでホテルをあたかも生き物のように自己組織化するものとして捉えることができることから、ホテル経営に重要な概念フレームワークとなります。

また、議論を抽象化して考えることで理解度が高まるとともに検討範囲と視点が広がるという利点もあります。

ホテルの価値向上とは、ホテルの有する様々な「システム」を適切に機能させることと要約することができます。様々な事象や要素が何を意味しているものと捉えるのか、それらが複数ある場合の優先順位はどうなのかを「価値観」であるものと考えます。ホテルに関連する様々な利害関係者がどのような価値観に基づいて行動しているかがシステム思考を適用する場合、全体論として非常に重要な要素となります。それぞれの利害関係者の価値観がホテルという「システム」の中で意義のある形で有効に機能している場合に、各権利者が自己の利益を追求する結果として自ずと全体価値も

向上する仕組みが見えてきます。
　また、システム思考で考える個々人の心理には、欲求の充足の他、社会性が強く影響します。例えば人は刺激にすぐに慣れてしまう馴化を抱えていることから、モチベーションを維持させるためにはそれ相応に必要な組織としての努力が求められます。それら心理面にも着目して人の振る舞いを考えることや、顧客の知覚や認知的特性を広く理解することで、上記システムを効率的且つ効果的に仕上げていく必要があるのです。

現在の宿泊市場に求められている運営視点（「価値の目」3視点）

www.j-h-a.co.jp

背景	機能	視点	内容	備考	特徴
個人客中心マーケット・コモディティ化する宿泊市場・SNS等高速インターネット・スマートフォン等の高機能プラットフォーム・	所有	価値査定視点	①ポテンシャルバリュー（自社の強みを見る力）を常にマーケットとの関係で確認する。 ②運営シナリオとその背後のリスクを測り、様々な運営戦略の優劣を見える化し、長期的視点から事業スパンを捉える。 ③「価値」を観測し、その向上を意識する。	ホテル旅館事業には様々なリスクファクターが内在しており、それらが調整役を担い、ハードウェア、ソフトウェア、ヒューマンウェアにアンバランスがあれば、長期的には低い要素に縮小均衡する傾向が見られる。	①運営戦略立案の重要性 ②ストック概念を重視 ③マクロ視点 ④長期視点
	経営、マネジメント	価値増殖視点	①地域が集客源である場合には、地域で顧客が来れば来るほど顧客にとっての価値が増殖する仕組み造り。 ②ホテル単独の場合には、ホテルに顧客がリピートするほど、また利用客総数が拡大するほど、顧客にとっての価値が増殖する仕組み造り。 ③従業員が新陳代謝を維持するか、常に新鮮さを維持し、顧客視点を強化する仕組み造り。 ④顧客の声をフォードバックし、常にサービスレベルを向上させる仕組み造り。 ⑤所有、経営、運営が常に意思疎通を図り、競争力向上を常に模索する仕組み造り。	①様々なネットワークの重要性の認識、様々な要素をシステム化することでホテル旅館を活性化させる（システム化することで生き物化（生態系化）する）。 ②「開放系」×「ゆらぎ」=「自己組織化」	①利益追求 ②点と点をフォードバックとフォードフォワードから繋ぎ線にするネットワーク/システム思考 ③中期視点
	運営、オペレーション	顧客視点	①顧客の心理的特性、バイアス等を理解する必要あり（アンカーリング効果、デザインの重要性、選択に価値、集団バイアス等）。 ②ターゲット顧客を明確化し、ブランドコンセプト、メッセージを伝えることで「客層」を形成する。 ③スタッフの幸福感向上を追求する。 ④「葛藤」と「解決」を繰り返すことで、点と点が線として繋がり、感情を揺さぶる結果、面となって記憶に留まるホテル体験をコーディネートする（シーンメイク＝顧客個々の「文脈」に合致×「シームレスサービス」×「パーソナルサービス（共感性×積極性）」）。 ⑤環境が人の行動を左右すると考える「アフォーダンス」からも質感やサービスをコーディネートする。 ⑥成熟化する観光ニーズ（おいしい食事、温泉から地産品、さらには地域ならではの体験へ）	①顧客視点を重視する「オペレーション」機能の重要性が増している。 ②高関与×自己主張×利他性＝人性。ホテルに人格を与える活きたコミュニケーションがホテル旅館の存在自体を滞在の目的に昇華させうる。 ③空間コーディネートから、顧客の体験コーディネート（時間軸、空間軸とも広がりのある時空コーディネートへ）	①ミクロ視点 ②点と点を繋ぐ線をさらに面（記憶）にするブランディング思考 ③CS、ES、地域等 ④短期視点

目　次

はじめに……………………………………………………………　2
1章　システム思考に基づくホテル経営論……………………　13
2章　ホテルの価値構造と価値連鎖……………………………　35
3章　マーケットファンダメンタル……………………………　53
4章　ホテル格付けとミステリーショッパー…………………　83
5章　ホテルの心理学と顧客提供価値…………………………　161
6章　ホテルの顧客ニーズ………………………………………　255
7章　ホテルのブランディングと運営…………………………　301
8章　ステークホルダー別視点…………………………………　339
9章　環境や地域とホテル………………………………………　413
10章　その他各論…………………………………………………　437

1章　システム思考に基づくホテル経営論

システム思考とは、常に大きなネットワークを想定し、その中で他に影響を与えつつ、また他から影響も受ける関係性に着目する視点と言えます。ネットワークの中で自然に生じる自己組織化がシステム思考のキーワードとなります。

　自己組織化とは、外部との開かれた関係性、フィードバック機能、非線形性という条件が揃ったシステムで発生する反エントロピー、つまり拡散する力ではなく、ある点に集約される自然の力を指します。

　人間も、知覚による外部との関係性、記憶と感性によるフィードバックと非線形性により自己組織化し豊饒たる人生行路を歩んでいるのです。ホテルについても、同様に、過去のデータの適切な管理とその利用、予算と実績対比によるフィードバック機能、マーケティングによる外部環境知覚により自己組織化するホテルがある一方で、それらが機能せず、エントロピーに支配され劣化していくホテルに分かれます。ホテルが目指す方向に自己組織化していくためには有効に機能する組織が欠かせません。自己組織化の要諦はシステムの適切管理にあり、そのシステムの中においてハブ機能を担うノードを適切に管理することが重要となります。

　そしてこのハブ機能を有するノード（結節点、交点、節点）であり、管理上のテコ入れ箇所が「総支配人」、「ソフト（組織運営）」、「現場スタッフ」です。

　要素間の「相乗効果」が強く働くと期待される部分を考えてみましょう。

（1）スタッフがどのような場所に配属されているかとそのスタッフの姿勢が顧客のハードウェアの認知に大きな影響を与えます。人は物の知覚以上に、対象が人の場合には認知範囲、認知力が拡大します。つまりスタッフはハード、ソフト（サービスメニュー）に生命の息吹を与える役目を有しているのです。顧客がスタッフ不在の空間で他の顧客がスタッフの変わりに人的要素をホテルの空間に補っているとともに、スタッフも顧客の目を意識することで、無意識のうちに影響を受けているのです。さらに客層と顧客との間には、客層の認知が顧客自らの姿勢や行動に影響を与えること、またホテルの質感の向上がさらに上質な客層形成を即すというループがあります。

（2）また必要な人的サービス力を維持するために経営とスタッフとの間での経営からの指令とスタッフの振る舞い、その結果に対するフィードバックがスタッフに与えられることで、相乗効果を生じさせます。

　このように様々な要素間でループを繰り返しながら自己組織化するのが理想のホテ

ルであり、そのシステムを有効に機能させる上で、ハブを適切に機能させ組織構築する必要があるのです。

　すべての事象、物体は他の何かとの関係において意味を有し、その関係性を発展させることで進化していくという、生態学的観点から見たネットワーク思考に基づきシステム全体を俯瞰する視点と言えます。例えば「食事」が分かり易いと思いますが、夕食に炭水化物を減らし、日中とった炭水化物から生じたブドウ糖を燃焼し尽くしておきますと、体は既に蓄えられている脂肪を燃焼してエネルギーに変えようとします。逆に夜多くの炭水化物を取りますと、そのようなことが起こりにくくなり、逆に使用されずに余ったブドウ糖が胴体部分にしっかりと蓄えられていくのです。又、腸が活発に活動できるような食事を継続的に摂っていますと、体の基礎代謝が上昇する結果、中長期的には脂肪が付きにくい体になる。「食事」の内容という事象が、体のシステムに変化を生じさせ、さらに異なる環境を生み出していくわけで、体のシステムが変化することで、あたかもシステム自体に意思があるかのように新たな環境を生み出していくのです。

　視点を変えてモノの価値を考えてみます。価値にも同様の視点が必要となります。ある事象がそのシステムに影響を与えることで、今度はそのシステムが全体にも影響を与えるという、要素と要素の繋がり方、またその作用の仕方を理解することなくして、的確に価値を捉えることはできないのです。システムを俯瞰する視点を持つということは、システム自体が様々な経済活動の基盤となるとともに、それが望ましい形で進化することで新たな価値を生み出す価値増殖の仕組みを理解することなのです。

　このハードウェア、ソフトウェア、ヒューマンウェアが一体となることで、サービスを提供している、つまり要素間が「システム」として機能しているホテルにも同様に考えることができます。例えば清掃が行き届いていないような日々の管理を行なっていますと、それがホテルのシステムに影響を及ぼす可能性があります。未完全な清掃状況を継続してしまいますと、それがまるで異常なことではなく、当然のように感じられるようになり、客室以外の部門例えば全体の管理体制等へ伝搬し、その結果、長期的には全体建物の維持管理状態にも影響を与えることにもなりかねません。また、そのような客室清掃が常態化しますとスタッフ全体の顧客サービスレベルにまで波及することも考えられます。すべての活動や事象は、影響の度合いやその結果が現れる

時間に大小や長短があるでしょうが、何らかの形でシステムに影響を与えるのです。日々の細部への拘りや、細かな活動にも、全力で取り組むことが、良いシステム造りに繋がるとともに、望ましい価値を構築するようなシステム造りの重大な第一歩となっているのです。

ホテルのシステムデザイン

　システム思考とは、様々な事象について個々の事象を深く考察するとともに相互の関係性に着目するとともに、人の「意識」が神経細胞の巨大なシステムから突如として創発するように、点と点が相互に繋がりそこで情報のやり取りがされる結果、全体として生み出される「システム」の力を理解する視点と言えます。

　消費者行動を理解するためには、単に顧客の欲求を充足するだけではなく、人とのより深い絆や価値観の共感等心理的価値の側面からニーズを捉える視点が益々重要となってきています。欲求を充足するための「点」としての消費行動から、その消費を行なおうとする経緯やどのような環境で消費をするのかという「時間軸と空間軸」を意識した運営が求められていると言えます。

　顧客ニーズが複雑化し高度化する大きな流れの中で、様々な関係性を俯瞰してその顧客ニーズを捉え直し、競争力のあるサービス提供を行なうためには、連続する時間の流れや空間の変化を捉えて、事象同士の振る舞いや要素間の振る舞いを考える思考のフレームワークが求められており、その1つがこの「システム思考」なのです。

　ホテル・旅館は、ハードウェア、ソフトウェア、ヒューマンウェアの個々の要素が最終的に一体として認知されています。個別の要素が、独立して解釈されるのではなく、体験を通じて一体として「別の何か」に変換され、そのサービスの良し悪し等として解釈されています。この「別の何か」の1つが「客層」であり、ホテルから感じ捉られる「人格」なのです。別途ご紹介しますが、宿泊後に人ではないホテルに対してあたかも人に接したかのような印象を抱いたという人がどれほどいるかを調査したことがあります。その結果、旅館で約10％、リゾートホテルで約6％、シティホテルで約4％、ビジネスホテルで約1.5％と確かにホテルや旅館に「人格」を感じたという人が存在していました。その影響力は強大であり、「人格」を感じる結果、顧客

側の感情が大きく揺さぶられ、感じた顧客が再度訪れたいと感じさせます。「人格」を感じたことがある人のうち約25.6%の人が、そのホテルや旅館に「頻繁に訪れたい」と答えており、また約62.8%の人が「いつかまた訪れたい」と答えています。そのような「人格」は、スタッフのサービスレベルが高く、ホテルや旅館の全体の雰囲気から自然とその人格が感じられる、サービス全体に統一感があるような現場で生まれているのです。このようにホテルや旅館はハードウェア、ソフトウェア、ヒューマンウェアから発せられる一貫性あるメッセージを通して、その「別の何か」を創発しているのです。

　ホテルや旅館は、ハードウェアとソフトウェアが融合することで、顧客にとっての利用価値だけではなく、イベントの一幕であるドラマ性の提供に繋がるような心理的価値を生み出します。さらにそこにヒューマンウェアが加わることでアート性までも帯びるのです。それらを完全に調和させるためには、ハードウェア、ソフトウェア、ヒューマンウェアを現場レベルでコーディネートするだけではなく、それぞれに影響を及ぼしている背後利害関係者相互の関係性にまで着目しケアする必要があります。「システム」は、顧客サービスだけではなく、運営を行なう組織の内部についても必要です。人は、重要なことでも簡単に忘れてしまうこともあります。無意識に効率的に行動しようとする結果、手を抜いてしまうことも人の有する特性の1つです。それを未然に防ぐためには、適切なサービスを継続して安定的に提供するような「内部システム」を構築することが求められます。高いサービス力を有するスタッフの育成にも「研修システム」が欠かせません。ターゲットとする顧客がどのようなスタッフの振る舞いを求めているのか、それを提供するためにどのような研修プログラムを取り入れる必要があるのかだけではなく、そもそもホテルのコンセプトに共感してくれるスタッフを育成することから「システム」の構築が必要となります。

　また安定的運営のためには、営業等の対外部世界との関係についても、ビジネスが自然と成り立ち利益を生むような「対外システム」が求められます。どのような顧客をターゲットとしてどのようなサービスを提供するのか、つまり顧客との間にどのような関係性を築くかを考えることが、ビジネスの基盤となるような「システム」を構築することに繋がるのです。

　特に今後海外からの観光客増も期待される中、ターゲット顧客の分析がより一層複

雑化しています。「システム」はいつからでも構築できますので、そのような環境においてもビジネスを盤石なものとする「システム」をその都度構築することができるのです。

「時空消費」としてのホテル体験

　ホテルを使用する際の印象形成からホテル消費を捉えなおすと、ハードウェアのみならず、ブランド、実際のスタッフや他の顧客との関係性等様々な要素が混在すること、また過去から未来の目標という顧客それぞれの時間軸の中でホテルを利用しているという利用目的という時間的な文脈があるという特徴があります。

　つまり複雑なハードウェア、ソフトウェア、ヒューマンウェアという空間軸と広い時間軸の中で、限定され特定された「時空消費」なのです。

　以下ではホテルの利用者がどのようにホテルを認知処理していくのかを「ホテル時空消費モデル」としてまとめてみたいと思います。

　当該「ホテル時空消費モデル」では、「人」が次のような認知処理を行なうものと仮定します。

（1）人は複数の事象に対して同時並行的に認知処理を行なう。
（2）感情は思考や行動に大きな影響を与える。
（3）環境との相互関係により思考、行動があり、外部との相互関係という意味において開放系である。
（4）人は仮想世界で新奇性を追求し続ける潜在欲求を有する。
（5）時間に沿って刺激に慣れ、反応は馴化する一方、その経験は質感、印象として記憶に残り次の認知に影響を与えつづける。

　まずホテル選択時等、顧客の事前の仮想世界において、ホテル利用前はブランド・イメージを参考にしながら顧客のホテルの利用文脈とマッチするホテルを選択します。ホテルの選択時や初期のホテル印象形成においては感情が強く影響を与えます。したがって、企画商品やプラン、ＰＲには、ファッション性やイメージ戦略等を含めた企画商品別のブランディングが重要となります。

　現実世界に移りホテルの利用時ではチェックインからフロント・ロビー、客室等の

ハードウェアに関する認知を経て新たな印象を形成します。事前のイメージは馴化し影響度は低下します。次いで今度は実体験に基づく新たな感情が生まれ、それを起点にしてこれまでの個々人のホテルを利用するまでの文脈を所与とした新たな環境に対する認知が始まるのです。

ホテル内における実体験ではハードウェアに対する認知が馴化し刺激に対する反応が低減していくとともに、スタッフ、ハードウェアの設えから背後意図の予測へと最終的に注意がシフトしていくのです。

実体験では常にその背景に心理的な当該体験に対する印象が並行しています。そこでは人の行動から心を推測する社会脳と言われる神経細胞であるミラーニューロンが働く結果、ホテルサービスの背後に見え隠れする「意図」を無意識に推測しています。そこで「共感」する場合にはそれがさらに新たな外部環境となって他の顧客やホテルの空間の認知に影響を与えはじめるのです。当初スタッフの人的印象が次第に馴化し、低減するとともに、認知的に共感に彩られた客層の認知・創発へとシフトするのです。記憶は一時的な短期記憶から長期にわたって保持される長期記憶に分かれます。長期記憶にはさらに感情を伴ったエピソード記憶から、論理脳で整理し個別の意味として保持される意味記憶へと至ります。抽象化されたホテルイメージからより具体的に意味記憶へと変化し脳内に所蔵されることになるのです。

このようにホテルサービスの消費を、時間の経過に伴って様々に変化していく心理的影響をうける「時空消費」として捉え、時空消費という観点から望ましいサービス提供の順序を考えることで、「おもてなし」をシステム化することも可能となります。その結果、適切な文脈を作ることができます。個人客が中心ターゲットとなる今後の観光市場において、この時空消費モデルは、顧客満足度の向上及びその結果としてのホテル価値の向上に大きな影響を与えることになります。

目的と欲求、顧客の目的別セグメンテーション

顧客の価値観とは、その時折の「目的」とそれとの関係で重要視される「欲求」との関係で決定されています。ホテルを利用する目的を社会性が高い目的から個人的な目的に分けて考えると、社会性の高い目的には、周年行事として行なわれる一般宴会

や、様々な招待客もいる婚礼宴会、デートで使用する場合のレストラン利用等があげられます。逆に個人的な目的でホテルを利用する場合には、宿泊では観光旅行やシティホテルでも休暇を兼ねて使用する場合等があげられます。

　社会性の高い目的を有する場合には、共感できる感性や価値観よりも、低次欲求である安全性や安心感が重要な要素となります。

　また逆に個人的目的が強い場合には、欲求としては高次欲求である自己尊重や自己実現、審美的欲求が顔をのぞかせることになります。これは、目的の背後に潜むリスク要因を無意識に計算に入れる結果、社会性の高い場面では、失敗した場合のリスク（社会的損失や経済的損失等）が大きいため、リスク回避行動が重視されるからです。

　逆に個人的目的の場合にはリスク回避にエネルギーを奪われることがなく、自由に個人的な目的に対応する欲求を解放することができます。

　今後、個人的感性が重視され、ネットワーク価値や審美的価値、個人的自己実現や自己の尊厳を重視するような個人利用者の多い環境になればなるほど、目的・欲求を直接充足するようなサービスもさることながら、さらにその背後で見え隠れする顧客の価値観をどれだけ把握して共感を生むサービスの提供ができるのかがより強く求められるのです。

　社会的目的が強いケースでは価値観の提供は不要なのでしょうか。顧客の目的に対応する欲求、例えば出張者であれば、安全・安心、疲れを癒す、翌日の仕事のモチベーションが向上する等に関連する価値観の提供はやはり顧客の共感を引き出します。つまり、年齢層や男女等によるセグメンテーションではなく、顧客がどのような目的を有するかに応じたホテル・コンセプトを用意することで、期待を上回るサービス提供が可能となるのです。

顧客ニーズを的確に捉える

　我が国のホテル旅館を取り巻く環境は、団体法人マーケットから個人ＦＩＴマーケットへと変貌する大きなパラダイムシフトにあります。このような環境を背景に、今後より一層「システム思考からの視点」や「顧客の認知的特徴」を正しく理解することが重要となります。団体法人マーケットではリアルエージェントを経由すること

も多く、それらエージェントを通じて顧客ニーズに関する情報やアドバイスを受け取れるケースもあったでしょうが、昨今の潮流である個人客のニーズを的確に捉えることは容易ではありません。この個人のニーズを的確に捉えて、サービスを通じて可視化し適切にサービス提供する力（運営力）は、多くの場合、優秀な支配人やマーケットマネージャー等の個人的な力量によって左右されてしまいます。

弊社の本業であるホテルの鑑定評価を行なっていると個人のニーズを捉えることこそ、ホテル運営の醍醐味なのだろうとよく感じます。ホテルに対するニーズはターゲット顧客で異なることはもちろん、その顧客がホテルを利用する経緯や文脈、利用後の目的地で行なう任務や目的、それらを踏まえたホテル滞在時の感情如何によって異なります。したがってこのような複雑な事象、要素が絡み合う顧客ニーズを的確に捉えてサービスレベルに落とし込み、実際に提供することを通じて顧客満足に繋げていくことこそ、顧客と向き合う現場スタッフの真摯な姿勢と豊富な経験に支えられたホスピタリティ精神の結実なのでしょう。

顧客（個人）のニーズを的確に捉えるために、まずホテルと顧客それぞれについて、認知的特性を整理しておく必要があります。

	ホテル側の特徴	顧客側の特徴
システム思考	1. 所有、経営、運営の属性は中長期的にハードウェア、ソフトウェア、ヒューマンウェアの顧客インターフェースに影響を与える。 2. 所有、経営、運営で重視する価値には様々な組み合わせが考えられる。例えば所有者は施設の印象を重視し、また運営者はニーズ、顧客満足度を重視、経営者は現場のハード、ソフト、ヒューマンのコーディネートを統括しつつ、利益を重視する等が考えられる。 3. 変化の速い個人ニーズに対応するには、ハード、ヒューマン、ソフト、又それぞれに対応する所有、経営、運営に固有の機能の調整に柔軟性が求められる。	1. ホテルでの体験は、実体験の理解、解釈という収束と総合的なホテルの印象の拡大・強化を繰り返している。 2. ターゲット顧客の背後利害関係者も当該顧客の意思決定に影響を与えている（費用負担は誰か等）。 3. ホテルに対するニーズは、宿泊する目的さらには個別に利用する文脈から生じている。 4. ニーズは次のニーズに連鎖する。 5. ニーズの連鎖に対応したサービス提供を行うことで顧客の感じる価値を増殖させることができる。
認知的特徴	1. ハードウェアに、表現したい想い（ソフトウェア）を乗せ、そこに顧客に認知の幅を広げるとともに現実味を持たせるヒューマンが重なる。その結果どのような世界観も表現できる。	1. ニーズ、感情とはその環境によって異なり状況依存的である。 2. 顧客の認知は、現在時点を中心に過去から将来に渡る文脈と背後の自由な連想の影響を受ける。 3. コンセプトに現実味を感じる為には、複数の感覚器から情報を得ること（マルチ・モダリティという）と複数の情報ソースから一貫性あるコミュニケーションと受けていることが重要となる（マルチ・ソース）。 4. 外部環境が特定的行動を生じさせる（アフォーダンスという）。環境知覚と個別のスペースで選択可能な行動の理解は環境認知としてセットとして無意識レベルで機能する。

個人のニーズを的確に把握する上で、特に体験の主観性と認知の状況依存性が重要な鍵を握ります。まず体験の主観性についてですが、外部環境に対して実際に解釈を与える自己（図中中心部にある主観的体験）を中心に、縦軸に沿って空間軸、横軸に沿って時間軸を考えてみます。現在時点では実際に目の前に空間が広がっているという意味において、空間は五感を通じた直接的な知覚対象となります。その意味で現在時点では空間軸の高さが最大となります。これを左右にずらせば、現在時点から離れる程に、つまり過去、将来と現在から遠のくにつれ、空間の高さが低下し、知覚以外の要素、仮想の介在余地が上昇することになります。

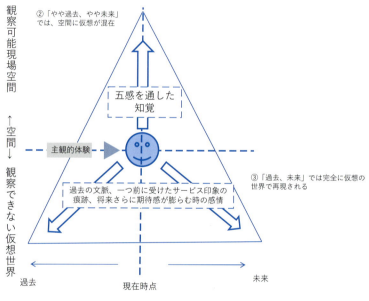

　例えばチェックインし客室に入った時に感じとる体験や質感は、客室プランに触れたときに受けた感情、ホームページで感じた期待感、チェックイン時に受けたサービスという過去における印象の痕跡、また現時点では客室の香り、設え、家具や什器のセッティング、窓を開けた時に感じる環境の臭いや騒音等5感を通じて感じた様々な知覚と、近い将来遭遇するであろう新たなサービスへの期待感やそれに伴うポジティ

ブ感情といった記憶、知覚、感情要素が複雑に絡み合った結果なのです。

外部環境を認知するのは、あくまで脳細胞という物質であり、脳の機能として有する記憶や連想、目的や感情の影響を受けつつ5感を通じて知覚した情報を解釈しているのです。

外部環境の認知は、それまでの経験した情報とその情報を受けた順序や将来の目的から大きな影響を受け、事前の予想や仮想と現場での体験のマッチングを通じて行なわれています。つまり事前の期待や予測がそれに関連する実際の体験に注目を与えるとともに、その体験がどのようなものであるかの解釈を助けているのです（バイアスともなり、事前の知識が後に影響を与えるアンカーリング効果ともいわれる）。

このように顧客の認知は主観的であるとともに状況に依存的であり、顧客の感じるニーズもその時々の状況とその場の感情に応じて異なります。このように前で受けた体験が次の体験へと影響し繋がるとともに、ポジティブな感情を生みだす場合にはその期待感は増幅することになります。

個人のニーズを的確に捉えるためには、顧客側の認知的特徴として、状況依存性と主観性を背景とした「実際の環境≠認知される環境」であることを理解する必要があります。このように感情や文脈という、ミクロの目で顧客の心理的内面を理解することが、個人FITマーケットでは求められているのです。

ホテル利用文脈における「空間軸」での価値向上視点

ホテルは施設に到着する前からホテルにチェックインし、そしてチェックアウト後に別途目的地があればそこに向かうという大きな利用文脈の中でホテルの滞在体験として心理的認知や記憶処理がなされています。その滞在体験を望ましい形でコーディネートして、ポジティブ感情とともに長期記憶に留めてもらうためには、それら利用文脈について空間軸と時間軸から適切なサービス提供を用意し明確な形で顧客に伝える必要があります。特に昨今、団体利用から個人利用へ需要者特性も大きく変化していますので、個々の顧客の目的や嗜好に照らして時間軸と空間軸を整理し、さらに個々の顧客のライフスタイルを崩すことなく満足できる体験を提供することが求められているのです。

昨今ライフスタイル型ホテルと言われるようなホテルカテゴリー、ホテルブランドの多様化が進んでいます。これは出店するマーケット環境や料金水準に応じたホテルブランドを提供するという意味がある他、個人顧客ニーズに対応する上で必然的に求められるホテル側のブランド対応とも言えるのでしょう。今回はそのような環境下において個人客・FITマーケットに対して適切なサービス提供をするにはどのような運営が求められるのかについて、ホテルや旅館の価値向上に関連する運営の在り方を時間軸視点及び空間軸視点から探ってみたいと思います。

　まずは空間軸視点からいくつか例を挙げてみたいと思います。リゾートホテルや旅館では、その立地性に関連してアクセス利便性もそうですが、特に道中の街の質感を含めて重要な体験要素となっています。自社ホテルや施設がどれほどよくとも施設に到着するまでの間に日常感に溢れる街並みをくぐってしまいますと、ホテルに到着してどれほど素晴らしい質感を提供したとしても、心から用意された空間や質感に同調することが難しくなってしまいます。

　そのような場合に効果を発揮するサービスの1つが、例えばリムジンサービスです。仮に高単価のホテルや旅館であれば、優越感を感じていただきつつ、車内は汚れもなく清潔感があり、さらにおしぼりとミネラルウォーター、あるいは地域情報誌等を提供しつつ、ドアの開け閉めから荷物のサポートし、また到着までの概算時間を伝え、道中の運転も顧客の安全を最大限重視した慎重且つ丁寧なサービスを提供していれば、ホテルや旅館に到着するまでの空間を適切に体験コーディネートすることが可能となるはずです。

　あるいはビジネスセンター、またはそれに代わるライブラリー施設がなくとも、日本では体験することが少ないバトラーサービスですが、それらハードウェアとしての機能提供に代わるサービスとしてバトラーを設け、ビジネスセンター機能やコンシェルジュ機能をサービスとして補完することも考えられます。

　または体をリフレッシュするためのフィットネスセンターやプールが仮になくとも、周辺で利用できる施設の予約から付き添い等も含めて徹底した顧客サポートを提供できれば、施設内にそれら機能を保有するのと同等の体験を顧客に提供することができるかもしれません。ホテルの構成要素であるハードウェアに仮に不足部分があったとしても、サービスを通じて補完することで顧客が求める空間や体験、その結果である

満足を引き出すことができるはずです。

ホテル利用文脈における「時間軸」での価値向上視点

　時間軸での体験コーディネートについては、以前ご紹介しましたがそもそもホテルや旅館の体験に心理的に備わる「文脈効果」を利用する必要があります。

　繰り返しになりますが「文脈効果」とはある体験の前後の文脈がその体験の知覚や認知に影響を与える効果を言います。時間軸で適切な文脈があって初めて「今の体験」が理解しやすくなったり記憶に留まったりやすくなったりするのです。ホテルや旅館のサービスはハードウェア、ソフトウェア（サービス）、ヒューマンウェア（人的接遇）の組み合わせで表現できます。

　例えば顧客はチェックインでは「ロビー空間（ハード）」×「チェックインサービス（ソフト）」×「スタッフ接遇力（ヒューマン）」に触れます。またレストランやその他でもホテル・コンセプトを軸とした同様の様々な組み合わせを体験することにより、全体のホテルとホテル内の各サービスセクション（細部）に一貫した「入れ子構造」を感じることができます。そのような「入れ子構造」こそが、ホテルや旅館の体験を特別なものにしているのです。知覚や認知上の「文脈効果」があってホテルでの体験が脳内で処理されているということは、その都度の次に繋がらず完結してしまうようなフロー概念を軸としたサービス提供に終始していては、全体の体験をコーディネートする「文脈」を構築する視点が欠如してしまい、このように滞在体験を前後の文脈から滞在ストーリーとして仕上げることが困難になってしまいます。

　このような「文脈」があってさらに継ぎ目のないスムーズなサービス提供を「シームレス」に提供することで顧客の感情を揺さぶることができるのです。このように適切な「文脈」×「シームレス・サービス」が「シーンメイク」なのです。時間軸で考えた場合に顧客の感じる体験価値を向上させるためには、このような適切な「文脈」を準備すること、この「シームレス」なサービス提供を行なうことこそが重要な視点となのです。そしてこの「シームレス」なサービス提供にとって特にポイントになるのがスタッフの人的接遇力です。ホテルを利用する顧客の目的は様々であり、それら目的をスタッフが察知し素早い対応で求められるサービスをシームレスに提供するこ

とが、顧客が望む形でホテル体験を演出するシーンメイクとなるのです。今後顧客の年齢別や男女別、目的や宿泊日数別等だけではなく、様々な言葉への対応力や海外の文化を熟知しスタッフによる接遇状況、つまり国際的な視点から適切な人的接遇力を強化することが求められていると言えます。

　また建物に関する時間軸視点ですが、日本の建築基準法や各自治体による条例による規制等によりある程度の居住性や快適性は担保されているものの、実際には短期的視点が重視された設備水準や内装及びデザインから、より長期的視点が重視され、遮音性や湿度管理、清潔感や徹底した清掃を容易にするような細部への拘りが貫かれたものまで様々見られます。ホテルは装置産業として長期に渡って収益性を維持する必要がありますのでベースにはやはりしっかりと長期的視点からデザインや施設の造り込みがなされている必要があります。インバウンドの増加に伴い宿泊日数も長期化する可能性がありますので短期的視点でのデザインに留まらず、長期的視点でのハードウェアの造り込み、それによる高いレベルでの居住性や快適性の確保がよりいっそう重視され、評価される時代と言えるのではないでしょうか。

「ストック」概念とホテルサービス

　昨今の外部環境を改めて見てみますと、いよいよ外国人訪日観光客数が2,000万人台に突入し、今後益々の国際観光市場の拡大が期待されています。また、インターネットを通じた情報網も進化を続けており、「ブログ」や「ツイッター」、「フェイスブック」等ソーシャルメディアが様々な情報をボーダレスに運んでいます。そのような環境が、これまでのフロー消費型観光から一層記憶や様々なデータとして蓄積される体験型、つまりストック型の観光へと顧客の意識やニーズを変化させています。

　このように様々なサービスや商品の消費を単なるフローとして文字通りの消費ではなく、体験を他の人とシェアし、またその体験が様々なメディアや媒体を通じて行き交いストックされていく環境にあるのです。そのような環境にあって日本という国の観光素材を改めて考えますと、長い歴史の中で知が積み重ねられた文化を大切に保持する多くの温泉街やその他多数の観光地を有しています。そこで感情を揺さぶるような丁寧なサービスや体験が強みだとすれば、日本はストック型観光ニーズに合致した

多くの観光素材を有しているとも考えられます。

「ストック」という概念がなぜ重要なのかと言いますと、そもそもホテルや旅館の体験には心理的に「文脈効果」があるからです。「文脈効果」とはある体験の前後の文脈がその体験の知覚や認知に影響を与える効果を言います。時間軸で適切な文脈があって初めて「今の体験」が理解しやすくなったり記憶に留まったりやすくなったりするのです。ホテルや旅館のサービスはハードウェア、ソフトウェア（サービス）、ヒューマンウェア（人的接遇）の組み合わせで表現できます。例えば顧客はチェックインではロビー空間×チェックインサービス×スタッフ接遇力に触れます。またレストランやその他でもホテル・コンセプトを軸とした同様の様々な組み合わせを体験することになり、全体のホテルとホテル内の各サービスセクション（細部）に一貫した「入れ子構造」が感じられるところにホテルや旅館の体験を特別なものにしていると考えることができます。ホテルや旅館にそのようなアート性を感じることができるのもこの「文脈効果」があるからなのです。

　知覚や認知上の「文脈効果」があってホテルでの体験が脳内で処理されているということは、その都度のいわゆるフロー概念を軸としたサービス提供では、そのように適した文脈を構築する視点が欠如してしまいます。例えば顧客がレストランで食事する折にそのレストランが伝えようとする体験を感じやすくするにはどのようなフロントサービスが望ましいのか、さらにフロントサービスで企画通りに人が輝くためには自社HPでどのようなアピールがあってユニークユーザー層を惹きつけ確保すべきなのか等すべてに一貫性のある「文脈」が求められるのです。つまりこの一時点での情報発信やサービスがその時点でだけ顧客にアピールするような一時的なサービス提供をするのではなく、あるサービス及びその結果である顧客体験はその次の顧客体験にも影響を与えて活き続けるようなストック思考のサービスであるべきという認識が他施設との差別化要因となるはずです。

　また「ストック」という概念は、単なる消費とは異なり時間の経過に伴い変化せず留まる概念です。顧客体験として短期記憶に留まってその後忘れ去られるような体験では「フロー」概念に当たります。長期記憶に留まり半永久的に人生に影響を与えるような体験が「ストック」型の体験と言えるのです。そのためには、文脈を感じさせ顧客の感情を強く揺さぶるようなホテルサービスが求められます。ホテルで提供され

るサービスを考えますと、顧客接点を数多く有すること、食事に関しても「おいしい」と感じるだけでは短期記憶に留まるにすぎません。食事材がどこで作られたものでどのような背景があって提供された結果その「おいしさ」を感じているのかを理解でき、ストーリーが構築されて初めて顧客の感情を揺さぶることになるのです。

「ストック」概念と不動産の所有形態

　このようなストック型のホテル体験を顧客に感じていただくためには、サービスや人的接遇力だけではなく、ハードウェアの所有形態に関する議論もかかわってきます。つまり「ストック思考のホテル経営」は、まさにストック（資産）であるハードウェアに対する経営戦略にも影響を与えます。これまでホテルに関して所有と経営と運営を分離することが健全運営という流れにありました。なぜならホテルは不動産自体が収益を生み出す事業用不動産であると同時に事業全体に占める不動産の比重が大きい装置産業でもあります。そのような事業用不動産をホテル経営会社自体が所有するということは、価値の高い不動産を自社の貸借対照表上抱えることを意味し、通常はその背後に金融機関からの融資も伴っていますので、多額の債務も同時に貸借対照表に計上することに繋がることにもなります。そうしますとマーケットニーズに対応した柔軟な経営には多くの資金対応も必要となり、ハードウェアの適切な維持管理にも影響を与える可能性がでてきます。また例えば大規模修繕を経営側で求める場合に、不動産所有者ではできるだけ先送りしようとするように、通常不動産所有者とホテル経営者間では、利益相反の意思決定という課題点も出てきます。人の判断には、複雑な問題は先送りするような現状維持に偏るバイアスがあることも指摘されており、所有者と経営者が同一人物、あるいは同一経営会社で迅速な意思決定が逆に阻害される可能性すらあるのです。したがって所有と経営を適切に分離することに意義があるということになるのです。

　ここで先のストック思考のホテルサービスという視点から望ましい所有形態を改めて考えます。文脈から適切にケアされたホテルサービスを提供するにはサービスや人的接遇力のみではなく、質感や空間コーディネートというハードウェアも強く関連してきます。ここで所有と経営が分離しており、経営にあまり関与しない不動産リスク

のみを負う所有スキームであれば、文脈構築上必要な改修や柔軟に用意すべき質感コーディネートにも支障を生じる恐れがでてきます。昨今ホテルは成長性が見込まれる観光産業の支える存在として、不特定多数の投資家から資金を集め運用するようなファンドからも注目を集めています。このようなファンドの中でも特に安定的な賃料収入に着目する不動産ファンド等では不動産の価格変動リスクは負いますが、不確実性の高い経営リスクまでは負いません。それらリスクをできるだけ排除しようとします。通常リスクを排除するのであれば経営リスクを負う賃借会社側（経営会社側）に適切な利益を確保する必要があります。このようなリスク・リターンの適切なバランスやあるいは固定賃料一本ではなく歩合賃料を織り込む等一定の経営リスクを所有者と経営者で共有し、さらには両者間の会話を円滑に実施することができるような仕組みを確保することができれば、「ストック思考のホテル経営及びホテルサービス」に資するハードウェアの質感を柔軟に整備することにも繋がるはずです。

ホテル体験全体として捉えた場合のホテル価値

　ホテルは宿泊施設であり、顧客の体験で就寝を経るということがレストランやその他サービス業と異なっています。ホテル体験に就寝が介在するところに、ホテルや旅館特有のホテル体験全体に伴う価値を見出すことができます。

　顧客はホテルを利用する文脈で様々な目的を有しています。その利用目的を達成するためにホテルに宿泊するのです。その本来の大義である主たる利用目的を、時間の経過と心理状況で整理すれば、当初の「葛藤」と最終的な「解決」に分けることができます。これは「劇場」でのストーリー構成でも同じ構造を見ることができます。大きな目的の「解決」に向かってストーリーが進むのですが、その中で別途、派生する様々な「葛藤」と「解決」を繰り返しながら進んでいくのです。このようにホテルの体験を捉えることで劇場のストーリー構成と似た構造をホテルでの体験にも見出すことができます。

　宿泊日の翌日に大きな目標を控えてホテルを利用する場合を想定しますと、大きな目的の達成に向けた主たる葛藤として、まず前日に適切に休息を確保する「睡眠の葛藤」があり、そこに至る前段ではホテルの選択とホテルに到着するまでの「葛藤」、

また翌朝には「目的地まで無事に到着する「葛藤」が続きます。さらにその下に、例えば以下のように別途個別に派生する「葛藤」と「解決」を想定することができます。

ホテルを利用した大きな目的その達成		
その達成に向けた主たる3つの葛藤		
①A-ホテルの選択、アクセス、ホテル到着までの葛藤	①B-睡眠の葛藤	①C-目的到着の葛藤
その解決	その解決	その解決
別途、個別に派生する葛藤		
②A-途中の観光等寄り道葛藤 ②B-到着後の観光葛藤	③A-ディナー選択の葛藤 ③B-朝食選択の葛藤	④A-手土産購入葛藤 ④B-寄り道観光葛藤
その解決	その解決	その解決

ここで「葛藤」に対する「解決」が生じますと、すぐに「葛藤量」がゼロになるのではなく、短期記憶が働く結果、徐々に「葛藤量」が低下するものと仮定し、縦軸に「葛藤量」、横軸に「時間の経過（時間軸）」を置いて図示してみますと以下のようになります。

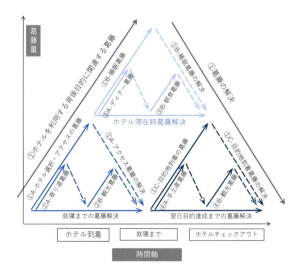

つまり、この図は個別派生する「葛藤」と「解決」を繰り返しつつ、大きな目的の達成に向けた主たる「葛藤」と「解決」を体験しいく様を表しています。
最後にもう 2 つ前提を置きます。「葛藤」に対する「解決」は感情を左右するということと、また感情が左右される場合には、その体験が長期記憶に残るものとします。そうしますと、上記のように時間軸に沿った「フロー図」から、ホテルを利用した後、つまりチェックアウト後には以下のような「ストック図」が長期的な記憶に残る様として表現できます。

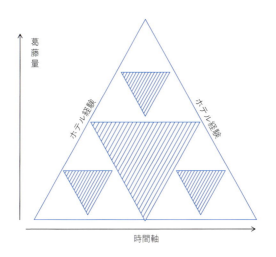

このように、様々に派生する「葛藤」と「解決」を繰り返しつつ、大きな目的を達成しますと、細かな「解決」を積み重ねつつ最終的な目的を達成することで強く感情を揺さぶられるホテル体験が現れます。単に大きな目的を達成したというのだけではなく、さらに細かな満足感が積み重なっているためにより大きな満足感が長期記憶の中に残るはずです。これこそホテル体験を全体として俯瞰した場合に現れるホテルの価値であり劇場型の心理的価値ではないでしょうか。

ホテルの運営次第では、さらにより細かく派生する「葛藤」と「解決」を想定することが可能です。ホテルはその顧客が有する（あるいはホテルが仕掛ける）「葛藤」に対して適切な「解決」、しかも「期待を上回る解決」を提供することで、全体として満足度を益々強化することができるはずです。もちろんすべての顧客に対してそれ

ぞれ体験をコーディネートするというのは現実的ではないでしょう。そこで必要となる概念が「ブランド・コンセプト」となります。掲げる「コンセプト」があれば、それに共感する顧客を前提に様々な「葛藤」とその「解決」をコーディネートすることができるはずです。

　細かく派生する「葛藤」とその「解決」を繰り返しながら、大きな目的の達成に向けた「大葛藤」と「その大解決」を体験しいく様を表しています。この「葛藤」に対する「解決」の場面で感情が強く揺さぶられることでその体験が長期記憶に残る結果が、壮大なホテル体験の心理的価値に繋がっているはずなのです。

　個々の顧客の細かな葛藤とそれに対する解決とは、顧客が有する様々な利用目的に沿って、個別に対応したサービスが展開されるということです。以前このようなサービスの効果についてアンケート調査を実施しました（2014年に全国男女1,000名を対象としたインターネットアンケート調査、※実査委託先：楽天リサーチ株式会社、以下インターネットアンケート調査は同社に実査委託）。

「こちらの宿泊目的に沿ったサービス提供があると感動するか」という設問で実施したのですが、併せて同様の「パーソナル・サービス」の部類に入る「顧客の名前を使用したサービス」（設問：「様々な場所でスタッフより顧客の名前を使用したサービスがあるとうれしいか」）の効果と比較して調査を行ないました。

　その結果「顧客の名前を使用したサービス」では29％が「うれしい」と答えている一方で、宿泊目的に沿ったサービスが提供される」に対しては71.8％の回答者が「感動する」と答えていました。つまりこの利用者側の宿泊目的に沿ったサービス提供に深い心理的効果が期待できるのです。

■2014年に実施：インターネットを介したアンケート調査で全国の男女1,000名
（男性614名、女性386名）

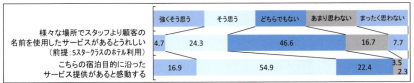

細かく感情が揺さぶられる結果として、大きな目的を達成した（大きな葛藤とその解決）記憶とともに、細かく感動した点と点の記憶も同時に長期記憶として残るはずです。

　前ページの図には、多くの葛藤とその解決が次々に生じても、常に変化しない部分があります（逆三角形部分）。そしてこの図は、変化（進化）と安定が共存する形で自己組織化する自然の概念的形状を表現した図とも酷似しています（「シェルビンスキーのギャスケット」と言います）。つまり、常に変化や進化の過程にありながらも、真は不変である、記憶の中では、様々な感動があったことと併せてその背後にはホテル側からの不変のメッセージが残るのです。このようにホテル体験を心理的価値という側面から捉えると、それは限りなく自然美に近づくことになります。そしてそれが、「就寝」を介するホテル・旅館に特有の付加価値であり、大きな心理的価値に繋がっているのです。

　この不変部分である、ホテル側の「不変のメッセージ（例えばブランド・コンセプト等）」は、多くの葛藤と解決を提供し、感動する体験を顧客に提供すればするほど顧客にとってより鮮明になるのです。

2章　ホテルの価値構造と価値連鎖

ホテル・旅館の構成要素であるハードウェア、ソフトウェア、ヒューマンウェアの背後には多くの利害関係者がおり、それら直接的・間接的利害関係者により事業が支えられています。

　ハードウェアの背後に所有会社があり、ソフトウェアの背後に運営会社、ヒューマンウェアの背後に経営会社を位置づけています。またスタッフ、提携・協力会社、地域コミュニティもホテル体験を構築する直接的利害関係者です。地域コミュニティは対象ホテル（ハードウェア）を包含したホテルマーケットを形成しており、その知名度如何は顧客誘致に影響を与えます。清掃スタッフが委託しているケースや配膳会社を利用しているケース等提携・協力会社のサービスも顧客から見ればホテルスタッフ同様であり、ホテル体験を直接構成するという意味において直接的利害者と位置づけるべきでしょう。そして、それら各利害関係者に応分の利益を配分することができてはじめて安定的運営が保証されることとなります。

　利害関係者への応分利益の最大化には、ホテル利用価値の最大化を伴いますので顧客が触れる現場3要素の最適コーディネートがまず大前提となります。

　従って3要素が別々の利害関係者に属している場合にはそれら関係者間の意志疎通が必要となり、そのためには利害関係者間における「価値観の共有」が欠かせないのです。ここで価値観とは、どのような事項に対して価値を置いているのか、価値に関する序列の表明です。例えば、1）安全安心、2）顧客の笑顔、3）GOP ○円/室以上の確保等、重要視している事柄が一体何で、それらがどのような序列となっているのかを明確にするということです。スタッフ、地域コミュニティが軽視され、それぞれの価値観が他権利者及びホテルとしての方向性と一致していない場合や、固有の権利のみに着目する結果コミュニケーションが滞っている場合等利害関係者間で異なる価値観が紛れてしまいますと、その状況が直接的または間接的に顧客のホテル体験に影響を与えることとなり、究極的には応分利益の配分に影響することとなります。

　顧客体験というキーワードを中心とすると、3要素を通じた現場コーディネート及びそれらの背後利害関係者間の関係という、価値を軸としたホテル特有の生態系が現れるのです。もちろんこれだけ多くの利害関係者の調整は容易なことではありませんが、このホテル生態系を制して初めて顧客志向（CS）のホテル運営が可能となり、そのような仕組み造りが価値あるホテルに繋がるのです。

この利用価値の最大化には、顧客の認知特性を背景に、以下のような価値連鎖及び価値増殖を活かした運営が求められます。例えばスタッフに対する良い印象があると、その好印象は次の体験にとって所与となります（記憶として）。ハードに触れている、あるいはソフトに触れている局面においても、以前経験したスタッフからの良い印象は引きずられており、仮にそこにスタッフの存在がなくとも、自然と以前体験したスタッフの存在が前提となるはずです。結局ホテル内のどのような体験であっても、3要素すべてを通じてコミュニケーションを取っている状況を作り出せます。チェックイン時の最高の接遇は、単にその場で終わりというものではなく、顧客側の体験は、当ホテルのサービスとして記憶に残ります。この記憶が後のホテル体験に常に影響を与え続けるという意味で、その場で提供したサービス、その価値は時間軸に沿って連鎖していくのです。

　ホテル価値連鎖に基づく運営上のポイントについて、点と線の観点から見れば、チェックイン前、またチェックアウト後もホテル体験の一部を構成していることからホテルの外側と切り捨てるのではなくその時空に対しても十分なケアを検討する必要があります。

　また上記の通りスタッフやサービス、ハードを通じたサービス提供は、その場で完結するものではなく、記憶としてとどまり、「点」と「点」が線として繋がり次の体験の構成要素として連鎖していくことを意識する必要があります。また面としての側面では、複数のコミュニケーションルートを通じた体験であるということ、つまり一体となることによるリアリティを主観的体験にもたらします。

　事前の期待感が続く限り、それに呼応する新たな体験を追い求めます。一方、期待から単なる予測として、つまりすでに理解できたと感じた時点をピークに、期待感から既知感に至り、サービス期待はサービスの予想となり、すでに経験した体験を確認するフェーズ、つまり収束フェーズとなると考えられます。この拡大、収束フェーズを通じた顧客の主観的体験の最大化が利用価値の最大化だと考えられます。

　所有者、経営者、運営者、そしてスタッフ、地域コミュニティ、提携・協力会社すべての気持ちが1つとなり価値観が共有され、サービスレベルの価値連鎖、顧客の主観的体験の価値増殖を経ることでホテルの利用価値が最大となる、そして最終的な応分利益が各利害関係者に配分されるところに、ビジネスとしての好循環が生まれるの

です。

ホテルの価値構造

　ホテルの価値構造は、ハードウェア、ソフトウェア、ヒューマンウェアの各要素（以下本書で「3要素」という場合それらを意味します）それぞれに帰属する価値（不動産価値、事業価値、環境価値、ブランド価値、人的資本価値）と、要素が統合することで立ち上がる価値（社会的価値、ネットワーク価値、コンテンツ価値、客層、審美的価値等）の全体から構成されると考えられます。前者は各ステークホルダーが個別に追求する価値であり、後者はそれらの融合によりホテル全体に生じ、その結果各ステークホルダーに配分されることになる価値です。

　顧客側のニーズ、目的は様々ですが、あるホテルに価値を感じ利用する利用者に共通した価値観があります。ここで価値観とは、どのような事柄を重視して考えるか、つまりある事柄に対する長期安定的な感情の起伏と定義します。これは顧客とホテル双方にあり、ホテルではブランド・コンセプトとして表現されることになります。このホテルの価値観と顧客の価値観との間で生じる共感こそが、ホテルと顧客を強く結びつける結果、ホテルにとっての超過収益力の源となるものです。

　各ステークホルダーの要素に対する主観的な価値やその背後にある価値観、つまりどのような事柄にポジティブな感情を抱いているのかについての見解がバラバラでは、多数の利害関係者の共同作品であるホテルにコンセプト的統一感が生まれないということになります。

　ホテル側の価値観がまず用意され、当該ホテルの価値観を3要素の統合を通じてリアリティのあるサービスとして伝わる必要があります。

　そのためには、各ステークホルダーが、自らが関与しているホテル要素に対して、どれほど全体のホテル価値に貢献しているのか、どのような個別の取り組みがそれぞれの利害関係者にとって必要となっているのか等、利害関係者間の意思疎通を図る必要があります。

　オーナーであればアセットマネジメント、ホテル経営者はホテルマネジメント、ヒューマンリソースマネジメント、ブランドマネジメント等究極的には各ステークホ

ルダーが自らの利益を追求するのですが、ホテル全体の価値が優先されること、また その結果各利害関係者が各自の取り組みを調整する「仕組み」があれば、利己的行動 とは別次元でホテル要素間に統一性を確保することができます。

　ホテルからの一貫性あるメッセージが客層を生みマーケット標準以上の超過収益力 を生じる場合さらにこの増分価値を各権利者にフィードバックする「仕組み」が重要 となります。その結果、強化された動機付けがさらなる積極的な議論を生む好循環に 繋がります。このように、ホテルを様々な要素により構成されているシステムとして 捉えれば、ホテルを自然成長する自律し自己組織化する「仕組み」とすることができ るのです。

ホテルの価値構造に見られる課題点

　ホテルに関連する様々な「価値」及びその構造を整理すると、ハードウェア、ソフ トウェア、ヒューマンウェアという3要素の背後利害関係者がまず個々に価値観を 有しており、個々に利己的振る舞いを行ないつつも、相互の意思疎通を通じて合意さ れた全体の価値観に昇華させ、当該ホテルとしての価値観と顧客側の価値観と調和さ せることで、大きなホテル価値を達成するという壮大な価値の増殖構造として捉える ことができます。

　この価値構造からホテル経営をシステムとして捉え課題点を整理してみます。

　まず、第一に、ヒューマンウェアに関する課題点についてです。人の行動には集団 心理（グループダイナミクス）が介在し、全体のモチベーション及びサービス力を望 ましい方向に導くには周到に準備された仕組みが必要となります。グループダイナミ クスについては、例えば、「ここは自分がせずとも誰かがしてくれるだろう」という ような、集団が個人の心理に与える影響を言います。このような問題に対しては、ス タッフの意識でコントロールしている行動と無意識行動を区別し、それぞれに対する 適切な対策が必要です。

　意識行動については、研修体制を構築しサービス力を向上しようとする者に適切な 機会を与えることや明確な評価基準を有するインセンティブ報酬制度、また労働組合 がある場合には組合の機能強化（技能強化サポート等）が必要となります。

一方で、無意識行動では、集団への帰属意識の向上とその集団の規範性の高さが無意識行動に影響を与えます。行動規範も重要ですが、全体ミーティングや適切な会議運営が、集団規範の向上という視点から求められます。

　第二に、ホテルが複数の部門から構成されている場合、それぞれの部門が単独で利己的行動をすることでホテル全体の収益獲得に貢献するような仕組み造り、つまりホテルマネジメントの問題です。例えば、ホテルの厨房やその他間接部門等は、直接の収益貢献を測定しづらい部門です。インセンティブ制度を適切に機能させ、すべてのスタッフが十分に力を発揮するためには、人事制度としてのインセンティブ制度だけでは不十分で、すべてのスタッフに機会とモチベーションを提供する仕組みが必要です。このような場合の1つの手段として、「コンテンツ」を企画開発・管理する部門横断でのプロジェクトチームが挙げられます。ここでコンテンツ企画制度に部門横断的に様々なスタッフが参加するプロジェクトチームも含めることとします。成功したプロジェクトチームの構成メンバーには適切な報酬をフィードバックする仕組みがあれば、すべてのスタッフに機会が設けられることにもなります。

ホテル特有の価値連鎖とは

　ハード、ソフト、ヒューマン、ブランド、様々な要素から構成されるホテルであるからこそ、要素相互間が密接に関係し、その結果そこには価値の連鎖が生じます。顧客価値がホテル事業価値に繋がり、さらに不動産価値が収益性から求められますので、結局は不動産価値に直結することになります。収益性の向上は毎期のキャッシュフローを引き上げるだけではなく、ホテルの価値自体をも引き上げますので、収益性の向上は短期的視点から考えるのではなく、長期的に価値向上に直結するという意味で大きな意義を有します。

　高い収益性、つまり高い不動産価値（ホテル価値）は、資本市場から多くのリスクマネーを引き込みますので、リニューアルやリノベーション等のバリューアップ投資を容易にし、さらに収益性を引き上げるための再投資がさらなる好循環を生む結果となります。もちろんマーケット環境を所与とするのですが、この好循環がホテル単独での現象にとどまらず、市場を造るという意味で、所与であるマーケット環境をも巻

き込み、自ら市場を造るという大規模な再編成を生み出すことも可能としています。価値連鎖があるからこそ、需要が供給を早期に調整することにもなるのです。もちろんこれはそれぞれのホテルが存する国のシステムに依存しますが、自由に人や資本が国を超えて行き来する環境にあり、益々グローバル化は顕著となりつつあります。ここに至って現在は、つまり内に閉じた「閉鎖系」の中で物事を捉えるというよりむしろ、常に外部に情報が開かれた「開放系」の市場に曝されていると考えるべきだと思います。

　この閉鎖系、開放系という観点から、事象事物の振る舞いを端的に捉える理論である「散逸構造理論」もホテルにあてはまります。少々堅苦しい話になってしまいますが、重要な概念ですのでご紹介させていただきます。

　様々な事物事象は複雑性を増すにつれその間に摩擦が増加します。その結果、摩擦熱を引き起こし、エネルギー効率を悪化させるとともに、システムの摩耗を引き起こし、究極的には活動を停止する、つまりシステムの崩壊に至ることになります（「エントロピー増大の原則」と言います）。ただし、この原則は、閉鎖系の環境であてはまり、開放系の環境では、内システムと外システム間で情報やエネルギーが自由に行き来する結果、「エントロピー」を外部に放出できますので、長期的なバランスを維持することができます。さらに、外部からの力を受けることで、内部に大きな力を蓄えることもでき、それがあるレベルを超えると、より大きな秩序となって再編成されるのです（「散逸構造理論」と言われます）。

　ホテル運営は、収益性の向上を続けるうちに、複雑性が増しホテルの構成要素間での摩擦や軋轢がホテルを疲弊させていきます。ここでホテルの価値連鎖が、新たな資本（力）をホテル内部に引き込み、ホテルにより大きな新たな秩序を生み出す結果、さらなる発展を生み出すことも可能となります。

　海外では既存ホテルマーケットを保護する目的でスター制度を利用した新規ホテル参入規制も見られますが、自由な競争市場であれば、高い収益性は多くの資本をホテル産業に引き込みます。例え土地価格が高いため事業採算性をクリアすることが難しく、それが多額な初期投資が経済的ハードルとなっていたとしても、需要超過の過熱市場では高い収益性となって、価値に跳ね返ります。収益還元で求められるホテル価値そのものを大幅に引き上げますので、結局、投資採算性がクリアするまでホテル価

値が向上し、最終的には多くの新規ホテル参入を誘発するという結果となります。

　この価値連鎖は、顧客価値から事業価値、そこから不動産価値を経て再循環する留保資金がヒューマンウェアやハードウェアへの再投資に繋がる結果人的資本価値を引き上げ、ブランド価値へと繋がっていきます。ブランド価値が一定の客層をホテルに呼び込み、安定的客層を顧客側は求めていますのでさらに強いホテルとなることで、ホテル価値の向上へ、そしてホテルは、社会性の高いネットワークのハブ機能を有していますので、そのホテル価値の向上は、極端に言えば周辺地域の不動産価値向上等として地域の発展に貢献する可能性をも秘めています。ブランドは、周辺地域に対するホテルの人格の象徴となります。価値あるブランドは、地域とホテルを密接に結びつけより大きな秩序（マーケット）を形成することになります。この価値連鎖が市場を造り、ホテルのマーケットライフサイクルを生み出すのです。

　ホテル運営は、短期的な事業性の視点から長期的な価値連鎖を含めた視点を持つ必要があります。この長期的視点とは、価値を高め続けるという視点です。現状の価値を維持するという視点では、閉鎖系に陥り「エントロピー増大の原則」の餌食となりかねません。競争力は低下してしまいます。むしろ、果敢にホテルの場合は好循環を目指すべきです。価値を高め続けるという観点から、例えば会計処理としての減価償却とは別の視点で、家具什器備品の積立や施設に対する資本的修繕費の積立を行なう等意識のパラダイムシフトが必要なのではないでしょうか。

ホテルサービスコーディネートにおける「合成の誤謬」

　ホテル運営上非常に重要だと考えられる経済学上の概念「合成の誤謬（ごうせいのごびゅう）」をご紹介したいと思います。この概念は、個別目先の判断では最善だと考えられるものでも、全体としてみれば当初の狙い通りにはならない、「木だけを見ていてもだめで、最後に森が思うようにならない」経済現象を説明する概念です。ホテルや旅館は、ハードウェアがあり、そこに運営や人、客層が重なることで、全体として独特の質感を持たせています。個々の要素に対する取り組みが、全体として思い通りにならないことはホテルでも多いのではないでしょうか。

　まずは、ホテルの現場で思い浮かぶ「合成の誤謬」を列挙し、共通の問題点や課題

点、それに対する解決策を考えてみたいと思います。

ハードへの取り組みからハードへの逆効果

①リニューアルを計画し、客室の設えを高級なものに変えたのだかサービスがついていかず、単価は思い通りに変化しなかった。その結果十分な維持管理体制が構築できず建物を早く劣化させてしまった。②顧客と接する時間が長い客室を重視した結果、ロビーやエレベーター機能を低下させたが、ロビーの印象やエレベーターの待ち時間等にストレスを感じた顧客からの評価は上がらず、客室競争力本来の単価が確保できなった。

ソフトへの取り組みからソフトへの逆効果

③稼働率を上げるためにＡＤＲを調整（落とした）した途端に、客層が大幅に変わってしまい、その他部門収入にも影響を与えてしまった。又はＡＤＲを低下させ新たなセグメントの顧客開拓に繋がり稼働率は上昇したが、市場に魅力を感じた新規参入ホテルが現れ、市場の競争が激化、ＡＤＲを下げた結果一旦上昇した稼働率も今は以前と同じ水準となった。④ブランドを付与することでリ・ポジショニングを図るも、ビジネス層の比率が高いことから予算旅費に縛られ、思い通りのＡＤＲ上昇が見込めず、契約したマネジメント・フィーを吸収するために部門経費を圧縮、その結果サービスの劣化を招いてしまい逆にＡＤＲが下がりだした。⑤為替の高い国をターゲットとすることで、円ベースのＡＤＲを上昇させようと考えたが、逆に日本人常連客や為替が安い国の顧客から見て、サービスに見合う料金でなくなってしまい、稼働率が低下する結果 RevPAR で減少してしまった。

ヒューマンウェアへの取り組みからヒューマンウェアへの逆効果

⑥スタッフを増加させサービスを拡充するも、それに見合った収入が得られず、一人当たりの給与を低下させざる得なくなりスタッフのモチベーションが低下、サービスを拡充する意味で増員したはずが逆にサービスレベルの低下に繋がってしまった等。

「合成の誤謬」に対する処方箋

「合成の誤謬」は、ミクロの総和がそのままマクロの現象にはつながっていない結果起こるものです。また、昨今では国内だけではなく、海外との垣根がなくなり、海外経済活動の動向とも密接に関係し複雑化している問題でもあります。この「合成の誤謬」を個人の判断に任せていては解決できないとも言われています。なぜなら、1つに全体を俯瞰するのは容易なことではないこと、また、個人の判断には、例えば現状維持バイアス（できるだけ現状のままにしておこうとする意識）等人の思考や判断に多くのバイアスが介在することも一因です。さらに、多くの要素が複雑に絡み合う現実社会においては、シナジー効果や要素間が一体となることで新たな現象が創発する等複雑性経済原理が働くことも「合成の誤謬」に繋がります。このように個々人の判断に任せていては、その排除は非常に難しいのです。

したがって外部からの強制力を利かせることが必要だと言われます。まず言えることはこの「合成の誤謬」が容易に生じること、またその存在自体を認識することが重要です。その上で強制力を利かせるための仕組みや、ミクロの世界とマクロの力学を俯瞰する視点から常に逸脱しない努力が求められるのです。

ではホテルや旅館運営にあたって、このミクロの世界とマクロの力学を俯瞰する視点とはどのようなものでしょう。私は、まさにそれが「客層」だと考えています。ホテルや旅館の事業の究極の基盤は顧客の満足です。客層がホテルをどのように認識するかを深く考えることがミクロの世界とマクロの力学の架け橋となります。顧客と接するのは、ハードウェアだけではなく、ソフトウェアとヒューマンウェアが一体となっています。ハードウェアだけが良いというのでは、見栄えばかりよく中身がないような「人」に映ってしまいますし、ソフトウェアだけがよいと、本当の意味で顧客側の視点に立てていないように映ります。結局は、ハードウェアとソフトウェア、ヒューマンウェアがバランスすることで安定的な客層に繋がるのです。

例えば上記の例で考えれば、ハードウェアやソフトウェアに対する様々な取り組みの結果、今の客層が競合ホテルとの比較において、その取り組みを評価してくれるのか、またその結果、さらに客層に変化が生じないのか、変化が生じるとすればその後の客層がどのようなサービスを求めるのかということをしっかりと考える必要があり

ます。また、顧客を考えるという視点と「客層」を考えるという視点は異なります。「顧客」を考えるという視点は、ミクロの判断に繋がりますが、全体を考える視点として不十分です。個々の顧客を考えると同時に、マーケット内における対象ホテルのポジション、つまり当該ホテルの「客層」を意識することが必要なのであり、その「客層」に対して深く考える仕組みが、ホテル運営から「合成の誤謬」を排除することに繋がるのです。顧客のホテルに対する評価は、ホテルのプロとしてではなく、利用者視点ですので相対的です。料金との関係や周辺競合ホテルとの比較左右されやすく、対象ホテル旅館の存する市場の動向はもちろんのこと、顧客がどこから来てどこに向かうのか、目的は何で、ホテルに何を求めているのかということを常に意識しつつ、ホテルや旅館運営の意思決定にフィードバックする仕組みがホテルの組織に求められているのです。また、市場がグローバルに展開するホテル旅館業であればこそ、その必要性が益々高まっているように感じます。

ホテルの価値観の表現としての「コンテンツ」

　価値観の表明とは何に対して価値を感じているのかという感性の表現であり経営的にはブランディングに相当します。ホテル側が持つ価値観の提案や情報の提供は、それらのメッセージを通じて顧客側の共感を呼ぶことで、情報発信自体に価値が生じることになります。

　価値観の表現手段として有用な概念の１つに「コンテンツ」があります。「コンテンツ」とは、簡単に言えば顧客の共感を引き出す様々なソフト（情報）であり、「クールジャパン」と称され、高い国際的競争力のある漫画、アニメやゲーム等の有望分野でもあります。多くの旅館はサービス業という見方を変えて別の側面から見ると、日本情緒の表現、日本的おもてなしの表現として、コンテンツ・ビジネスの領域とも言えるものです。

　この「コンテンツ」という概念は、受け手にとって分かり易く、ホテル側が有する価値観を明確に伝えるという意味において、有力な価値観表現手段の１つであり、強力なブランディングなのです。

　コンテンツ・ビジネス躍進の背後には、日本人の豊かな感性が強い原動力となって

おり、その感性という言葉自体が「Kansei」として世界的にも注目される中、まさに今日本のホテル・旅館は新たな国際的競争力を再構築するチャンスなのです。

　ビジネスであることから成功ストーリーが描けないと意味がありません。コンテンツを企画・開発する場合には、当ホテルの強みやホテルを取り巻く外部環境における機会をしっかり捉え、適切に織り込むことが必要です。また、企画開発においては、多くのリスクが初期段階で偏在しています。修正が必要になる場合、それが後になればなるほど改善コストが嵩む傾向があります。このようなリスクに対応するためには、事前の調査と事後の検証が欠かせません。さらにコンテンツ開発を効果的に実施するには、顧客の認知特性を十分に理解しておく必要があります。顧客にとって当該サービスを受けるイメージがしやすいことが大切です。また実際にサービスを提供する段階では、コンテンツは顧客の感情が紐付けされたイメージ商品ですので、徹底して事前期待に沿うよう、コンテンツにリアリティを持たせる必要があります。リアリティは、顧客の5感を通じて整合性のある知覚どうしが統合されることで初めて感じ取られます。ホテル3要素を通じ様々な5感に整合性のある一貫したメッセージを送り続ける必要があるのです。

　今後は価値観をメッセージとして伝えるような「コンテンツ」をいくつ保有しているかも重要指標の1つとなるのではないでしょうか。

顧客の心に響くホテルシステム

　ホテルは、ハードウェア、ソフトウェア、ヒューマンウェアという3要素を通じてサービスを提供しています。さらにより大きくホテルを俯瞰する場合には、3要素を持つホテル自体をハードウェアとし、ソフトウェア・イメージであるブランド、ヒューマンウェア・イメージである客層に拡大して捉えることができます。仮想の世界である「ブランド」イメージや「客層」イメージに、実際の現場における「ホテル」がリアリティをもって支えることで、時間軸で見ると長期的視点から、また空間軸で見ると仮想の広がりをもつ巨大なホテルの全体印象が形成されると考えられます。「ブランド」は、「客層」の写し鏡であると同時に仮想の世界で「ホテル」の写し鏡となっています。ホテルはそのブランドを現実の世界に写し取ったブランドの写し鏡

となると同時に仮想の世界で「客層」がホテルの写し鏡となります。つまりこれら3つの間では現実の世界と仮想の世界を行き来しながら同じものを表現している三面鏡のような関係にあるのです。

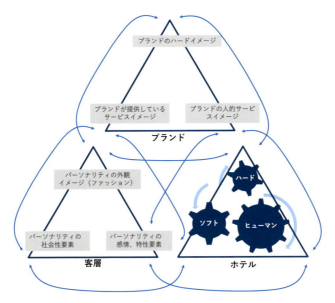

このように仮想と現実との間で整合する三面鏡として機能しているホテルとは、ブランドは客層の写し鏡であり、ホテルはブランドの写し鏡である、また客層はそのホテルの写し鏡でもあり、いずれを見ても同じ「ホテル」を見ている状況となります。

ブランドと客層の内部においてもホテルと同様、ハード要素、ソフト要素、ヒューマン要素に分けることができます。追求すべきホテル像は、システム的に捉えると、ミクロ次元における3要素バランスであり、それらミクロ次元3要素の領域を超えたマクロ次元における3要素のバランスが重要な視点となります。

ホテルのビジネスモデルはミクロ的な「ホテル」を構成する3要素であるハードウェア、ソフトウェア、ヒューマンウェアが一体となってサービス提供しています。またより大きく見ても、ハード要素（ホテルの実体験）、ソフト要素（ブランド）、ヒューマン要素（客層）があり、さらにそれぞれの中にもハード要素、ソフト要素、ヒューマン要素があるという入れ子構造となっているのです。この入れ子構造こそホ

テルに独特の魅力を与えている大きな要素となっているのです。

　ハードが良い、ソフトも良い、ヒューマンサービスも良い場合、その背後に原因としての明確なコンセプト、あるいはホテル運営上の何らかの明確な運営指針がある予想される確率はどれほど高いのでしょう。条件付き確率計算と言われるような確率統計を持ち出すまでもなく、そもそも人には無意識のうちに様々なバイアスの影響を受けており、それらが3要素に整合性がある場合に非常に強く影響を与えることになります。特に「代表性ヒューリスティクス」という心理的なバイアスが挙げられます。これは事前情報があればその記憶や事前情報のイメージに近い推測を無意識のうちに行なうというものです。3つの一貫性のあるメッセージがあれば、単なるメッセージ性を超えた深い意味を推測させるきっかけとなっているのです。

　ここで異なる要素間に一貫性がある場合、つまり、ハード×ハード×ハードではなく、ハード×ソフト×ヒューマン、またはホテル×ブランド×客層である場合には、認知する知覚器官が異なることになり、つまりはそれら刺激に対する脳内の担当部位が異なる結果、より鮮明にホテルの印象を形成することになります。

利益を追求する姿勢

　ホテルは、ハードウェア、ソフトウェア、ヒューマンウェアの3要素、またさらに仮想の世界で、3要素が抽象化されたホテル全体、ブランド、客層の3要素（さらにこれもハード、ソフト、ヒューマン要素と相似）が混然一体となるとともに、自己組織化しつつ持続的に高い価値を生み出す「生き物」として捉えるべきです。このような特徴を有するが故に、例えば良いハードだけを用意したとしても、全体のホテル価値はついてきません。生き物としてホテルの価値を考えるとき、ホテルが健全なシステムとして機能していなければなりません。また、価値は相対的な概念です。購買力のある有効需要がまず前提となります。大前提として有効需要を生じさせる希少性あるサービスを提供し、適切に需要者に届けて初めて価値が生じるのです。

　客室部門はさておき、料飲部門や宴会部門では利益率が低いことが当然視され、新規にホテルを建設する場合、大半のケースでは宿泊中心の施設構成となりがちです。では既存のホテルではどうでしょうか。それら部門があることが言い訳になっていな

いでしょうか。

これまで見てきたように、明らかにホテルは魅力的な「生き物」です。ただ、やはり「事業」であることには変わりなく利益追求を徹底すべきことは他の事業同様です。もし利益率が低いのであれば、その原因は、需要に届いていないのか、響いていないのか、あるいはサービス自体が悪いのかいずれかです。

ホテルは通常の商品と異なり時空を超えた経験価値を提供しています。一体どのような経験価値をどのような文脈で顧客に提供できるのか、しようと考えているか、その経験価値の背景にあるホテルの価値観は何か、その価値観のコンセンサスを利害関係者から得られているか、またそもそもサービスレベルは本当に充分なのか、自らのサービスを自社で評価しては本当のレベルを把握することはできません。サービス提供レベルが不十分であれば、徹底的に改善すべきです。そのために人事制度の改定が必要であれば早急にすべきです。街場のレストランの方が、ハード面も軽装備である等価格競争力があるかもしれませんが、ホテルは時空を超えた文脈で光る経験価値を提供できます。利益率の低さ＝サービスレベルの低さ、あるいは需要者に適切な価値提供ができていないと真摯に捉えるべきではないでしょうか。和を尊ぶ日本で人と人の繋がりを潤滑にする部門をホテルが有しているのであれば、そこに需要はあるはずです。十分な利益率が不足するのであれば、提供価値の見直しがサービス力の向上、いずれかが必要なのです。顧客が感じるホテルの体験価値は、ハードウェア、ソフトウェア、ヒューマンウェアでトライアングル・アプローチをとることで、サービスにリアリティを帯びさせることができ、顧客の心に深く響きます。料理×料理×料理、人的サービス×人的サービスと同類型が連続しても認知する脳内部位が同じであれば効果は半減します。様々な要素束ねて顧客心理にアプローチする必要があるのです。5感の組み合わせやコミュニケーションツールのシナジーを生じるような提供の仕方を工夫し＋アルファ価値を生じさせるサービスを徹底的に追求する姿勢が求められるのです。

ヒューマンウェア・マネジメント

ホテルでの労働は感情労働（エモーショナルレーバー）と言われる部類に入ります。

これは、自らの感情と職務上表面に出す感情が乖離するような職業です。このような労働環境では感情的不協和が生じ感情の不一致を帳消しにするように、内面の感情が表に出てしまいます。組織構成には、ヒエラルキー型やマトリクス型等様々な形態がありますが、なによりも大切なことはホテル労働が感情労働であるということを正しくシステムに織り込み組織造りを行なうことなのです。そのためにはスタッフが本当の意味で楽しさややりがいを感じながら働ける環境が必要です。ホテルビジョンと個人目標との融合と対顧客に追求するのと同様のレベルでスタッフへの経験価値を提供することをシステムとして取り込む必要があります。また人は「目標に向かい協力することに対する欲求」を潜在的に有しています（自己奉仕バイアスという）。魅力的なホテルミッションを共有することがスタッフを自然と役割に向けさせるのです。モチベーションが問題となるホテルではどのようなホテルビジョン、ミッションをスタッフと共有しているか、再確認する必要もあるでしょう。人が時間を気にせず、集中し熱中する時間を「フロー状態」と言います。そのフロー状態にスタッフを導くには、「腹側被蓋野」という脳部位からドーパミンという神経伝達物質がタプタプと溢れだす状態をコントロールすることも重要なのです。

さらに、いったんホテルミッションを立ち上げ、それをスタッフに伝え、そのまま放置してしまうと、新鮮味が低下し馴化してしまいます。つまり刺激に慣れてしまい、さらなる強力な刺激がないとドーパミンが出ないということになりかねません。ここで重要な儀式の1つがいわゆる朝礼です。行動することで「腹側被蓋野」が活性化すると言われています。強制的にでも、声に出す行動を伴ったミッションの確認が、ドーパミンに関係する神経にチクリチクリと刺激を与えているのです。ミーティング、朝礼、ホテルでは多くの会議が行なわれているでしょう。それらの目的はもちろん情報の共有や成果に対するフィードバックが第一義かもしれませんがフロー状態を維持するという「ドーパミン・マネジメント」という観点からも重要な儀式であり日々の運営に効果的に取り込む必要があると言えます。

ホテルが地域に与える影響について

弊社で定期的に実施している調査で、5スタークラスのホテルがその所在する地域

の「衣・食・住」に、どのような影響を与えているかを調べたことがあります。調査はランダムに選ばれた200名の男女を対象としました。その結果、一定クラスのホテルは、経済学でいうところの「外部経済※」と言われるネットワーク効果を有している可能性があります。※他の経済主体の行動に影響を与えることを「外部性」と言い、プラスの影響を及ぼす場合、「外部経済」と言い、逆は「外部不経済」と言う。「可能性」があるというのは、本調査では5スターホテルがある地域で、様々な経済行為を行なう場合、そのホテルが入居している建物で行ないたいと「思うか」という、心理面への影響を調査した結果ですので、実際に「思う（強く支持する〜支持する）」と答えた人が、すべて「実際に利用するか」ということにはなりません。したがって100%外部経済があるとは言い切れないのも事実ですが、少なくとも心理的に影響を与えていることも事実です。それはつまり、ホテルの存在自体が、地域の発展、そして地域の「価値」に少なからず影響を与えているとも言えます。

■外部効果

	食事をする場合、5スタークラスのホテルがあるビルに入居する商業施設のレストランで食事したいですか	自宅の近くに5スタークラスのホテルがあればうれしいですか	働くオフィスビルに5スタークラスのホテルが入居していればうれしいですか	衣料品買い物をする場合、5スタークラスのホテルがあるビルに入居する店舗を利用したいですか
男性平均	40%	18%	18%	17%
強く支持	3%	3%	3%	3%
支持	37%	15%	15%	14%
女性平均	38%	21%	27%	23%
強く支持	9%	5%	5%	3%
支持	29%	16%	22%	20%

全国200名の男女を対象に㈱日本ホテルアプレイザル、㈱ホテル格付研究所が調査

例えば、衣料品の買い物をする場合には、5スタークラスにホテルが入居する商業施設で買い物をしたいと回答する人の割合は、特に若い女性に人気で20歳〜30歳代の女性の約30%が支持していました。また40歳代以上でも15%〜20%が支持していました（女性全体の平均は23%）。男性では30歳〜40歳代で支持されていました（男性全体の平均は17%）。食事については、より強く影響を与えているようです。女性平均で38%、男性で40%でした。女性では30歳代の女性からの支持が目立ち

ます。自分の事務所が 5 スタークラスのホテルがあるビルに入居している場合どう思うかについては、男性平均 18%、女性平均 27% が「あるとうれしい」という結果でした。特に女性からの支持が厚く、30 歳代で 20% が「強く支持」、40 歳以上の女性では「あるとうれしい」との返答が 25% 見られました。「住」への影響ですが、男性平均で 18%、女性平均で 21% が「あるとうれしい」と支持していました。特に 30 歳代の女性からの支持が多く見られます（強く支持する人が 15%）。調査の結果では、特に「食」に関する影響については、男女問わず「外部経済」を及ぼしている可能性があります。その他衣料品その他については、女性への影響が強いという結果でした。

では、このような様々な「効果」が見込まれる「5 スタークラスのホテル」を、顧客はどのように認知しているのでしょうか。そこで、「5 スタークラスのホテル」をホテル以外の用途、カテゴリーで表現するとすれば一番近いものはという質問で迫ってみました。その結果、それは「テーマパーク近い感じ」という回答が男女の全体平均で 26.5% と高く、次いで「社会的ステージ」が 20.5% でした。その他「演劇を見ている感覚」が 10.5%、「映画館に居る感覚」が 9.0%、「舞台に立っている感覚」が 10.5% でした。この「テーマパーク」との回答は女性に高く女性全体の 31% に及びます。一方で、「社会的ステージ」は男性の解答に多く 24% という結果でした。女性にとっては楽しめる場所、男性にとっては自分を演出できる場所との認識が強いようです。

このように、ホテルの存在価値とは、ホテル単独での事業価値に留まらず、所在する地域へのプラス効果（外部経済）をも包含したものと言えます。特に外部性調査の結果の通り、「食事」については、強く周辺地域（あるいはホテルの存するビル）へ影響を与えている可能性があります。もちろん「5 スタークラスのホテル」の存する建物内に商業施設がある場合、そのレストランを利用したいとういう調査の結果は、ホテルがあることによる「安心感」、ホテルが立地するような場所は待ち合わせがしやすく利便性にも優れているというイメージ、特別な時に利用したいという意識等が影響しているのでしょう。本「外部経済」効果は「食」を中心としており、特に女性客に対する影響が強いという特徴が窺えますが、いずれにしましても、ホテルは単独ではなく、地域全体にも様々な形で影響を与えまた地域からの影響を受けている関係、地域社会と一体化するシステムに取り込まれていると捉えることができます。

3章　　マーケットファンダメンタル

ホテルがハードウェア（立地,建物設備）、ヒューマンウェア（人的競争力）、ソフトウェア（サービス）から構成されるように、ホテルマーケットを俯瞰する目も同様にハードウェア（所有）、ヒューマンウェア（マネジメント）、ソフトウェア（ブランド）が必要だと考えることができます。ホテルマーケットの良し悪し、ホテルマーケットのライフサイクルを考えるとき、その背後で、ホテルのキャピタルマーケットやブランドニーズとの関係性を意識する視点です。例えばマーケットの指標をRevParの変化で捉えるとしましょう、そのマーケットの平均RevParに変化が生じた場合、背後でホテルの利回りがどのような影響を受けているかを考えます。又、その利回りの変化がホテルのキャピタルマーケットに影響を与えホテルの新規参入等ホテルパイプライン（新規供給）に波及しないかを伺えるマクロ的な視点です。

　市場では競争原理が働くとともに、キャピタル市場と関係し、利益があると多くの資本が集まります。ホテル業界はそれ程大きな参入障壁がありませんので、それら市場原理の影響を受けるはずです。マーケットライフサイクルとは、まず市場ができ、その後発展すると、資本が集まり、競争が激化する、それは需給がバランスするまで進行し成熟期を迎えて最後は衰退の期に入るというものです。

　ただし、最後のフェーズで依然としてニーズがある場合、新たな市場開拓者が現れ、新市場を造り、その結果新たなマーケットサイクルが始まります。このマーケットサイクルの長さは、業界により異なりますが、経済原理が働く限り、基本的にはこのサイクルのどこかに位置するはずです。

　ホテルマーケットのライフサイクルのストーリーをシンプル化して考えてみましょう。マーケットの黎明期は、所有直営方式が大半を占め、需要が徐々に増加する中、ホテル全体としての利益率も上昇するはずです。ただ、そのうちに好調なマーケット環境に着目し、投資家や銀行といった直接・間接金融のホテルに対する知識が拡大します。固定賃貸契約から変動賃料等を織り込んだ所有と経営の分離が進むことになります。またそのような金融市場のバックアップを得て新規ホテル参入を盛んに誘発することになります。競争が激化し、以前ほど高いRevParが維持できなくなる、あるいは、様々な利害関係者が介在することで利益率の低下に転じます。経営効率を重視する流れの中で「ブランド」が導入され、強力なマネジメント力を背景に安定的利益率を維持する期間である成熟期を迎えることになります。ここで一旦ホテル全体の利

益率は再度上昇する可能性がありますが、ホテルブランドの競争が始まり、最終的には経営効率やブランド効果よりRevParの下落が上回り、利益率のさらなる低下が生じる場合にマーケットライフサイクルの衰退期を迎えることとなります。

多くの社会現象は物理的法則に支配されています。特に意思決定者がいるわけでもないのに、自然と何らかの傾向や「まとまり」が姿を現す自己組織化という自然のシステムです。この自己組織化には重要なファクターがあります。それはフィードバック機能です。AがBを生み、BからAに情報がフィードバックされ、さらにAが影響を受ける結果、Bにもさらに影響が及ぶ。このフィードバック機構を繰り返すことで、自己組織化が生じるのです。ホテルのマーケットでも同じです。ホテルニーズ（A）が資本市場に影響を与え（B）、そしてこの新規資本（B）が新たなホテルを生み、既存マーケットに影響を与えます（A）。これを繰り返すことで、ホテルマーケットが自己組織的に生じるのです。

モデルとは、ある現象をシンプルに表現するためのツールです。すべてのマーケットが、このパターン化されたモデルに従うというのではなく、そのモデルをベースにしながら、個々のマーケット特性により修正を加えた処に、各ホテルマーケットのマーケットストーリーが浮かびます。

コモディティ化する市場で求められるサービス

どのような市場であれ、時間の経過にともなって、当初は独占や寡占状態から始まり市場としての黎明期を迎えます。その後市場認知が広がる中で成長期、そして競合の参入が生じて需要と供給がバランスする安定期を経て価格競争からくる衰退期を迎えるというような市場パフォーマンスと時間軸との間に製品やサービスのライフサイクルが見られます。このようなライフサイクルを生む要因の1つに、当初は容易に真似ができなかった製品やサービスであっても、超過利益が競合会社の技術革新等を誘発することで時間の経過に伴って一般化することや、当初こそ敏感であった顧客満足度が時間の経過に伴い鈍化する傾向があること等による「コモディティ化」が挙げられます。

宿泊業界も、市場全体のパフォーマンスの向上は他業種からの参入をも含めて様々

な競合施設の参入を誘発し、その結果「コモディティ化」していくという他の業種と同様の現象が見られるはずです。このようにコモディティ化した市場ではその次に何が起こるのでしょう。そのサービスや製品が必要とされる限り、さらに新たな技術や進化した製品、サービスが生まれ、新たな市場ライフサイクルが改めてスタートするはずです。宿泊市場も、今後ももちろん安定的なニーズが見込まれる業界であるはずです。ではそのような「コモディティ化」は宿泊市場にどのような変化をもたらすのでしょう。

　1つには、コラボレーションや新たな機能性の開発、その他顧客にとっての情緒的価値を付与することによる「新たな価値の創造」が見られると言われます。市場自体のリ・カテゴリー、つまり宿泊市場の機能を根本から覆すような新たなサービスの提供と市場の創出である新たな価値を創出するというものです。ホテルや旅館に宿泊する以外に、客室の備品を購入することをセールスポイントとする等の他の異なる用途性を宿泊機能に附帯させて展開するようなことが一例と考えられます。

　また新たな価値の創出には、顧客の情緒性に訴えるという手法が有用だとも指摘されています。つまり、デザイン性です。外観からホテル共用部の内装や客室内のデザイン性に高い意匠性を施し、顧客情緒に訴えることで差別化するというものです。デザイナーズ・ホテルやブティックホテルと言われるホテルカテゴリーは、コモディティ化の流れのなかで求められる新たな価値の創出として捉えることができるのかもしれません。

　ホテルは「衣・食・住」に対応するような「客層」や「食事」、「睡眠」を提供することから、つまりは顧客のライフスタイルにも深く関係していると言えます。その結果「衣・食・住」に関する時代の一歩先を表現しようとするファッション業界からも注目されました。2000年前後よりライフスタイルの表現あるいは提案の「場」としてファッション業界から多くのホテル業界参入が見られるようになります。この流れはおそらくファッション業界に留まりません。多くの情報やサービス、商品に溢れている現代社会において、顧客は自身のライフスタイルとの調和を求める心理的ゆとりを有するようになっています。商品やサービスに対する顧客のニーズは単なる機能性を超えて、深く顧客のライフスタイルに根ざすあるいは関係するものが望まれるようになってきました。そのような外部環境において、ライフスタイル提案の「場」あるい

は表現手段としてホテルの存在意義は益々大きくなっているのです。そのような外部環境においてホテルのデザインに関しては、ホテルの所在する地域性や文化性を表現したものや、ブランド・コンセプトを忠実に表現したもの等様々な形でホテルの想いを表現したデザインが見られるようになってきました。そしてホテルのデザインを考える上で重要なポイントが、ホテルに社会性があり多くの人を引き付ける場であることから、ホテルは人が輝く場面（シーン）を提供するものであるという視点です。そのためには前提として個々の顧客の場面（シーン）を造り上げるための「パーソナル・サービス」の提供があり、そして「人が輝ける舞台」そのものが必要となります。ではそのようにスタッフや顧客を輝かせる「場」として求められるデザインとはどのようなものでしょう。人が輝くためのデザインとは、その場を見てそこにいる人が若々しく活力ある様に感じ取れる質感ということになります。つまりはセクシーさ（品のある色気）と活力を感じさせるような空間演出が多少なりとも必要となってきているのではないでしょうか。

　人は個々人のプライベートと社会的なポジションを両立させて生活しています。特に昨今は他者との絆やネットワークが価値を生み出す社会環境の中で各自それぞれの社会的地位を有しています。そのような中で社会性とプライベートの生活とをうまく使い分け、あるいはさらにそれらを調和させつつ生活する人が増えており、それに応じてホテルチェーンも様々なホテルブランドを用意しつつあります。つまり今後さらにホテルの提供する機能に社会的な意義をも帯びさせるようなサービス提供が求められてくるはずです。デザインから考えると、どのような質感であるかがその場が提供する機能にも影響を与えますので、ホテルの様々なサービスについても提供する機能から逆にデザインを考えるような視点も併せ持つ必要があります。

　例えばビジネスセンターを考えても、それは単に情報を検索し、必要な内容をプリントアウトするスペースに留めておく必要はないのです。ビジネスセンターで社会的コミュニケーションをとる、簡単な会議も行なえる、地域と顧客とのコミュニケーションを図る等様々な社会的活動をサポートすることもできるのです。つまり社会的意義を付与するような質感でありデザインを検討する必要があるのではないでしょうか。

　また料飲部門では例えば鉄板焼きを考えてみましょう。鉄板焼きは外国人ニーズも

高く今後改めて注目されるレストランカテゴリーの1つとも言えます。さらに鉄板焼きでは、顧客同士が横に並んで食事をとります。つまり食事をしながらビジネスにせよプライベートにせよ親密な会話がしやすい場面（シーン）を提供できるのです。他の空間から独立させ、プライベート感も持たせて、カウンター正面には開けた眺望をも配することができれば開放的な気持ちで顧客間のコミュニケーションも弾むはずです。単に飲食を提供するだけではなく、そのよう場面（シーン）を提供するような環境配慮（デザイン）を考えるべきということになります。他の料飲施設も同様にそこでは様々な社会活動が行なわれています。単にデザインが優れるだけではなく、今後は一人客用のスペースと別に、複数顧客に対してはテーブル配置も会話がしやすいようなゆとりと環境を整えるプライベート感をも考慮に入れた環境造りが重要となるはずです。

　またクラブラウンジではどうでしょう。一定の社会的クラス、客室でいえばエグゼクティブフロアを使用する顧客層に提供されたりしますが、ではなぜそのような空間が必要なのでしょう。エグゼクティブクラスの顧客は、プライベートとビジネスをうまく使い分け、緊急のビジネス対応も必要な顧客層が多いのではないでしょうか。またそのような顧客は旅先でもその国や地域の人達との会合やミーティングを持つことがあるかもしれません。必要に応じて簡単なミーティングが開催できる適切なスペースを確保し、仕事もそこででき、コンシェルジュやゲストリレーションあるいはリラクゼーションやスパマッサージに近いサポートサービスも必要とするはずです。さらに万一にも体を壊すことがないよう、食材には一層の配慮と徹底した食材表示を行ったり、それこそハラル対応を提供したりする等1つ上のサービスを集約する場ともなります。

　もう1つバーはどうでしょう。バーも上記レストランと同様に顧客同士が親密な会話をとることができます。さらにホテルが所在する地域情報を探している顧客にとってホテルのスタッフはまさにその地域の情報の宝庫であるはずです。一人で訪れている顧客は、もしかしたらホテルスタッフとのコミュニケーションを求めている可能性もあり、そのような会話がしやすい雰囲気や質感が大きな魅力に繋がるはずです。またシガーを販売提供するのであれば、シガーの香りが通路に漏れないよう空間配慮ももちろん求められます。

顧客が快適性を感じるためには、顧客側が一切のストレスを感じないようなハードウェアとサービス、スタッフの人的接遇力の組み合わせが必要となります。デザインが優れているとしても、顧客がホテルを使用する中で少しでもストレスを感じるようなことがあれば、デザインは優れていても不快なホテルとなってしまいます。デザイン性を強化するのであれば、その前提として、見た目の空間や質感だけではなく、使用した場合それらは顧客にどのように感じられるのかという時間軸を持った細部への拘り、一切の妥協を許さない徹底したストレス・フリーな空間提供を行なう体制造りが前提となります。

　ここでスタッフの振る舞い、パーソナル・サービスについて改めてシーンメイクという観点から考えてみましょう。シーンメイクとは顧客のニーズを察知し、そのニーズに沿った適切なサービスを提供することで顧客の社会的ニーズを充足することです。そのために求められるサービスは顧客ニーズやそれぞれの顧客が有する背後文脈によって異なります。つまり適宜必要なサービス提供をスタッフが察知する能力、それをアクションに移す努力が必要となります。1つにそのような積極的なサービスを推奨する組織が背後にあることが必要ですがもう1つはハードウェアからのバックアップであり「アフォーダンス」という概念に集約されます。人は所在する環境に応じた振る舞いをとるという考え方です。つまり、人が輝く空間や「場」があって、積極的なサービス提供を推奨するホテルであれば自ずと顧客のシーンメイクに繋がる現在の社会環境が求めるトップクラスのホテルへと繋がるのではないでしょうか。

　これら機能性や情緒性の強化に加えて、コモディティ化した市場において、今後より一層重要となってくるのが、望ましいと感じられる「客層」の統一感とその認知なのだと思います。客層の統一感は顧客にとって安心感以外にも、他の顧客との一体感を感じることによる社会的高揚感を高めます。つまり望ましい客層の統一感は、顧客にとって大きな価値に繋がるはずなのです。弊社調査では、顧客のホテル・コンセプトに対する認知や知覚のレベルと客層認知の度合いとの関係には正の相関が見られました。明確なコンセプトを表現することで、他の顧客もそのコンセプトに共感して宿泊しているのだろうと無意識に感じ取っているというわけです。このような客層の統一感からくる顧客にとっての価値もコモディティ化するサービスの中で新たな価値を創出する手段になりうるはずです。

上記のような新たな価値の創出のさらに次に来るものは、一体、何なのでしょう。それは顧客との関係の中で見出される「価値の共創」だと言われます。ホテルや旅館側からの情報発信やサービスレベルの向上から見出される価値だけではなく、顧客との関係でまったく異なる新たな価値を顧客と一緒に共創するという視点です。例えばですが、泊食分離がすすむ温泉街であれば、宿泊する施設で顔認証を了承していただいた顧客情報を他の施設も共有し、他の温泉を使用するために他施設に訪れた顧客に対して、適切なパーソナル・サービスが提供することができれば「温泉街全体でおもてなし」ができます。

　また、そのように顧客との価値の共創が求められる結果、GMがより一層ロビー廻りで直接顧客とコミュニケーションをとることで、FIT顧客に適切に対応した顧客ニーズを把握するとともに、顧客の満足度を向上させる必要性が出てくる、つまりGMに求められる機能にも広がりを見せるかもしれません。

　日本でも増えつつあるルーフトップバーも、解放感ある環境で商談等顧客同士の繋がりが強化される等を通じて、そのような価値の共創に繋がっているとも考えられます。

　さらに顧客との価値の共創にはもう1つ「おもてなし」があります。そもそも「おもてなし」という言葉は抽象的で非常に曖昧でもありますので、まずは一体「何」で「おもてなし」をするかという具体的なサービスの次元まで落とし込む必要があります。ざっと考えるだけでも「その地域の食材で最高の食事でおもてなし」、「心ゆくまでリラックスできるスパでおもてなし」、「客室でゆっくりできる設えでおもなし」、「四季折々の食材や室礼（しつらい）でおもてなし」等「おもてなし」には顧客に対する様々な表現方法があります。そしてこの「おもてなし」を感じれば感じるほど、ホテルの背後人格を感じるという調査結果も見られました（弊社調査）。背後人格を感じることで、そのホテルや旅館に共感しやすくなり、再度訪れたいと感じるのです。再度訪れたいと感じるということは、そのホテルや旅館の存在自体がデマンドジェネレーター（需要源）に昇格していると捉えることもできます。そしてこのホテルを宿泊すること自体が顧客側の目的となるということは、つまり顧客のライフスタイルに浸透していることを意味しており、顧客にとって、そして顧客とホテルや旅館との間に大きな価値を共創しているとも言えるのです。

このようにサービスとハードが一体となった新たなサービス・コンテンツの開発こそ、今後求められるニーズなのでしょう。顧客とホテル、顧客とスタッフ、顧客とホテルの存する街や顧客どうしのネットワークを構築するような壮大なネットワークにホテルが貢献することができれば、まさにホテルの存在が様々な次元でネットワークのハブとなり、そのような関係性の中で新たな価値を創出するポテンシャルをホテルは秘めているのです。

インバウンド増及び国内需要も堅調な推移を示し、安定的なホテルパフォーマンスを見せている今こそ、その次に迎えるであろう市場変化を見据えた取り組みが求められているともいえます。

ホテルの国際市場

世界全体でみると、ここ数十年人口の増加や所得水準の拡大を背景に観光客数は長年安定的に増加しています。ビジネス層が景気動向により上下したとしても、全体としての観光客数は安定的に膨らんでいるのです。このホテルマーケット・ファンダメンタルについて、さらに国別、エリア別に見ると、特に昨今アジアの台頭が目立ちます。特に中国はすでに世界第三位の観光先進国となっています。観光客数は5500万人を超えています。2010年世界の観光客数879百万人のうち約23%がアジア太平洋地域で占められており、約204百万人の観光客数を有しているのです。

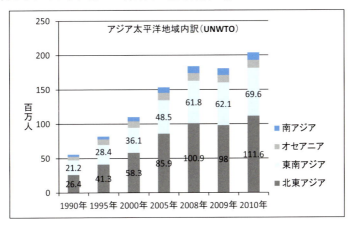

このように、アジア太平洋地域は、世界的にも拡大を続ける観光市場（観光客数）の中にあって、さらに1995年の世界全体に占めるシェアが約16％から2010年時点ではこのように約23％のシェアと存在感を増しているのです。アメリカ大陸各国が1995年に約20％、ヨーロッパが59％であったところ、2010年ではアメリカ大陸各国が約17％、ヨーロッパが約54％と諸外国のシェアは低下傾向を示しています。またアフリカ諸国は1995年が4.1％、2010年が5.6％と、まだまだ規模は小さいものの拡大を続けデスティネーションとして成長を続けています。ビジネスセグメントが不安定な中、全体観光客数という意味では拡大を続ける世界の市場規模の中にあって、そのシェアを拡大しているマーケットがアジア太平洋地域なのです。

　さらにアジア太平洋地域内でも特に高い成長を示しているのが北東アジア地区です（2010年対前年比＋13.9％）。また観光発地別の傾向を見ると大半が同地域内からの入込み客となっていますので、世界から見れば日本は、安全で安心感もあり、人口増及び経済的発展を続ける隣国に恵まれた魅力的なホテルマーケットの1つと言えます。

　そもそも日本は、沖縄から北海道と南北に長い形状にあり、太平洋は西端の火山帯上に所在することからも高低差の険しい地形を生んでいます。またさらに西側にはユーラシア大陸と海を挟んで接することで温帯モンスーンという季節風が豊かな大自然の形成を後押ししているのです。それら我が国の地理的特性が3か月毎の明確な四季を生み出しつつ、さらには地域ごとに異なる豊かな地域特性や様々な文化をも育んでおり、それらが総体となって「ジャパン・ブランド」に結実しているのです。

　一方で世界的なホテル利用者のライフスタイルに目を向けますと、持ち運びが可能なパソコンを携帯するかの如くスマートフォンが世界を席巻しており、人々の日々の生活に計り知れない影響を与え続けています。また観光旅行形態について、いわゆる団体旅行、大衆旅行といったマス・ツーリズムから、個々人が個別の嗜好を重視する個人観光旅行が大半を占める市場に変化し成熟するとともに、エコ・ツーリズム、ネイチャー・ツーリズム、カルチャー・ツーリズム、アグリ・ツーリズム、ウェルネス・ツーリズム、ヘルス・ツーリズム等といったサステナブル・ツーリズム、グリーン・ツーリズムと称され、顧客と価値を共創する観光市場が拡大している環境下に変化しています。

　このように昨今のインバウンド市場の拡大は、オリンピック・パラリンピック決定

等に起因する国際的観光地としての知名度の向上だけではなく、上記のようにそもそも日本の有する地理的特性が昨今の顧客ニーズに合致しやすい環境に変化してきたという点も大きな影響を与えていると考えられるのです。このように考えますと、2020年以降であるオリンピック・アフターにおいても、長期的なスパンで世界の国際観光市場に強くアピールし続けることができる環境に日本を取り巻く国際観光市場のニーズが変化してきたと捉えることができ、今後益々全国で外国人観光客の増加が期待される状況にあると言えます。

さらに日本は 2014 年度 16,903,388 人（円安の影響等もあり対前年度比△3.3%）と多くの海外渡航者を排出している一方で、訪日外国人数を見ると対前年比で＋29.4%と大幅に増加させているものの 13,413,467 人と海外渡航者を大きく下回っている状況にあります。この背後にはビザに関する発給制度のバランスが影響を与えています。日本は世界でも有数のビザ免除対象国（170 カ国以上）の 1 つである一方で、2014 年 12 月時点における訪日用ビザ政策を見ると、日本への入国に際して、商用、会議、観光、親族・知人訪問等を目的とする入国上ビザを取得する必要がないビザ免除国が 67 カ国に過ぎません。つまりこのビザ発給の制度上のバランスが現在の日本人海外渡航者数と訪日外国人訪日者数との関係にも影響を与えているといえます。

今後求められるインバウンド訴求力

このように堅調な市場拡大傾向を予測できる環境の中において今後求められるインバウンド戦略とはどのようなものなのでしょう。例えば地域に根ざした旅館事業では、その地域との関係が強く「食材から」おもてなしを提供する「旅館生態系」とでも表現できる事業特性を備えています。例えばある牛肉をある旅館が取り入れて広域に宣伝し顧客に提供することでその牛肉を提供している酪農家に利益が確保され新たな子牛を飼育するとします。その子牛が新たに放牧地の草を生涯で数ヘクタール食す結果、山が適切に管理され街並みを維持し観光地としての魅力を高めることに繋がるという、いわば旅館を頂点とした地域内における生産者と消費者間の生態系メカニズムが見られるのです。このような旅館生態系を背景に地域から協力を得て他の地域では見ることもまた食すこともできない高品質で魅力ある食材を提供することができ、顧客に大

きな感動を与えることが可能となっているのです。そのような「旅館生態系」が旅館の「食材からはじまるおもてなし」を支え、仕入れ先等も含めた「地域と一体となったおもてなし」を生み出しているのです。また食材仕入れだけではなく、地元住民が旅館で働くことで、その旅館は対外的な地域の情報発信基地ともなっているのです。

　インバウンド市場ではやはりその地域でしか体験することができないサービスが求められるはずです。今後拡大するインバウンド市場に訴求していくためには、一層ホテルにおいても旅館と同様、地域の魅力を発信していく必要があると言えます。ホテルを頂点とする食材からのおもてなし、あるいは地域の情報発信を提供するホテル生態系を構築する視点が一層求められていると言えるのです。

このような環境がホテルマーケット及びホテル価値に与える影響

　上記のようなホテルに関わる外部環境の大きな変化はホテルマーケットにどのような影響を与えるのでしょう。ホテル市場の収支パフォーマンスに関しては、このような環境が益々市場を活性化していくことが容易に予想されます。一方で同時に新規ホテル開発にも強いモチベーションを与える結果、市場の需給バランスをダイナミックに変化させていくでしょう。

　まず土地の有効活用の一環としてホテル建設計画が増加します。開発事業の意思決定に当たっては、開発後の建物用途に応じて、完成後の事業収支を予想します。その収支が十分に採算の取れるものであり、且つ最も魅力的と考えられる用途が選択されていきます。それではホテル以外の建物用途を取り巻く外部環境はどうでしょう。ここでオフィスビルの外部環境要因を見てみますと、労働人口が縮小傾向にあり且つＩＴ環境の変化もあって１人当たり必要とするオフィス床面積が縮小傾向にあります。また賃貸マンションや分譲マンションに関する外部環境を考えますと、そこにもオフィスビル同様地域格差はあるものの、上方に硬直的な所得水準及び人口総数の減少傾向を背景としている状況にあるはずです。一方でホテルに関して言えば、上記の通りここ２、３年で中長期的に安定的な需要が期待できる環境に大きく変化したために、想定収支の策定に当たっても他の用途よりもホテルを建設した方が、期待収益が大きいという結果を得やすい環境にあるわけです。この傾向は首都圏や大都市に限りませ

ん。昨今のインバウンド市場はアジア圏を中心にリピーター市場でもあり、日本国内魅力的な観光地であれば市場規模を引き上げる力があります。このように新規ホテル開発によって、需給バランスが新たに均衡するまで続くものと思われるのです。このように今後のホテルマーケットは、市場規模のさらなる拡大及び様々な顧客ニーズに的確に対応するために多くのホテルブランドが進出する市場に変化するものと思われます。さらにホテル価値に対する影響です。ホテルは収益用不動産であるため、ホテルの事業価値及びその不動産の価値は収益価格で決定される傾向にあります。ここで海外顧客対応力の高いホテルとそうではないホテルとを比較しますと、仮に同年度の収支実績が全く同じホテルがったとしても、将来における収支「予想」が異なるのです。国内需要をメインターゲットとしているホテルと比べて、海外顧客対応力が高いホテルでは、外国人観光客に対する訴求力あるマーケットに所在する限り将来収支を強く見積もることが可能となるのです。収益価値とは、現在収益だけではなく、将来収益力もすべて織り込んで（収益価値＝将来収支を想定した上で、将来収支を現在価値に引き直し合計したもの）求められます。つまり自ずと海外顧客対応力あるホテルが価値的観点からも求められる環境になりつつあるとも言えるのです。

地域情報拠点として今後求められるホテル機能とは

　ホテルや旅館は単に宿泊機能を提供しているだけではありません。地域特産物を活かした食材や食材提供者が見える化された食材からのおもてなし、顧客ニーズに合致した情報の提供等地域のゲートウェイとしてその地域と来訪者を結びつける重要なネットワークのハブとなりうる機能を提供しています。全国には多くのホテル、旅館があり、それら我が国ホテル及び旅館市場からの地域情報に関する事前発信（PR）から到着する顧客に対しアクセス手段に関する情報等、事前のサポートの提供や、さらにその後滞在期間中に求められる地域情報や機能提供、災害時には安全基地として機能する等周知徹底することで安心感を提供すること等も可能なのです。それら全国のホテル、旅館から外国人観光客に対して必要とされる機能提供があれば、まさに直接的且つ最も効果があるインバウンド向けサービスといえるのではないでしょうか。

そのためには、健全なホテル旅館マーケットを育成する視点が欠かせません。ホテルや旅館の経営の安定化や財務健全性の確保及び維持に関するバックアップの他、ナショナルチェーンが多いホテルや旅館マーケットついて、品質認証や格付け情報等的確な事前情報発信の他、人員育成と必要人員確保を容易にする施策等国を挙げて、ホテルや旅館が継続企業として成長し発展することをサポートする視点が不可欠です。

　それらと併せて、効果的且つ実行可能性に優れるホテルや旅館のネットワーク機能を周到に準備し適切にサポート・強化することこそまさに今求められているのではないでしょうか。

東京オリンピック・パラリンピック効果

　2020年には世界的なメガイベントを控えることになりました。このメガイベントの開催により、ホテル業界をはじめ幅広い産業に対して大きな経済効果が期待されています。日本でも近年ワールドカップや冬季五輪を経験していますが、56年ぶりに迎えることになった夏季五輪にどのような効果が期待できるのかについて、特にホテル業界に焦点を絞り、改めて考えてみたいと思います。

　競技数も多い夏季五輪については、全世界の注目を集める開会式をはじめ、夏季オリンピックの開催期間を通じて外国人観光客の大幅な増加が期待されています。オリンピックの観光市場に与える効果が、通説のごとく期待されるのは、開催に向けて世界レベルで様々な施設が整備されることや、開催都市及び開催国の情報が広く海外に紹介されることで潜在的な観光客を強く広く引き込む効果が期待されるからです。まずは、このメディアを通じた宣伝効果について改めて考えてみたいと思います。夏季五輪の開催については、開催国の文化なり、ライフスタイル等を海外に大きくアピールできる場として、これ以上の機会はないとも言われます。開会式を見る人の数ですが、世界人口が約70億人で、そのうち約16億人はテレビにアクセスできる環境にないものと推定されており、残りの人口のうち5歳以下（約3億人と言われる）を除く人口の約40%が冬季五輪を、80%が夏季五輪の開会式を見ると言われているようです。世界人口の約半数、30億人から40億人が開催都市及び開催国の情報に触れるということが、そもそも観光市場に「大きな効果がある」と言われる理由の1つのよ

うです。もしこの数値が事実だとすれば、確かに相当な効果が期待できそうですが、この数値自体はテレビを見ることができる場所にいる推定人口から割り出されたものであり、いわば潜在的な視聴者数という意味に近いものです。実際の数値を見ますと、アテネ夏季五輪開会式の視聴者数を全世界で積み上げると約 127 百万人と推計されています。仮に 2 週間として、最大に見積もりこの開会式と同じ人数が全期間にわたって視聴したとしても、127 百万人× 14 日≒約 18 億人となります。この数値は依然として驚くべき数値ですが、夏季五輪効果の根拠として挙げられる 30 億人や 40 億人という表現には注意が必要なようです。

オリンピック関連観光客の需要特性とホテルマーケット

　実際に近年開催された他都市における夏季オリンピック効果を改めて見てみたいと思います。夏季及び冬季オリンピック期間中の観光客は、「観戦」という明確な目的を持っていると言われます。つまり、従来の観光やアミューズメントを目的とするような観光客の行動パターンとは異なり、ビジネスユース、コンベンション利用客と同じような傾向があるようです。また、近年オリンピックを開催した都市では共通した現象である「Displacement」が見られます（和訳しますと「置換効果」、「立ち退き効果」でしょうか）。オリンピックが開催される都市では、このメガイベントが開催されることからくる「混雑」や「宿泊料金等の高騰」が都市イメージと繋がる結果、開催都市の既存マーケットを形成している観光需要を一時的に引き離してしまうと言われているのです。

　1992 年バルセロナ夏季五輪では、開催前の 1990 年、客室数 10,265 室で稼働率 71%だったものが、開催年である 1992 年には、13,352 室、客室稼働率 64%に減少していました。開催年に客室稼働率が減少するという結果には違和感もありますが、この世界的イベントは 2 週間程度と短期間である一方で、選手村をはじめ、多くの宿泊施設が建設されていますので、開催年の年間を通じた客室稼働率では低下する結果となっています（なお、客室数は増加しており、全体の販売室数自体は増加しています）。バルセロナ夏季五輪では開催年の翌年である 1993 年に客室稼働率を 54%まで下落させているようで、事態はより深刻となりました（ただし、その後は 1998 年に

は81.2%まで回復、2000年には施設数182、客室数16,561室と増加させつつも、客室稼働率は84%を記録しています)。同様の傾向は2000年のシドニー夏季五輪でも見られます。開催年である2000年の前後で観光客数を減少させています。ADRは開催時には40%上昇したようですが、その前後で客室稼働率を低下させる結果となっています。また観光客数の変動については、ソウル夏季五輪、アテネ夏季五輪、記憶に新しいロンドン夏季五輪でも、この「Displacement」現象が見られました。観光客数については開催期間前後で減少させているのです。

　短期間に150万人とも言われるイベント観戦者を集めますので(国内からの観戦者が多いという傾向もあります)、開催都市では一時的に大幅な観光客増が期待できますが、上記の通り、開催期間の前後期間では逆に観光客数を減少させる傾向があると言われているのです。観光客数の変動は、そのまま開催都市のホテル客室稼働率にも影響を与えます。オリンピック期間は短期間であるにも関わらず、開催国側の期待や、失敗は許されないという責任感も背景に、その短期開催期間中の宿泊需要量を基準に宿泊施設が整備される傾向があり、宿泊施設のオーバー・ストック、つまり過剰供給も懸念される事項の1つと言えそうです。

オリンピック効果に関する要諦と展望

　まず、短期的に開催期間中は、スタジアム観戦者数は150万人前後に及びます。開催期間中については大幅なADR増(シドニーでは40% UP)及び満室稼働が予想されます。また、「Displacement」現象が及ばない、開催地から車で約1時間圏内では、これまで知られていなかった観光地等が広く知られるようになる結果、オリンピック開催後も継続して観光客数が上昇する傾向もあるようです(1994年ノルウェー、リレハンメル冬季五輪)。また、バルセロナ夏季五輪では、上記の通り1992年の開催後、1993年、1994年の客室稼働率を大きく低下させたものの、その後に際立った回復局面を迎えています。行政側の積極的な継続的プロモーションも功を奏し、開催期間を通じて世界レベルの施設や観光地としてのイメージを浸透させた結果、国際会議等のMICE需要をうまく取り込んでいるのです。

　夏季五輪の開催は、全世界へ開催都市なり開催国を改めてアピールできる大きな舞

台であり、チャンスではありますが、開催自体が開催国を国際的巨大観光都市の地位にのし上げるわけではないのです。全国の新幹線網や地方都市を結ぶ空港インフラを背景に、この世界的なメガイベントを通じて日本の魅力や開催都市だけではなく、全国観光地の魅力をしっかりと伝えることで、上記「開催都市から車で約1時間圏における観光客増効果」を局地的なものに留めず全国に波及させること、国際的なイベント会場を活かした開催後のMICE誘致戦略も並行して強力にプロモーションする必要があります。「Displacement」現象を見据えて本来の観光客への配慮も可能な限り行ない、2020年東京夏季五輪を、決して「Displacement」現象の好例として使われることのないよう、むしろ予想される開催後の「日常への回帰」を回避した世界的な夏季五輪の成功事例へと一丸となった取り組みが求められているのです。

ビジネスホテル市場構造変化予測

　急激に需給が逼迫したマーケットにおいては、豊富な需要に対する販売に関するシナジー効果や、効率的な経費構造の構築が期待できます。つまりこれまで以上に、マーケットの急激な需給逼迫が特定マーケットに対するドミナント戦略という形で見られるようになるはずです。ただし一方で、超過需要や超過利益は、参入障壁が低ければ低いほど、新たな市場参加者を集めます。仮に2020年のオリンピックイヤー後に建築費の高騰が一段落するとすれば、その後多くの新規開業が予想されます。スケールより密度を重視するようなドミナント戦略では、仮にオーバーブッキングとなったとしても、ドミナント圏域内チェーンホテルに送客しカバーすることができるかもしれませんが、そのためには、建物仕様やサービス内容が一様であることが重要な要素となるはずです。そうであれば新規参入者側にとっては、そのようなドミナント戦略をとるホテルチェーンのサービスレベルをくまなくチェックしたうえで、それを少しずつ上回る質感やサービスを提供することで差別化することが容易になります。またホテルは、利益を追求するビジネス視点と同時に、利用者に十分満足してもらいリピーター客を確保する顧客視点を同時に満たす両者のバランスが求められます。ドミナント戦略が超過需要を謳歌する間に、仮にそのようなバランス感覚を逸してしまいますと長期的には大きな事業リスクも包含してしまいます。このように現在の市場

変化は、特定のマーケットに対するドミナント戦略を誘発すると同時に、これまで以上に他社が真似のできないような参入障壁を自ら築くこと、またビジネス視点と顧客視点のバランス感覚に一層磨きをかける必要性を浮かび上がらせるのです。

シティホテル市場構造変化予測

　一方でシティホテルでは、特定のマーケットにおけるインバウンド比率の急激な上昇が予想されます。海外ホテルチェーンにとっては強い追い風とも言え、さらなる海外ホテルチェーンの出店も予想される一方で、国内ホテルチェーンでは、海外向けの知名度の向上や英語対応はもちろんのこと複数言語対応が求められることになります。日本人向けのサービスと海外顧客向けのサービスでは、微妙に差異があるでしょう。チェックインサービス1つとっても、海外顧客では、遠方から疲れた体でようやくホテルに到着し、絨毯敷きのロビーで、ベル・サービスが無ければ、重い荷物を引きずりながら客室に向かうというのでは、最初の段階で大きく顧客満足を引き下げてしまいます。また、到着までの道中においてもさまざまなドラマがあったかもしれません。飛行機が遅延したり、雨天で大変な思いをしたりと、ストレスを抱えたままチェックインするケースも多いはずです。フロントデスクでは顧客との会話を通じて労をねぎらう時間的ゆとりも提供する必要がでてくるでしょう。一方で日本人顧客では、より素早くチェックインし次の目的に備えたいかもしれません。この顧客セグメントあるいは顧客ニーズの多様化が意味するところとは、日本人顧客と海外からの顧客でサービスの質を変えることを意味するわけではありません。顧客それぞれの文脈に応じた適切なサービスを提供するという「パーソナル・サービス」がより一層重要となるということを意味しています。そのような意味で、今後予想される急激な市場変化は、ビジネスホテルセグメント、シティホテルセグメントいずれにとっても、サービスレベルを否応もなく強化するべき局面を非常に速いスピードで迫っていると考えられるのです。

インバウンド市場に求められるサービス

　海外、特にアジア諸国にてホテルサービスについて意見交換をしますと、その都度日本のホテルサービス力は世界最高レベルであろうとの高い期待感が伝わってきます。そこで今回は海外からの顧客に対して重要な取り組みになると思われるサービスにどのようなものがあるのかについて、改めて今後のインバウンド顧客増を見越して考えてみたいと思います。特に客室内において、ホテル側の顧客配慮を強く感じさせることができる大きなチャンスが、客室のデイリー・サービスとターンダウン・サービスをはじめとする日々の客室のイブニング・サービスだと思われます。インバウンド市場では連泊者の増加が期待されることから、これら客室デイリー・サービスや客室イブニング・サービスの徹底及び必要があれば見直しや対応強化も必要となってくるはずです。客室内での「おもてなし」を凝縮したそれらサービスについて改めて考えてみたいと思います。客室デイリー・サービスでは、埃、汚れや傷みをその都度確認し、2日目に見逃さず適切に対処する体制造りや、ベッドリネン類の取り替えについて不要と判断した顧客の意思を尊重する掲示カード有無の確認及び顧客の衣服や靴等のパーソナル・アイテムに対する清掃時のきめ細かな対応、利用されたドリンクの種類に応じた個別の補充が改めて求められます。またバスルームの鏡に曇り止め対策がなされていないような場合、鏡を拭く度に顧客側のストレスを増大させてしまいます。客室イブニング・サービスについては一部のホテルに限られてしまうものと思われますが、例えばテレビをベッド枕の方向へと適切に調整する気配りや、清掃及びごみ箱の整理、バスマットのセッティングや客室用スリッパをベッドサイドに適切に揃えてセットしておくこと、私物以外は整然と片付けつつ衣服や書類等顧客の私物については慎重に適切に取り扱うこと（バスルームの私物は過度にならない程度に、またその他私物は基本的にそのままとすること）、眺望が見込まれる場合には、カーテンの調整や夜間に最適な照明調整、バルコニーがあれば、座りやすい用に再セッティングする等の細部の配慮が大きな満足に繋がるはずです。

その他サービスアイテムについて

　その他基本サービスとしては英語対応及びその他複数言語対応や客室をはじめとするロビースペース等でのWi-Fi設備の他、海外プラグ用の変圧機対策が挙げられます。Wi-Fi接続については電波強度に問題のある場所がないか等についても十分な確認が求められます。特に昨今ビジネスとレジャーを区別しない自由で効率性を重視するようなライフスタイルを有する顧客が多いとも言われる環境にあって、滞在時のサービスアイテムについては、劇場やスポーツイベント等のチケットの手配、ゴルフ場、近隣レストラン、キッズアトラクションや美術館の所在と営業時間、展示内容の確認、その他教会や映画館、コイン、スタンプ、ＣＤ・ＤＶＤショップ、コンタクトレンズショップ、自動入出金機の場所等の十分なタウン情報の提供が求められるものと思われます。またホテルに文化や歴史的背景があればそれらに関する簡潔な説明資料の他、ジョギングマップの提供、海外スポーツ観戦や選挙結果等の情報提供が挙げられます。さらに客室内備品の購入可否の検討や、充実したビジネスセンター・サービスの提供（プリントアウト、カラーコピー、顧客ＰＣからの打ち出し、スキャニング、テープやホッチキスの準備、ファックスの送受信、電話会議用機器の用意等）、その他レンタル自転車の提供等も確認すべきでしょう。顧客の緊急時を含めたきめ細かなサービス提供としては夜間での英語対応可能な人員の配置、バンドエイド等その他メディカルリクエストに対する対応可否の確認、利用可能な薬品店情報や虫（蚊）よけスプレー、耳栓の提供、シャツのカラー・ステイや衣服ボタンの修理対応、簡易（なくした場合の）カフスの準備、痛んだ靴紐に対する簡易靴紐の提供、靴やメガネ修理サポート、バスタブ用の枕の準備やバースデイ用アメニティや記念日用アメニティ、携帯電話レンタル、パーソナル・ショッパー・サービスの検討等も課題となるはずです。快適性に関連する項目としては、窓の開閉対応（解放鍵の貸出等に関する方針の確認や説明資料の準備）、加湿器の準備、ルームサービスがない場合におけるホットティーやミルク提供の検討、客室にバゲージラックが設置されていない場合には簡易ラックの検討も必要でしょう。顧客移動に係るサービスとしては、ドアマン機能の確認、ホテルに到着するまで分かりやすい案内があること、遠方からの移動で疲れた顧客に対して、特にロビーや客室通路が絨毯敷きの場合における適切なベル・

サービスの対応状況も再度入念に確認される必要があります。シャトルバスやリムジンサービス等のトランスポーテーション・サービスの見直しや電車情報やチケット手配対応の確認、フライト確認及びシート確保のサポート提供体制を再確認する必要があります。安全性や安心感に関連するサービスとしては、セーフティボックスのスムーズな開閉サポート（番号忘れ時等）、糖尿病その他アレルギー対応が必要な顧客、ベジタリアン客、ムスリム客に対応したメニューの準備や食材に関する海洋生物保全プログラム等への準拠性、パスポートやビザに関するアシスタントサービスの有無、フロントデスクにおけるウェークアップ・コール・リクエスト受託対応、旅行用鞄の修理対応等様々なサービスアイテムを検討する必要があります。このように連泊数が併せて上昇する可能性のあるインバウンド市場に対して、どのようなサービスが今後求められ、それらにどのように対応するのかを入念に検討する時期に来ているのです。

サービス強化をビジネスモデルに取り込む

　サービス強化では、サービス内容を適切な要素（次元）に分解することで、求められるサービスレベルをコントロールすることが可能となります。1つのサービス提供であっても、それを例えば「迅速化する」ことで、より一層感動に繋がるような価値あるサービスに繋げることができるはずです。そしてそれらすべてビジネスとして可能であることが前提となります。ホテルを取り巻く環境には、情報が不十分であることから適切な価格調整が期待できないという「市場の欠陥」があります。したがって「おもてなし」をビジネスモデルに乗せるためには、事前にホテル側の価値観を適切に表明し、顧客側に期待感をしっかりと抱いてもらうことで適切な対価に繋げること、その上で、サービス・スタンダード等コントロールできる次元にすることでビジネスとして可能なサービスにすることが求められます。また事前の期待でもう1つ、大きなポイントが「客層」です。「客層」は顧客に安心感と、さらにそれが望ましいものである場合には、それと一体となることで、内に秘めたプライドを喚起すると同時に、社会的欲求を充足させます。例えば40室未満等少数客室であれば自身と同様の価値観を有する顧客であろうと自然と想定されますが、何百室という大型ホテルになればなるほど、様々なパッケージプランや様々な目的を有した顧客が混在していると感じ

られる結果、どのような顧客が利用しているかまったくイメージができなくなってしまいます。そこで求められるのが「ホテル・コンセプト」あるいは「ホテルブランド」です。弊社調査でもコンセプトを強く感じる程に「客層」に統一感を感じる傾向が見られます。自身のホテルがどのようなサービスを用意しているのか、さらにそれを「コンセプト」にまで昇華し表現することが求められるのです。

従来の枠を超えたホテルサービス

　もう1つ、ホテルの所在する地域にとって、その存在意義をより高めるような取り組みも考えられます。宿泊機能、宴会機能、料飲機能等として従来通りにホテルを捉えるのではなく、ホテルが有する地域に根差す、あるいはより広い社会的な機能性を見直すことで、ステレオタイプ的なホテル定義から大きく踏み出し、地域を取り込む、ホテルという枠を超えたサービス提供も模索することもできます。ホテルはその地域にとって、遠方から訪れる人にとってのゲートウェイでもあります。その地域の情報を最大限発信することで、地域からの応援も得られるような取り組みも今後みられるかもしれません。地域に所在する有名レストランが多数あるのであれば、ホテル内部では最小限の料飲部門に留めて、提携先として地域に所在するレストランへ送迎サービスを提供し、そのレストランでの体験もホテル利用時の総合的な体験の一部とする等、地域経済へ貢献しつつ、ホテル自体の競争力も高めるような取り組みも考えられます。

　現在の外部環境を情報量という視点で捉えなおしますと、顧客にとって様々な情報は、アクセスが非常に容易であり、限りなく身近な存在となっています。豊富な情報に溢れる外部環境だからこそ、ホテルに求めるサービスの質も必然と変貌の過程にあるはずです。従来のホテルサービスにとどまらず、より自分達の求める特別なサービス、つまりホテルが宿泊機能等の基本機能のみではなく、個々の顧客にとって新たなホテルライフをそこに重ねて追求できるようなサービス提供が求められるはずです。たとえば従来のホテルサービスという枠を超え、客室に自分好みのアメニティがありホテルで購入もできる、あるいは好みにあうオリジナル商品をそのホテルでは提供している等、情報が溢れる外部環境だからこそ求められるサービスの質と調和するよう

なホテル側の感性が今後より強く求められているように感じます。

それぞれのホテルカテゴリーに応じたスタッフ接遇のあり方

　コンセプトを明確化し具現化するにしても、スタッフも同様に足並みがそろっていないとその効果は半減してしまいます。またスタッフの振る舞い方についてもシティホテル、リゾートホテル、ビジネスホテルやブティックホテル、デザイナーズ・ホテル等様々な市場へのアプローチ方法に応じた適切な"調合"が必要となります。これまで多くのホテルを調査してきましたが、コンセプトやテーマが明確になればなるほど、スタッフとのギャップを強く感じさせられることが多くなります。

　そこで、独自のホテル・コンセプトを有すれば有するほど重要なポジションとなるのが、「ゲストリレーション」だと思います。これは海外にあるホテルの例ですが、そのホテルのサービス・スタンダードを完全に感じ取らせるような「演じるスタッフ」がゲストリレーションとして1名配置されていました。その国でも5スターの称号を得ているこのホテルでは、他のスタッフはそれほど印象に残るものではありませんが、ゲストリレーションの担当スタッフは、専用のデスクがあるにも関わらず、常に顧客に歩み寄れるよう姿勢よく周囲に気配りし、できるだけ多くの顧客と接しようと意識しているようでした。スタッフの印象をコントロールするような「ゲストリレーション」や「コンシェルジュ」等のスタッフを、客室規模にも応じて配置することで、ホテル全体のスタッフの印象をカバーしつつコントロールするような取り組みも今後より一層重要になるのではないでしょうか。

インバウンド市場とホテルの価値との関係

　ホテルは収益用不動産であるため、ホテルの事業価値及びその不動産の価値はホテルの収益性で決定される傾向があります。ここで海外顧客対応力の高いホテルとそうではないホテルとを比較しますと、例えばそれぞれのホテルで、稼働率及びADR、その他同伴係数等が仮に全く同じであり且つ経費構造も異ならない場合であっても、顧客セグメントが異なっていることでそれぞれの将来収支想定に大きな違いを生じさ

せます。この違いは国内需要をメインターゲットとしているホテルと比べて、海外顧客対応力が高いホテルでは拡大するインバウンド市場を受け皿とする収支想定が可能になることに起因します。そのような宿泊施設では売買市場が判断する当該宿泊施設の将来収支予測を相対的に強く見ることが可能となるのです。収益価値とは、現在収益だけではなく将来収益力もすべて織り込んで決定されますので（収益価値＝予測される将来収支を現在価値に引き直し合計したもの）、将来収支の予測の違いは、ダイレクトにホテルの価値にも影響を与えるということになります。

　昨今ホテル価値が上昇している背景には、拡大するインバウンド市場を背景に現状の収支が改善しているホテルが多いという点ももちろんありますが、それ以上に将来収支の想定が直近実績を上回る収支ライン、将来的に強気の収益フォーキャストが描かれていることも強く影響しているのです。

インバウンド市場への訴求力チェックポイント

　では具体的にホテル売買市場では、海外対応力の違いをどこで見ているのでしょう。1つにはそのホテルの「ブランド力」です。海外のホテルオペレーターであることで、対インバウンド市場に対して高い訴求力が見込まれます。特に国際観光市場で多くの会員を有するホテルでは、ＰＲ効果を含めてインバウンド市場における集客力を強く見込むことができるというわけです。

　次に運営面に目を向けますと、海外スタッフが常駐していること、またフロントスタッフやコンシェルジュデスクでは英語対応が可能であることが求められます。ホームページについては、複数言語対応ができていることが望まれます。英語の他、中国語では2書体対応、韓国語対応の他、複数言語対応が適切にできているかが求められます。レストランについては、メニューに英語表記が適切に併記されているほか、アレルギーの確認や苦手食材の確認が英語を使用して可能か否かを見ています。また朝食では洋食や中華等和食以外の品数（ターゲットマーケットとも関係）が適切に調理でき提供されているかが確認されます。そこでは今後、ハラル対応やベジタリアン対応も評価対象となります。もちろん徹底したハラル対応というのは厨房内の区分けや調理方法の選別、使用しているプレート類まですべて特別に用意する必要がある他、

食材調達から徹底した管理が求められますので容易なことではありません。ただしここではポーク表示やその他牛肉表示等可能な限り海外対応しようとしているという姿勢が求められているのです。またシリアルでは、単にシリアルを提供するだけではなく、顧客視点で求められるであろう豊富なトッピングも適切に用意し提供していることや、サラダについても十分な種類が用意されているだけではなく、ドレッシングに対する拘りやサラダと併せるハムやスモークサーモン等のトッピングが豊富に用意されていることが望まれます。さらにパンの種類についても豊富な種類が用意されているとともに、ジャムやバター、その他パンに対するトッピングも豊富さも一層重要なポイントとなります。オープンキッチンでは、例えば玉子料理にしろ、顧客の要望を丁寧に確認し反映した調理を行なうことも、顧客ニーズに対応したサービスとして評価されます。

　フロントサービスでは、外貨換金もドルだけではなく換金キオスクを設ける等複数国対応が望まれる他、ロビー設置の新聞についても、日系主要紙だけではなく、利用者の多い国に関連する新聞類も用意する必要が出てきます。客室への早朝新聞サービスについても、顧客の国籍にできるだけ対応したサービスがされていると大きな共感を呼ぶでしょう。客室へのアテンドサービスを提供している場合には、英語対応を用意しておく必要もでてきます。

　客室備品については、枕が2つあることや、700mm × 1,400mm 程度の大き目のバスタオルを用意すること、あるいはバスローブを検討することの他、ダブルルームではベッドサイズでキングサイズが用意されていること等が挙げられます。また設置されている電話では、番号案内に英語が併記されている他、概ね海外の110VAから240VA等海外家電製品に対する対応等も求められます。また客室内だけではなく、全館Wi-Fi対応が提供できていることの他関連付帯サービスとして、海外から持ち込まれた携帯電話に使用できるシムカード販売サービスもあればなお喜ばれるでしょう。

　大浴場が用意されている場合には、日本流の使い方が英語で丁寧に説明できていることが望まれます。

　その他細かな点では、ルームサービスにおけるサービス提供の仕方です。日本人は自身でプレートカバーを取り除く一方で、海外ではスタッフによる完璧なサービスが

求められる傾向があるようです。またキャッシュトレイについても、海外顧客対応サービスでは、トレイを使用せず、丁寧な手渡しが望まれることも多く、今後当該ホテルの主要ターゲット国に対するサービス提供を十分に研究し用意していく必要があるのです。つまりそれだけ日本の宿泊業界が国際化しているということなのです。そしてこのようなインバウンド市場に対する対応力の違いが、大きくホテル価値に影響を与える市場に変化しているとも言えるのです。

ホテル事業会社の新たな対策

　世界的に有望な国際的観光市場に変貌しつつある日本の宿泊業界にとって、適切な人材を確保すること、その他サービスメニューをターゲット国別にしっかりと研究することはもちろんですが、所有と経営が分離しているような場合ですと、オーナー視点でも上記取り組みは強く求められてきます。また定期建物賃貸借契約や運営委託契約で契約の期間満了日が近い場合であれば、海外ホテルオペレーターへのブランドチェンジやインバウンド訴求力ある運営者を模索する動きも活発化してくる環境にあることも十分に理解しておく必要があります。このように今後上記のような取り組みや運営視点が日本のホテル事業会社にとっても益々重要になっているのです。

　我が国宿泊業界では、力強いインバウンド市場の後押しもあり、様々なホテルカテゴリーにおいて、新規ホテル開発が動き出しています。その結果、既存マーケットを活性化するとともに、様々なコンテンツや、ホテル・コンセプトを擁したホテルが多く見られるようになりました。ここではそのような市場の大きな潮流の中で見られるホテルの新たな動きや今後一層求められるであろう顧客ニーズをまとめてみたいと思います。

　これまで安心安全性の確保を基礎にしつつ、客室を中心とする適切な機能性を確保し、その後に空調設備水準やリネン類の向上、照明等も活かした快適性の向上により競争力を引き上げるケースが良く見られました。ただし、上記のような環境にあって、差別化に繋がり且つアピール力でも優れる手法はほぼ出尽くした感があります。よく見られるのがバスルームの競争力強化です。シャワーブースやバス、トイレを分けフォーポインツバスルームにする等快適性を高めたものや、女性用アメニティを豊富

に取り揃え、拡大鏡を設置した上で照度も十分に提供することで女性ターゲットに高い満足を提供すること、また条例でクリアでき可能であればビューバスを設ける等バスルームそのものの差別化も多く見られます。またベッドではデュベスタイルを提供するだけではなく、デュベカバーをマットレスに適切に収めた丁寧な設えや、2種類の羽毛枕を設置する他、クッションやベッドスローに意匠性を持たせる例も多く見られるようになりました。またロビー空間では、天井高を4m以上、中には7mという宿泊特化型ホテルも出現しています。

　また、顧客が事前に強く期待しているポイントが大きく3つあります。それはチェックイン時の印象（フロント・ロビー）、その後の客室に対する期待、最後に翌朝の朝食です。これは旅館であっても、シティホテルやリゾートホテルであっても同様です。宿泊特化型ホテルとシティホテルや旅館と異なるのは、その他小さな期待の山が上記3つの大きな期待の山の前後に分散して見られるという点です。いずれにしましても、先ほどの大きな期待の3つの山に対するホテル側の取り組みは日々進化している印象を受けます。それでは今後はどのような設えやサービスが求められ、効果的と考えられるのでしょう。

　まずは上記のような顧客の期待ポイントを適切に押さえたうえで、全体を通じて高い清潔感を維持できていることが大前提となります。

　その上でさらにリネン類に対する徹底した拘りが挙げられます。まずはベッドシーツについて、1インチ（2.54cm×2.54cm）における縦横糸数を示すスレッドカウントで概ね130本程度のものから、今後より一層快適性をアピールするため、100%コットン素材で200本、ラグジュアリークラスであれば300本以上を提供すること等も求められるでしょう。シーツのスレッドカウントが上昇すればそれだけリネン費用も上昇し、素材の耐性も低下してしまいますが、肌触りが良く心地よい客室体験を提供できるはずです。バスタオルであれば、630mm×1,300mmサイズが多い中、今後インバンド顧客増も見越し、サイズを引き上げ700mm×1,400mmサイズで且つタオル重量で1,600匁（500g）以上の厚みがあれば好印象に繋がります。バスローブであれば、バスローズ重量で1.0kg以上、できれば1.2kgでヘチマエリ仕様であれば高いグレード感を表現できます。ここでタオル類やバスローブで特に留意点なのですが、「ほつれ」がある場合には、どれほど良い質の素材を採用していても「古い」

ものを使い続けている、つまりは清潔感にも関係し印象を悪くしてしまいます。リネン委託先のチェックとともに徹底したハウスキーパーのダブルチェックを行ない必要があれば丁寧に修繕する等の対応が求められます。

またデュベカバーについても、床に垂れていてはせっかくの清潔感あるデュベスタイルが台無しとなってしまします。ナイトウェアについても上下の２ピースを基本とし、タオル類もほつれや色落ちなく白度の高い状態で提供することで、高い快適性を提供できます。また意外に見落とされているのが、枕と併せて設置されていることが多いクッション類です。これはそれ自体の洗濯が容易でないことから、香水や整髪料の臭い残りも見られます。

またバスルームは狭い空間であることから、顧客が使用時に細部にまで目が届いてしまいます。つまり徹底した中長期的視点からの細部点検と清掃だけではなく維持管理、修繕管理が望まれるということになります。また自動温度調整の給湯であっても温度調整に時間がかかっている場合や、またシャワーの水圧は少なくとも十分に気持ちの良いレベル（8ℓ/分以上）でないと、コスト削減を意識していることが容易に感じ取られてしまう他、顧客が全裸の状態ですので大きなストレス源にすらなりかねません。またシャワーを浴びる際に目につく天井の換気口付近が汚れていては、気持ちよくゆっくりシャワーを浴びようという気持ちを無くさせてしまいます。客室は顧客が最も高く事前期待を有していますので、できうる限りの清潔感の提供及び顧客に対する配慮が求められるのです。

またホテルでは様々な場所で顧客に対するホテル側の配慮を見せることで、顧客との心理的な結びつきを持つことができます。特にポイントとなるのが、スタッフが不在の場所に対する配慮です。客室フロアのエレベーターホールにおける電話機に丁寧な番号表示がる他、例えば大浴場内のリラクゼーションスペースにおける館内用電話の設置等できうる限り顧客との繋がりを持ち、なにかあればいつでも連絡を取れる体制を提供することで、ホテルで見られる「擬人化」現象に繋がります。顧客に共感されるホテルや旅館は「人」として認知され、あるいは擬人化して表現されます。それは、ホテルや旅館のサービスの背後に深い施設側の顧客に対する愛情や配慮を感じることができるからなのです。ホテル側の明確な「コンセプト」が「客層」を感じやすくし、また高いスタッフサービス力や対顧客配慮が、ホテルや旅館に「人格」を与え

ているのです。

　ホテルや旅館での様々な滞在体験から、顧客はホテルや旅館に対して何らかの人格性つまり「パーソナリティ（性格特性）」を感じ取っています。ここにはおそらく、「ミラーニューロン」と呼ばれる脳内の神経細胞が関連しているように思われます。人は他の人が何らかの意図をもって行動している場面を見るとその行為者の脳内反応と同様の反応（脳内神経細胞の活動）を（見ているだけでも）脳内で再現しているのです。これは観察している行為者の行為を脳内で無意識にシミュレーションしている、つまり共感する脳内の仕組みであり「社会脳」と称されています。例えばスタッフの振る舞いを見ることで、そこに何らかのスタッフの有する行為の意図が想像できる場合にこの社会脳が働くのです（共感する）。この「社会脳」があるために他人の気持ちを理解できるわけですが、この機能が人の感情の伝搬の他、このようなホテルの擬人化や人格性に繋がっているのだと考えられます。

　さらにホテルや旅館は、スタッフ等のヒューマンウェアだけではなく、それがハードウェア及びソフトウェアと混然一体となって宿泊体験を提供しています。顧客が、スタッフだけではなくその他細かな対顧客配慮をハードウェア及びソフトウェアを通じて感じ取ることで、そのような「パーソナリティ」を確かなものにしているのです。「人格を感じたホテルにまた行きたいか」という質問に対しては、約88%の人が「頻繁に行きたい～いつか行きたい」と答えています。

4章　ホテル格付けと
　　　ミステリーショッパー

海外のホテル格付け評価がどのような基準で行なわれ運用されているのか、今後海外観光客数の増加が期待される環境において訪日する観光客がどのような基準でホテルを見ているのかについて、観光先進国をはじめ世界の格付け動向を俯瞰することで考えてみたいと思います。

　ホテル格付けに関する議論については、そもそも格付けが必要かという議論から、地域や国を跨ぐ統一基準が必要かという適用範囲の議論へ広がりを見せています。必要性に関する議論については、世界には多くのチェーンホテルが存在しますので、格付けを行なわなくとも顧客には十分な情報が提供されているとして、格付け制度を廃止する国もありましたが、昨今では顧客のホテル選択時における情報として有用であること、またホテル経営者にとっても運営改善の指針となりうる点やホテルに対する信頼性の付与に繋がること、行政側にとっては、クラス別ホテル管理データとしても有用であり、付加価値税制等とも連携させうる等様々な機能を持ちうることから、ホテルの格付け制度自体は、基本的には必要との認識が大勢を占めています。

　またボーダレス化が進む観光市場にあって、格付け評価結果の表象や定義から評価の手法に渡り様々なものがあると情報利用者に混乱を招く可能性があることから、国や地方を跨ぐ統一基準の必要性が指摘されています。ただし、それに対しては運用上の実現可能性という観点から疑問を呈する見解や、それぞれの国や地域に関する固有の情報が排除される結果、逆に格付け情報の有用性を低下させることに繋がり、結果的に質の低い情報に利用者、その他関係者が振り回されてしまうのではと慎重な意見も見られます。

世界のホテル格付け動向

　観光先進国であるヨーロッパにおけるホテル格付けの動向について歴史を追って見てみますと、1952年にInternational Union of Official Travel（現 World Tourism Organization、以下WTOという）が、ホテルの格付け（Hotel classification）に関する議題を取り上げました。その後1985年にWTOとしてホテル格付けに関する研究プログラムを開始し、それと並行してHotels,Restaurants & Cafés in the European Community（以下HOTRECという）が顧客ニーズに合致するホテル情報とはどのよ

うなものかについて調査研究をはじめました。その結果1988年にはヨーロッパの当組織加盟国における統一的格付け基準が必要との結論を出し、現在多くのヨーロッパ諸国を巻き込みつつ統一基準の確立を目指しています。

　1976年にはアセアン加盟10カ国によるホテル格付け基準（スター制1〜5ツ星）の開発や、西アフリカの15カ国（The Economic Community of West African States）によるホテル格付け等ヨーロッパに限らず、アフリカ、アジアの多くの国や様々なプライベートセクターからも格付け基準の調査、研究及び基準化が進められています。このように1980年までで約60カ国、1995年には世界で100を超える格付け基準が開発され運用されているのです。

　2004年にはWTOとInternational Hotel & Restaurant Associationにより、世界108カ国、WTO、IH&RSに加盟している国及び団体に対して、世界のホテル格付けに関する実践状況に関する詳細な調査が行なわれました（以下WTO調査という）。それによりますと、108カ国のうち83カ国でホテルの格付けが実践されており、ホテル格付け機関については70カ国で政府や行政機関が関与し、26カ国でプライベートセクターも関係しています。また、ホテル格付けの適用対象については、46カ国で国内すべてのホテルに対して強制適用としており、32カ国で自由参加、55カ国で許認可等運営上の他の制度と関連付けがなされているという結果でした。

　WTO調査結果を見ますと政府や行政機関が中心となって格付けを制度化しており、等級ではスター制を採用するケースが多いようです。またホテル格付け基準の中身については、建物設備等に関連する客観的基準をベースにしつつサービスクオリティに対しては主観的評価をも取り入れつつ考慮する傾向にあるようです。

　このように多くの国や地方で、顧客への有用な情報提供という目的を掲げホテルの格付けが行なわれているのですが、顧客ニーズに関する調査や研究は不十分という側面もあるようです。プライベートセクターが中心となりホテル格付けを行なっている諸国では、顧客ニーズに敏感且つ柔軟な対応を見せており、情報として必要となれば、例えばタイムシェア施設も適用対象とし新たな評価カテゴリーを設ける等適用範囲を広げるケースも見られます。一方で、政府や行政機関が関与する格付けでは、一度開発され運用された格付け基準は容易には改定されず、長年に渡り使用され続ける傾向も見られるようです。

世界のホテル格付けトレンド

　評価項目では多くの場合、建物や設備、規模等の明確に数値化が可能な客観的評価と主観的評価項目から構成されるソフト面に関するサービスクオリティ評価に分かれます。サービスクオリティ評価では、運営力とヒューマンウェアがまとめられ、スタッフの印象はソフト評価に取り込まれています。重視されるホテル格付けの機能性については、ホテル利用顧客の安全を保証するものという性格から様々な目的をもった顧客に対して透明性の高い信頼性のある情報提供を行なうものにシフトしています。その結果、サービス面での評価ではパーソナル・サービスが重視される傾向にあり、ヒューマンウェアに関連する評価項目が増えつつあります。例えばフランスでは4段階評価から、昨今世界的な格付けトレンドに対応する形で1～5ツ星（最上位のパラスを含めて6等級）に改正し、さらに施設やその規模という客観的に判断できる評価項目のみではなく、サービスに対する評価も取り入れる制度へと進化させました。その背後で、ソフトウェアに対する評価は調査員の主観性が強く影響する可能性があることから十分にトレーニングを積んだ調査員を採用し制度運用するケースが多く見られます。

　また食中毒やSARS等での経験を踏まえて、安全性について重視するという姿勢は崩しておらず、安全確保についてはむしろ政府による基準化が望ましいとの報告もあります。ホテルの安全性に関するベース基準と、それをクリアして初めて星を付与するレーティングに分けて考えるケースが増えているようです。このように安全性とパーソナル・サービスを兼ね備えたホテルサービスが適切に評価されるものへと進化しているのです。

東南アジアのホテル格付け基準

　東南アジア諸国は、潜在的に豊富な資源を有しており、多くの人口を抱えつつ人口ボーナス期を迎えることで今後の経済的発展が強く期待されています。東南アジア諸国間では、依然として経済格差も認められますが、カンボジア、タイ、ベトナム、ミャンマー、ラオスといったメコン川の流域諸国は、隣接する中国の雲南省、広西チ

ワン族自治区の2省を加え「大メコン圏（GMS:Great Mekong Subregion、以下「GMS」という。）と総称されており、アジア開発銀行主導による経済開発協力プログラムを実施する等地域をまたぐ大きな経済圏を形成しつつあります。このGMSは、日本とも深い関係を有しており、官民様々な分野で交流事業が行なわれています。このように東南アジアは現在、多くの日本企業の海外進出先ともなっており、改めて日系ホテルが求められる経済環境へと急速に変化しているのです。

ベトナム、ラオス、カンボジアでのホテル格付け

　GMS諸国の中でも、東南アジア・フロンティアとも称されるベトナム、ラオス、カンボジアはアジア開発銀行をスポンサーとして、世界各国の観光先進国のホテル格付けの他、タイやフィリピン等のホテル格付けも参考にし、観光産業の育成も視野に入れたホテル格付け基準（「Great Mekong Subregion Hotel Classification Standard（以下GMS格付けという）」）を共同で開発しています。

　GMS格付け評価は、任意適用であり、項目別に必要要件を定めた5段階評価（スター・レーティングに基づく1ツ星から5ツ星を認定）を採用しています。調査員による評価の結果、スター別に求められる合計得点があり、それら合計得点の85％以上を求めます。評価項目は立地性、全体建物、客室、料飲施設、バック施設、サービスメニュー、スタッフの振る舞い別に細かく定められています。

（1）立地性及び全体施設について

　立地性については、それぞれの「スター」にとって望ましい立地であること、駐車場については、3スターは客室数の20％以上の駐車スペースを確保すること、4スターは25％以上、5スターは30％以上が求められます。また5スターでは送迎バス等交通利便性への配慮も必要です。ロビーについては、4スター以上で分離された喫煙エリアが求められます。セーフティボックスについては、3スター以上は客室数の70％以上の確保が、また5スターでは100％の確保が求められます。エグゼクティブフロアやスイートルームについては、5スターであれば全客室数の5％（100室以上であれば5室以上）相当、複数タイプのスイートルームの設置が求められています。またス

イートルームは 50 ㎡以上とし、ＤＶＤ等の設置が求められ、併せてエグゼクティブフロアではチェックイン・アウト機能を有する 36 ㎡以上のラウンジの設置を求めています。

(２)客室廻りについて

　客室サイズについては、1 スターが 9 ㎡以上、2 スターはシングル 12 ㎡以上、ダブル、ツインで 14 ㎡以上、3 スターはシングル 14 ㎡以上、ダブル、ツインで 18 ㎡以上、4 スターはシングル 18 ㎡以上、ダブル、ツインで 24 ㎡以上、5 スターはシングル 24 ㎡以上、ダブル、ツインで 30 ㎡以上が要求され、すべての「スター」に共通して、2.4m 以上の客室天井高が求められています。さらに 4 スター以上では姿見の設置の他、20 インチ以上のテレビ、ベッドサイズは 4 スター以上でシングル 1.2m × 2.0m、ダブル 1.6m × 2.0m 以上が求められます。バスルームサイズは 4 スター以上で 5 ㎡以上を確保する他、非常用電話機の設置が必要です。5 スターでは、貸出品に世界各国のデバイスに対応できるプラグアダプターやバスルーム内に拡大鏡、体重計の設置、最低 1 室以上の身障者対応客室が求められています。

(３)その他付帯施設について

　厨房については、2.4 m 以上の天井高を求め、その他衛生面に関する多くの規定を設けています。また 4 スター以上で 30 ㎡以上のフィットネスセンター、6 タイプ以上のフィットネスマシン、5 スターでは 50 ㎡以上で 8 タイプ以上のマシン設置が求められます。その他 4 スター以上でサウナ、マッサージルーム、ジャグジー、スイミングプール（子供用には独立した水深 0.6m 以下のプール）、会議室（200 ㎡以上）、ビジネスセンター（20 ㎡以上、5 スターでは 30 ㎡以上）の設置が求められています。

(４)スタッフの接客対応について

　スタッフは 3 スター以上で名札の着用の他、すべての「スター」で英語対応を求めます。さらに 4 スター以上でターゲット国の個別外国語対応が求められます。その他 3 スター以上で 5 分以内でのチェックイン、客室では設備の説明、10 分以内でのチェックアウト（5 スターでは 5 分以内）、4 スター以上でフロントカウンターでの 30 秒以内挨拶の他、チェックアウト日時の確認、客室サービスではベッド・ターンオーバー（18 時〜21 時までの間）、レストランでは 4 スター以上で 30 秒以内での挨拶の他、レディーファーストでの接客、すべての料理の説明力（5 スターではアルコール

についても同様に説明力が求められます)、オーダーの復唱、24時間でのルームサービスの提供が必要となります。5スターでは電話は3コール以内での対応を求め、その他ドアマン、ポーターの設置、客室へのアテンドを要件としています。

(5) その他施設について

サービスサポート施設としては、スタッフ用に十分な数のロッカー確保やシャワールーム(3スター以上)、食堂(4スター以上)、リラックスルーム(5スター以上)、研修室やライブラリー(5スター以上)が求められます。2スター以上で環境配慮が、3スター以上では節電設備の設置、4スター以上であれば緊急時2時間以上の稼働力を有する自家発電設備が求められます。その他4スター以上は2種類以上の福利厚生メニューが、5スターでは3種類以上の福利厚生メニューの提供が求められています。

このように厨房施設の良さや管理運営、バックヤードの使いやすさからスタッフの人事制度に至る踏み込んだ評価がなされており、長期安定して適切なホテルサービスが提供できるホテルを見極めて評価することで、高い居住性と安全性を有し顧客が安心して快適に利用できるホテル業界を形作ろうとしているのです。

タイのホテル格付け基準

タイの観光産業育成に対する取り組みは古く、1960年タイ国政府観光庁(TAT)の設立に遡ります。それ以降、持続可能な観光産業の育成、「サステナブル・ツーリズム」に力を入れ、医療観光先進国としても確固たるブランドを確立し、現在では海外からの観光客数で2,000万人を超える世界有数の観光立国に成長させました。この「サステナブル・ツーリズム」とは、自然環境や文化遺産を保全しつつ観光産業を育成する取り組みであり、「グリーン・ツーリズム」として総称される「エコ・ツーリズム」、「ネイチャー・ツーリズム」、「カルチャラル・ツーリズム」、「アグリ・ツーリズム」と「ウェルネス(癒し)」や「医療・ツーリズム」からなる「ヘルス・ツーリズム」から構成される概念です。

タイの外国人観光客数の推移を見てみますと、2003年に1,000万人を超えた翌年2004年に東アジアやヨーロッパからの入れ込み観光客数を大幅に増加させ、1年間で

1,400万人弱まで観光市場を拡大させています。当時、周辺諸国の経済動向や所得水準の向上による背後商圏の拡大も背景にタイの魅力的な観光資源を世界に周知させるTATによる観光プロモーション、「アメージングタイランド」キャンペーンも実施されました。その後のタイ観光産業及びホテル業界に大きな影響を与えることになるタイのホテル格付け制度が確立されたのもこの時期です。

　ホテル格付け制度がタイのホテル業界に与えた影響については、後掲テーマにてご紹介しますが非常に大きなものでした。当時タイでは既に世界的な大型ホテルチェーンも多く進出していましたが、国内系のホテルも多く、益々の観光産業育成には、国内系ホテルを含めたホテル業界全般の競争力向上も課題としていました。海外向けの観光プロモーション活動と同時期に、ホテル格付け制度ができたことで国内のホテルが等しく利用できるサービスクオリティのベンチマークが出現することになり、タイのホテル業界全般のサービスレベルは大きく向上することになります。

タイのホテル格付け制度

　1999年に上記TATをはじめ、各種観光団体が共同でThai Hotel Association (THA) を設立して、同国のホテル格付け基準開発がスタートすることになりました。その後2002年から2003年にかけて国内ホテルの状況及びヨーロッパをはじめとする観光先進国のホテル格付け制度に関する調査研究を行ない、翌年2004年にタイのホテル格付けが開始されます。

　タイのホテル格付けは、有効期間3年の任意適用であり、営業期間が1年を超えるホテルについて1スターから5スターの5段階評価を行ないます。申請の結果、仮に認定に失敗した場合であっても、本格付け制度がホテル業界の育成・発展をも見据えたものであり、その後180日の間に認定上の課題点を改善することで改めて申請することができます。シティホテルとリゾートホテルで分けられたホテル格付け基準は、施設評価、維持管理評価、サービスクオリティ評価の大きく3つの評価軸を有しています。例えば5スターの客室基準では、フロント機能、飲食機能を有するクラブラウンジの設置を求める他、4スター以上で客室禁煙割合50%以上を求めています。その他客室面積についてはバスルーム、テラス、エントランスホールを除いて

22㎡以上の居室スペースを求めています。また4スター以上で、天井高は2.7m以上を確保し、テラス8㎡以上、バスルーム5.5㎡以上（5スターでは6㎡）を基準とします。客室内騒音量では4スター、5スターとも50db以下とし、その他家具類等室内の設えに対しても詳細な規定を設けています。メインレストランについては5スターのリゾートホテルで0.75㎡×席数以上のスペースを求め、その他ビュッフェフロア100㎡以上を必要とします。同じくシティホテルでは1㎡×客室数以上のホール・スペースを求める他、施設規定及びサービスメニューに関して詳細な要求定義を設けています。

タイのホテル格付け制度発足効果

　タイのホテル格付けがタイのホテルマーケットにおけるサービスクオリティの向上にどれほど貢献したのかについては、その後「ホテル格付け制度とサービスクオリティの関係（"The Relationship of the hotel rating system and service quality",Yeamdao narangajavana,2007)」として調査研究されています。この調査は、ホテル格付け制度に参加したホテルと不参加ホテル、世界的チェーンホテルと国内系ホテルそれぞれについて国内に所在するホテル1,500件に対するアンケート調査を行ない、ホテル格付け制度がホテルマーケットに与えた影響をホテル側がどのように認識しているのか、どのような分野でサービスクオリティの向上が見られたのか、その結果ADRや客室稼働率等のホテルパフォーマンスにどのような影響があったのかを調べたものです。

　その結果、タイではホテル格付け制度が誕生したことで、知名度で劣る国内系ホテルのマーケティング活動に繋がったと同時に、すべてのホテルに等しく利用できるサービス指針が確立したことでホテル業界全体の競争力向上に繋がったのだと結論付けています。サービス向上としては、特にスタッフのサービス力、施設競争力の向上に効果が認められました。そしてこのサービスクオリティの向上は、世界的チェーンホテル、国内系ホテル、またどのスターを目指すかで程度の差はなく、申請したホテルに対して等しく効果が認められたものでした。さらにホテルパフォーマンスの向上については、サービスクオリティの向上とともに格付け付与によるホテルの信頼性（Prestige）向上へと繋がり、ADRをはじめ客室稼働率等宿泊部門の収益性パフォー

マンスにもプラス効果が見られました。

　ホテルに関する別の研究（Lewis1989、Cannon2002）では、スタッフに対するサポート施設レベル、第一線で働くスタッフへの権限付与や福利厚生メニューの充実度が、ホテルの対顧客サービスクオリティに大きな影響を与えているという報告もあります。当時タイにホテル格付け制度が誕生したことで、ホテルのバックヤードやスタッフ関連施設、スタッフに対するサポートサービスに関しても詳細規定が設けられることにもなりました。その結果、スタッフのモチベーション向上を介してサービスクオリティに影響を与えた可能性もあります。

　このように、タイでは外国人観光客数1,000万人を超えた時点で「アメージングタイランド」キャンペーン、「サステナブル・ツーリズム」への取り組み等の観光プロモーション活動と併せてホテル格付け制度が用意され、国内ホテルに対し等しくサービスクオリティのベンチマークを提供しました。そのホテル格付け制度を通じて、優秀なホテルに対する信頼性の付与を行ない、観光プロモーション活動と同時にホテル業界を強力に後押しした結果が現在の姿に繋がっているものと考えられます。つまり格付け制度の機能は、サービス指針の提供を通じたホテル業界の育成及びホテルの信頼性付与を伴った観光プロモーションと合わせた取り組みを行なうことで、観光産業発展に大きな役割を担うことができるのです。

マレーシアのホテル格付け基準

　ホテル業界から認められるようなホテル格付け基準の存在とその運用は、その国の文化的な地域性をも評価項目に織り込むことで地域性を体現する魅力あるホテルマーケット、ひいては観光市場の発展へと繋げることができ、その国のホテルマーケットのあり方とその行く末に大きな影響を与えることになります。マレーシアの代表的なホテル格付け基準はマレーシアホテル協会（"MAH" Malaysian Association of Hotels）により運用されており、同基準もマレーシアの文化的な地域性の影響を強く受けたものとなっています。

マレーシアの訪日観光マーケットと特性

　マレーシアは新日国の1つとも言われ、東方政策（日本を発展の事例とする"Look east"）を採用してきた国です。マレーシアからの訪日者数について見てみますと、2013年1月から8月の累計訪日者数で92,400人と前年比で約＋20％でした。また「日ASEAN交流40周年」を迎え、タイと同様に、継続して3ヶ月を超えない短期滞在に対するビザの免除を打ち出す等の訪日促進プロモーションも背景に、今後益々の訪日者数増加が期待できるマーケットです。

　世界人口の4人に1人はムスリムという時代を迎えており、その中にあって東南アジアは約2億3,000万人のムスリムを抱える巨大ハラル市場でもあります。全世界のムスリム人口は現在約16億人で2020年には20億人に成長するとも言われており、ハラル商品を受け入れる非イスラム教徒も増加していることも背景に、ムスリム対応を特徴とするハラル産業では急速な市場拡大が期待され大変注目されています。マレーシアは、東南アジアの中でインドネシアに次いでイスラム教徒（ムスリム）の人口比率が高く、国民の約61.4％、約1,700万人がムスリムと言われていますので（日本政府観光局より）、ムスリムに対する適切なサービス対応（ハラル等）が求められるマーケットでもあるのです。

　海外ホテルの取り組みを見ますと、「ムスリムフレンドリー」を標榜し、ムスリムが「お祈りを行なう場所」を館内に確保することや、礼拝の方向を示すサイン設置等の配慮をするホテルも増えているようです。日本でも一部のホテルでは、すでにハラル認証を取得する等の取り組みが始まっていますが、今後益々東南アジアからの訪日者数増加が期待される中、急増するムスリム層に対する適切なサービス提供は、これまで以上に重要な取り組みとなりつつあります。

マレーシアのホテル格付け

　マレーシアのホテルに対するホテル格付け基準ですので、イスラム信仰に基づく生活を維持できるサービス提供、つまり「ハラルフード」や「礼拝の場所」の確保等が前提となっています。マレーシアのホテル格付けは、25名のボードメンバーにより構

成されている上記MAHにより運用されています。評価基準は1スターから5スターの5段階評価により行ない、インスペクター（調査員）によるインスペクションを経てスターも認証します。マレーシア観光庁、MAH、消防関係局、衛生関係局、その他関係機関からのインスペクターが5人集結し、現地でホテル側と事前面談の上、ホテル側からの案内付きで視察、内覧へと進みます。評価対象は、共用部、客室、厨房、宴会場及び会議室、スタッフ用施設、防犯防災設備、そしてサービスクオリティ等より構成されています。上記の通り同国の文化性を反映していますので、例えば共用部ではお祈りを行なう場所（Surau）も評価対象とし、サービスクオリティについても「マレーシア流のもてなし」を確認します。評価項目数では客室に、また設定評点ではサービスに加重が寄せられており、施設の質感や審美性、共用部エリア、客室、サービス、安全性及び衛生、スタッフサービスに対して認定上の必要条件として設けられている基準に沿って評価が行なわれます。

　具体的に見てみますと、全体建物の質感、審美性について、3スターから地域性の表現を重視しています。フロントサービスでは、3スター以上でバレットパーキング、ページングボード、外貨交換サービス、観光案内サービス、ショッピングアーケード（5スターでは美容室の設置を含む）、ビジネスセンターの設置を求めています。その他すべてのスターで、フロントスタッフの流暢な英語対応を求め、5スターでは英語対応の他もう1カ国の外国語対応を求めています。スタッフの接遇については、すべてのスターでマレーシア流の暖かいおもてなしや挨拶を求めています。客室の最低面積については、1スターで11.5㎡以上、2スターで15㎡以上、3スターで18㎡以上、4スターで28㎡、5スターで30㎡とし、同時に4スター以上でスイートルームの設置を求めています。客室内天井高についてはやや高く設けられており、すべてのスターで2.5m以上を必要とします。さらにすべてのスターで、全客室の天井部分に礼拝の方向を示すサイン（Kiblatという）の設置を求め、最低1室以上身障者用客室の配置を必要とします。喫煙者用灰皿の設置については、顧客が求めた場合に適切に分離されたエリア、客室において、要求に応じた対応を求めます。4スター以上では、チェックイン・アウト機能や朝食提供機能、ビジネスセンター機能を有するエグゼクティブフロアの設置を求めています。レスランでは、すべてのスターで、マレーシア政府ハラル認証機関（JAKIM）に則った設備対応（ハラル用の厨房とノン・ハラル

厨房に分けること等)、3スター以上で地産品を中心とするルームサービス(5スターでのルームサービスは24時間対応とする)を求める他、最低18時間利用できるレストランの設置を求めています。宴会場や会議室では、3スター以上で20名以上のスペース配置及び「お祈りを行なう場所(Surauという)」の設置を求めています。レクリエーション施設では、4スター以上で水深4.5ft以上のプールの設置とともに、"エネルギッシュ"を感じる魅力ある施設造りを要求しています。スタッフに対するサポート施設については、すべてのスターで男女別の更衣室やスタッフ用にお祈りを行なう場所(Surau)、礼拝の方向を示すサイン(Kiblat)の設置を求めるとともに、スタッフ全員に対するサービストレーニング受講を求めています。さらに客室料金についても規定があり、4スターでは、250リンギット以上(31円/1RMとすると7,750円相当以上)、5スターで380リンギット以上(同11,780円相当以上)と定めています。

「ハラル」対応の意義

　ムスリム人口は世界人口の4分の1と、その市場規模は益々大きなものとなっており、「ノン・ハラル(ハラムという)」サービスでは取り込めない市場を「ハラル」であれば取り込むことができます。また「ハラル」対応は、例えば食材に関して、誰がどこで生産し、どのように加工したものなのかについてすべてを情報開示しないと成り立たない認証制度でもありますので、安全で安心且つ健全な飲食サービスのガイドラインともなりうるものです。つまり「ハラル」対応は、製品に関する情報開示、それに基づくトレーサビリティシステムの構築を行なうということにも繋がるのです。
　ただしムスリムに対する完全な対応や取り組みが必要だというわけではありません。ホテル自体での「ハラル」認証取得は、アルコールの提供等を行なうホテルや旅館では不可能であり非現実的です。むしろ顧客の背後文化を理解しようとする気持ち、その結果顧客にストレスがない適切なサービスを提供しようとするサービスマインドが重要なのであり、可能な範囲ででも誠意をもって取り組む気持ちや姿勢が伝われば、世界の市場に対する大きな一歩となるはずです。その一歩は、世界への扉を大きく開けると同時に、ホテルの基本機能である安全性や安心感の提供を補完する取り組みで

あるという意味で大切な一歩なのかもしれません。

フィリピンのホテル格付け基準

　フィリピンは、国営の「フィリピン娯楽ゲーム公社」が中心となり大型カジノ開発を進めるとともに、カジノを大きな軸とした外国人観光客の誘致活動を積極的に展開しています。観光立国化を進める中で、それらハード面の開発と同時にソフト面からのインフラ整備も進められており、その1つがホテル格付け制度なのです。フィリピンのホテル格付け制度は、フィリピン政府観光省（The Department of Tourism/ DOT）により1992年に制定され、その後2009年以降に大幅な見直しがなされ現在のスター格付けに至っています。また昨今ホテル販売ルートにおけるインターネットの重要性が増しインターネットを介したホテル予約が中心となりつつある現在の環境に敏感に反応し、顧客のダイレクト予約時におけるホテル選択を容易にすることも目的の1つとして掲げつつ新たな格付け制度へと再度改訂が進められています。新たな格付け制度を擁することで、世界レベルのホテルサービスクオリティへとホテル業界をさらに育成、発展させ、2016年には外国人観光客数1,000万人を目指して躍進しようとしているのです。

フィリピンのホテル格付け制度

　現在のフィリピンホテル格付け基準はフルサービスホテルを評価対象としており、1,000ポイントを上限とするポイント加算方式に基づく評価方法を採用しています（1スターは251ポイントから400ポイント、2スターは401ポイントから550ポイント、3スターは551ポイントから700ポイント、4スターは701ポイントから850ポイント、5スターは851ポイントから1,000ポイント）。調査項目は、チェックイン・アウト、共用部、客室、バスルーム、料飲部門、アメニティ施設、運用状況から構成されており、合計177のチェック項目を現地確認することで評価しています。個々のチェック項目に対して「許容範囲、良好、優れる、非常に優れる、特筆すべきレベル」の5段階評価を行ないます。この個別評価項目に対して、それぞれ5段階

の要求事項を明確化し個別に定義づけすることで評価判断を客観的且つ容易に行なえるよう工夫されています。またチェック項目の中には、ポイント加算対象とはされないものの法律上求められている事項についてはスター認定上の「必須条件」とするものや、その内容を1つでも具備しない場合には申請されたスター認定を認めないスター別の「最低条件」を設けています。また環境配慮項目、地域経済への貢献項目等が別途設けられポイント加算対象とすることで、地域発展や環境配慮にインセンティブを与えています。

フィリピンのホテル格付け概要

　すべてのスターでエントランスの万全なセキュリティ体制を要求します。4スターからバレットパーキングサービスを必要とします。チェックインは1スターから16時間以上の対応を求め、プライベートチェックインの他、シートチェックインを加算ポイントとします。チェックイン・アウトプロセスでは、10分以内での対応、4スタークラスでは4分、5スタークラスで待ち時間のないスムーズなチェックインを求めています。ラゲージサービスはすべてのスターで必須条件としており、別途5スタークラスではセキュリティ対応を持つ専用スペースの設置を求めています。すべてのスターで共用部の空調は、年間を通じて20℃から25℃に保たれていることを必須条件とします。客室面積は、1スターで16㎡以上、2スターで18㎡以上、3スターで20㎡以上、4スターで25㎡以上、5スターで30㎡以上を最低条件として定め、4スターで客室数の2%相当、5スターで5%相当のスイートルーム設置を求めています。客室内の騒音規定では、4スタークラスで60db以下、5スタークラスで50db以下とします。マットレスサイズについては、4インチから8インチ、5スタークラスではポケット・スプリングを求めています。リネン・クオリティに関しては、3スタークラスで250スレッドカウント、4スター以上で300スレッドカウントを求めることで高い質感を要求しています。カーテンについては5スタークラスで自動開閉機能を推奨し、客室空調のノイズは4スタークラスで年間通じ個別調整可能なものとし騒音は70db以下、5スタークラスでは同60db以下としています。ハンガーは、宿泊者1人当たり3本以上とし、ワイヤーハンガー、プラスチックハンガー、木製ハンガー

の順で評価が上がります。セーフティボックスは、ラップトップ・コンピューターの収納ができると評価が高くなります。ドリンクウォーターのサービスはすべてのスターで必須条件としています。客室ダイレクトリーは、3スターからレストランメニューやミニバー料金を含め分かり易い内容とし、4スターから周辺観光地の情報や案内も要求しています。バスルームについては、すべてのスターで20秒以内に給湯温度38℃まで調整できることを求め、バスルームリネンについては4スタークラスで90％以上コットン生地、5スタークラスで100％コットン生地を求めます。その他バスルームアメニティでは、ウォシュレット、多機能ヘアドライヤー、拡大鏡、体重計、バスローブ、スリッパ等が評価対象とされています。すべてのスターで12時間以上のルームサービスを必須条件とし、4スター以上では18時間から24時間のサービス提供を必要とします。会議室、宴会場については、1スタークラスで20名未満、2スターで20名から50名、3スターで50名から100名、4スターで100名から250名、5スターで250名を超える収容人数確保を求めます。環境対応項目では、共用部及び客室内の照明機器それぞれについて50％以上を節電機器によることで評価が上昇します。客室内ドアロックは、カードキーによるルーム内電力コントロールを評価します。バスルームでは、シャワーヘッドの節水機能も評価対象としており、運営上も環境対策について、設備とともに適切にプロモートできる仕組みがあると高い評価となります。緊急時対応自家発電設備はすべてのスターで必須条件としています。5年以内に館内のリスク監査を受けていることも評価対象とします。スタッフ研修では、すべてのスタッフで年間3日のサービス研修を受講すること、地域住民割合80％、地域からの製品仕入れ割合30％以上があるとそれぞれポイント加算されます。その他バリアフリールームについては、客室数の5％相当を確保する等詳細な規定が設けられポイント加算対象となっています。

　このようにフィリピンのホテル格付け制度は、外国人観光客の誘致活動の一環とし、他の大規模国営カジノ開発とも一体としたソフト面でのインフラ整備として位置付けられていますので、顧客目線で厳しく高いレベルの要求定義を設けるとともに、雇用や仕入等を通じて地域経済への貢献も図られたものとなっているのです。

インドのホテル格付け基準

ホテルの格付け制度は、その国の社会経済情勢を反映したホテルマーケットの写し鏡であると同時に、今後どのようなホテル業界になってほしいかというその国の観光政策や観光市場に対する想いも色濃く影響しているという意味で、その国の将来の観光市場の姿を描く手掛かりともなるものです。

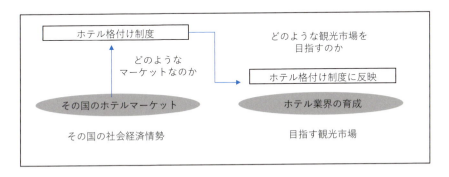

インドの2012年度外国人観光客数は658万人であり、対前年変化率+4.3％にて増加しています（India Tourism Statistics,2012）。多くの世界遺産を擁し医療観光にも力を注ぎ観光市場の発展を目指していますが、一方で治安面での課題も多いという状況にあります。インドのホテル格付け制度は、インド政府観光省により運営され、専門委員（HRACC）により実際の施設評価が行なわれています。スター制度を採用していますが、旧宮殿を活かしたホテルもあることから、全体建物の50％以上が1950年前の築造であるものに対しては、通常のスター格付け意外に、遺産グランド（Heritage Grand）、遺産クラシック（Heritage Classic）、遺産ベーシック（Heritage Basic）という格付けカテゴリーを設けています。その他実際に運営される前段階である開発認可後のホテルに対しても計画概要等に基づくホテル格付け評価を行なっています。

インドのホテル格付け制度概要

　インドのホテル格付け基準は、「遺産カテゴリー」以外では1スターから5スター、5スターデラックスの6段階に分かれています。すべてのスターで節電照明器具の採用、バスルームの節水機能を求めるほか、1室以上のバリアフリールームの設置を求め、客室ドアやバスルームドア、共用部トイレの入り口の幅について最低1m以上、内装に凹凸のないフラットな素材や形状と規定されています。客室面積については、バスルームを除くスペースについて1スター及び2スターで約11㎡以上、3スター、4スターで約13㎡以上、5スターで約18㎡以上とし、またバスルームの最低面積を1スター、2スターで約2.8㎡以上、3スター、4スターで約3.3㎡以上、5スターは約4㎡以上と規定しています（バスタブの設置は4スター、5スターで要求しています）。スイートルームは4スター以上で全体客室数の2%相当以上を要求しています。すべてのスターでミネラルウォーターの設置（500ml以上）を求め、ミニバーや冷蔵庫の設置については4スター以上で求められています。共用部では、すべてのスターでドアマンの設置、リクライニングセットやアームレスト付チェアーを配するラウンジを要求しています。共用部の空調設備については4スター以上で必要とされています。フロント対応では16時間以上の人員配置の他24時間のコールセンターの運用を求め、ルームサービスでは3スター以上で24時間対応を要求しています。レストランについては、1スター、2スターで1か所以上のオールデイダイニング、3スター、4スターで営業時間を7時から23時とするダイニングレストラン、5スターで24時間利用可能なコーヒーショップ（都市別で規定内容を分けている）を要求しています。バーについては3スター以上で設置を求め、厨房施設についてはすべてのスターでスタッフに対する半年1度以上の健康診断受診や厨房内ペストコントロールの他衛生面に関する多くの規定を設けています。スタッフについては、1スター、2スターから英語対応を求め、3スター以上で英語対応を要件としています。専門機関による研修制度等を受講している等の熟練したスタッフの在籍比率も規定されており、1スターから2スターで20%以上、3スター、4スターで30%以上、5スターで60%以上を求め、さらにスタッフサービスの指導が可能なレベルのスタッフ比率を1スターから2スターで20%以上、3スターから4スターで40%以上、5スターで

80％以上と規定しています。スタッフに対するサポート施設については、すべてのスターで全身ミラー付のスタッフ専用トイレの設置、3スター以上でスタッフ用休憩室、ロッカールーム、社員食堂の設置を求めています。

　顧客サービスでは、すべてのスターでファックス、コピー、プリントサービス、ウェークアップ・コールサービス、客室メッセージサービス、ホテル専門医情報の提供、換気の行き届いたリネン専用倉庫の設置を求め、外貨換金サービスの提供についてはすべてのスターであると望ましいとされています。2スター以上でE-mailサービス、室内外線電話、3スター以上でインターネット接続可能なＰＣ設置、ホテルから観光地への有料配車サービス、顧客荷物専用の保全場所確保、スタンプメーリングサービス、バレットパーキングサービスが要求され、4スター以上で客室内Wi-fi設備、アイロンセットの設置を求めます。ビジネスセンター、館内売店は4スター以上で必要とされる他、5スターではプールの設置（3スターからあると望ましいとされています）、宴会場他会議施設の設置を求めています。クリーニングサービスは5スターで必要とされます。またフィットネス、ブックストアは5スター以上で求められます。駐車場に関しては、すべてのスターで適切な規模の設置を要求しています（1スター、2スターではあると望ましいという表現）。

　セキュリティに関しては規定が多く、すべてのスターで監視カメラの設置やホテルスタッフ等に対する入館時の検問、煙感知機及び警報機の設置、緊急時避難経路の客室ドア掲示、フロントデスク背後に救急用アイテムの設置、エントランス扉にはガードマンの配置を求め、3スター以上で客室の2重ロック、ピープホール（ドアチェーンで代用可）、ホテルエントランスでの金属探知機の設置（ドアフレーム型等）、また4スター以上で車両に対する不審物探知設備を求める他、5スターでエントランスにＸ線検査機の設置を求めています。

　インドのホテル格付け基準を見ますと、スタッフサービス力についてはインスペクション項目として具体には設けず、専門機関の認定等研修を受けた人の割合で確認する方法が採用されています。施設要件については、客室面積に関する規定はあるものの詳細には設けておらず、すべてのスターでエントランス扉にガードマンの設置を求める等安全性の提供に主眼が置かれているほか、インドでは地方の村や山岳地帯における教育不足や間違った健康管理等を背景に健康を崩すケースや身体障がい者が多い

とも言われており、すべてのスターで客室ドアを 1m 以上とする他ロビーではアームレスト付チェアーを設置する等ホテルスペック面でも徹底したバリアフリー対応が図られています。

韓国のホテル格付け制度（※昨今改定）

　韓国のホテル格付けは1996年に設立された韓国ホテル協会（Korea Hotel Association）によって行なわれています。以下では同協会の協力により、韓国でのホテル格付け制度及び評価基準をご紹介したいと思います。同協会によるホテル格付けは、ホテル側の費用負担に基づき現地調査を行ない、合計700点からなる加点式評価を基礎に加減点補正を経て「特1級」、「特2級」、「1級」、「2級」、「3級」の5段階評価を行ないます。各等級の必要得点数は、「特1級」で700点の90%（630点）以上、「特2級」80%（560点）以上、「1級」70%（490点）以上、「2級」60%（420点）以上、「3級」50%（350点）以上とし、「無窮花（ムクゲ）」の花数で等級数を表示します。ホテル格付け調査は大きく①「共用部」、②「客室」、③「その他付帯施設」及び加減点補正項目に分けられており、ロビー等の「共用部」は25項目で合計205点、「客室」は32項目で合計300点、「その他付帯施設」は30項目で合計195点が配分されています。①「共用部」に関する評価は、ホテル案内及び駐車場保安設備、玄関及びロビー、フロント、廊下及び階段、従業員教育に項目分けがなされており、特にロビー及びフロントサービスの評価を重視する内容となっています。ロビー面積は室当り概ね 0.33 ㎡ に相当する基準面積（200室未満は 66 ㎡、300室未満は 100 ㎡、300室以上は 150 ㎡ を基準）の120%以上を満点配分（10点）とし、その他ドアマンやベルマンの設置、コンシェルジュ、バレットパーキングサービス、交通機関やイベントチケット等多様な予約サービス、為替サービスの提供の有無を評価しています。また外国語対応力あるスタッフ配置やスタッフ研修体制を補正項目として加点対象とし、研修体制については、専門機関の設置、外部教育機関への委託の有無等が評価される他6種類以上の職務階層別教育システムを満点配分（15点）としています。②「客室」に関する評価では、ホテル市場の需給逼迫を反映してか客室数が300室以上あればそれだけで全調査項目中最大の40点を配分しています（調査項目

当り平均で約8点)。その他客室の種類では2種類から5種類で4点から10点を配分し、客室面積では標準的な客室を19 ㎡のダブル・ツインルームとした上で当該基準面積の130%以上を満点配分（10点）としています。客室の居住性・機能性評価は合計で14項目、合計120点としています。浴室内設備評価では浴室面積について3.3 ㎡を基準面積とし130%以上の確保を満点配分（10点）とする他、その他トイレではビデ機能設置の有無について客室数の100%を満点配分（10点）とします。③「付帯施設」に関する評価では、レストラン及び同管理状態、厨房施設管理状態、付帯施設の品位及びサービス内容、国際会議施設の有無及びビジネスセンター運営状況、身体障害（がい）者対応状況を考慮します。レストランの種類は「一般食堂」、「韓国式食堂」、「コーヒーショップ」の3つあれば満点配分（10点）とする他、オリジナルメニュー提供があれば補正項目にて5点加算とし、厨房面積はレストラン面積の30%以上を満点配分（5点）とします。その他施設では、フィットネス、劇場、サウナ、プール等4種類以上で満点配分（10点）とし、会議場については、音響照明設備の良否を考慮する他、200名以上収容できるコンベンションルームに満点配分（10点）としています。またビジネスセンターについては、設置運営状況の他、支援サービスの内容やＰＣ環境等機能性及び利用時間等利便性に関する調査項目を設けています。

上記①②③の大項目に対する評価に続いて加減点補正項目による調整を行ない最終的な得点数とします。加点補正項目は合計80点であり、「韓国式食堂」の有無に20点を配分している他、施設外観や屋外造園等審美性に10点、節電やグリーンカード制度等エネルギー対策の有無に10点、無線ランやWi-Fi提供に10点、対テロ対策に30点を設けています。また減点補正項目も合計80点とし、火災及び犯罪発生状況や従業員による不法行為、営業上の行政処分の有無の他顧客クレーム対応状況、内部福利厚生施設及び制度について評価します。※なお現在は一部基準内容及び運営体制が更新・改定されている。

韓国ホテル格付け制度とその背景

室数300室以上を求め、標準的な客室を2名利用の19 ㎡としていることやスタッ

フの外国語対応力評価に20点を配分している点に需給が逼迫するホテルマーケット及び拡大するインバウンド観光市場への対応が見られます。また韓国の治安は国連犯罪比較データを見ますと、特に性犯罪事件数が多くさらに増加傾向を示しています（治安全般では先進国のなかで中程度に位置しています）。また2010年には北朝鮮による「延坪島」砲撃事件が発生する等潜在的テロの脅威は常に存在しているとも言え、ホテル格付けにおいても防犯防災安全対策に関する規定に多くが割かれています。フロントチェック項目における金庫設置状況、客室ドアのKey handling system（3つ以上を満点）や客室内人命救助設備、付帯施設における警報設備の維持管理状態の他、加点補正項目にてスタッフの対テロ安全教育及びマニュアル運営、システム構築の他、外部との徹底した隔離（地上3m以上の高吸気口設置等）を求める他、CCTV設置及び同解像度について人物特定精度として80%以上を評価対象としています。また減点補正項目でも、直近3ヵ年でホテル内火災発生の有無（あれば△10点）、ホテル内での盗難、犯罪事件の発生（あれば△10点）、直近3ヵ年での従業員による不法行為（あれば△10点）、消防・衛生・労使紛争等での営業上の行政処分（1回から6回以上に対して△10点から△20点）、顧客からのクレームに対する処理状況として、不当な料金徴収に△4点、事前予約内容に対する不履行に△4点等詳細な規定を設けています。このように訪日する韓国人観光客は、外国語対応力や観光客に対応する客室構成を含めた手厚いサービス等外国人観光客への対応に力点を置きつつ、防犯防災安全対策を追求するホテル側の姿勢を評価するホテル格付け制度をバックグラウンドとしているのです。

中国の格付け制度

　中国のホテル産業は、政治接待用に限定されていた1966年から1976年に至る文化大革命時代を経て、1979年鄧小平による改革開放政策に至り、観光産業が開放された市場として整備すべき産業と位置づけられることで成長期に入りました。1978年度には22万人に過ぎなかった外国人観光客数も、観光産業を外貨獲得の重要産業また国際交流の仲介役として重視しハード、ソフト両面から市場が整備された結果、1978年から2007年まで年平均成長率＋16.5%で急拡大します（2007年度2,600万人を

突破)。1989年には民主化を求める運動が天安門事件に発展した結果外国人観光客数を大きく減少させるものの、ホテルサービスの質を見直す取り組みと同時にテーマ性のある旅行商品を広く提供することで1991年には1989年水準まで早期に市場を回復させます。更なる観光市場の成長を目して1992年には観光産業を第三次産業の重点発展産業に指定する等積極的な観光政策が打ち出されます。1999年には「春節」、「五・一」、「十・一」から始まる1週間を「黄金週間(ゴールデンウィーク)」として国内観光も積極的に推進させました。2001年には世界貿易機構(WTO)への加盟が承認され外国資本による同国国際観光産業への参入にも勢いがつき、2008年には北京にオリンピックを迎えることで市場の更なる成長を後押しすることになります。

一方で国民の海外旅行に関しても1997年には統一的に管理する法整備が進められ一般国民にも私費での外国旅行が可能となります。当時中国から団体観光旅行の目的地となる国・地域は政府によって指定されていました。日本は、ベトナム、カンボジア、ミャンマー、ブルネイと同じく2000年に北京市と上海市、広東省の住民に対象を限って指定国入りし、団体観光ビザの発給が解禁されます。2004年9月には遼寧省、天津市、山東省、江蘇省、浙江省の1市4省に団体観光ビザの発給解禁対象が拡大され、2005年7月からは中国全土が対象となります。その折日本では観光庁が発足し、2009年7月「十分な経済力を有する者」との要件を満たす富裕層に限って個人観光ビザを解禁することになります。その後更なる訪日中国人増と消費拡大への期待から2010年7月には「一定の職業上の地位及び経済力を有する者」(中間層)へと要件が緩和されました。

中国におけるホテル格付け制度の背景には、改革開放政策による中間層の増加を背景に拡大する国内マス・ツーリズムへの対応と個人観光として誘致する海外からの個人観光客に対する上質なホテルサービスの提供を並行するという特異な観光市場があり、また計画経済下において規定化されたサービスから競争原理が働きサービスの質を重視する買い手市場への変貌という歴史的な文脈があるのです。このような経緯の中で1980年代から「The China National Tourism Administration(以下CNTA)」によるホテル格付け作業が始まりました。1988年に5スター制度を制定し1990年4月に最初のホテル格付けを公表します。さらに1993年の改訂で国家基準に昇格させ1997年、2003年の改訂を経て現在に至っているのです。

中国のホテル格付け基準概要

　中国のホテル格付け基準は、「良質なホテルのあるべき姿」を細かな評価項目に分解して表現することでホテル業界にとって運用規範ともなるものです。ご紹介する基準は20年以上以前に策定された格付け基準を基礎としており、売り手市場としてのサービス業から買い手市場であるホスピタリティ産業へと成熟度を増す中で進められた格付け基準ですので当時には今ではあって当然と思われるものについても詳細な規定が設けられています。例えばホテル内の共用トイレに設置されているアイテム内容（トイレットペーパーの有無や男性用トイレでは小便器の有無、ゴミ箱の設置等）や客室内のゲストアメニティについて詳細に1アイテム毎に調査すると同時に格付け決定段階では顧客満足度を別途調査することでホテルのサービスレベルを丁寧に確認しています。また国際観光の誘致及び国内マス・ツーリズムの対応を念頭にしていますので国際観光ホテルとしてはフロントスタッフの外国語対応力やミーティングルーム、ビジネスセンターや顧客満足を別途調査する等世界的スタンダードを意識した内容を充足しつつ国内需要に対し団体客用の動線確保や卓球やボーリング場の有無等アミューズメント施設の充足等で対応しています。

　ホテル格付けを申請するには、まず提示された9項目の評価基準に基づいて自主診断を行ないます。その後正式な格付け申請に移り、6つの調査項目に沿った具体的な調査が行なわれます。正式なホテル調査では、最初に「建築やサービスレベル」及び「施設内容」について、合計120項目を超える細かな調査項目を設け加算得点方式により評価しています。次いで「メンテナンス」、「衛生レベル」、「サービスクオリティ」についての評価を経て最後に顧客満足度調査を行ない、最終的なホテル格付けを決定します。

　詳細項目を設けられた「建築及びサービス」、「施設内容」について、5スタークラスとして優れた内容とみなされる主なものを見てみますと、駐車場については客室数の15％以上を確保すること、ロビー面積は客室当り0.8㎡を確保すること、ロビーの天井にはシャンデリアの有無を調査します。客室面積は全体客室数の80％相当がバスルームを含めて20㎡以上であること、客室天井高は少なくとも2.7m以上であること、テレビサイズは18インチ以上、ミニバーの設置率100％を望ましいものと

しつつ8種類のソフトドリンク、5種類のリキュール以上が揃えるものとします。バルコニーは合計客室数の80%以上、バスルーム面積は6㎡以上を求めます。内装や家具で使用される木材ではマホーニー、石材では大理石が重視されます。バスルームでは1ベッド当り1か所のシンク設置を求めます。クローゼットは奥行き50mm×幅120mm以上、ゲストアメニティでは詳細アイテムを規定しその有無を確認する等客室調査は全体の中で最大のスコア配分としています。レストランでは内装、家具の質、地域特産メニューの有無を調査し、厨房ではダイニングルームとの間で臭いや騒音が分断される動線や区画の配置、適切な換気設備を求めます。バーラウンジについてはピアノの設置や雰囲気の良い独立したバー設置を求めます。共用部では眺望エレベーターを望ましいものとし、ホテル外顧客とホテル宿泊客との動線区別を求めます。プールでは400㎡越えインドア無料プール提供を優れた施設と規定しています。

　1993年の改定を経て、さらに外国人観光客数が1,100万人を突破した2003年には3スター以上のホテルに対して79項目の調査項目が追加されます。客室では飲用水の提供、ビジネスフロアの設置、スイートルームには来賓用トイレの設置、バスルームでは全体客室の50%以上でシャワーとバスの分離が規定されます。レストランでは茶道室の設置、宴会場は200人以上収容可能、24時間営業店舗の設置等が設けられます。ビジネスサービスでは、打ち合わせ用のスペース、通訳や翻訳手配、図書館（1,000冊以上）、会議施設では200席以上のミーティングルームと2室以上のスモールミーティングルーム、同時通訳（4か国語以上）、電話会議設備、パソコンやプロジェクターのリースサービス、5,000㎡以上の展示場、その他各種施設では美容室の設置、フラワーショップ、カラオケルーム、ベビールーム、4レーン以上のボーリング場、ブックストア、防犯システム、カードキー、セーフティボックス、給電システム等と充実した施設内容が盛り込まれます。制度化されたホテル格付け基準はホテルのあり方を形作ります。当該基準を背景に2012年には2,700万人を誘致する観光大国の道を歩むのです。

フランスのホテル格付け制度

　フランスの宿泊施設は多様性に富んでおりホテルの他、アパートホテル、バカンス

村、貸別荘、ユースホステル、キャンプ施設等があります。2011年1月時点における施設数は320万件、ベッド数では2,100万台をマーケットに提供しています。その中で4ツ星以上のホテルが約11%、3ツ星で約28%、2ツ星で約43%と全体の約40%が3ツ星クラス以上のホテルであり、格付け評価の高いホテルが多くを占めています。

フランスのホテル格付け制度は、商業や観光等に関連する法令により定められています。2008年関連法令改正前までのフランス・ホテル格付けは、「星なし」から「4ツ星デラックス」まで、建物設備と施設規模に主眼を置いた6段階のポイント・スコアリング方式を採用してきました。その後の基準見直しを経て、それまでの建物や設備面を重視した評価項目に加え、従業員サービス力、持続可能な発展への取り組みや最新テクノロジーの利用状況、バリアフリー対応状況等に対する評価項目を多く織り込むことで、ソフト面の評価も同様に重視する方向に転換します。つまりソフト面に対する評価項目を充実させることで、サービスの質の向上とともにフランスの観光デスティネーションとしての国際競争力をより一層高めようとしたのです。現在のホテル格付け基準は「ATOUT FRANCE（フランス観光開発機構）」による格付け基準に基づき、1ツ星から5ツ星とさらにその最上位クラスに当たる「パラス」が設けられています。ホテル格付けの取得は各ホテルの任意であり5年間有効です。ポイントによるスコアリング方式を採用しており、「必須項目」と別途設けられる「アラカルト項目」の追加ポイントを考慮することにより様々なホテルの個別性に配慮しています。新設された最高位「パラス」では、立地性、審美性、歴史文化性、格式等に関する意見を取りまとめ最終的には有識者による主観的評価も考慮して決定されています。

フランスのホテル格付け基準概要

フランスのホテル格付け基準は、上記の通り「必須項目」と「アラカルト項目」に分かれています。「必須項目」については、各スターカテゴリー別に最低限獲得すべきポイント数が設けられており、仮にその最低獲得ポイント数を下回ったとしても「アラカルト項目」で補えればスター認定されます。評価項目では、「施設と設備」、

「サービス」、「アクセシビリティ及び持続可能性」の大きく3区分が設けられており、それぞれの区分から細分化された詳細項目を設けることで格付け評価がなされています。以下ではその主なものを見てみたいと思います。

　ホテルの外観に関しては、建物のイルミネーションや植栽によるデコレーションを「必須項目」として、また分かり易いサインの有無やガーデニング（最低 200 ㎡）等敷地のランドスケープ等については「アラカルト項目」として評価しています。フロント・ラウンジについては、フロントスタッフのドレスアップや風貌を「アラカルト項目」として採点し、様々あるホテル内サービススペースへのアクセス性や空調設備の有無を「必須項目」として、子供に配慮した椅子の設置等は「アラカルト項目」として評価しています。バーエリアについては、1スターで20㎡以上、2スターで30㎡以上、3スターで50㎡以上、4スターで70㎡以上、5スターで90㎡以上としています。客室面積では、ツインルームの面積について、バスルームを含め1スターで10.5㎡以上、2スターで10.75㎡以上、3スターで13.5㎡以上、4スターで16㎡以上、5スターで24㎡以上とし、またバルコニーについては25％以上の客室に2㎡以上、プライベートテラスについては6㎡以上の設置をすべてのスターカテゴリーに求めています。客室備品等については、フラットテレビの有無、DVDプレイヤー、ビデオゲーム、インターナショナルチャンネルの利用可否を「必須項目」として評価しています。ベッドサイズについては、シングルサイズで1.20m×2.00m以上、ダブルベッドサイズで1.60m×2.00m以上、ツインベッドサイズでは2台×0.90m×2.00m以上としています。また子供用エキストラ・ベッドの有無やエクストラ・ピロー及びバンケットについては「アラカルト項目」としています。客室内の設備については、ミニバーは「必須項目」として評価し、メインライトの照度やデスクランプ、ベッドサイドランプ、ベッドのヘッドボードに設置されたリーディング用ライト、ベッド近くのコンセント等の有無、その他テーブルやデスク廻りでのコンセプト、ディマー（Dimmer）スイッチの有無等細かな規定が設けられています。館内アミューズメント施設ではテニスコート、ミニゴルフ、ビリヤード、フィットネス、スパ、室内外のプール、ビジネスセンター、ミーティングスペースについてもその有無を評価しています。

　次に「サービス」に対する評価では、「必須項目」として予約時の予約内容の復唱

の他、7時から24時までのフロント人員配置、ローカルツアー情報の提供やコンシェルジュ機能、ラッゲージサービス、バレットサービス、外貨交換サービス、インターネット接続コンピューターの設置やファックス送信サービス、英語を含めた複数言語の対応力と名札で対応可能な言語が分かること、その他ランドリーサービス提供を評価しています。朝食については、ビュッフェ形式でのアラカルト朝食の他ルームサービスでの朝食提供の可否、テラスでの同提供可否を評価しています。ルームサービスについては24時間の対応を評価しています。その他美容、フィットネスでのインストラクターの配置、マッサージ、託児所の有無を評価します。最後に「アクセシビリティ」ではバリアフリー等の対応をまた「持続可能性」ではスタッフの十分なトレーニング体制の他、節電、節水の他、廃棄物を極力減らすような努力や地産品を2種類以上採用すること等が求められます。

フランス・ホテル格付けの特徴

フランスのホテル格付基準で注目されるべきはやはり「パラス」でしょう。他のスタークラスのホテルとは異なる機能が期待されているからです。「パラス」の認定には5ツ星クラスの評価をクリアしてさらに設備、営業年数やサービスに関する客観的評価と審査委員による委員会を経て観光担当大臣に推薦され最終的に決定されます。評価基準を見ますと、客室等に関する客観的基準以外に、審査委員会による主観的評価である2次審査を経ます。この2次審査では、立地の良さやサービス提供力の他、ホテルが持つ歴史や由緒、文化性や格式、社会や環境に対する配慮や貢献が考慮されます。つまり「パラス」に認定されるということは、フランスの文化や審美性を広く世界や後世に伝える役割を負うことを意味しているのです。

また施設や設備に関する規定が多く、サービスに関しては、コンシェルジュ機能等一定レベルにあることがある意味前提となっているようにも感じます。設備面では空調や照明等に細目を配しており、施設を含めた人を取り巻く環境がその人の行動を左右するという「アフォーダンス」をうまく活かしたホテル格付けがなされているようです。

イギリスのホテル格付け制度

イギリスのホテル格付けは、自動車協会、英国王立自動車クラブ、スコットランド、ウェールズ、北アイルランドと連携をしながら英国政府観光庁により、「清潔感」、「ベッドルーム」、「バスルーム」、「サービス内容」、「料飲品質」、「ホスピタリティ＆フレンドシップ」の基本6カテゴリーと「外観」、「共用部」、「ダイニングルーム、レストラン」のその他3カテゴリーに関する評価に基づき1ツ星から5ツ星の5段階評価が行なわれています。イギリスの格付けでは、1ツ星に対する詳細な必須条件を設けており、それを基礎にしてその他スター別の追加条件を加える構成を採用しています。各スターカテゴリーの認定には、上記6つの基本カテゴリーすべてにおいてスター別の要求得点数をクリアすると同時に全体得点でもスターカテゴリー別の要求得点数をクリアする必要があります。

イギリスのホテル格付け基準概要

イギリスのホテル格付けはハードウェア、ソフトウェアを高いレベルでコーディネートするホテルサイエンスが凝縮されている印象を受けます。ホテルサービスの中でも特にソフトウェアに重点が置かれており、ホテル格付け基準を利用する側にとっても分かり易い表現が多く、叙事的な構成となっています。また上記6つの基本カテゴリー及び3つのその他カテゴリーに沿って行なわれるホテル調査の項目内には、必要に応じて「アクセス性」と「持続可能性」の観点から推奨される運営が別途明記されています。「アクセス性」に関する詳細な規定に現れている通り顧客視点が貫徹されると同時に、「持続可能性」を織り込むことで長期的に安定した運営に繋がるよう考えられているのです。

フランスのホテル格付けが、ややハードウェアに重点を置いた規定内容であり、「アフォーダンス（環境が人間行動を左右する）」を活かしたものである一方で、イギリスのホテル格付けは「ホテルの神髄はサービスにあり」と公言するかのようにサービスクオリティを重視した内容となっています。ホテル調査員による基準解釈の主観性介在の余地があるものの、たとえそれを犠牲にしても顧客体験を軸に据えたホテル

格付けを行なうために、サービスクオリティを調査対象として重視しているのでしょう。以下ではイギリスのホテル格付け基準について、その主なものを見てみます。

「清潔感」については、基礎なる１ツ星必須条件として、特に顧客が直接接するバスルームやシャワールーム、トイレについて十分に注視した管理体制が求められるとともに、ベッドリネン、ベーシン、フローリングについて徹底した清掃が確認されます。これは２ツ星から上位のスターカテゴリーでも１ツ星の基準を準用していますので、すべてのスターで当然に具備されるべき内容と位置づけられています。

「サービス内容」については、１ツ星必須条件から多くの規定が設けられています。スタッフの制服の清潔感やアイロニングの有無、当該ホテルのスモーキングポリシーの有無や、レストランが閉鎖している場合にはその周知方法、その他ホテルのキャンセルポリシーの表示有無や宿泊料金の支払方法の説明（利用可能なカード類）等が確認されています。

「ベッドルーム」については、１ツ星必須条件から極力無駄なノイズを排除することが求められ、さらに「アクセス性」では、連泊客向けに前日に置かれた顧客の私物を極力動かさないよう配慮することや、客室清掃用カートについても、客室通路で極力通行の妨げにならないよう取り組みがあるかを調査します。客室面積に関しては、すべての家具類の廻りで顧客が自由に動けるだけのスペースを確保すること（自身を中心に約1.8m、かがむことなく自由にアクセス可能なこと）、ファミリー用ルームについてはよりゆとりのあるスペース配分が与えられていることとしています。さらに５ツ星では、客室内ダイニングが不自由なくとれるスペースがあることが求められます。ベッドサイズについては、シングルルームで90cm×190cm、ダブルルームで137cm×190cm以上としています。リネン類については、２シーツ、２ブランケットにベッドスプレッドか又は１つか２つのシーツとともにデュベスタイルを求めています。デュベスタイルを採用している場合には、顧客の要求に応じてアレルギーフリー対応を別途用意することが要求されます。またダブルベッドの場合２ツ星からベッド両脇からのアクセスが可能であること及びそのスペース配分が求められます。窓は少なくとも１か所は開放可能なものとし、直接的に外気・外光を取り込めるよう求めています。自然光をできるだけ取り込む配慮や節電機器をできるだけ利用することも「持続可能性」に関する「望ましい運営」と位置付けられています。

イギリスのホテル格付けの特徴

　このようにイギリスのホテル格付けは、サービスに関する調査項目が多いこと、1ツ星に対する必須条件を丁寧に定義しそれを基礎的な評価として重視することで全体のスターカテゴリーに偏りがない形となっています。また分かり易い説明文を記載することで、なぜその基準やサービスが必要となるのかを十分に理解できますので、ホテル業界にとっての運営バイブルともなっているはずです。

　一方でイギリスのホテル格付けは、ダイレクトリー内の施設紹介から料金提示の有無や徹底したアクセス性の要求に見られるように顧客側の視点に立ってホテル体験を評価していますので、上記の通りホテル調査員による評価の主観性も介在する可能性があります。そこで熟練したホテルサービスの専門家を調査員に起用することで、できるだけ一貫性のある適切な評価がなされるよう工夫しています。このホテル調査員の存在は大きく、ホテル格付けを通じてホテル側に調査員によるアドバイスが還元されますので、各ホテルがどのようにすれば上位クラスの格付けを得られるかを把握することができます。ホテル格付け基準においても各評価項目内において別途「アクセス性（バリヤフリー等）」や「持続可能性」に関する規定を設けており、適切な運営内容を紹介し具体例を示すことで、業界全体の競争力向上に資する内容としており、例えばこの「持続可能性」については、食材やガーデンニング、室内デザイン等にはできるだけ地元の食材、デザイナー等を起用することで、それぞれの地域性を活かした質感造りを推奨しています。地元との連携及びそれを活かしたサービスを提供することができればマーケット内で特徴あるポジションを築くことができ、安定的な競争力獲得に繋がるからでしょう。それら追加規定により健全な業界を牽引するとともに、仕入先や取引先がホテルから近くなることで、経費節約にも繋がる点にも着目して、「持続可能性」に関する推奨運営としているのです。

アメリカのホテル格付け制度

　米国では様々な民間企業により多くのホテル格付け情報が提供されています。特にAmerican Automobile Association（以下 AAA という）によるダイヤモンド評価や

フォーブストラベルガイド（旧モービルトラベルガイド、以下フォーブスという）によるスター格付けは歴史も古く、知名度の高いホテル格付け情報として広く利用されています。AAAによるダイヤモンド評価は、レストランも対象としており、同協会に加盟している5,300万人以上にも及ぶ会員向けのホテル・レストラン情報の1つとしてそれらに対する格付けを実施しています。ホテルは大規模ホテルから小規模ホテル、モーテル、カントリーイン等様々なカテゴリーに分けられており、それらに対して格付けが行なわれています。AAAのホテル格付け基準では、施設、サービスに関する基本調査（AAA Approvedという）を経て4ダイヤモンド以上と推奨されるホテルについては、さらに「ダイヤモンド評価（Diamond Ratingという）」を実施する2段階評価を採用しています。AAAのサービスクオリティに対する評価はこの「ダイヤモンド評価」において重視されます。AAAによる「ダイヤモンド評価」の特徴をまとめますと、サービスクオリティに対する詳細調査が入る4ダイヤモンド以上とその前段である1～3ダイヤモンドに対する調査とでその内容を大きく分けていること、サービスクオリティという評価に主観性が介在する調査項目については多くの会員からフィードバックされる情報に基づいて把握される顧客ニーズを反映した評価項目が採用され、十分にトレーニングを積んだ調査員を採用することでできるだけ主観性を排除するものとなっています。このように会員から得られる顧客ニーズに基づき必要と判断されれば評価項目を修正する柔軟性を兼ね備えており、時代とともに変化する顧客ニーズに的確に対応できる仕組みを有しているのです。例えば昨今では、携帯電話やパソコン利用時における機能性とそれらに対する料金システムの内容や自動チェックイン機（Check-in kiosks）、タッチスクリーンやチェックインでのデジタルペン、ムードのある照度調整システムや香り等に対する調査項目を入れることで、現在の顧客ニーズを評価に取り込んでいます。

AAAによるサービスクオリティ調査概要

　AAAによるサービスクオリティ調査は、4ダイヤモンドクラスから導入されます。主なものを見てみますと、「ベル・サービス」について、ベル・スタッフはそもそも施設に関する十分な知識を有しているかの確認から始まり、適切なサービス提供がで

きる能力を有していること、また顧客の荷物の預かり方やその扱い方が高いレベルで洗練されていることが求められます。顧客がホテルを予約する段階から顧客の名前で適切な接客ができているかについて、顧客がチェックインしてからチェックアウトするまで徹底されていること、さらに顧客の名前の呼び方が失礼にあたらないよう十分に配慮することまでもが求められています。ルームサービスでは、同じく顧客の名前を使用したサービス提供から始まり、個々の顧客ニーズに応じたパーソナル・サービスが適切にできているか、オーダーの取り方から客室へのサーブの仕方まで徹底したチェックがなされています。また顧客が客室にいない時間帯で夜9時までに客室ベッドのターンダウン・サービスをすべての客室に実施されていることが求められます（もちろん個別に不要と言われる場合を除いて）。5ダイヤモンドクラスでは、バスルームアメニティの更新やその他徹底したサービス提供を求めます。ウェークアップ・コールは、指示された時間において、自動音声ではなく、実際のスタッフによりすべての客室で顧客の名前を使ったサービス提供が行なわれていることも確認されます。

フォーブスによるサービスクオリティ調査概要

　フォーブスではホテル、レストラン及びスパに対するスター格付け（1ツ星〜5ツ星）を行なっており、ダイヤモンド格付けを行なうAAAと同様に4ツ星以上の可能性がある物件については、550項目以上のサービスクオリティに関連する匿名調査が行なわれる仕組みを採用しています。4ツ星、5ツ星が期待できるホテルについては、清潔さや設備及び従業員の態度並びに礼儀を含む750項目以上の調査項目から構成される評価基準でサービスクオリティが評価されます。総合的な評点の25％相当が施設調査に、又約75％がサービス評価に配分されています。ここでもAAAと同様に、サービスクオリティに対する評価については十分に訓練された調査員を採用することで、できるだけ主観性を排除するよう工夫されており、期間的にも2泊3日と十分な覆面調査が実施されます。このサービスクオリティ調査では、スタッフの礼儀、マナー、その他優雅さや思いやり及び個別的対応の印象を含んでおり、ホテルでの体験をできるだけ的確に捉えることができるよう配慮されています。

イギリスで見られるホテル格付け基準のように1ツ星を丁寧に規定し、追加条件として上位クラスを規定するボトムアップ型の基準構成とは対照的に、フォーブスのサービスクオリティ調査では、通常多くのサービス及びその他高い提供力が求められる4ツ星以上について、トップクラスのホテルとはどのようにあるべきかに焦点を当てており、文字通りトップダウン型の基準構成となっています。1ツ星については、適切な服装、態度が要求され、2ツ星では24時間対応であるフロントスタッフについて笑顔と併せてアイコンタクトがあること、レストランはオールデイダイニングが可能なことを求めます。3ツ星では顧客の要求があればターンダウン・サービスが提供できること、バレット・パーキング・サービスが可能でルームサービスがあることが必要とされます。サービスクオリティが重視される4ツ星ホテルクラスからは、顧客の名前を適所で思慮深く使用していることや、到着から宿泊手続きが完了するまで5分以内で顧客対応がなされていること、ベッドは豪華で豊富な種類の枕が設置されていること、ベッドカバーは華麗な模様が施され質の高いものであること、ダイレクトリーに使用されている紙質は上質なものでありホテル全体の質感とバランスが取れたものが採用されていること、ターンダウン・サービスは徹底して取り組まれていること、ルーサービスは適切に復唱されるオーダーから始まり30分以内に提供されていること、ウェークアップ・コールは自動音声ではなく実際のスタッフによるもので、顧客の名前を使用したパーソナル・サービスであり、顧客から指示された時間の2分以内に提供できていること、コンシェルジュデスクは分かり易く独立して設けられていること、スパ部門がある場合には顧客から予約された施術開始時間から終了時間も事前予約内容から5分とズレがないこと、カジノがある場合、20分以上のスロットプレイ、15分以上のテーブルゲームにはドリンクサービスを提供すること等多くの規定を設けています。さらに5ツ星ホテルでは、4ツ星クラスに求められる上記内容に加えて、スタッフの高い接遇力と会話力、個々スタッフの所属部署に関連する事項を十分に記憶し理解していること、すべてのサービス提供が滞りなく流れること、少なくとも2種類以上の新聞が提供されていること、ルームサービスでは24時間対応が可能であり、プールがあれば適切にセットアップされた椅子まで顧客を丁寧にエスコートすると同時に、90分以内に体を温めることができ、ミネラルウォーターやフルーツジュース等の提供が適宜なされていること等が求められています。

このようにアメリカのホテル格付け基準は、民間企業によるもので、個々の機関が有している顧客会員組織に対する情報提供を主たる目的としていることから、顧客ニーズにどれほど対応できているかを評価しています。アジア諸国の格付け等他国の格付け制度の多くが政府主導のものであり、国際観光産業の健全な発展や業界育成等様々な目的を有しているのとは対照的であり、徹底して顧客視点が貫かれています。その結果としてアメリカのホテル格付け基準の構成は、顧客の事前期待がより多く又は強いトップクラスのホテルに対しては、おのずと「パーソナル・サービス」を軸に多くの評価項目が設けられており、顧客がホテルに対して事前に何をどこまで期待できるのかを明確に伝えるものとなっているのです。

American Automobile Association のホテル格付け

　American Automobile Association（以下 AAA という）による最初のホテル格付け調査は 1937 年にまで遡ります。AAA はその長い歴史の中で顧客ニーズを的確に捉え、ホテル格付け基準を進化させてきたのです。AAA のホテル格付けでは施設、サービスに関する基本調査（「AAA approved」という）と 4 ダイヤモンド以上へ推奨されるホテルについてはさらにサービスクオリティに絞った「ダイヤモンド評価（Diamond Rating という）」を行なう 2 段階評価を採用しています。以下では特に客室に焦点を絞り、AAA のホテル格付けでは客室の設えに関する顧客の事前期待をどのように考えているのかを見てみたいと思います。

　AAA の客室に関する評価については、「AAA approved」のフェーズでその多くを確認することができます。顧客視点に立脚しているためか、定量的な数値による規定は少なく、定性的な表現が多い構成となっています。客室のデコレーションでは、3 ダイヤモンドで居住性を、4 ダイヤモンド以上で快適性や高いデザイン性を重視しています。ベッドについても、リネン類等客室デコレーションと整合する快適な質感を求めます。家具類についても同様に 5 ダイヤモンドクラスでは高級な質感と同時に高いデザイン性を求めています。5 ダイヤモンドクラスの客室評価では、特に「エッジの効いた最先端のデザイン性と機能性（Leading-edge design and effect）」という表現が多く使われています。この表現は、客室内フロアカバー（フローリング材）、窓枠

デザイン、壁の材質、客室内姿鏡、客室内照明、ゲスト・インフォメーション（ダイレクトリー）等多くの客室内基準にも見られ、またバスルームについても同様に、バスルーム全体の質感や装飾、設置家具類、ベーシン・カウンター、フロア・カバーリング、バスルーム内照明、鏡、バスルームアメニティ、シャワー、シャワーカーテン（ドア）、バスタブ（約1,500mm×約800mm以上）、バスタブ及びシャワー廻り、壁の質感等で使われています。この「エッジの効いた最先端のデザイン性と機能性」については、上記のような客室やバスルーム以外でも、全体建物のデザインや共用部の質感、ランドスケーピングを含めて一貫して使用されているのです。

「Leading-edge design and effect」とは

「エッジの効いた最先端の機能性」については、タッチスクリーンやチェックインでのデジタルペンの使用、ムードのある照度調整システムや香り等に対する調査項目の拡充に見られるように、最新の設備水準をホテルに求めているようです。一方で「エッジの効いた最先端のデザイン性」とはどのようなものでしょう。AAAのホテル格付け基準では「Leading-edge design」とは区別して「Luxurious」という表現を使用しており、デザイン性に高級感とは異なる独立した「価値」を認めているのが分かります。

　ホテルにとって「デザイン性」の意義には2つあると思います。1つはホテルの「コンセプト」との関係で浮かび上がる効果であり、もう1つは個人客をターゲットとする場合に直接的に顧客の感情を揺さぶる審美的価値です。

　弊社で行ったアンケート調査では、顧客がホテル側から発信される「コンセプト」を感じとると、高い確率で「客層の統一感」を感じる傾向が見られました。実際には、ホテルを利用する顧客が他の顧客と会話することもなければ、直接的にその人となりを知ることはできません。他の顧客の人柄や社会的地位、人格を推測する手掛かりは、ロビーやその他共用部で接した他の顧客の外観なり風貌、振る舞いしかないはずです。弊社の調査結果で見られたように、「コンセプト」と「客層の統一感」との関係は、ホテルから伝えられるホテル固有の「コンセプト」が他の顧客の不明な部分を補うことができることから生じているのでしょう。弊社の調査では「客層の統一感」と「顧

客満足度」にも一定の関係が見られました。「客層の統一感」を感じる人はそのホテルに満足を感じやすく、つまりは客層がホテルの魅力を大きく支えていると言えるのかもしれません。それは、一定の客層を感じ取りその空間に身を置くことで「社会的アイデンティティ」を確認できるという社会的欲求の充足が関係しているのかもしれません。

　この「コンセプト」を伝える1つの手段がデザインなのです。装飾に自由度が高いロビーやホテルサービスに触れることができる料飲施設等ではホテル側の「コンセプト」を容易に推測することができます。一方で一旦客室に入ってしまいますと、たとえ居住性や機能性、快適性は確保されていても、コンセプトの伝達に関しては壁の絵画等に限られるケースも多いのではないでしょうか。このような場合には顧客の「コンセプト」認知が大きく低下することになります。先ほどの弊社調査でも、「コンセプト」認知の低下に応じて「客層の統一感」さらには「顧客満足度」も同時に低下する傾向が見られました。顧客がホテルを利用する時間の大半は睡眠時間を含めて客室内ですので、そこでのホテル・コンセプト伝達は非常に重要な戦略的ツールと言えるはずです。

　マス・ツーリズム全盛から環境配慮への社会的要請を経て、昨今は個人旅行中心の時代に大きく市場が変化しています。つまり直面するホテルのターゲットが「集団心理」から「個人心理」へと変化していると捉えることができます。集団心理的には、明確な目的地があり、団体行動をサポートする施設が求められても、個々人の嗜好に左右されるデザイン性は「集団心理」から見れば心理的価値とはみなされないかもしれません。一方で個々の「個人心理」から見れば、(もちろん個々の嗜好はあるものの)、ホテルからのコンセプトがあり、そのコンセプトに共感するのであれば、その表現手段であるデザインには強く共鳴するでしょうし、さらにダイレクトに審美性を感じさせるものであれば直接的な心理的価値に繋がっているはずです。

　AAAでは、5,300万人にも及ぶ会員組織からのフィードバックに基づきホテルに対するニーズ変化を常に観測し基準を更新し続けています。そのAAAのホテル格付け基準において、5ダイヤモンドクラスのホテルで「エッジの効いた最先端のデザイン性」が多くの評価項目で一貫して求められているのは、個人マーケットにおける個人心理をベースにした心理的価値をホテル格付け基準に取り込む上で欠かすことができ

ないからではないでしょうか。

　客室内のデザイン性とは、客室構成や客室内設えは、建物のスパン配置、防音対策等居住性や快適性という枠の中で行なう必要があります。客室構成を検討する場合には、これまでの居住性、機能性や快適性に併せて今後このデザイン性という新たな軸も考慮に入れた面積配分なり資材の選定等が求められるのではないでしょうか。

フォーブスによるホテル格付け

　「フォーブス」のホテル格付け基準は、ホテル、レストラン及びスパに対してスター格付け（1ツ星～5ツ星）を行ない、4ツ星以上の可能性があるホテルについては、ダイヤモンド格付けを行なう「トリプルA（AAA）」と同様に、さらにサービスクオリティに関する項目数550以上に上る詳細な調査が行なわれるというものでした。「トリプルA」と同様に「フォーブス」のホテル格付け基準も、民間企業によるホテル格付けだからこその顧客視点が貫かれていました。アメリカにおけるホテルの格付け基準は、国際観光市場の発展等様々な目的を含んだ政府主導のホテル格付け基準と対照的で、ホテルの利用者側にとって事前に何を期待できるかを純粋に示そうとしています。「トリプルA」によるダイヤモンド格付けでは、トップクラスのホテルに対して「エッジの効いた最新のデザイン性と機能性」を重視していました。以下では、「トリプルA」と同じく顧客視点を貫徹している「フォーブス」が、トップクラスのホテルに対して何を求めているのかを見てみたいと思います。

「フォーブス」によるホテル格付け基準のポイント

　顧客側の事前期待はスターカテゴリー別に異なるはずです。「フォーブス」は、1ツ星ホテルについては、適切なサービス、維持管理の徹底した施設の設えを有しつつも、施設構成がシンプルであり、値ごろ感のあるホテルとして「Value experience」を重視しています。2ツ星ホテルでは、1ツ星ホテルの基準をクリアしつつ、フルサービス・レストランがあり、「より広範囲なサービス提供と快適性」を重視しています。2ツ星ホテルからビジネスセンター、インターネットアクセス、メールの受送信が可能

であること、またサービスクオリティに関しては笑顔とアイコンタクトある接遇を求めます。3ツ星ホテルでは「旅行者に対する十分なサービスと高いレベルの快適性」を求めます。ベッドのターンダウン・サービスやバレット・パーキング・サービス、当日のランドリーサービス、ルームサービス、施設ではフィットネス施設が求められます。4ツ星ホテルから5ツ星ホテルクラスとなりますと、より高いサービスクオリティが求められます。サービスクオリティの調査は徹底しており、予約時、到着時（1分以内に案内）、出発時、コミュニケーター（PBXオペレーター）、ルームサービス、朝食サービス、バー、レストランサービス（お薦めを効かれれば3メニュー以上答えること等）、その他ハウスキーピング、ターンダウン・サービス、ランドリーサービス、ビジネスセンター、ゲストサービス、コンシェルジュについて、それぞれ接遇マナー、パーソナル・サービス提供力、効率性、スタッフの風貌等を確認しています。そこでのキーワードを見てみますと、4ツ星ホテルでは、「パーソナル・サービスとラグジュアリー空間」を、また5ツ星ホテルでは、徹底された「flawless service（完璧で欠けたところのないサービス）」を求めています。顧客ニーズを重視しますとサービスクオリティに対する評価が避けられません。つまりその結果、格付け評価に調査員の主観が介在してしまいます。そのリスクを「フォーブス」では2泊3日という長い調査時間とトレーニングを積んだ調査員を採用すること、さらにストップウォッチ等客観性を担保するための装備を利用することで可能な限り主観を排除した適切な評価がなされるよう工夫しているのです。

5ツ星ホテルで求められる「フローレスなサービス」とは

「フォーブス」ではトップクラスのホテルに対して、完璧で継ぎ目なく流れるサービス、「flawless service（以下フローレス・サービスという）」を要求しています。ホテルの利用を顧客視点に立って解釈すれば顧客によるホテル体験とその結果である記憶の積み重ねとして捉えることができます。「フローレス・サービス」とは直訳しますと「完璧で欠けたところのないサービス」となります。そのためには、それぞれの異なる客層が有するホテルを利用する背景や目的（文脈）に応じたサービスが終始徹底して追求されている必要があります。つまりこの概念は、パーソナル・サービスを含

めてより広い概念であり、パーソナル・サービスが切れ目なく流れる様を要求しているのです。

　上記のような意味で、この「フローレス・サービス」という概念を捉えますと、それが実現できているホテルとは、ある意味で顧客にとって劇場に違い心理的効果を与える可能性もあります。なぜならそのようなサービスは顧客の感情を強く揺さぶるはずだからです。ホテルの利用は、顧客にとって様々な局面で「葛藤と解決」を繰り返しています。チェックイン前には、ホテル選択時の「葛藤」と選択時の「解決」、選択後目的地に向かう間の「葛藤」、ホテルに到着した時の「解決」、客室に到着するまでの「葛藤」、客室で寛いだ時の「解決」、ディナーの選択という「葛藤」と実際に食する時の「解決」、ふと仕事のメールを確認したい「葛藤」とビジネスセンターでの「解決」等です。この「葛藤」と「解決」の繰り返しの中で、感情は大きく揺さぶられるのです。例えば映画や演劇でも同様の構成が見られます。大きな目的である「テーマ」があり、小さな「葛藤と解決」を繰り返しつつ、テーマに沿ってストーリーが流れています。その小さな「葛藤と解決」を契機とする感情の積み重ねが、設定された壮大なテーマの最終的な「解決」を待って感動に至るのです。

　このように顧客を感動させる「フローレス・サービス」は個々の顧客のホテルの利用目的、文脈を把握してこそ初めて可能となります。さらに言いますと、ホテルはこの「葛藤・解決」を、ホテル、顧客（自身）、他の顧客（客層であり、社会的環境）の３要素という登場人物、ハードウェア、ソフトウェア、ヒューマンウェアの３要素による舞台で流れるように提供しているのです。「フォーブス」による「フローレス・サービス」がこのようなアート性まで包含した概念なのかは分かりませんが、仮に文字通り、徹底した完璧なサービス提供を実現し、それを流れるように提供し続けることができるのであれば、顧客にとっては記憶に残る大きな体験となるはずです。

アメリカ型顧客中心のホテル格付けは完璧なのか

　アメリカのホテル格付け情報は民間企業により提供されています。したがってそれらは顧客ニーズ調査に裏付けられ、顧客に対してホテルに対する事前期待を提供するものとなっています。仮にその顧客ニーズが的確に捉えられ基準化されているとしま

すと、ホテル側にとっても、顧客ニーズを別途把握する手間を省くことができ、サービスを提供する上で1つの大きな指標ともなるものです。

ただし一方で、ホテルが安易に基準を信用してしまい、自らなぜそのような基準が求められているかを追求する姿勢を失ってしまう危険もあります。感動や喜びには、その背後に安全性や安心感が不可欠です。危険や不安を感じるような場合の「ネガティブな感情」は喜びや感動という「ポジティブな感情」より強く感じる傾向があります。トップクラスの良いサービス提供にばかりに気が取られてしまい、肝心の安心感の提供やストレス・フリーに対する配慮が欠けてしまいますと、「ポジティブな感情」が生じないばかりか、「ネガティブな感情」では好奇心や行動力に繋がらないため、ホテル体験そのものを止めかねないのです。安全性や安心感の提供を大前提にすることで高い顧客満足を追求することができるのです。

ニュージーランドのホテル品質認証制度

Statistics New Zealand (2014) によると、ニュージーランドに訪れる外国人観光客数は2014年3月期で2,752,257人（対前年比＋5.4%）であり、隣国であるオーストラリアからの観光客が最も多く1,221,152人（全体の44%強）、次いで前年比約＋14%で増加している中国（全体の8.7%）、その他アメリカ、イギリス、ドイツ、日本、韓国、カナダと続きます。観光目的は1,303,776人と最も多く全体の約47%を占めています。次いで友人や親戚訪問目的が876,768人で約32%と、この2つで全体の79%を占めているのです。ビジネス目的は262,672人と全体の9.5%です。平均滞在日数も平均で8.8日と長いという特徴があります（アジアからの観光客では短く、一方で特にドイツ人は長く平均で25日と欧米からの観光客は長期滞在という特徴があります）。また長期滞在観光客が多いためかレンタカーを利用する人が多いという特徴があります。ホテルライフを熟知している欧米からの観光客が多いこともあってか、様々な国から様々な滞在日数や目的別に応じて、利用される宿泊施設は、ホテル、モーテル、バックパッカー用ホステル、サービスアパートメント、ベッド＆ブレックファースト、ラグジュアリーホテル等多種多様となっています。このようなニュージーランドの観光市場を反映し、Apartment（サービスアパートメント）、Holliday Park

（キャンプ場）、Backpacker（ユースホステル）、Hotel、Bed & Breakfast（朝食付き宿泊施設）、Motel、Boutique & Lodge（小規模なブティックホテル）、Guest & Hosted（ホストがもてなす宿泊施設）、Holliday Home（貸別荘）、Luxury Lodge 等と様々な施設カテゴリーに分けて宿泊施設の品質評価が行なわれています。

ニュージーランドの宿泊施設品質認証制度

　ニュージーランドの宿泊施設に対する品質認定は、2001年に政府観光局とニュージーランド自動車協会により設立された「クオールマーク・ニュージーランド・リミテッド」による「クオールマーク」制度（Qualmark）として運用されています。上記のとおり様々な宿泊施設カテゴリーに応じて品質認定が行なわれていますので、利用者側にとっては、どの施設カテゴリーの「クオールマーク」を得ているかにより、滞在目的に応じた施設選択が容易にできます。また施設カテゴリーに応じて顧客が求めるサービスレベル、施設基準を基準化することにより、目的に応じた適切な評価が行なえるよう工夫されています。同国品質認定の流れは、ホテル側の任意且つ費用負担により事前に自己評価を行ない、その後の調査員による調査・確認を経て最終的な評価がなされ、「クオールマーク」の使用が可能となるというものです。ニュージーランドの「クオールマーク」は、特に官民一体となった取り組みという点に意義があり、顧客視点に立った評価がなされ、品質認定の過程で調査員から運営上のアドバイス等も受けることができるとともに、「クオールマーク」を取得した宿泊施設は、政府観光局による宣伝等海外市場の門戸を開けることができます。ニュージーランド政府にとっても、カテゴリー別の宿泊施設ストック数の把握、同国内観光市場の品質把握にもつながりますので、国際観光産業育成にも活かされています。また、顧客視点も適切に考慮されています。品質認定は年に一度再評価を受ける必要があるほか、顧客側からみて当然に具備すべきと思われる品質については最低限クリアしないといけない項目として設けられ、それらをクリアしてはじめて品質認定基準に沿った施設側の自己採点に進めるという方法を採用しています。顧客視点に立脚するため、個別評価項目に対する評価値（1～5点）をさらにウェイト付けする仕組みも取り入れられています。また品質認定基準の最後には、適切な料金設定と表示等の遵守すべき倫理

規定も設けられています。このようにニュージーランドの「クオールマーク」制度は、国、宿泊施設、利用者側それぞれにとってメリットがある仕組みとして工夫されており、注目されるべきホテル品質認定制度と言えます。

「ラグジュアリー&ロッジ」の格付け評価

　以下では、ニュージーランドの宿泊施設の中でも最高峰と位置づけられる「ラグジュアリー&ロッジ」の品質認定基準を見てみたいと思います。このカテゴリーでは、調査員による試泊調査が行なわれます。このカテゴリーに対する認定基準を俯瞰しますと、客室数は25室未満であること、ユニークであり且つニュージーランド流のおもてなしが感じ取られること、顧客が十分にリラックスしリフレッシュできる内容であること、個々の顧客の好みの確認を含めて高度なパーソナル・サービスが提供されていること、自然環境との調和等ニュージーランドの自然環境に対する十分な配慮があること等が定められています。具体的には、チェックインではウェルカム・ドリンク類の提供等のサービスからはじまり、施設全体の案内の有無、従業員にはパーソナル・サービスが提供できるだけのトレーニングがなされていることや、チェックアウトでは客室からの荷物の移動等サポートがあること、適切かつ十分な安全設備が備わっていること、アミューズメント等外部委託先が介在する場合には施設内と同様のパーソナル・サービスが当事業会社からも適切に提供されていること、高いレベルのニュージーランド料理が提供されていること等が重視されています。このように、「ラグジュアリー&ロッジ」では、サービス面を重視した基準が設けられていることからも調査員の主観という課題もあるでしょうが、敢えて顧客が期待しているであろう宿泊体験を確認するという手続きを取っているのです。参考までに様々設けられている宿泊施設カテゴリーの中で朝食付き宿泊施設「ベッド&ブレックファースト」についてもその品質認定基準を見てみますと、当該カテゴリーにおいても同様にサービス面（顧客配慮項目）に最大のウェイト付けがなされていることから、品質認証制度としては一貫した顧客視点が窺えます。

ニュージーランドの品質認証制度について

　ニュージーランドではスター認定による５段階評価が採用されています。この「スター」という表象を使用するという意味において、世界で見られるホテル格付け基準における５スターの要求定義との整合が求められる可能性もあるため、様々なホテルカテゴリーに分けて５スターが設けられているニュージーランドでは、その「５スター」が何を意味しているのかについて十分な定義付けが必要となっているのです。ニュージーランドの宿泊施設品質認証制度は、ホテル事業会社側でなぜそのような評価項目が必要となるのかに関する説明も可能な限り基準内に限り盛り込まれていますので、ホテル側の運営バイブルともなっているのです。

オーストラリアのホテル格付け制度

　Tourism Research Australia によると、2013年度にオーストラリアを訪れた外国人観光客数は6,381千人であり、対前年比で約＋6％でした。特にニュージーランドからの観光客数が多く約1,193千人、また中国からの観光客数が＋14％（約709千人）と増加傾向にあります。オーストラリアは広大な国土に、特色ある自然を背景とした豊富な観光資源を有しています。1993年のシドニーオリンピック開催決定以降、2000年の開催年度を介し安定的にインバウンド市場を成長させてきました。今後の政府予測では、世界経済が安定的な成長基調にあることや同国の為替動向も鑑み、インバウンド市場全体として成長率＋3％から＋5％と、東南アジア、中国、中東からの観光客増を背景に益々の市場拡大を予測しています。

　オーストラリアのホテル格付けを見ますと、同国のホテル格付けは AAA Tourism、STAR Ratings Australia により運用されており、様々なホテルカテゴリーに応じて約１万件の宿泊施設に関する格付け情報が提供されています。オーストラリアのホテル格付けは、１スターから５スターの５段階で評価し、また「５スター」を、「すべてのオペレーションで高いレベルのパーソナル・サービスを提供するとともに細部にわたってきめ細やかなデザイン的配慮がある施設」と定義しています（この「５スター」の定義は、特に欧米にみられる格付け基準における「５スター」クラスの要求

定義とも整合する内容となっています）。実際の格付け評価においては、大きく（1）「施設・サービス」、（2）「清掃状況（清潔感）」、（3）「クオリティ・コンディション」の3項目に分けて、それぞれについて評価項目のチェックが行なわれています。特に（2）「清掃状況（清潔感）」については1スターから等しく高い水準が求められており、一方で（1）「施設・サービス」、（3）「クオリティ・コンディション」の差異が、1スターから5スターの格付け格差につながっています。顧客側の期待や体験面を格付け基準に取り込むために、評価項目に対しては重要度に応じた加重計算がなされています。またそのウェイト付けの根拠としては、オーストラリア政府が関与する観光市場の研究機関、Sustainable Tourism CRCによる顧客ニーズ調査を参考とし、加重計算上重視されている評価項目では客室評価とバスルーム評価が重視されています。

オーストラリアのホテル格付け基準

　オーストラリアのホテル格付け基準は、ベッドルーム、バスルーム、客室内設備、レクリエーション施設、料飲施設、ゲストサービス、建物・外観に分けて、それらの中でさらに詳細評価項目を設けており、施設・サービス、清掃状況（清潔感）、クオリティ・コンディションをチェックするというものです。評価項目ごとに「優れる」と判断される具体的な判断基準を見ますと以下の通りです。（ゲストサービスについて）365日、24時間常駐スタッフがいること、顧客からのコンプレイン等フィードバックをシステムとして適切に有していること、ビジネスセンターにはコンピューター等が備えられていること、ハウスキーピングは24時間利用可能であること、（レクリエーション施設について）プールは最低限15m×5mのサイズがあること、（パーキングについて）バレット・パーキング・サービスが利用可能であること、（ルームサービスについて）24時間ルームサービスが利用でき、3ミール以上提供されていること、ミニバーではアルコール類、ノンアルコール類等が取り揃えられていること、（ベッドカバーについて）330スレッドカウント以上あること、（ベッドについて）キングサイズ（2,030mm×1,830mm）以上であること、（客室窓について）客室窓は適切に眺望が確保されると同時にプライバシーも確保されていること、（客

室内自由スペースについて）客室内には最低12㎡の自由スペースが確保されていること、（客室内絨毯について）十部な深さのある質感の高い絨毯が採用されていること、（客室内テレビ等について）テレビサイズは42インチ以上であること、インハウス・ムービーが提供されていること、電子ルームキーが使用されていること、エレベーター制御等により適切にアクセス制限が設けられていること、全室禁煙ルームとされていること、（バスルームについて）バスタブ・サイズは最低1,300mm×600mmとし、シャワースペースと分離されていること、洗面スペースは十分に確保されていること（最低400mm×250mm）、バスルームアメニティは5種類以上設置されていること等と定められ、さらに5スタークラスにはそれぞれの項目に高いデザイン性が求められています。また清掃状況（清潔感）については、気になるような清掃の瑕疵、汚れや傷みが5か所以上あると問題視され、3か所未満で概ね問題なし（Light Problem）とされています。

オーストラリアのホテル格付け基準とホテル格付けの潮流

　ハードウェアに対しては細かな規定を設けつつ、ソフトウェアに対する評価は、清掃状況（清潔感）を軸に、様々なサービス提供内容を確認しています。顧客ニーズ調査結果を背景に、パーソナル・サービスを重視すると同時に、高いデザイン性を求めており、それら主観的評価項目の要求定義については、ベンチマークとなるような画像を提供して対応しています。前回ご紹介したニュージーランドの「クオールマーク」制度でトップクラスとされる宿泊施設カテゴリーである「ラグジュアリー＆ロッジ」では、オーストラリアの「5スター」と同様に、個々の顧客の好みの確認を含めて高度なパーソナル・サービスが提供されていることを要求しています。具体的にはチェックイン時に、ウェルカム・ドリンク類の提供等のサービスや施設全体の案内の有無を確認し、従業員にはパーソナル・サービスが提供できるだけのトレーニングがなされていることや、チェックアウト時では、客室からの荷物の移動等サポートがあること、アミューズメント等外部委託業者が介在する場合には施設内と同様のパーソナル・サービスが当該業者からも適切に提供されていること等が重視され基準化されています。オーストラリアのホテル格付けでは、パーソナル・サービスを「5ス

ター」の定義の中で掲げつつ重視するも、判断基準がやや不明瞭という印象を受けます。ニュージーランドをはじめオーストラリアにおいても、基準の明確化の度合いはことなるものの「デザイン性」と「パーソナル・サービス」はトップクラスのホテル定義の軸となっており、この2点を重視するのが世界的なホテル格付けの潮流のようです。このパーソナル・サービスについては、ヨーロッパの複数の国を取り込む統一的ホテル格付け基準（HOTEL STARS.EU）をはじめ、世界で見られる多くのホテル格付け基準においても同様の傾向が窺えます。そして現在この「デザイン性」と「パーソナル・サービス」の定量的評価が大きな課題ともなっているのです。さらに今後は、トップクラスのホテルを利用する顧客が、顧客側の自尊心を刺激するようなサービスや質感、企業として見た場合にそのホテルが有するサービス哲学の有無や環境配慮をはじめとする CSR の取り組みを重視する傾向があることが報告されており、それらの取り組み内容についてどのようにホテル格付け基準に取り込むのか、その必要性と方法の確立が重要課題の1つとなりつつあるのです。

ドイツのホテル格付け制度

　ドイツは人口で約8,000万人強（2012年）、国土では日本の約94％ですが、国際会議開催件数では世界トップクラスを誇っており（2012年度は米国に次いで577件と世界第2位、ICCA）、外国人観光客数においても3,000万人を超える観光大国でもあります。2012年度の国別観光客数では全体の約76％をヨーロッパからの観光客が占めていますが、今後は益々アジアからの観光客増も期待されることから、一層の市場拡大が予想されます。

　ドイツのホテル格付け制度は、1996年から DEHOGA（ドイツホテル協会）により運用が開始され、1スターから5スターの5段階評価を行なっています。DEHOGAでは2スターの定義を「Standard」、3スターを「Comfort」、4スターを「First Class」、5スターを「Luxury」としています。ドイツのホテル格付けは、ホテル側の任意参加であり、基準は主観性を排除した客観的評価項目から構成されています。インスペクターによる施設調査が行なわれますが、ホテルの規模やカテゴリーに応じて調査時間は異なります。評価にあたっては、以下の6つのホテルカテゴリー別（※）に重要

度に応じて加重が与えられた 230 項目を超える調査項目に沿って行なわれており、ポイント合計点数がスター・カテゴリー毎の基準点をクリアすれば格付け認定される仕組みをとっています（※①建物／客室、②備品／家具、③サービス、④アウトレット／レジャー施設、⑤その他アレンジメント項目、⑥会議施設、ポイント数では、備品／家具のポイント数が最も多く、次いでサービス、建物／客室と続きます）。

ドイツのホテル格付け基準の実態

　ドイツ現地でのホテルインタビューでは、ドイツ格付け基準を肯定的に捉えているホテルが多いようでした。それはドイツのホテル格付け基準が、特にサービス評価において主観性が排除され、調査対象サービスの良し悪しを含めて評価するのではなく必要なサービス内容の提供有無を中心としたものであることから客観的に評価可能なものであること、また多くのホテルが 3 スター以上の認定を受けていることが影響しているようです。2011 年時点で 3 スターだけで全体の約 60％、また全体の約 29％が 4 スターであり、3 スターと 4 スターの合計でなんと全体の 89％を占めています（フランスでは 2003 年時点で 3 スターと 4 スターの合計ホテル数割合は約 36％）。ここで例えば 3 スターの基準の概略を見てみますと、その他詳細項目もありますが、シングルで 14 ㎡以上、ダブルで 18 ㎡以上、フロントサービスは 12 時間以上提供され、要求に応じてバスローブの提供があるほか、拡大鏡の設置やヘアドライヤーの設置、その他リクライニングチェアー、ランドリーサービスの提供、ホテル内にレストラン及びバーが設置されていること等と定められています。4 スターではシングルが 16 ㎡以上である他ミニバーの設置等が定められ、5 スターではシングルが 18 ㎡以上、ダブルで 26 ㎡以上である他フロントサービスを 24 時間と定められています。実際に 4 スターの認定を受けているホテルを調査してみますと、当該ホテルの客室は、広さ自体は十分なのですが客室エアコンディショナーが機能しておらずエレベーターも設置されていません。その上フロントエントランスは夜間施錠が掛けられ、ルームサービスも提供されていませんでした。同国のホテル格付けではフルサービス型ホテルとそれ以外とで最低獲得要求点数が異なります。本ホテルはフルサービス型ホテルではなかったため、サービス面で十分な得点を得なくともホテル全体として、最高ポ

イント合計点数の約 35％強を獲得すれば、4スター認定が受けられるということもあり、多くのポイント数を施設面でカバーしていたのです。他国で見られる基準のように、デザイン性や「パーソナル・サービス」をトップクラスのホテルに求めるスタンスとは明らかに異なっています。

パーソナル・サービスとは何なのか

そもそもパーソナル・サービスとは具体的に何を意味しているのでしょう。本来それは、単に顧客の名前を使用した接遇サービスを行なうということではありません。実際に顧客の名前を使用したサービスが高く評価される場面とは、ウェークアップ・コールで自動音声のよるマシーン・サービスではなく、スタッフにより顧客の名前を使用したウェークアップ・コールを行なうことやチェックアウト時、あるいはレストランの予約を行った後に訪れた場合に顧客の名前を使用すること等が該当します。現在の外部環境は情報に満ち溢れ、市場は逆にプライバシーを求める傾向すらあるのです。そのような環境にあって、ホテル側の十分な配慮がパーソナル・サービスには求められており、顧客側がそれを期待する場面において提供される的確な「人」対「人」のサービスこそが「パーソナル・サービス」なのです。

フェアな評価基準でありつつ、顧客視点も取り込む視点

ドイツでは格付け基準が主観性をできるだけ排除し、また厳しすぎず優しすぎないフェアな内容となっているため、ホテル格付け制度がある種ホテルの「パートナー」として位置づけられていました。一方で「スター」を使用してホテル格付けを行なう以上、特にサービス提供内容だけではなくサービス提供レベルに関する事前の顧客期待とのギャップも課題となっています。顧客側の情報ニーズを格付け基準内に取り込むためには、顧客が「どのよう扱われているのか」、その期待値を情報として示す必要があります。つまり、具体的にはホテル側のサービスが顧客の依頼に対して正確かつ迅速に提供されているか、顧客側の感情や行動を事前に予測し適切なサービスが提供されているか、顧客を取り巻くホテル内の環境や質感つまりはハード面のメンテナ

ンスが十分に行き届いているかを客観的かつフェアに評価する必要があるのです。つまり言い換えますと、顧客に対するホテル側のコミットメントであり「Engagement」のレベルの高さを評価し示すことなのです。個々の顧客に対して高いレベルの「Engagement」があれば、そのホテルは事前の顧客期待を大きく裏切ってしまうことはないでしょう。そしてこの「Engagement」のレベルが、顧客側の体験として快適性や機能性として認知されるのです。顧客側の情報ニーズを重視しつつ、フェアな評価を行なうホテル格付けとは、顧客の期待「Expectation」に対するホテル側のコミットメント「Engagement」の評価を基礎にし、クラスの高いホテルに対してはさらにエコ対応やデザイン性の高さ、CSR対応、企業理念の有無そして全体を通じたハードウェアとソフトウェア・レベルのバランスにも留意し確認するという構成が望まれるのです。

　最後に、ドイツで試泊調査を行った「4スター」ホテルでは、チェックアウト時に「また来るよ」と言うと「I know you will be back if you were satisfied（もし満足してくれたならまた会えるね！）」と即座に返ってきました。ホテル側が自信をもってサービスを提供し、その結果顧客が満足すれば間違いなくその顧客はいつの日か戻って来てくれるはずだという強い信念が感じられます。ドイツのホテル格付け制度が、このような自信や信念すらホテル側に与えているとすれば、その制度には大きな意義があるのかもしれません。

世界のホテル格付け制度まとめ

　ホテルは実際に宿泊してホテルを体験してみないとその良し悪しは分かりません。昨今では多くのホテルチェーンがボーダレスにブランド展開しており、またインターネットの口コミコメントでも格付け情報に代わる利用者の声に触れることができます。ホテルの格付け評価を行なうためには、調査員やその宿泊費用等諸費用も大きくかかります。様々な情報が溢れそれらが容易に手に入る現代社会においては、費用対効果という観点から考えてホテル格付け制度を停止した国もあります。もはやホテル格付け情報は必要ないのではという声も聞こえてきます。

　一方で口コミコメントは支払う料金との関係で相対的評価に偏っている可能性があ

ることや同一ホテルブランドでも場所によってそのサービスレベルに差異も見られますので、そのような情報源のみで判断した場合には事前の期待と実際の体験との間に問題となるようなギャップが生じることもあります。したがって、やはり絶対基準にて客観的な第三者によるホテル格付け情報は有用であるとの意見も依然多く、また海外からの観光客にとっても、その国で滞在するホテルの良し悪しが訪れた国の印象を大きく左右することもあり、自国の利用者に対する情報源であることはもちろんですが、やはりより一層に国際観光産業を活性化させるために、つまり海外からの旅行者に対してホテルを安心して利用してもらえるよう、ホテルサービスの不透明さを「見える化」するホテル格付け情報は非常に重要なソフト・インフラであり続けているのです。

　いくつかの国のホテル格付け基準をご紹介しましたが、大きく分けてホテル格付けには国が主導する国家制度化されたホテル格付けと米国を代表とする民間主導型のホテル格付けの2パターンがありました。それぞれ微妙に目的が異なります。前者であれば、多くのケースでは、国際観光産業が成長産業として重視されており、海外からの観光客に対する適切な情報提供及び安全性の提供を両立させることを主眼としていました。国家制度化された基準と対照的なのが、民間主導型のホテル格付けです。それらはホテルの利用者側にとって事前に何を期待できるかを純粋に示そうとしていました。米国「トリプルA」による「ダイヤモンド格付け」では、トップクラスのホテルに対して、「エッジの効いた最新のデザイン性と機能性」を重視しています。また同国「フォーブス」では5ツ星クラスのホテルに対して、完璧で継ぎ目なく流れるサービス、「flawless service（フローレス・サービス）」を要求していました。

　さらに、ホテル格付けについては大きな流れとして国際的なホテル格付け基準統合の動きがあります。1952年に「International Union of Official Travel（現World Tourism Organization、WTO）」が、ホテルの格付け（Hotel classification）に関する議題を取り上げ、その後1985年にWTOとしてホテル格付けに関する研究プログラムを開始しています。それと並行して「Hotels,Restaurants & Cafés in the European Community（HOTREC）」が顧客ニーズに合致するホテル情報に関する調査研究を始めました。これら調査の結果、1988年には統一基準を擁することで、ボーダレス化するレジャー産業の発展に貢献する可能性があるとの判断がなされます。その後多くの

ヨーロッパ諸国を巻き込みつつ、ホテル格付け基準の統一化を目指すことになりました。その他同様の取り組みには、1976年からスタートを切ったアセアン加盟10カ国によるホテル格付け基準（スター制1～5ツ星）の開発や、西アフリカの15カ国（The Economic Community of West African States）によるホテル格付け等の活動があります。これら統一基準模索の動きに対しては、実現可能性という観点から非常に難しいという意見や、それぞれの国、地域に関する個別性を軽視した統一的格付け基準では、逆に必要な情報が提供されず、その結果有用性の低い情報に利用者やその他関係者が振り回されるだけということにもなりかねないとの指摘も出ています。

ホテルの格付け基準は、個々の国の特異な環境が反映されており、いわばホテルマーケットの写し鏡です。言い換えればその国ごとに、アピールできる強みも反映されるべきなのです。ボーダレス化する国際観光市場に対応することと個別のマーケットを反映させることを両立するためには、今後も多くの工夫が必要でまだまだ時間がかかりそうです。

国家制度化されたホテル格付け基準は、主としてハード面に重点を置いている一方で、顧客視点を重視する民間主導型ホテル格付け基準では、サービス面に重点を置いていました。また前者では、特に1スターから3スタークラスの安全性を手厚く配慮している一方で、後者ではトップクラスのホテルに対して何が期待できるのかを提供していました。さらに前者では基準見直しにも時間がかかり、やや硬直的である一方、サービス面を重視する後者では、都度顧客ニーズを調査し柔軟に対応していました。

一方で世界のホテルの格付け基準には共通点もあります。それは細かな要素に分解する手法を採用している点です。ホテルが提供しているサービスは、様々なサービスがハードウェア、ソフトウェア、ヒューマンウェアを介して提供され複雑なのです。様々な要素と要素との結合の効果や個別ではなく全体をどのように評価するのか、という大きな視点でそれらを捉えようとすると、主観に左右されるだけではなく捉えどころがなくなり評価基準自体が作成できません。そこで複雑な事象を分析する時によく利用されるのですが、分析や検討を可能にする次元まで細かな要素に分解するのです。またホテルを利用する目的別の評価視点も多くは欠如しています。ホテルを利用する側の顧客がどのような目的を有しているかによって求められるサービスの内容と

質が異なります。この顧客視点の評価に関連して、実際のサービスの現場では、ホテル側がコンセプトを設けることで顧客視点でのサービスの提供を行なっています。つまりすべての顧客に対してその異なる目的すべてに対応することは不可能なのです。したがってホテル側がコンセプトを掲げることで、同様のコンセプトを求める顧客に対しては、その顧客の利用目的に沿ったサービス提供を保証しているのです。そのコンセプトと整合しそれを強化するサービスや体験を積み重ねることで、そのコンセプトに共感する顧客の体験を十分にコーディネートすることが可能となるのです。ホテルでの体験をコーディネートする視点とこのコンセプト・メイキングは表裏の関係にあり切り離すことはできないのです。世界で見られるホテル格付け基準では、まだこのコンセプト自体の評価とコンセプトとサービス内容の合致までは考慮に入れられていないようです。このように考えますと、世界のホテル格付け基準もその多くは改善の余地があるか、まだまだ黎明期であり長い目で見ないといけない分野と言えるのかもしれません。

スターカテゴリー別室料調査

　以下では、ホテルのスターカテゴリー別に顧客が支払っても良いと考える室料に関する弊社の調査結果をご紹介したいと思います（Willingness to Payと言われ、以下「WTP」と表現します）。本調査に当たっては、全国の男女200名に対するインターネットアンケートを実施し、スターの定義として弊社が運用するホテル品質認証スターカテゴリー定義を採用しました。

　次ページの各スター定義に該当するホテルを想定してもらい、ビジネス、観光のそれぞれの目的別に顧客が支払ってもよいと感じる料金を調査したものです。

スターカテゴリー	解釈
1スター	リミテッドサービスあるいはエコノミークラスと言われるカテゴリーに相当し、概ね清潔感、居住性を確保しており安心して宿泊ができる施設。
1.5スター	リミテッドサービスホテルの中でもアッパークラスに相当し、十分な清潔感、居住性、機能性が提供されている宿泊施設。
2スター	ミッドスケールホテルと言われるカテゴリーに相当し、宿泊機能においては高いレベルの清潔感、機能性、概ね快適な空間を提供し、爽やかで丁寧なサービスが提供されている宿泊施設。
2.5スター	ミッドスケールホテルと言われるカテゴリーに相当し、宿泊機能においては高いレベルの清潔感、機能性、十分に快適な空間を提供する他ある程度充実したアウトレットも擁し、爽やかで丁寧なサービスが提供されている宿泊施設。
3スター	アップスケールホテルと言われるカテゴリーに相当し、幅広いサービスや機能を提供し、概ね細部に至るまで高いレベルで快適性、丁寧なサービスが提供されている宿泊施設。
3.5スター	アップスケールホテルと言われるカテゴリーに相当し、幅広いサービスや機能を提供し、概ね細部に至るまで高いレベルで快適性及び顧客視点を有する高いレベルのサービスが提供されている宿泊施設。
4スター	アッパーアップスケールホテルと言われるカテゴリーに相当し、概ねハードウェア、ソフトウェアが調和しており、ステータス性も感じられ、また、高いレベルで機能性、快適性、顧客視点や顧客配慮が提供されている宿泊施設。
4.5スター	アッパーアップスケールホテルと言われるカテゴリーに相当し、高いステータス性が感じられ、顧客視点に基づく共感性を伴う積極的接遇が実践されており、高いレベルの「おもてなし」が提供されている宿泊施設。
5スター	ラグジュアリーホテルと言われるカテゴリーに相当し、意匠性や審美性にも優れ、顧客視点に基づく共感性を伴う積極的接遇が実践されており、ハイレベルな「おもてなし」が提供されているトップクラスの宿泊施設。

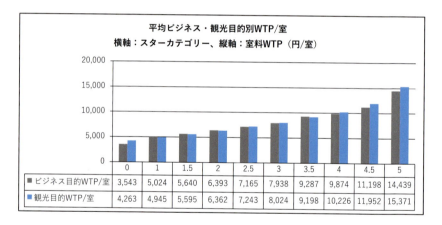

平均ビジネス・観光目的別WTP/室
横軸：スターカテゴリー、縦軸：室料WTP（円/室）

	0	1	1.5	2	2.5	3	3.5	4	4.5	5
ビジネス目的WTP/室	3,543	5,024	5,640	6,393	7,165	7,938	9,287	9,874	11,198	14,439
観光目的WTP/室	4,263	4,945	5,595	6,362	7,243	8,024	9,198	10,226	11,952	15,371

　その結果、回答結果を平均値で見ますと、「ゼロスター」クラスで3,500円から4,200円程度、「5スター」クラスで14,000円から15,000円程度という結果でした。ここで注意が必要なのがこの調査で捉えている「WTP」という概念です。WTPとは、顧客側に具体的で現実的な特段の宿泊ニーズがある状態を前提としていませんので、そのような状態を所与に宿泊需要を喚起するに必要な料金帯ということになります。

つまり、顧客側に当該施設を使用する具体的な目的がある場合である通常の市場室料に比べて、一層強い割安感が要求されていると言えます。

次に、料金帯別にどれほどの市場性が見込めるかを見るために、ビジネス目的及び観光目的それぞれで見られるWTPを料金帯別に回答した人数に基づく回答比率で表現し、市場の室料別、確率分布図を見てみます。市場全体である特定の料金帯に対して何%の人が支払っても良いと考えているかを表現した図となります（上段がビジネス目的WTP確率分布図、下段が観光目的WTP確率分布図）。

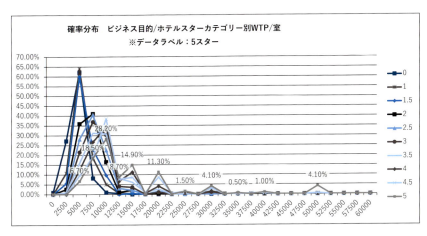

5スタークラスに対する回答のみにデータを表示するようにしてみます。そうしますと、ビジネス目的では、30,000円前後との回答で4.1%、35,000円前後で1.0%、50,000円前後で4.1%と、5スタークラスのホテルに対して30,000円以上を支払っても良いと考えている回答者比率の合計で9.2%という結果でした。また、観光目的では、30,000円前後との回答で5.1%、35,000円前後で0.5%、50,000円前後で2.6%、55,000円前後で0.5%であり、30,000円以上との回答者比率を合計しますと8.7%という結果でした。つまり、上記のようなWTPベースで考えると市場全体の約9.0%前後が5スタークラスのホテルに対して30,000円以上を支払ってもよいと感じているという結果でした。

　このように、ホテルカテゴリーが上がるほど、市場全体がターゲットというのではなく、ホテルライフを楽しむような一部の顧客層がターゲットとなります。そのような限られた顧客層に対して、明確なホテル側のメッセージやコンセプトを伝え、各ホテルのカテゴリー別に個別ターゲット顧客層の心理面に的確に訴求していく必要があるのです。このように、ブランド・コンセプトやホテル・コンセプトとは、単にホテルを差別化する、あるいはホテルのポジションに差別化要素を加えるということ以上に、そのように限られた市場に対して的確なホテル側のサービスコンセプトを提示し、当該市場の消費意欲を掻き立てるという意味において重要かつ必要な情報発信と言えるのです。

日本人のホテル格付け・品質認証（以下、格付け等）情報ニーズ

　日本は豊富な集客コンテンツを有しており、現在外国人観光客数で2,000万人に迫っており、さらにオリンピック・パラリンピック開催を控えて国際観光大国への歩みが大いに期待されています。今回はそのような環境にあって、もし存在するとすれば期待されるであろうホテル格付け等情報の意義について考えてみたいと思います。以前インターネットアンケート調査でホテル格付け等情報ニーズを調査したことがあります（全国男女200名、2012年調査）。その際には「是非とも参考にしたい」が全体の20%、「たまに参考にしたい」が38%という結果でした。女性と男性では若干比率が異なり、女性では「是非とも参考にしたい」が全体の19%、「たまに参考にし

たい」が45％という結果でした。またホテルカテゴリー別での格付け等情報ニーズを調べますと、「格付け等情報を重視する」との回答について、リゾートホテルが66.3％、旅館で68.1％、一方でビジネスホテルでは30.7％、シティホテル38.6％という結果でした。逆に「格付け等情報を重視しない」と答えた比率が、ビジネスホテルで14.5％、シティホテル6.6％、リゾートホテル1.8％、旅館1.2％と基本的には多くの人から格付け等情報が求められているという結果でした（それ以外は「どちらでもない」という回答）。

　それでは具体的にどのような格付け等情報に顧客ニーズがあるのかを改めて見てみたいと思います。ホテルサービス別の格付け等情報ニーズを調査しますと、「特に重視してほしい」及び「重視してほしい」の合計値の高い順で、「客室の快適性」、「費用対効果」、「清掃力・維持管理力・清潔感」、「スタッフのサービス力等人的要素」、「客室の機能性」、「ホテル提供サービスの質と量」、「安全性・安心感」、「環境・景観」等という結果でした。

もしホテルの格付け情報を参考とする場合、どのような点を重視して格付けをしてほしいですか。

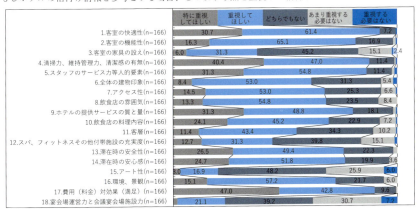

　特に「費用対効果」や「アクセス性」、「環境・眺望」については、顧客ニーズという意味においては高く評価されているものの、料金に応じた相対評価ではなくあくまでサービスの品質を絶対評価するべきものであるという視点やそれらには評価担当者の主観が介在しやすく、「アクセス権」や「環境・眺望」については、特にホテル側

がコントロール困難であるケースが多いことからも、格付け等情報とは分離された別途情報として提供すべきなのかもしれません。

人的サービス力に関する情報ニーズ

　ここでホテルサービスの構成要素である「建物・設備」、「運営力」、「スタッフレベル」のバランスについて、それぞれを5点満点で評価した場合に3要素の平均点が3点となるような異なるバランスを想定してもらい、泊まりたいと感じる要素間バランスとはどのようなものなのかを調べた別の調査結果を見てみますと、様々な要素間バランスを設定した中で1位として選ばれたのが、「建物・設備」3点、「運営力」2点、「スタッフレベル」4点という結果でした。つまりホテル選択時においてスタッフサービス力が特に重視されており、顧客の潜在ニーズとして人的サービス力に関する情報が求められていると考えられます。この人的サービス力に関する情報の重要性については別の視点からも浮き彫りになります。ホテル旅館の人格性を調査した別の調査結果では、全体の21.5％の人が人格を感じたことがあると答えており、そのうち88.4％の人がその施設に改めて訪れたいと答えています。つまりこのホテルや旅館に人格を重ねる現象は、その施設に対する満足度にも大きな影響を与えているのです。ここで人格を感じるホテルでは、総じてスタッフレベルが優れたホテルであったとの回答が全体の46.5％と高く、人格性との関係においても人的サービス力が大きな影響を与えていました。この顧客が感じ取った人格性については、「接したスタッフ全体の影響を受けていると思う」（複数回答可能）が人格を感じたことがあると答えた回答者のうち65.1％あり、「ホテルや旅館から自然と感じ取られた」（複数回答可能）との回答が60.5％、「フロントスタッフの印象に近い」（複数回答可能）が51.2％、「感じた客層に近い」（複数回答可能）が39.5％という結果でした。客層の認知がホテル全体の人格にも影響を与えている、またハードウェア、ソフトウェア、ヒューマンウェア全体から醸し出されることがあるという点では別の議論で重要な意味を有していますが、やはり顧客が感じ取る人格性を見ても、人的サービス力が大きな影響を与えているようでした。

　またホテルは開業後ハードウェアの物理的価値は低下を始めます。一方で、運営力

や人的サービス力は開業後から経済的価値は通常であれば上昇を続けます。つまりホテルや旅館の持続的発展という観点からも当該人的サービス力を中心とするソフト面を的確に捉える格付け等情報は業界の健全な発展にも資する情報インフラと言えるのです。

このようにスタッフの人的サービス力に関する情報が求められる一方で、それらを客観的に且つフェアに評価するのは容易いことではありません。海外のホテル格付け情報でも人的サービス力に重きを置いている評価はあまり見られないのです。なぜならサービスにはどの場面で誰からサービスを受けたか、またそのスタッフの風貌、顧客に与える外観の印象や顧客の感情がどのような状態であったか等の環境やその場の条件がサービスレベルに対する顧客認知に影響を与え且つサービス自体に一回性があることからも客観的でフェアな評価が非常に難しいからです。ここで改めてホテル格付け等に期待される効果やメリットを考えますと、①特に海外向けの宣伝効果が期待できること、②経営品質の向上に貢献できれば、労働生産性の向上に貢献しうること、③正確な事前期待を顧客に提供できること、④運営者側に運営指針の１つを提供できること、⑤サービスの品質を定量化できることでキャピタルマーケットに対する有用な情報源となること、⑥格付け等機関が研究機関として存在することでマーケットのトレンド情報をホテルや旅館側に定期的にフィードバックができること等が挙げられます。それらの機能を有するものであれば総じてその画一的評価（格付けや品質認証）に大きな効果が期待できるのです。つまり測量が困難ではあるものの人的サービス力に関する適切な情報を提供し、併せてそれら様々期待できる潜在的メリットを担保するような格付け等基準こそが業界の健全な持続的発展をさらに助長し国際観光大国に向けて今こそ求められる情報インフラであるはずなのです。

弊社の運用するホテル品質認定基準について

まず改めて、ホテルや旅館の格付け等の意義について整理し、より具体的に弊社が開発し実際に覆面調査やホテル旅館の鑑定評価に当たって運用しているホテルの品質認定基準をご紹介したいと思います。まずは宿泊施設の格付け等情報の存在意義についてです。日本は豊富な集客コンテンツを有しており、2013年には外国人観光客数

（以下「インバウンド」という。）が 1,000 万人を超え、さらにオリンピック・パラリンピック開催を控え、2,000 万人を超えるインバウンドが来訪する国際観光大国への歩みが大いに期待される状況にあります。このようにインバウンドマーケットが新時代を迎える中、今後、様々な観光インフラの整備に加え、観光客向けの情報インフラの整備を急ぐ必要があると言えます。一方でナショナルチェーンが多い我が国のホテル旅館マーケットでは、宿泊施設が提供する機能、サービス等に関する情報は事前にある程度取得できるものの、ハードの快適性やスタッフの顧客接遇力を含めたサービスレベルの高さに関する事前情報は限られているのが実情といえます。実際にホテルや旅館に到着して宿泊滞在するまで、上記のような重要ポイントを正確かつ的確に把握することは容易ではないのです。つまり宿泊施設に関して、買い手側が「情報劣位者」となり、売り手と買い手が保有する情報に「非対称性」が認められる環境にあり、市場で提供される商品やサービスに対して、需給バランスに見合う市場原理が適切に機能することを拒む結果、マーケットの健全な発展にとって大きな阻害要因ともなっているのです。完全市場で自由競争原理が働いているマーケット環境であれば格付け等の情報はマーケットに影響を与える恐れがありむしろ不要な存在かもしれません。ホテル業界が、情報という意味において不完全競争市場であるからこそ、業界の健全な発展にとって重要な機能を担う存在となっているのです。

　弊社が作成して運用しているホテル旅館の評価基準は、これまでの顧客ニーズ調査結果も考慮しつつ、ハード、サービス、スタッフ人的接遇力の 3 要素について合計で 1,977 項目（2016 年 5 月時点）の調査項目を設定しています。海外で見られる格付け基準と大きく異なる点は、日本的「おもてなし」を重視し、サービス（781 項目）、スタッフ接遇力（219 項目）を合計したソフト面の調査項目（合計 1,000 項目,53.4%）がハード面の調査項目数（977 項目,49.4%）を上回っていること及び各項目のポイント数に「重み付け」を設けず（各項目を一律 1 ポイントとするのではなく、ある項目は 4 ポイントとする等重要度に応じてポイント数に変化を付けることをせずに）、顧客視点から重要と判断される項目、例えばバスルームの清潔感等については、細部に至るまで調査項目数を増やすことで評価に反映している点にあります。また調査にあたっては、調査員の主観が介在する危険もあるものの、それらに対しても十分に配慮しています。弊社では主観に関連する調査項目に対しては、例えば

意匠性の有無では、デザインの良さ、材質の良さ、使い易さ等が具備されていることを要求する等、3つ以上の確認事項を照合したうえで判断しています。昨今国内の宿泊マーケットにおいては、ビジネスとレジャーを明確に切り分けない顧客層が増加しており、また、インバウンドマーケットに対して正確かつ的確な情報源となることに主眼をおくことは、結果的に施設側の「おもてなし」レベルを評価することに繋がることから、このような情報インフラは、インバウンドマーケットのみならず、国内マーケットにも十分に対応できるものと考え全体基準をコーディネートしています。またホテル旅館は様々な機能を提供していることから、様々なカテゴリー（ビジネスホテル、シティホテル、リゾートホテル、ラグジュアリーホテル、高級旅館等）が考えられますが、宿泊施設が有する顧客視点のレベル、対顧客心理に対する共感性の高さを最終的にはトップクラスに求めるという視点を有することで、様々なカテゴリーを統合して評価できる品質認証基準を追求しています。調査項目を要素に分けますと、全20要素の調査項目を用意しています。それら20要素の組み合わせが各ホテルの「おもてなし」の表現手法ということになります。

　ホテルに対しては、インバウンド市場に分かりやすくするために、表象には「スター」を採用しています。基本的には1スターから5スターで構成しており、各スター間には「プレミアム」を設けています。さらに1スター未満（最高位は5.5スター）も含め10カテゴリーを用意しています。1スターから2スターでは特に「清潔感」、「管理力」、「迅速性」、「正確性」、「安全安心」、「バリアフリー」を中心として構成し、3スタークラスから「丁寧さ」、「快適性」、「海外対応」に重点を置き、4スタークラス以上からさらに「サービスの積極性」、「対顧客共感性（おもてなし）」を重視する基準構成としています。

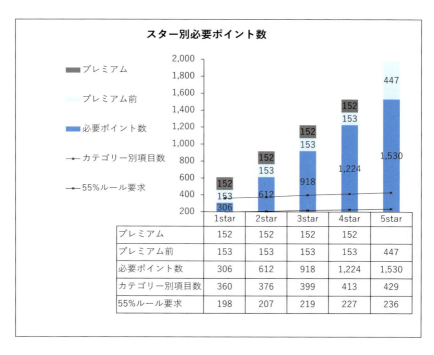

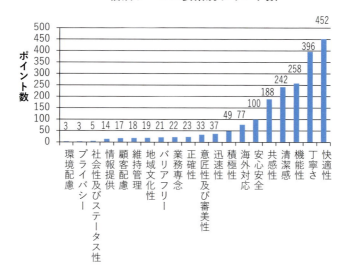

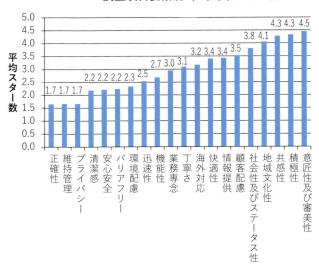

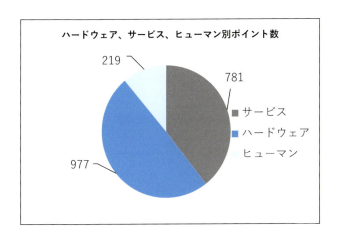

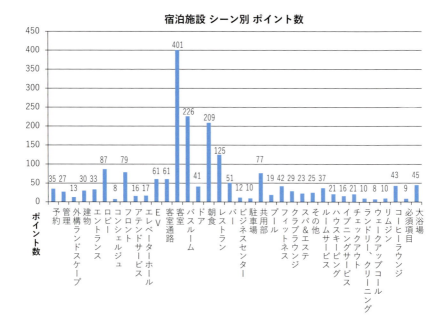

　益々拡大するインバウンド市場に対して、上記のような品質認証等宿泊施設の情報インフラ整備も大きな課題の1つではありますが、それ以上に、宿泊施設側においても、丁寧な顧客対応、例えば朝食会場の清掃体制（テーブルプレートまで綺麗に清掃する等）の見直し、ロビーアテンドによる顧客対応の見直し、顧客ニーズに的確に対応するためのコンシェルジュ機能の強化、ターゲットインバウンド市場向けの言語対応等適切且つ丁寧なサービス提供について全般的な見直しも今後求められるものと思われます。

ホテル旅館調査上の基本的視点

　以下では、弊社調査員が最初に学ぶことにもなる「基本的視点」をご紹介したいと思います。トップクラスのホテルや旅館に求める要素として、どのようなサービスを中心として捉えるべきなのでしょう。弊社が、顧客視点を中心に据えて構成してきたホテル旅館品質認定基準の構成や、調査上特に留意しているのが、その施設がどれほ

ど「本気」であるのかを捉えることが大切であるという考え方です。つまりどれほど「本気で顧客ニーズを追求」し、「本気で何を伝えるのか」を考える「本質主義」がサービスの中で輝いているかを重視しようとしています。

　ホテルや旅館の提供サービスは、ハードウェア、ソフトウェア、ヒューマンウェアという構成要素の組み合わせがあります。また提供する機能も、宿泊機能、料飲機能、宴会機能、ビジネス機能等様々があります。さらに提供サービスをその性格に分けて、サービスの迅速性、提供情報の正確性、地域性、デザイン等の審美性、清潔感、機能性、快適性、安全安心感、対顧客積極性、対顧客共感性と様々な要素に分類することができます。それらが提供されるシーンを考えますと、予約からチェックイン、客室、バスルーム、レストラン、アウトレット、バスルーム、朝食等、弊社の基準でも調査対象サービスを36シーン（必須項目を含む）に分けて用意しているのですが、様々なシーン別にサービス提供を捉えることができます。このようにホテルや旅館では、顧客に伝えたい様々なサービス「要素」があり、伝える手段として様々な「手段」があります。それらを様々な「シーン」に応じてコーディネートする必要があるのです。具体的に実践するためには、その前提としてターゲット顧客を明確化し自社の提供サービスをポジショニングする必要があります。つまり、着目すべきサービス要素を選択し、具体的にそれを提供する「手段」を考え、それをシーンに応じて提供することで、ホテル側の「本気」を表現することが可能であり、逆にそれらを適切に調査することで「本気度」を捉えることができるのです。

「本気」サービス実践例

　例えば朝食を「本気」で考え、「本気でサービス提供」する場合、その実践の結果、1品1品が丁寧であり且つ食材の選択や調理法等に細部の拘りが感じられるようなプレートが並べられたビュッフェボードを前にした顧客はどのように感じるのでしょう。それら1つ1つのプレートが、顧客の食欲を力強く刺激していくはずです。安全性や安心感の提供も、それらを様々なシーンで徹底して提供することで、安心感に対する「本気」を伝えることができます。そのような環境に囲まれた顧客は、高いレベルで居心地の良さを感じ取ります。ハードウェアについても、たとえ複合ビルの上層階に

あっても、広大なロビー空間に、天井高 3m を有し廊下幅も 2m を超えるような客室通路、8m を超えるパノラマレストランを用意することで、ビルの中に居ながら用意された壮大な空間演出に、リゾート性を感じ取ることまで可能となります。つまり市街地にあるビルの中にあって「本気」でリゾートを再現しているのです。

どのような業界においても、成功を収めている企業が提供しているサービスを見てみますと、それら企業が提供している商品やサービス提供の「本気」レベルとそれら企業の事業的成功度合いが比例しているように見受けられます。ホテルや旅館でも同様です。ホテル側の「本気」レベルは確かに顧客に伝わり、顧客の心理面を強く刺激する結果、間違いなく顧客側の何らかの反応に繋がっていきます。どのような上記サービス要素に着目して、シーン別でどのような手段でホテル側が伝えたい「本気」を表現することができるかが勝敗を分かつのです。弊社がトップクラスのホテルを峻別する最大の視点はこの「本気」レベルであり、その「本気」が対顧客共感性×対顧客積極的サービスの有無として基準に織り込まれています。つまり、どれほど顧客の心を震わすことができているかを評価しているのです。

人的要素の評価

また、これは客観的且つ信頼できる調査及び評価自体が難しいとも言えるのですが、スタッフ評価こそが非常に重要であると考えています。ホテルの「格」を造るのは、ハードウェアとソフトウェアですが、一方で、顧客の感情を揺さぶることができるのが当該ソフトウェアの構成要素であるヒューマンウェアだと言えるからです。ヒューマンウェアの提供サービス如何が顧客の感情をダイレクトに左右する理由は、「ミラーニューロン」の作用があるからです。人は他の人が何らかの目的を持って行動している様子を見ると、自身の脳内でも同様の脳内活動が現れる共感脳である「ミラーニューロン」を有しているのです。弊社で行ったこれまでの調査でも、特にスタッフとの接点を通じて感じ取った「おもてなし」を感じれば感じる程、ホテルに何らかの人格性を感じとるというものがありました。また、コンセプトが明確に伝えられていれば、スタッフの振る舞いにも影響を与えつつ、顧客側に「客層」を感じさせます。このような「客層」と併せて、コンセプトに応じたアート性や本質を追求したデザイ

ンが施されたハードウェアに包まれることで、サービスを通じて無意識に感じ取ったホテルの「人格」をより確からしいものとして感じ取ることに繋がります。人格を感じたホテルに対しては約88％の人が再度訪れたいと答えていました。つまり、人的接遇力の良し悪しがそれら人格発現の契機となることからも調査上重要項目として数多く用意しているのです。

「本気」運営の基本的戦略

　ターゲット層とする顧客のライフスタイルを知り、それに合致したサービス提供が共感サービスつまりはサービスの対顧客共感性となります。つまり、「本気」を伝えるということは、ターゲット顧客に共感することで可能となり、そのためには、そもそも顧客の嗜好をすべてのスタッフが十分に理解し、ターゲット顧客と同じ立場になって振る舞いができていることが求められます。自社のＡＤＲ水準に応じ設定したターゲット顧客所得クラス別の基本的嗜好を反映した的確なサービス提供が共感サービスの軸となります。それをシステムとしていわば自動処理的に実践できる仕組みが求められるのです。それこそ、ホテルブランドであればブランド・コミットメントやブランドスタンダード、あるいは企業理念等の有無であり、その周知徹底及び教育が土台となるのです。

　また、不動産は通常、時の経過に伴ってマーケットニーズとの間にギャップを生じていきます。否応なしに築年相応に傷みが見られ、機能が低下していくのです。このように劣化していくハードウェアを補うことができるのが、ソフトウェアでありヒューマンウェアなのです。ハードウェアは劣化しますが、ソフトウェア、ヒューマンウェアは時の経過に伴って競争力を向上させていくことが可能です。時の経過に伴ってソフトウェアを進化させ続ける仕組みが、顧客の声を運営に即座に反映させることができる組織造りと言えるのです。

世界のホテル格付けでも重視されるミステリーショッパー

　ヨーロッパでは、「HOTREC（Hotels,Restaurants & Cafés in the European

Community)」によりヨーロッパ諸国が自国の基準を検討する場合の参考ともなるヨーロッパ共通のホテル格付け基準フレームワークを提供しています。共通点はあるものの国ごとに異なる様々なホテル格付け基準があるヨーロッパにおいて、ホテル格付け基準の統一化を図る取り組みとして大変注目されています。そしてこのHOTRECの支援下においてヨーロッパの統一的ホテル格付け基準を開発するために設立された「HotelstarsUnion」によるホテル格付け基準を見てみますと4スター以上では「ミステリーショッパー（Mystery guesting）」の実践を必須条件としています。ホテル格付けにおいても、サービス面に対する評価の必要性があがるほど、サービスの品質を評価する「ミステリーショッパー」がより重要な存在となっているのです。日本でも多くのミステリーショッパーが運営上活かされています。国内を含め、ホテルニーズに対してアップデートを繰り返しつつ、海外ではホテルの格付けにおいても実際に採用されているミステリーショッパーとは、一体どのような行動指針や評価基準に基づいて行なわれているのでしょうか。

ミステリーショッパーの行動指針

　ミステリーショッパーの究極の目的は、「調査対象とするホテルのサービス向上に貢献すること」として一貫しています。つまり、ホテルの「パートナー」としての視点を基礎としており、そのためにできるだけ（1）フェアで（2）客観的な意見を提出しています。

　まずは（1）フェアであることとは実際にどのように調査に取り込まれているのでしょう。ミステリーショッパーの調査時間は限られています。その限られたホテル滞在時間の中で、サービスの一回性に評価が左右されないよう、調査員が接したスタッフが、他の顧客に対してどのような振る舞いをしているかにも十分に留意しています。そのスタッフの「通常」の振る舞いを評価しようと観察しているのです。また、評価がフェアであるためには、ホテル側に適切なサービス提供をする「チャンス」を与えます。例えば予約電話では、こちらからどのような客室タイプがあるのかと最初には聞かず、会話の主導権をホテル側に委ねます。そして調査に当たっては過度に批判的にならずホテル寄りの寛容な評価にもならない中庸なスタンスを維持します。

次に(2)客観性の確保についてです。逆に言えば主観の排除となります。料理では美味しいかどうかではなく、ホテルクラスやレストランの格式等に鑑み顧客の事前期待通りに提供されているかを評価しています。またハードウェアに関する評価においては、デザイン性の良し悪しについては主観が強く介在しますので多くは調査対象外としています。主観の排除で貫徹されている視点は、評価において客観的な事実のみが重要であるという調査スタンスです。例えば、チェックアウト時のスタッフ対応の良し悪しを確認する場合には、アイコンタクトの有無や「また来てください」というコメントの有無等の客観的な事実として確認できる内容を調査しています。したがってミステリーショッパーのコメント欄を見ますと、殆ど文章の主語に「Ｉ（私）」や「Ｗｅ（我々）」は出てきません。「フロントスタッフの○○氏」等ホテル側のスタッフかホテル自体がほとんどの文章の始まりであり主語となっています。このように、フェアで客観的な視点を貫くことで、ホテル側の「パートナー」として有用な情報をフィードバックできるのです。

ミステリーショッパーの評価次元

　ミステリーショッパーによる評価基準を見てみますと、すべての調査項目はホテル側の顧客に対する積極的関与の有無、つまり「顧客エンゲージメント（Engagement）のレベルの高さ」と関連する傾向があります。これは逆に顧客側の視点から表現すれば、ハードウェアの快適性からサービスメニューの内容と豊富さ、スタッフの顧客に対する対応、振る舞い、制服に至るまで、「顧客がそのホテルにおいてどのように扱われているのか」を評価しているからです。そしてこの「顧客エンゲージメント」を測定するための調査項目を評価次元に分けて見てみますと、その多くは「正確性」、「予測力」、「エンゲージメント」、「迅速性」、「丁寧さ」、「管理力」として整理できます。「正確性」では、顧客が依頼した事項を正確に反映してサービス提供ができているか、例えばルームサービスを依頼した場合に、依頼内容を再度確認しているか等を確認します。また「予測力」では、サービス提供の流れの中で、その顧客が何を求めているかをスタッフが事前に察知しサービス提供しているか、例えば、2泊以上の顧客が、客室内のサービス提供されているウォーターボトルをすべて開けていれば、初

日のハウスキーピングの際にそっと1本多くセッティングしておく等シームレス・サービスの提供力に関連しています。「エンゲージメント」では、顧客との会話の際におけるスタッフの姿勢やアイコンタクトの有無等を確認します。「迅速性」では、電話が例えば4コール（あるいは3コール）以内に出ているかを見ます。「丁寧さ」では、例えば電話口で顧客を待たせてしまうような場合に適切に顧客からその許可を得ているか、それと同時に、お詫び及びお礼が言えているか等となります。「管理力」では、特にハウスキーピングにおいて埃のチェックは徹底して行なわれ、清掃の丁寧さや施設の修繕管理力に問題がないかを確認します。それら評価次元にそって、ホテル滞在時に総じて顧客がどのように扱われているか、逆に言えばそのホテルは顧客にどれほど積極的に関与しようとしているか（顧客エンゲージメント）を調査しているのです。

ミステリーショッパーの潮流

　上記の評価次元は、サービス品質を測定するために汎用モデルとして開発されたサービス品質測定モデル、SERVQUAL（Parasuraman, Zeithaml and Berry 1988）の評価次元とも整合しています。このモデルは、サービス品質を顧客の期待と実際に知覚したサービス品質のギャップとして定義し、サービスの知覚品質をサービスの信頼性、有形性、反応性、保証性、共感性という5つの視点から評価しようとするものです。この5つの評価次元と先の評価次元を対比しますと、信頼性（正確性）、共感性（予測力）、共感性（エンゲージメント）、反応性（迅速性）、保証性（丁寧さ）、有形性（管理力）となります。また顧客ニーズでは、特に4スタークラスのホテルでは環境配慮が求められる傾向があること、シティホテルに比べリゾートホテルでは顧客はより厳しく評価する傾向があること等の既存研究成果も反映されているようです。このようにミステリーショッパーとは、顧客ニーズの変化に対して柔軟に対応しつつ、主観が介在しやすいサービスの評価をできるだけフェアかつ客観的に測定することを通じて、適切な情報をフィードバックするホテルの「パートナー」として進化してきたものなのです。

電話直接予約時におけるミステリーショッパーの調査視点

　ミステリーショッパーの調査項目数はフルサービス型ホテルであれば優に1,000項目を超えます。その中でも今回は一部ですが特に顧客が直接ホテルに電話し予約しようとする場合の調査内容を上記6つの評価次元に沿って見てみたいと思います。まず、「丁寧さ」に関しては、電話対応時における快活な声音、また微笑みは電話口にも伝わりますので微笑みが感じ取れる内容であるか否かを確認します。当初のスタッフから予約係に繋ぐ必要がある場合で一時的に通話を保留にするのであれば、顧客に対して事前に適切な許可を求めているか、そのことに対してちゃんと謝意が伝えられているかを確認しています。電話を終える場合には、その最後に改めて謝意が伝えられ、ホテル来訪時の期待感を伝えているか、例えば「お待ち申し上げております」等の言葉が最後に添えられているかも確認しています。つまり、「丁寧さ」は、言葉を発する側が思っている以上に受け止める顧客側に伝わっていることを踏まえて、細かな視点で注意深く観察しているのです。次に「迅速さ」ですが、ミステリーショッパー毎、または依頼されたホテル側の依頼目的や意向により基準は異なりますが、通常は3回コール音か4回コール音のいずれかの呼び出し音までに電話応対ができているかを確認しています。また先の予約係に繋ぐ際の保留時間は30秒以内となっているかを確認します。それ以上かかるようであれば、最上位の基準である「顧客エンゲージメント」ができていないと評価されることになります。「予測力」とは、「空気を読みつつ」サービス提供ができているかという視点です。スタッフは一連の顧客ニーズの文脈から顧客の理にかなった将来のニーズを予測でき、あるいは予測しようとしているかを確認しています。顧客のプロフィールや宿泊目的等から、また必要に応じて会話の流れの中で適切な質問をし顧客の要望を察知し確認しようとしているかも調査しています。「正確性」に関しては、予約時に客室の種類や特徴の説明、眺め、料金に関しては追加ベッド料金、朝食料金、サービス料をはじめ、さらなる追加オプションがあるとすればその紹介を含めて正確な情報が提供できているかを確認します。会話の中で常時顧客の要望事項を復唱して確認ができているか、さらに最後には、キャンセル及びデポジットポリシーも正確に伝えているか、確認番号や確認書類の送付等の必要性の確認が行なわれているか等が問われます。直接会話するのとは異なり、

相手が見えない電話ですので、「正確性」ではスタッフ側のプロフェッショナルなケアが問われているのです。「管理力」に関しては、背後にノイズがあると顧客側にストレスであるばかりではなく、正確な情報やり取りにも支障を生じさせる恐れがありますので、電話保留時の背後騒音あるいは些細なノイズを含めてクリアな環境であるのかが確認されます。「コミットメント」では、顧客に対する積極的な対応の有無が確認されます。スタッフの言葉を通じて、前向きな態度が感じ取れるか、スタッフが顧客の要望を把握すればそれに対してそのスタッフが自ら責任を持って対応しようとしているかが確認されます。併せてその際に必要な建物及び設備に関する十分かつ明瞭な知識を有しているかも確認対象となります。さらには適切に顧客の名前を使用した会話となっているかが「コミットメント」力として確認されます。なおセントラル・リザベーションであったとしても調査内容は同じです。インターネット予約においても同様の視点に基づき調査されています。インターネットでは、「正確性」に関しては、ホテルに関する有益な情報が明確に且つ正確に伝えられ、また確認書のやり取りでは内容が正確なものであるのかが確認されます。「迅速性」については、予約内容の確認をストレスがなく容易にできるよう設計されているか、確認書の記載内容は簡潔且つ洗練された内容となっているかを確認しています。

ホスピタリティのプロフェッショナルと調査のプロフェッショナルとの協奏

　顧客に接することができる場面は限られています。予約対応は、顧客との限られたインターフェースの1つとして重視されるべきサービスであり、且つその後の滞在時における「顧客エンゲージメント」全体を支えるものです。不適切な対応があれば、全体の顧客満足度に大きな影響を与えるという意味で大変重要な顧客接点です。したがって直接の電話予約時における対応の中にも、上記のような「正確性」、「迅速性」、「予測力」、「丁寧さ」、「コミットメント」、「背後の管理力」を通じて「顧客エンゲージメント」が丁寧に確認されているのです。

　このようにミステリーショッパーは、実際に予約のやり取りを行なわないと分からない顧客側の感情やホテル側の対応内容を現場レベルで確認し、そのフェアで客観的な調査結果をホテル側にフィードバックすることを通じてホテルがその競争力を常に

向上することができるようサポートしているのです。ヨーロッパをはじめホテルの格付け基準でも4スター以上のホテルではこのようなミステリーショッパーによる調査を取り入れています。ハードウェアやサービスメニューの充実さを確認するだけでは、上記の顧客満足度に影響するであろう重要なやり取りは見過ごされてしまいます。その部分をカバーする意味においても、世界のミステリーショッパーは活躍しているのです。上記「顧客エンゲージメント」が貫徹されていることこそが、ホスピタリティマネジメントのプロフェッショナルであり、そのようなプロフェッショナルなサービスを調査するという意味で、ミステリーショッパーは高いプライドと、ホテル業界に貢献しているという意識の高さがあります。そのような高い意識とプライドがフェアでかつ客観的な調査を支えてもいるのです。

ミステリーショッパーとホテル格付け

　世界のホテル格付けは今、大転換期を迎えています。その背景には現在のインターネットを中心とする高度情報化社会が大きな影響を与えています。顧客はいつでも自身が求める情報を「検索」し、そして得ることができます。ホテルに関して、実際の利用者による「口コミ」情報やレーティング（利用者格付け）にも容易に触れることができるのです。この「利用者格付け」と世界各国で運用されている「制度化格付け」とは一体何が異なるのでしょう。

　大きな違いは相対評価と絶対評価という点にあります。インターネットによる利用者格付けでは、4スターや5スターの定義が明確ではありません。それらスターに何が期待できるかが不明瞭なのです。また、顧客は支払った料金に見合ったサービスがあるかどうかという、つまり料金が判断基準として影響を与えています。制度化格付けでは、（一部の国ではバリューフォーマネーの視点を取り入れていますが）、全体的には料金に関係なく、確固たる基準に基づいた評価がなされおり、絶対評価である点がインターネット上の利用者格付けと大きく異なります。この料金の影響を受けるか否かは非常に重要なポイントであり、心理学では「認知的不協和理論」としてその影響を認知的バイアスとして説明しています。これは2つの矛盾する状況がある場合に例えば支払った料金とは相応しくない低レベルのサービスがあった場合、顧客は

「不協和」と言われる精神的ストレスを感じます。そのストレスを自身の態度を変化させることで無意識に緩和させる傾向があるのです。例えば「確かにサービスはいまいちだったけれども、それ以上によい部分があったはずだ」等と自身を説得させてしまう傾向があるのです。このように利用者格付けは完全にフェアでかつ客観的なものとすることが困難であることや、制度化格付けでは少なくとも250項目以上のチェックがなされますが、膨大な項目をすべてカバーして利用者意見を集約するのは容易なことではないという問題点があるのです。ホテルの格付け制度の歴史は古く、世界各国で様々な研究がなされていますが、実際にホテルを利用する前の事前決済が必要なホテルでは、顧客が意思決定するうえで事前「期待感」が重要な役割を担っていること、またその「期待感」にはホテル格付け情報が大きく影響を与えていることが見出されています。それこそホテル格付け情報が有する最大の貢献であり機能なのです。この新たな社会的環境を背景に、ホテル格付け研究者の中には、利用者格付けと制度化格付けの違いを冷静に見つめて、厳格で適正な評価を行なう必要性を改めて問う意見と、現在の制度化格付けに限界を感じて世界の統一的格付け基準擁立にこそホテル格付け制度に新たな意義を見出そうとする意見が出ています。いずれにせよ、制度化格付けも多くの課題点や問題点を有している中、突如として凄まじい勢いで生まれた高度情報化社会を背景にホテル格付け制度は大きな転換期にあるわけです。

　利用者格付けは、今後もシステムの情報処理能力向上を背景に大きく進化するでしょう。膨大な情報を集約し、より信頼度の高い利用者格付けが生まれるかもしれません。またもしかしたら利用者格付けと制度化格付けが今後融合していく可能性すらあるかもしれません。ただ、利用者格付けは顧客に対する有用な情報ではあっても、ホテル側が求める詳細な情報をフィードバックするパートナー機能としてはやはり限定的なのです。ホテル格付け等情報の存在意義は、宿泊施設と顧客とを繋ぐ架け橋となることであり、そもそも宿泊観光産業に貢献することです。今後求められるであろうホテル格付けの機能は、「おもなし」を要素に分解した詳細情報のフィードバックであり、顧客に対する有用な情報を提供するのと同時にホテル側のパートナーとなることです。どの部分が至らなかったのか、またそれを改善するためにはどうすればよいか、その結果どのような効果が期待できるのか等のホテル側に有用な情報をフィードバックする仕組みが今後のホテル格付け等制度には求められます。ここでもう一点

昨今のホテル研究成果をご紹介しますと、顧客の期待は、シティホテルよりリゾートホテルで高くなることが見出されています。またトップクラスのホテルであればあるほどその期待値が高まることは言うまでもありません。例えば４スター以上では、ハードウェアの質感や快適性はもちろんのこと、より一層ヒューマンウェアを含めたサービス面の情報ニーズが高まっています。つまり格付け等の存在意義を高めるためには、適切にサービスクオリティを直視し詳細に調査する視点が益々重要となっているのです。

　このようなホテル格付け大転換期にあって、より一層その重要性を増してくるのが、ホテルのミステリーショッパー（Mystery Guesting）です。ミステリーショッパーのフェアで客観的な調査のプロフェッショナルとしての視点、また何よりホテル側のパートナーであるという徹底した高い意識が、現在のホテル格付け等基準にも強く求められているのです。今こそ世界のホテル格付け等はそのようなパートナー機能とともに、上記のようにサービス面に関する情報提供が強く求められ、そのような意味において、世界のミステリーショッパーの手法やスタンスと融合しようとしています（ヨーロッパではホテル格付けに実際に取り込まれています）。ミステリーショッパーの評価軸については前回、細かくご紹介しましたが、顧客エンゲージメント、つまり「おもてなし」を、「正確性」、「迅速性」、「丁寧さ」、「予測力」、「コミットメント」、「管理力」等とし調査し評価できる次元にまで要素に分解します。このように要素に分解することで、何ができており、何が問題だったのか、逐一ホテル側に情報をフィードバックするのです。その結果ホテル側は何を改善すれば「おもてなし」力でもある顧客エンゲージメント力を引き上げることができるのかを把握できるのです。このようなミステリーショッパーの調査及びフィードバックの情報のポジティブループが、「おもてなし」を科学し問題点を具体的かつ克明にし改善に繋げることを可能としているのです。ただし一点、このような高度なミステリーショッパーからの情報を活かしたとしても、越えるのが容易ではない壁もあります。それは、「真心」です。ミステリーショッパーのホテルベーススタンダードの中でも、「真心」に関する基準が存在します。それは、「コミットメント」という評価次元であり、真心は振る舞いや身体表現を伴って現れるという前提にたって、スタッフの姿勢や振る舞い、アイコンタクトの有無、声のトーンや自然な笑顔を確認しているのです。ただしそれらも、

マニュアル化しスタッフが訓練を積むことで、「装う」ことも可能です。日本のホテルサービスでは、ここが海外と大きくことなる「強み」になるのかもしれません。日本では、顧客視点で共感すること、また利他的行動を行なうことがある意味、文化の領域まで昇華されていると考えられます。マニュアル化すること等マネジメント力を備えつつ、スタッフ個々人のレベルの高さが活かされれば、海外のホテルが真似のできない、本物の「顧客エンゲージメント」であり真の「おもてなし」を提供できるはずです。

ネットワーク社会に適したホテル旅館格付け・品質認証イメージとは

　現在の日本のホテルマーケットにおいて、あるべきホテル旅館品質認定基準とはどのようなものなのでしょう。訪日外国人数が2,000万人という大台が現実的なものとなり、またスマートフォン等を介して常に様々なネットワーク中で人同士がボーダレスに常に繋がりを持てる時代にあって現在求められる宿泊施設の格付け等情報とはどのようなものなのでしょうか。まず、そもそも「格付け」という表現について、再度整理しておきたいと思います。海外の格付け基準及び制度を見ますと、「Hotel Classification」という表現が多く見られます。「Hotel Rating」という表現と比べますと、「Hotel Classification」では「格付け」という意味も持たせつつ、「分類」というニュアンスにより重きを置いています。

　弊社が準備している10段階（1スターから4スターには中間にプレミアムを設け、0スターから5.5スターまで）評価においても、5スターが優れ、1スターが劣るということを意味しているわけではありません。例えば1スターのホテルは、清潔感はあるが提供機能を敢えて限定することで逆に他カテゴリーを圧倒して利便性の高いホテルとなっていることもあるからです。つまり、宿泊施設の格付け等情報は、宿泊施設の上下関係を示すものではなく、顧客が個々の目的に照らして選択する上で参考としうる指標であるべきであり、個性ある宿泊施設が各々のマーケット内ポジションを表現するための並列的な関係、つまり選択情報としてのポジショニングを示すための情報源となるべきと言えます。

　通常世界で運用されている宿泊施設の格付け制度は、適用結果が市場に影響を与え

る可能性があることから、一旦制度をスタートさせると、その後の基準改定が非常に硬直的となる傾向が見られます。ここ数年でスマートフォンが世界を席巻し大きく市場環境が変化したまさに今こそ、昨今の社会的環境背景とする顧客ニーズをしっかりと汲み取った良質な基準を用意することができれば、ホテル及び旅館の格付け、あるいは品質認証をスタートさせる好機だと言えます。

総合的評価の下層情報として(1)多面的評価を併せ持つこと

　現在の国際観光市場の中心的顧客層を想定しますと、自由に様々な情報にアクセスしつつ、自身の嗜好にあったデスティネーションを効率的に選択する人だと考えられます。そのような環境に合致するホテル旅館の格付け等の情報とは、総合的な評価結果を情報発信するだけではなく、その下層評価として様々な視点から多面的な評価も併せて提供する必要があります。例えばある宿泊施設の総合的評価が、1スターだとします。ただその施設は朝食に関しては1スター・プレミアムと評価され、また客室は1スター未満であるものの、バスルームは1スターで総合的評価として「1スター」であった等様々な個別評価も併せて発信することで、様々な顧客が各自の嗜好にあった宿泊施設を効率的に的確に選択することができます。そのため弊社が用意している基準では、この下層評価項目として、大浴場、ロビー、レストラン、バー、フィットネス、ビジネスセンター等合計36シーン（必須項目を含む）に分解し個別評価を可能なものとしているのです。顧客側は、これら36シーンに対する評価から自身にあったシーン評価をコーディネートして検索することも可能となります。

総合的評価の下層情報として(2)施設側の自己アピール情報を併せ持つこと

　また、顧客ニーズはより深く進化しており、清潔感や快適性から、意匠性、デザイン性、審美的価値等を求めてもいます。これら要素は、評価に主観性が介在することから、通常は「格付け等」に取り込むのは非常に困難な要素でもあります。そこで、顧客視点を徹底する研修を経た第三者による覆面調査と併せて、施設側の自己アピール情報も下層情報として提供すべきだと考えています。例えば、駅利便性等の交通利

便性、施設や家具類のデザイン性、施設や土地の文化的背景、周辺で楽しめるアミューズメント施設の情報や施設側が特に力を入れているサービスの特徴等を格付け等の情報とは別に発信すべきだと考えています。

　さらに、上記審美的価値と併せて、環境配慮レベルや安全安心レベル、地産品の使用比率や地域住民採用比率等の地域性レベル、その他衛生管理力等について益々それら情報を求める声が高まっています。またそれらは、上記審美的価値と同様に第三者による覆面調査だけでは十分に把握することができない情報でもあります。これらについても、施設側の自己評価という形で、清潔感や快適性項目、サービスの積極性や共感性項目といった調査対象項目とは別情報として提供すべきです。現在弊社が準備している施設側自己評価項目では、大きく①「サステナビリティ」項目、②「安全性」項目、③「衛生管理」項目の3つを用意しています。その中でサステナビリティ関連項目では、「自家発電使用電力全体カバー率」、「リサイクルの取り組み」、「地域との連携サービス」、「地産品提供数」、「地元従業員採用率」を設けています。また安全性項目では、「緊急用自家発電電力供給時間」、「耐震性」、そして最後に「衛生管理の取り組み」を用意しています。これらについても宿泊施設側から自己評価をしていただき、市場に発信することで、格付け等の情報を強力に補完することができます。このように今後あるべき格付け等の情報とは、調査側と宿泊施設側が協力して日々巨大化する観光市場に対する的確且つ効率的な情報源として機能する必要があるのです。

5章　ホテルの心理学と
　　　　顧客提供価値

ホテルに対する相対評価と絶対評価

　評価には相対的評価と絶対的評価があります。相対的な評価とは、例えば競合ホテル等との比較をもとに優れる、劣ると評価するような周辺の類似ホテルとの関係において対象ホテルを評価する方法です。また絶対的評価はホテルカテゴリーや利用目的に関係なく、すべてのホテルに適用しうるような評価基準を採用する場合です。ホテルの評価ではこれら両視点が混在し、錯綜した議論に陥りやすいのではないでしょうか。いずれの評価を重視すべきか、そもそもホテルの評価とはどのようになされるのかについて、人の判断、評価のあり方からホテル評価の特徴を整理したいと思います。

　まず脳の仕組みから見ますと人の判断、評価には脳内神経細胞の重層的なネットワークがその背後にあります。

神経細胞の発火は興奮性と抑制性の神経伝達物質によるその都度の組み合わせによる。またその組み合わせは過去の経験や学習で更新され常に変化の途上にある。

顧客のホテル評価は様々な状況や感情に依存しており相対的な評価という側面がある。

　なぜ物質にすぎない神経細胞の集まりである脳から意識が生まれてくるかについて、その仕組みは依然解明されておらず、多くの神経細胞が関係しあうネットワークが複雑化する中で突如として「心」が「創発」すると説明されています。このように未解明なブラックボックスである「心」ですが、そのメカニズムの中心に神経細胞同士の繋がりがあることは間違いありません。1つ1つの神経細胞は多くの細胞と関係を持っています。この関係性とは樹状突起から軸索を伝って細胞内で電気信号が流れ、次の神経細胞の樹状突起との間（間隙）で神経伝達物質が投射され、それを受け取った次の神経細胞がさらに発火を繰り返すことで反応が連鎖するというものです。この関係性ネットワークは膨大で1つの神経細胞が他の細胞と結ぶ間隙は約1万にも及

ぶといわれています。この神経細胞同士の情報伝達を支えている神経伝達物質（ドーパミン等）には抑制性と興奮性があり、約1万にも及ぶ他神経細胞からの抑制と興奮の情報伝達を同時に受け取っているのです。この抑制と興奮のバランスがその都度どのように振る舞うべきかを決めているというわけです。他神経細胞との関係性を更新すること、つまり体験を通じてそれら事象に重要性の加重をかけ、神経細胞同士の繋がりに強弱を持たせることでその都度の判断を行なっているのです。このようにこれまでの経験や学習成果を背景とした様々な事象の関係性を判断の基礎として、文脈依存的、状況依存的また感情依存的に相対的に評価・判断を行なっている。また、その一方で絶対的評価に関連した神経細胞も発見されており、結局は相対的な評価と絶対的な評価を織り交ぜて判断しているのです。相対的評価と絶対的評価、いずれが正しいというものはなく、必要に応じていずれの評価を重視するかを使い分けているのです。

ホテルサービスに対する評価バイアス

このようにホテルに対する顧客の評価はホテルを利用する目的や状況、その時折の感情に依存するという状況依存性を有しており、その結果様々な判断に関わるバイアスが介在することになります。顧客満足をコントロールするには、顧客の有する「バイアス」を理解しておく必要があります。

	プラスのバイアス	マイナスのバイアス
リゾートホテル	✓ 旅行という快気分が評価を甘くする傾向あり	✓ 料金が個人負担であり、かつファミリー等同伴者もある場合には経済的、社会的リスクが大きく、細かなチェックが求められる
シティホテル	✓ 料金を事前清算とする場合には、個人負担で既に支払ったという行為と態度を一致させる為、ポジティブな印象を抱きやすい	✓ 宴会等同伴者がある場合社会的リスクが大きく、細かなチェックが求められる
ビジネスホテル	✓ 料金支払いが会社負担である場合経済的リスクが低く、細部への注目を失いやすい	✓ ビジネスユース上、快感情を前提とせず、もしネガティブ感情を引きずっていると細部までチェックしやすい

評価上のバイアスとしては、リゾートホテル等、快感情に支配された状況であれば、評価が甘くなる傾向があります。ただし、リゾートホテルの利用においては、料金は個人負担というケースが多く、またファミリーと同伴する場合では移動に伴う物理的・精神的負荷も大きくなります。このような経済的また精神的負荷がサービス細部に注目を集め、細部までチェックしようという動機に繋がるのです。

　ビジネスホテルの場合も2つの力が働きます。1つは事前の快感情はリゾートホテル程期待できません。仮にネガティブ感情が中心となってしまいますと細かなサービスまで気になるというネガティブバイアスに繋がる可能性があります。また一方で料金支払いは個人ではなく会社負担であるケースが多く、料金自体もそれほど高額というわけではない、つまりホテル利用による顧客側のリスク負担が小さい場合には、細かなことを気にせず重要な要素、例えば居住性と駅利便性だけ具備していればよいというような判断に繋がる可能性もあります。

　海外のホテルブランド研究調査によると、ホテルブランドへの帰属意識はやや低く、他のホテルブランドへ容易に態度を変えてしまうというホテル嗜好性に関する特徴が指摘されています。いつも使用しているホテルブランドを変えることに金銭的リスクや精神的負担が少ない、つまりホテルブランドのスイッチングコストが低いことが背景にあるのではと分析されています。

　このように相対的でバイアスが介在し、変化しやすく気移りしやすいという客層を前提に考えておく必要があるのです。絶対的な評価視点、つまりよいホテルとはどのようなものかという運営者側の価値観の表明とともに、顧客側の評価バイアスやホテル認知に関する状況依存性に十分留意した運営、質感・サービスのコーディネートが求められるのです。

ホテルの評価軸とは

　ホテルの評価は極めて相対的なもので、泊まろうとしているホテルの利用目的や直前のホテル体験が次の体験の知覚にも影響を与えるというものでした。さらに知覚だけにとどまらず、ホテルの記憶も脆弱です。ホテル体験は自身の体験に基づくエピソードに関する記憶として脳内に保存されます。このエピソード記憶というのはその

後の感情変化等により、容易にその内容の一部が置き換えられてしまいます。それは、神経細胞間を繋いでいる神経伝達物質の加重が様々な経験を経て変化することが原因です。本人が知らない間に起こる変化、つまり「勘違い」が容易に生じるというわけです。ホテルの知覚はこれまでの経験や今後の目的の影響を受けるとともに、個々人にとっても相対的なものであり、このように考えると、口コミやその他伝聞評価も含めたエピソード自体それほど信憑性が高いわけではありません。このように、ホテルに対する評価とは、非常に移ろいやすい知覚や記憶に基づいていると言えるのです。

ただ一方で、人は絶対的評価に関する神経細胞も有していると言われています。絶対的評価に関する感性も兼ね備えているのです。ホテルに対する評価は、口コミやその他相対的な評価とは関係なく、顧客の心に自然と響くような安定的な態度も含んでおり、絶対的な視点とその都度変化する相対的評価のすべてを掻き混ぜて浮かんでくるものなのです。

進化心理学とホテル評価の絶対性

上記のように、ホテルに対する評価が相対的となる理由を進化心理学的な視点（※）で整理してみます。（※人の心理は生態的環境との適応の中で仕組みが形成されていると仮定し心理メカニズムを研究する心理学的なアプローチ）

周囲の知覚の環境依存性や相対性とは、新たな経験や学習に応じて柔軟に変化することで、常により高度な反応ができるように進化してきた名残として考えるのです。また絶対的評価については、安定的な対応が求められる場合、例えば身の危険や緊急を要する刺激に対する時のように、子孫を残すうえで間違いなく必要と感じられるものについては、過去の経験や学習に関係なく、接触か逃避かという絶対的態度をとる仕組みが影響しているとも考えられます。人の環境依存的で相対的な評価とは学習結果の反映であり、絶対的評価が必要な局面には安定した反応を示すのです。

そのように考えると、ホテルの絶対的評価に関連する項目とは、ホテルの利用目的や利用する人によって違いがない、根本的な機能を示すものということになります。このような絶対的評価に関連する評価項目には、どのようなものが挙げられるのでしょう。まず容易に想像できるものの1つとして安全性や安心感の提供が挙げられま

す。そもそも安全性を感じない、また、サービスを含めて任せることに安心感のないホテルで宿泊することは、身体的にも精神的にも大きなリスクに繋がってしまう危険な行為ということになりますので、状況に依存しない回避行動をとるための評価がなされるはずです。つまり、安心感の提供、信頼性についての評価軸は絶対的に確保するべき内容と言えます。

ホテルに対する記憶について

　また、ホテル記憶のエピソード性に触れましたが、ある時、「エピソード記憶」が「意味記憶」に変化する段階があるはずです。例えば、ホテルで様々な体験をする中で、ある時その体験に一貫性を感じ取った瞬間から、その体験に対する解釈や理解上の手掛かりを得たような感覚を感じる瞬間があります。そういうことだったのかと。そのような手掛かりは例えば、「この気持ちを伝えたかったのか」、あるいは「まるで母親の待つ実家に帰ったような心地よさ」のような、体験に対する個々人の解釈であり、これらは、個々人の中ではすでに「このホテル≒母親のよう」、あるいは「このホテル≒この感情」というようなある事象に意味を指し示す記憶、つまり「意味記憶」となるのです。意味記憶となったホテル体験は他の人に語るときにその表現に多くを必要とせず明確に伝えることができます。伝言ゲームのように次々に内容が変わることも少ないのです。ホテルを利用する目的に合致しつつ一貫性ある時空の設えが伴い、その体験を繰り返す中である時突然その意味を感じ取る感覚、その感覚を得た時こそホテル体験が意味記憶化した瞬間なのです。意味記憶はすでに相対性の脆弱さは存在せず、明確なメッセージとなります。そのようなホテルからのメッセージも評価軸の中で考慮されるべき重要な要素なのだと思います。安全性や施設競争力等は、項目チェックである程度対応できる内容かもしれませんが、ホテルのメッセージ性や人格性のように意味記憶化される程度を客観的に評価するのは容易ではありません。要素還元的な評価のように、評価項目の数の多さやそれらの綿密な設計だけでは取り扱うことが難しい次元なのかもしれません。ある意味、様々な体験の積み重ねが、一体となって1つの価値を構成しているというような、細部ではなく全体を見渡す目もホテルの魅力を的確に捉えるために必要な視点なのでしょう。

「わがまま」をやり取りできる環境

　わがままを言える環境も、脳内の欲望に素直に振る舞えるという意味で、安定的に脳内快感回路を刺激するように思います。もちろん、どんなわがままでも許される環境という意味ではありません。一定のルール、社会的規範を前提としつつ、顧客側もそのようなルールの範囲との中で振る舞うべきということを十分理解している場合であり、いわばゲームとしてお互いがわがままをやり取りできる環境という意味です。一流と言われるホテルでは、このわがままをうまく引き出す優れたホテリエがいます。接遇の良し悪しはある意味能力です。もちろん生まれながらの才能を有する人もいるでしょうが、コンシェルジュやソムリエのように、例えば十分に訓練し高い能力を認められた人には特別な称号として与えられ、例えば、そのような称号を改めて「ホテリエ」として定義するのであれば（本来はホテル経営者という意味を含んでいるようですが）、そのようなホテリエ比率がホテル特有の絶対的評価軸となりうるかもしれません。

滞在時におけるホテルに対する「所有感覚」の有無

　ホテルに滞在するということは、寝食をホテル側に任せるという意味においてホテルとの間にある種の信頼関係を前提としているはずです。そのような信頼関係は顧客側の心理面にどのような影響を与えているのでしょう。顧客にとってホテルとは、宿泊料を支払うことで一時的に使用しているに過ぎず、もちろん自身の所有物でもなければ所有資産でもありません。ただし一時的に料金を支払って、施設を使用するという意味においては、契約期間の長短はあるものの賃貸マンション等と変わらないとも言えます。ホテルや旅館滞在時における顧客側の強い心理的関与が、一時的にでも自己の所有物と同等の感覚（以下「所有感覚」という）を顧客側に抱かせている可能性があるのでしょうか。また、もしそのような「所有感覚」があるとすれば、ホテル側のスタッフはどのように振る舞うべきであり、また運営上どのような点に留意すべきなのでしょう。

　全国の男女200名（男性63％、女性37％、平均年齢47歳）に対するインター

ネットアンケート調査により、ホテル滞在時にホテルに対して自身の「所有物」と同等の感覚を抱くかについて、まずは直接的に問いかけました。またその感覚はそのホテルに好意を有するか否かで異なる可能性もありますので、さらに好意を有するホテルに対してはどうかという2つの質問を設定しました。

（1）「ホテルを利用時に、そのホテル内では、そのホテルに対して自分の所有物と同様の所有意識（自分のものと同様の感覚）が芽生えると感じるか」
（2）「ホテルを利用時に、そのホテルに好意をもつ場合、そのホテルに対して自分の所有物と同様の所有意識（自分のものと同様の感覚）が芽生えると感じるか」

この結果、好意を有するホテルに対しては、「自分のものと同様の所有意識」を抱くように「強く思う」から「ややそう思う」の合計で19.5%と約5人に1人の割合が「所有感覚」を抱くと答えています。

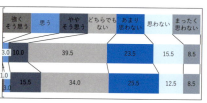

ホテル利用時に、所有意識が芽生えるか否かについて

また、もし「所有感覚」があるとすれば「ホテルを利用時に、"スタッフ"や"他の顧客"が、そのホテルを自分のもののように振る舞っているといい思いをしない」はずです。今度は設問を変え、「ホテルを利用時に、"スタッフ"や"他の顧客"が、そのホテルを自分のもののように振る舞っているといい思いをしないと思うか」という質問をしてみました。そうしますと、そのホテルに好意を持っているいないにかかわらず、"スタッフ"が、そのホテルを自分のもののように振る舞っているといい思いをしない人が32%、さらに"他の顧客"が同様に振る舞っているといい思いをしない人が47%を超えていました。

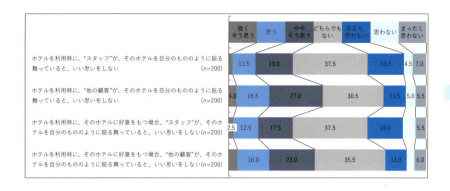

　もちろん、この質問だけでは、この他の顧客やスタッフの振る舞いに対するこのような感情が、ホテルに対する「所有感覚」を背後としているとは言い切れません。他の顧客に対しては、社会性ある場面で通常振る舞うべき常識から逸脱していることに対する不満であるかもしれませんし、スタッフについても、プロのホテルスタッフにあるまじき行為ということかもしれません。

　ただし、そのような感情はすくなくとも、自身の所有物に対する感覚と「似た感情」としてとらえるべきかもしれません。前掲質問でも約5人の1人は所有感覚と似た感情をいただいているのです。また「所有感覚」を前提にした取り組みを行なうことで、スタッフや他の顧客の振る舞いに対する顧客側の不快感を軽減する取り組みに繋げることができるのではないでしょうか。

顧客側の「所有感覚」を前提とするホテルオペレーション

　このように顧客側のホテルに対する「所有感覚を前提」としますと、当然に"スタッフの振る舞い"に十分な配慮が必要であるということになります。たとえば、顧客に対する挨拶を疎かにしたり、スタッフ同士が私語をしたりと、あたかもホテルを自分のものように振る舞う姿は顧客を不愉快にするのです。

　また客室の清掃1つとっても、客室はホテルの所有資産という意識で清掃するのと、その客室は顧客の資産として扱うのとでは、必然的に求められる清掃レベルは異なるのではないでしょうか。ロビーや朝食会場、その他備品等すべてに対してそのような

意識を持つことで、高い満足度に繋げることができるかもしれません。

　さらに、"他の顧客"の振る舞いが、ホテル利用時の体験の良し悪しに大きな影響を及ぼしています。他の顧客がどのような振る舞いをするか、それを「コントロール」することはできませんし、「指導」ももちろんできないでしょう。つまりはホテルのコンセプトが誘導する「客層」を重視するような運営が求められるのです。

ホテル利用時の顧客感情調査

　以下では、顧客がホテルや旅館にチェックインする際、どのような感情を抱いているのか、顧客の感情に関する弊社調査結果をご紹介したいと思います。顧客が当初抱いている感情如何が、その後のホテル体験にどのような影響を及ぼしているのでしょう。感情は、その人の認知の仕方や振る舞いに大きな影響を与えます。例えば、ポジティブな快感情を抱いている状況ですと、楽観的になり、細部にあまり拘らなくなると言われています。また、ネガティブな不快感情に支配されている場合には、些細なことにまで気になる、マイナス点にばかり目がいく、という具合です。先の進化心理学的な解釈では、人がネガティブな不快感情を抱く場面というのは、危険を察知すべき環境にいる場合が多く、できるだけ広く、また細部にまで注意するよう、警戒できるだけ十分なエネルギーを投入し集中力を高めようとします。逆に、快感情に支配されているような場合は、安全で、よく知る環境に身を置いていることが多いはずですので、不快時のような警戒態勢が不要であり、できるだけ無駄なエネルギーを使わないよう注意が無防備になることが、長い進化の中で、仕組化されてきたというわけです。

　今回調査したホテルカテゴリーは、ビジネスホテル、シティホテル、リゾートホテル及び旅館です。全国ランダムに選ばれた男女200名のアンケート調査に基づき、それぞれのホテル、旅館でのチェックイン時の事前感情を調査しました。不快感情と快感情、合計11の感情を調査しています（以下は、各感情について「該当する」＋「やや該当する」と答えた合計人数の全体人数に対する比率をご紹介します）。

ビジネスホテル利用時の顧客感情

　ビジネスホテルについては、顧客が自ら進んで訪れたわけではなく、さらに仕事を終えてからチェックインするケースや、前泊して明日仕事場へ向かうようなケースが多いはずです。したがって、仕事を終えた後の疲労感や、明日の準備をしなければならないという切迫した心理状態が予想されます。実際に調査してみますと、やはり「疲れた（72％）」、「空腹（54.5％）」、「さびしい（33％）」、「つまらない（38％）」という回答が目立ちます。「さびしい」というのは、家族と離れ訪れている場合や、「つまらない」は、一人で知らない場所に来たというような不安感等が反映しているように思われます。このように、ビジネスホテルでは、既に不快感情を抱いている顧客に接客しなければならない場面が多いということです。

シティホテル利用時の顧客感情

　シティホテルではどうでしょうか。シティホテルの不快感情は、「疲れた（59.5％）」、「空腹（43.5％）」、「緊張感（28.5％）」、「不安（23％）」が目立ちます。ビジネスホテル程ではないですが、やはり「疲れた」と感じている人が多いようです。また、シティホテル特有の緊張感や、知らない場所で且つ非日常空間という不安感も影響しているように思われます。フロントスタッフもできるだけの笑顔でお迎えする必要があるのではないでしょうか。また、ビジネスホテルと異なるのは、快感情も同時に抱いているという点です。シティホテルでは、「楽しい（54.5％）」、「ワクワクする（52％）」、「快活（47％）」、「うれしい（52.5％）」という快感情も目立ちます。晴れの舞台として、また会合等自ら進んで積極的にホテルを利用するような場合には、それら顧客側の背景が、事前の感情に影響しているのでしょう。

リゾートホテル利用時の顧客感情

　リゾートホテルでは、負の感情がさらに減少します。不快感情では「空腹（48％）」、「緊張感（27.5％）」が見られますが、「ワクワクする（87％）」、「快活

(78.5%)」、「楽しい（87.5%）」、「うれしい（85%）」という快感情が優勢となります。家族や大切な人と特別な時間を過ごすというような期待感が反映しているのでしょう。

旅館利用時の顧客感情

旅館については、施設に到着するまでの旅路も影響しているのでしょうか、「疲れた（54.5%）」、「空腹（63%）」が目立ちます。また、旅館特有のサービスを期待するためか、「緊張感（32%）」も見られます。快感情では「ワクワクする（75%）」、「快活（58.5%）」、「楽しい（74.5%）」、「うれしい（74%）」という結果でした。チェックイン時に「おしぼり」や「お茶」等のおもてなしに大きな効果が期待できるのかもしれません。

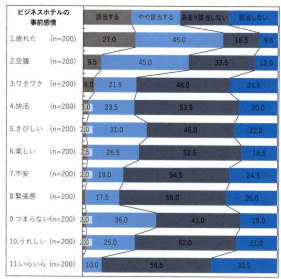

"シティホテル"にチェックインする場合に、どのような感情をいだいていることが多いですか。（これまでの経験上、未宿泊者は想像でお答えください）（それぞれ一つだけ）

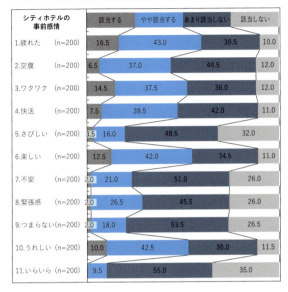

"リゾートホテル"にチェックインする場合に、どのような感情をいだいていることが多いですか。（これまでの経験上、未宿泊者は想像でお答えください）
（それぞれ一つだけ）

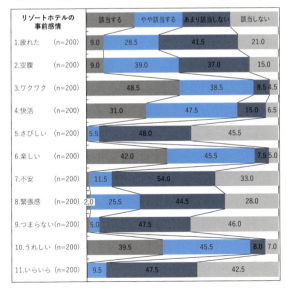

5章

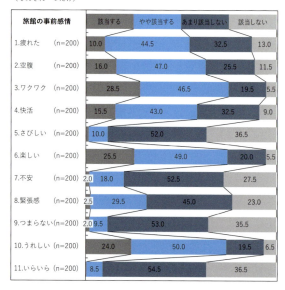

　このように、顧客の事前感情を把握しておくことで、ハードウェア、ソフトウェア、ヒューマンウェアをどのように設えるべきかの一助とすることができます。例えば、ビジネスホテルでは、負の感情が大きく影響している状況でチェックインしていますので、フロントチェックイン時に「待たされる」なんていう事態となれば、顧客に一層強くストレスを感じさせるはずです。実際に、「どこで待たされるとイライラするか」という調査も実施しています。これは、ホテルカテゴリー別には調査していませんが、圧倒的に多いのが、「チェックイン時のフロント」、次いで「チェックアウト時のフロント」でした。「予約時の電話」や「朝食」で待たされるような事態もビジネスホテルでは特に要注意ということになります。

（※その他自由回答では「夕食時になかなか品物が来ない場合」という回答もありました。）

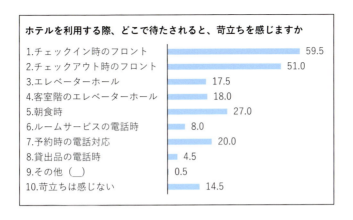

　リゾートホテルでは、比較的疲労感も少なく、ポジティブな感情に支配されている傾向が認められるものの、ビジネスホテルでは、多くの人が「疲れた」と感じているようです。また、シティホテルや旅館でも、到着当初から「疲れた」と感じている人は過半数に及び、また、非日常空間という意味での「緊張」も感じているようでした。前回も触れましたが、感情は、その人の認知や行動にまで深く影響を及ぼしています。例えばポジティブな快感情を抱いている状況ですと、認知が楽観的になり、細かなことに気づきにくくなると言われます。また悲観的な不快感情を抱いている場合には、細部まで気になる、マイナス点にばかり目が行くという具合です。それでは、ホテルカテゴリーを問わず、大半の施設で、到着当初より「疲れた」と感じている顧客に対して、どのようなサービスができるのでしょう。

　最初にホテルスタッフと接触する場面として、フロントデスクに注目し、顧客視点から望ましいと言える男女比率について、調査してみました。もちろん男女を問わず「感じの良い」ことを前提とします。チェックイン時には、顧客は疲労感とともに、非日常的空間という緊張感や、知らない場所で初めて泊まるというような場合には特に不安感も抱いています。おそらく、柔らかい笑顔でおもてなしを受け、かつ、安心を感じることができるようなフロントデスクが望まれるのではないでしょうか。

　弊社で調査した結果、ビジネスホテル、シティホテル、リゾートホテルというホテルカテゴリー別に、「感じの良い女性のみのフロントデスク」、「感じの良い男性のみのフロントデスク」、「感じのよい男女半数ずつのフロントデスク」を想定してもらい、

いずれを望ましいと感じるかを調査しました（全国200名、男女、ランダム調査）。その結果、「感じの良い男性スタッフのみ」より「感じの良い女性スタッフのみ」が支持され、さらに、「感じの良い女性スタッフのみ」より「感じの良い男女半数のデスク」が非常に高く支持されていました。ホテルカテゴリー別にほとんど差は見られないものの、若干ビジネスホテルでは「女性」の支持が高く、シティホテル、リゾートホテルでは、「男女半数」という回答が多いようです。

あなたが"シティホテル"を利用する際、どのフロントデスクに好印象を感じますか。
選択肢より最も近いものをお選びください。
※利用したことがない場合、利用すると想定してお答えください。

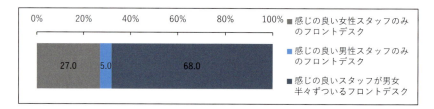

あなたが"ビジネスホテル"を利用する際、どのフロントデスクに好印象を感じますか。
選択肢より、最も近いものをお選びください。
※利用したことがない場合、利用すると想定してお答えください。

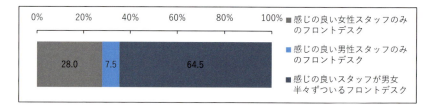

あなたが"リゾートホテル"を利用する際、どのフロントデスクに好印象を感じますか。
選択肢より最も近いものをお選びください。
※利用したことがない場合、利用すると想定してお答えください。

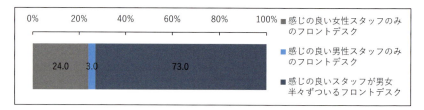

以前ご紹介した顧客ニーズ調査でも、フロントデスク・ロビー空間を重視する人の割合は、ビジネスホテルで75.5％、シティホテルで62％、リゾートホテルも同62％という結果でした。つまり、疲れたと感じている人の割合が他のホテルカテゴリーと比べて相対的に高いビジネスホテルでは、フロント・ロビーの質感を他より重視する傾向にあるように思われます。他の顧客ニーズ調査についても、この「感情」との関係から再度見て見ましょう（以下では、重視する人の割合に注目し、経済的対価つまり料金としてそれらアイテム、サービスにいくら支払うかは、ここでは考慮外とします）。駅利便性についても、ビジネスホテルでは81.5％の人が重視しているという結果でした。シティホテルで65.5％、リゾートホテルで39％でした。ホテルブランドの有無についても、ビジネスホテルでのニーズが一番高く、31.5％でした。シティホテルで29.5％、リゾートホテルでは27％です。滞在時の安心感は、ビジネスホテルで81％、シティホテルで62％、リゾートホテルで64.5％でした。「疲れた」と感じ、さらに「自ら進んで選んで訪れたのではなく、知らない土地」に商用目的で宿泊する人にとって、上記項目は自然と重視されている項目のように感じられます。客室の清潔感についても、ビジネスホテルが高く、88％、シティホテルで74％、リゾートホテルで74.5％でした。感じの良いナイトウェアについても、ビジネスホテルでは58.5％、シティホテルで51.5％、リゾートホテルで54.5％です。また清掃担当者のサインもビジネスホテルでは33％、シティホテルで26.5％、リゾートホテルで24.5％でした。さらに、耐震や免震対応建物に対しては、ビジネスホテルで74％、シティホテルで61.5％、リゾートホテル60％です。安心感あるバスルームアメニティ類に対しても、ビジネスホテルで75％、シティホテルで61.5％、リゾートホテルで63％でした。徹底した防犯防災対策もビジネスホテルで72％、シティホテルで59％、リゾートホテルで65％でした。客層の統一感でもビジネスホテルで32.5％、シティホテルで19.5％、リゾートホテルで28.5％です。

シティホテルやリゾートホテルでは、それらももちろん重視するものの、それ以外の要素、つまり「ワクワク感」や「快活感」、「楽しい」という感情をさらに助長するようなサービスを併せて求められているようです。大浴場について見ると、ビジネスホテルで45％、シティホテルで39.5％、リゾートホテルで63.5％でした。ビジネスホテルでは不快感情が強く、特に「疲れた」と感じている人が多いことから、大浴場

ニーズはさすがに高いのですが、「ワクワク感」、「楽しい」、「快活」を強く感じているリゾートホテルでは、大浴場に対してさらに高いニーズが見られました。客室からの眺望も、ビジネスホテルで44.5％、シティホテルで46.5％、リゾートホテルで68％でした。これらホテルサービスに対する顧客ニーズの背景には、事前に抱いている顧客の感情があり、その感情が求めるサービスの内容や質に影響を与えている可能性があるのではないでしょうか。

まとめますと、ビジネスホテルでは「疲れた」と感じているのです。シティホテルでは「緊張感」も高く、リゾートホテルでは「ワクワク」しており、「楽しい」気分なのです。それら顧客が抱く感情を事前に理解した上で、最適なサービスを提供できてこその、「おもてなし」なのではないでしょうか。最後に、それらサービス要素（例えば上記項目）が具備された、つまり満足のできる水準である場合に、各アイテム別に追加でいくら支払ってもよいかという質問に対しては、ビジネスホテルでは、すべてではないものの、やはり相対的に金額水準が低く出ていますので、どこまでニーズを運営上取り組むかについては、別途、費用対効果という観点から十分に検証する必要があります。

記憶上のレバレッジ・ポイント（ホテルのどの部分が記憶に残るのか）

顧客がホテルを利用する際には、チェックインからチェックアウトに至るまでホテルとの間にサービスを通じた様々な接点を持ちます。ホテル側から見れば、それら接点のうちどの部分を重視すればよいか、その力点が分かれば、より効率的な運営に繋げることができるはずです（以下では、テコ入れが有効と思われる個所という意味で「レバレッジ・ポイント」と言うことにします）。そこで今回は、顧客側の「記憶」とホテルのどの部分対して「デザイン性」を求めているかを手掛かりにこの「レバレッジ・ポイント」を探ってみたいと思います。

まずはホテルを利用した際、その後どの部分が記憶に残りやすいのか、「記憶上のレバレッジ・ポイント」を全国の男女200名に対してインターネットを介して調査してみました。

アンケート設問：最近利用したビジネスホテル及びシティホテルを想定してくださ

い。どの部分を覚えていますか

　ビジネスホテルに関して、記憶に残り易いものから順に整理してみますと、フロントカウンター、ロビー、ベッド、バスルーム、朝食時のレストラン、建物全体でした。またシティホテルでは、フロントカウンター、ベッド、バスルーム、ロビー、朝食の味、建物全体、朝食時のレストランという結果でした。

「記憶上のレバレッジ・ポイント」とは、建物全体の印象及び顧客が能動的に働きかける場面やホテルとのやりとりが生じる場面と言えそうです。このように「記憶に残りやすい場所」に対して顧客側に良い印象を与えることで、顧客満足度を向上させることができるかもしれません。

◆ビジネスホテル

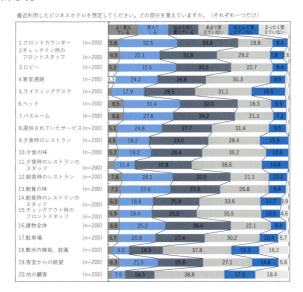

◆シティホテル

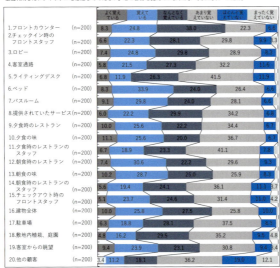

顧客が求めるレバレッジ・ポイント(デザイン性が求められている場所)

　次に「顧客が求めるレバレッジ・ポイント」について、以下のような設問を設け、顧客がデザイン性を求めている場所から探ってみました。

　アンケート設問：ビジネスホテル、シティホテル、リゾートホテルでそれぞれデザイン性を重視するホテルがある場合、どの部分のデザイン性を重視してほしいですか

　リゾートホテルではビジネスホテルやシティホテル以上にホテル全体と通してデザイン性が求められているようです。また、ビジネスホテルやシティホテルにおいても、フロント・ロビースペース、ベッド、バスルーム、レストラン、建物全体と、先の記憶に関する調査をほぼ同様の結果でした。

◆ビジネスホテル

ビジネスホテルでデザイン性を重視するホテルがある場合、どの部分でデザイン性を重視してほしいですか。
（矢印方向にそれぞれ一つだけ）

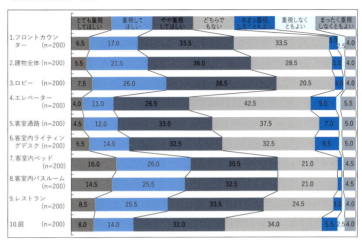

◆シティホテル

シティホテルでデザイン性を重視するホテルがある場合、どの部分でデザイン性を重視してほしいですか。
（矢印方向にそれぞれ一つだけ）

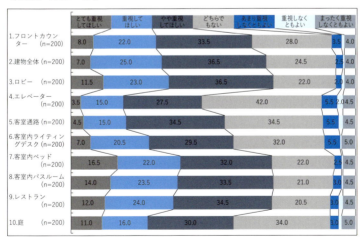

◆ リゾートホテル

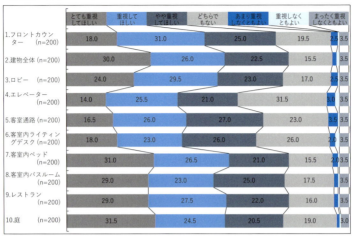

リゾートホテルでデザイン性を重視するホテルがある場合、どの部分でデザイン性を重視してほしいですか。
（矢印方向にそれぞれ一つだけ）

チェックイン・キオスクの効果

　今後インバウンド市場の拡大や多くのホテル開発が計画される中、人手不足はホテル業界においても深刻な問題になりつつあります。そのような環境にあって、ホテルキオスクを導入することでフロント機能の一部自動化を検討されているホテルも多いのではないでしょうか。そこで以下ではフロントでの自動チェックインや自動精算を行なうホテルキオスクについて、その有用性や課題点を検討してみたいと思います。

　以前に顧客がホテルのどの部分で待たされるとストレスを感じるかという調査を行ったことがあります（全国200名のインターネット調査）。当時の調査で最もストレスを感じるという回答がチェックイン時のフロントで60％弱に及び、次いでチェックアウト時のフロントが51％という結果でした。ちなみにその他で待たされてストレスを感じやすい場所としては朝食時の待ち時間、客室階のエレベーターホールでの待ち時間という結果でした。仮にチェックイン及びチェックアウトの際のストレスをホテルキオスクの導入で軽減することができればその効果は無視できないものと言えます。

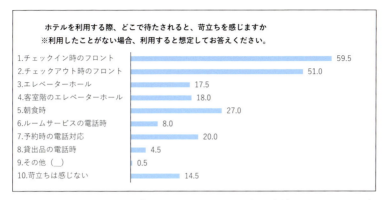

ホテルキオスクについては、「あなたがホテルに一人で宿泊するとしたら（シングル利用時）、うれしいサービスはなんですか。」という質問を設けて、どれほどの顧客からホテルキオスクが支持されているのかを調べたことがあります。この設問自体は特にビジネスホテルを想定したものですが、柔軟なチェックイン及びチェックアウト時間の提供が高く支持されており、その他では無料ミネラルウォーター、無料コーヒーサービス、夕食チケット（提携先レストランでの割引券）や客室Wi-Fiサービスと続きます。ホテルキオスクについては「絶対にほしい」6％と「あればうれしい」38.5％と、合計で44.5％の肯定的意見が見られました。

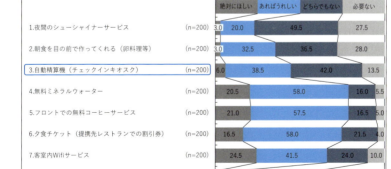

ホテルキオスクに対する評価について、さらに男女年齢別での結果を見てみますと、男性より女性からの支持がやや多いようです。男性では50歳から60歳代、女性は全般的に肯定的なようでした。それでは、どのようなホテルカテゴリーまでホテルキオスクは許容されるのでしょうか。ビジネスホテルであれば事前の感情としても「疲れ」や「空腹感」等ネガティブな感情も強いことから、チェックインやチェックアウト時に待ち時間が生じている場合には、そのストレスを是非とも避けたいところです。ビジネスホテルであれば上記アンケートにおいても肯定的意見が見られます。ストレスを軽減するために導入するわけですから、仮にホテルキオスクを導入するのであれば、処理時間が短く、精算が正確で、そもそもホテルキオスクの操作自体にストレスがないよう分かりやすく操作しやすいユーザーインターフェースが求められます。

　またどのようなホテルカテゴリーにおいても顧客にストレスを与えるべきではありません。シティホテルやリゾートホテルにおいても、チェックインやチェックアウト時に待ち時間が生じているようなケースでは、そこで第一印象が台無しになっていまいます。これらホテルカテゴリーにおいては、できればスタッフによるサービス機能の強化を通して対応したいところですが、もしそれが難しいのであれば、ストレスを与えることによる負の連鎖を避けるために、ホテルキオスクの導入も検討の余地があるのかもしれません。ではシティホテルやリゾートホテルで仮にホテルキオスクを設置する場合にはどのような点に留意すべきなのでしょう。ロビースペースはホテル側のコンセプトを最もストレートに表現できる場所です。そこにホテルのコンセプトとはまったく関係のない「機械」が存在するということは、ホテル側の都合という印象を強く与えてしまいます。ホテルキオスクの外観についてはデザインからホテルのコンセプトに調和するような検討が重ねられる必要があります。また例えば会員カードを同時に発行できる、あるいはそこで顔認証を行ない、その後のパーソナル・サービスに繋げる等別の設置理由も必要となるのかもしれません。チェックアウトは、満足していただけたかの確認や再来を願う気持ちとともにお礼やお見送り等の重要な接遇チャンスでもあります。それらチェックアウト時のデパーチャーサービスと同等の機能を工夫する必要があります。

バスルームリネンやアメニティ

　直接顧客の肌に触れることになるバスタオルやバスルームアメニティ、ベッドリネン（シーツ）等に対してどれほど顧客が敏感であり且つどのような質を求めているのかについて、弊社調査結果も参考にし、昨今の顧客ニーズを考えてみたいと思います。まずは以前弊社がビジネスホテル、シティホテル、リゾートホテル別に調査したホテルに対する顧客ニーズ調査の中でそれらに関連する調査結果をご紹介します（2012年12月、全国男女200名に対するインターネット調査に基づく）。

　まず「気持ちの良いナイトウェア」に対しては、ビジネスホテルでは「大変重視する」が21.5%、「重視する」が37.5%（合計59%）、シティホテルでは「大変重視する」が19.5%、「重視する」が32%（合計51.5%）、リゾートホテルでは「大変重視する」が24.5%、「重視する」が32%（合計56.5%）でした。

　また「気持ちの良いバスタオル」に対しては、ビジネスホテルでは「大変重視する」が32.5%、「重視する」が46.5%（合計79%）、シティホテルでは「大変重視する」が23.5%、「重視する」が38.5%（合計62%）、リゾートホテルでは「大変重視する」が27.5%、「重視する」が39%（合計66.5%）という結果でした。

　さらに「歯ブラシ等バスルームアメニティ」では、ビジネスホテルでは「大変重視する」が25.5%、「重視する」が49.5%（合計75%）、シティホテルでは「大変重視する」が19.5%、「重視する」が42%（合計61.5%）、リゾートホテルでは「大変重視する」が25%、「重視する」が38%（合計63%）という結果です。

　つまりそれら「大変重視する」と「重視する」の合計だけを整理して見てみますと、「気持ちの良いナイトウェア」ではビジネスホテル59%、シティホテル51.5%、リゾートホテル56.5%（全体平均約55.7%）、「気持ちの良いバスタオル」ではビジネスホテル79%、シティホテル62%、リゾートホテル66.5%（全体平均約69.2%）、「歯ブラシ等バスルームアメニティ」ではビジネスホテル75%、シティホテル61.5%、リゾートホテル63%（全体平均約66.5%）という結果でした。

　弊社調査の中で特に高い顧客ニーズを示していた項目が「客室の清潔感」であり、ビジネスホテルでは「大変重視する」が45%、「重視する」が43%（合計88%）、シティホテルでは「大変重視する」が35%、「重視する」が39%（合計74%）、リゾー

トホテルでは「大変重視する」が 35.5%、「重視する」が 39%（合計 74.5%）です。また「バスルームの清潔感及び快適性」も同様に高く、ビジネスホテルでは「大変重視する」が 48%、「重視する」が 40%（合計 88%）、シティホテルでは「大変重視する」が 30%、「重視する」が 42%（合計 72%）、リゾートホテルでは「大変重視する」32.5%、「重視する」42%（合計 74.5%）でした。

それらに次いで、実際に肌に触れるバスタオルやナイトウェア、バスルームアメニティには高いニーズが見込まれるのです。ちなみにベッドの「デュベスタイル」については、ビジネスホテルでは「大変重視する」が 9.5%、「重視する」が 34%（43.5%）、シティホテルでは「大変重視する」が 6.5%、「重視する」が 30%（合計 36.5%）、リゾートホテルでは「大変重視する」が 12.5%、「重視する」が 27.5%（合計 40%）でした。

このようにバスタオルでは十分な大きさを確保したものであり且つ吸水性に優れ、肌触りがよいものを丁寧に選択すべきですし、ナイトウェアでは肌に直接触れるという意味で顧客が敏感になっているというだけではなく、その着心地や着た状態での動きやすさ如何が快適な睡眠にも繋がり、その素材に十分に留意すべきということになります。もちろんベッドリネンも同様に肌触りが心地良いものを提供することで顧客満足を強化することに繋がるはずです。バスルームアメニティについては、髭剃りにはシェービングローション、女性用ではクレンジングオイルや洗顔用のバスルームアメニティと、歯磨きセットやヘアバンド、綿棒だけではなく、顧客に対する手厚いサービスが求められています。

それら顧客ニーズは深く多種多様ですのですべての顧客に対して様々なアメニティやリネン類等の設置が求められると解釈すべきではありません。ある明確に定義された特定のターゲット顧客層に対してのみ、その顧客層にとっては徹底的に追求したサービスを提供する視点が求められていると解釈すべきです。ホテルが提供するアメニティや、貸出品すべてがターゲットとする顧客層のニーズと整合している必要があるのです。特定のターゲット顧客にとっては何もかも揃っていることが理想であり、そのような意味においてある意味、「特定の顧客に対する百貨店型ホテル」が求められているとも捉えることができます。

ホテルが提供する非日常空間

　ハードウェアは、自宅と同等あるいは昨今であれば自宅の方が快適な空間ということも少なくないのかもしれません。様々な顧客ニーズを調査してきましたが、高い顧客ニーズを示すサービス項目が、客室とバスルームの清潔感と快適性、それに次いで実際に肌に触れるタオルやバスルームアメニティ類でした。安心して使用できるということ以上に自宅では感じることができない快適さを求めているのかもしれません。

　では自宅では体験できないような快適性という意味で「眺望」に対してはどれ程ニーズがあるのでしょう。ビジネスホテルでは「大変重視する」が12％、「重視する」が32.5％（合計44.5％）です。シティホテルでは「大変重視する」が18％、「重視する」が28.5％（合計46.5％）、リゾートホテルでは「大変重視する」が32.5％、「重視する」が35.5％（合計68％）とやはり高いのです。ホテルの選択肢が豊富になればなるほど、快適性と併せて、通常の生活では経験することが難しいような「眺望」等の非日常的空間にニーズがあるのです。

　よいホテルとは「テーマパーク」に近い印象を頂く人が多く見られます。日常生活が便利になればなる程、ホテルにおいて一層「非日常性」がキーワードになってきます。「非日常性」に関連するサービスアイテムは、それら眺望やリネン類、タオル類、バスルームアメニティに限られません。それら以外にも例えばロビー空間の「香り」にも高いニーズが見込まれるはずです。風除室をくぐるとフワッと独特の香りが、別世界に入り込んだ印象を与えます。また素敵なＢＧＭが流れていますと「香り」と同様の印象を顧客に抱かせるはずです。食事ではこれまで経験したことのないような郷土料理や、食材が使用されていれば非日常的体験となります。またロビースペースに飾られる生花やアート作品も同様です。日頃忙しい顧客にとって、それら設えがそれらを愛でる顧客の心を呼びさますことで大きな満足に繋がるはずです。スタッフのサービスを考えても同様です。顧客にとって自身を尊重してくれていると感じさせるような手厚いサービスがあれば、その体験もまた１つの非日常的な空間となるのです。

絆の価値

「絆」は昨今、様々な場面でキーワードになりつつあるように思います。1つは経営者と従業員との「絆」、婚礼宴会における新郎新婦とご家族やご来賓との「絆」、ホテルと宿泊客との「絆」、ホテルと地域社会との「絆」、ホテルを利用するお客様同士の「絆」と様々な場面でその重要性を垣間見ることができます。以下ではそれら様々な「絆」に関する顧客ニーズを考えてみたいと思います。

ウェディングにおける「絆」

　以前、チャペルに関するアンケート調査を行ったことがありました。その折にはチャペルには緑がほしいとの顧客ニーズが見られました。それは新郎新婦をはじめ参加者の緊張感をできるだけほぐして、挙式をみんなで楽しみたいという思いがあるようでした。光の要素や水の要素も重要と言われますが、前提とする感情が異なってきているように感じます。以前では光や緑、水といった自然の要素に晴れやかで、爽やかなイメージが付随していたのではないでしょうか。それが昨今では「絆」がより重視されることで、アットホームで温かみのある質感が求められ、その結果改めてそれら自然要素が求められているように感じます。

　挙式を上げる新郎新婦とご家族やご来賓との絆を強化しサポートするにはどのような質感ある挙式会場を提供するべきなのでしょう。同じ自然要素といっても、微妙にニュアンスが異なりつつあるように思うのです。「絆」がより重視される結果、自然的要素といっても、明確にはっきりとした自然的要素ではなく、穏やかで落ち着いた自然的要素が求められているのではないでしょうか。

ホテル組織内での「絆」

　またホテル組織内における「絆」を考えてみましょう。組織を大きくするためには部下との間に強固な信頼関係を有する統率力あるリーダーシップが必要です。そのような信頼関係を築くには、共感できる、また共感しやすい環境、つまり上司から部下

へ、また部下から上司に対して相互に共感し合える関係が基礎にあるべきです。そのように考えると求められるリーダー像とは、「気品」を感じることができ、その結果相手がどのように感じ何を思っているかを推測しやすいような人柄なのかもしれません。そのような強固な信頼関係を基礎とする組織には強い統制力があり、調和と革新を生み出す力の源泉へと繋がるのです。

ホテル、旅館と地域との「絆」

　次に地域との「絆」です。ホテルや旅館と地域との「絆」が、容易に真似のできないようなおもてなしの源泉にもなりえます。以前「旅館のおもてなし」というテーマで触れましたが、旅館には地域との関係で旅館生態系とでも表現できる生産者と消費者との生態系メカニズムを構築しているケースが多く見られます。規模が小さく地域に根ざした旅館事業ではその地域との関係が強く、「食材から」おもてなしを提供する「旅館生態系」とでも表現できる事業特性を備えています。例えばある牛肉をある旅館が取り入れて広域に宣伝し顧客提供することで、その牛肉を提供している酪農家に利益が確保され新たな子牛を飼育します。その子牛が新たに放牧地の草を生涯で数ヘクタール食す結果、山が適切に維持管理されることに繋がり、広くは街並みを維持し観光地としての魅力を高め、さらに旅館に多くの顧客を集客するという、旅館を頂点とした地域内における生産者と消費者間の生態系メカニズムを見い出すことができます。このような旅館生態系を背景に地域から協力を得て他の地域では見ることもまた食すこともできない高品質で魅力ある食材を提供することができるのであれば顧客に大きな感動を与えることができるはずです。そのような旅館生態系が旅館の「食材からはじまるおもてなし」を支え、生産者の想いを形にしたような「地域と一体となったおもてなし」を生み出すことができるのです。これら地域との「絆」は、大きな価値の源泉の1つとなりえるのです。

一般宴会における「絆」

　一般宴会についても婚礼宴会と同様に、利用する顧客にとって、利用者同士の

「絆」の強化が重要な視点の1つとなってきているのではないでしょうか。宴会場を利用する目的が未来志向に変化し、将来の目的のために利用するケースが増えているはずです。例えばセミナー会場として利用する際に目的としてスタッフ同士の情報共有や信頼関係の構築ができ、組織力が強化されるのであれば、費用対効果で考えて会場使用料を支払っても十分に採算が取れると考えることもできます。ホテル側としては、顧客がどのような「絆」を考えて施設やサービスを利用しようとしているのか、利用者同士がコミュニケーションしやすい環境を整える等、顧客が有する利用目的を敏感に察知しサポートすることが求められていると言えます。

レストランにおける「絆」

　レストランではどうでしょう。目一杯に席数を配置したようなプライベート感の乏しいレストランホールで、顧客同士が相互の「絆」を強化するのは容易ではありません。また食事をしながらお客様同士会話している中で会話を裂いてまで料理提供するようでは、大切なコミュニケーションの場を壊しかねません。そのような場合には料理が冷めないようにそっと料理を提供し、目立つことなく見守り説明するチャンスを見計らって改めて席に付くべきですし、さらには顧客がどのような「絆」を求めてホテルを利用しているのかを探り把握して、その顧客に共感し相応しいサプライズサービスを提供するぐらいの繊細なサービスが求められているはずです。またその結果、顧客からも感謝され、また人と人を結びつける感情が「喜び」としてスタッフのモチベーション強化にも繋がるはずです。

　このように個人客中心の市場環境になればなるほど、この「絆」という概念が非常に大きな意味を有するようになります。団体客論理では値ごろ感や、団体行動の理にかなったサービス提供、施設仕様に価値が認められたはずです。一方で現在は、様々な情報に容易にアクセスでき、サービスや商品が均質化しコモディティ化しやすい環境にと言えます。個々人が自らの嗜好を追求し自己主張をしやすい環境へと大きくシフトし、そのような環境が、顧客の心理面に訴求するようなサービスを求め、その結果が「絆」の価値に繋がっているのでしょう。

　例えば共用部トイレでよく目にする「禁煙」シールは、顧客との信頼関係がない証

ではないでしょうか。ホテル側から目指しているコンセプトが明確に表現できていれば、あとは顧客を信頼する心から、ホテルと顧客との「絆」が生まれるのです。

ユニバーサル・フリー市場における「絆」

「ユニバーサル」という単語のニュアンスには、国際化と同時にすべての人に平等に接する、つまり「バリアフリー」という概念にも繋がります。国際化という意味では、海外からの利用者と相手側の文化的な背景を理解し積極的にコミュニケーションを持つことが重要です。またバリアフリーという意味では、2006年12月20日に新たに施行されたバリアフリー新法に準拠する客室構成という意味だけではなく、バリアフリー客室を積極的に情報開示し、それらを求める利用者の方々に有意義に使用していただけるよう努力することも、今後強く求められるであろう顧客との強固な「絆」になるのではないでしょうか。

　これら様々な「絆」を強固にすることが高い顧客満足、ひいては価値あるホテルに繋がるのです。

イブニング・サービスの価値

　昨今外国人観光客も一層の増加が期待される環境にあります。そこで今回は観光目的でホテルを利用する顧客との接点を改めて見直し、あるいは強化する一環として、我が国トップクラスのシティホテルやリゾートホテルで今後求められるであろうサービスの1つとして、客室のイブニング・サービスを考えたいと思います。ホテル自体が利用する顧客自身の所有物（所有不動産）であれば顧客はホテルのすべてを把握しており自ずと安心感もあるでしょうが、もちろんそもそもホテルは顧客の所有物ではありません。所有物ではないからこそ、ホテル側の顧客をもてなそうとする強い気持ちがその施設を利用する顧客側にとってそのホテルに対する安心感に繋がるのです。

　ビジネスホテルではチェックイン時間も総じて遅くなりがちであり、大方の就寝時には客室は新鮮なはずです。一方でシティホテルやリゾートホテルではどうでしょうか。早めにチェックインを済ませた後に部屋に荷物を置く等一旦客室を使用する結果、

就寝時には客室の新鮮さが薄れていることも多いはずです。そこで改めて客室が新鮮な空気に包まれるよう整えるサービス、例えばベッドのしわを正し安心して心地よく眠れる状態に手直しをし、さらにリラックスして快眠に至れるようにサイドテーブルにはナイトチョコレートを添えるような心配りがあれば、そのようなホテルに対する安心感や信頼感も自ずと高まるはずです。

以下ではトップクラスのホテルで求められるであろう徹底した客室のイブニング・サービスとはどのようなものなのかについて、実際提供している事例や海外のホテル格付け基準等も参考に入室時の注意点から客室及びバスルーム作業での留意点の順で整理したいと思います。

入室時の注意点（イブニング・サービス）

まずは客室の入室時の注意点です。客室への入室時には、「ハウスキーピング」等とはっきりとした声で挨拶するとともに、顧客が部屋内あるいはバスルームに在室しているか慎重に確認する必要があります。その時にもし顧客から清掃のタイミングを改めてほしいと要望があれば、都合の良い時間を確認した上で改めて指示された時間に正確に訪れるようにします。また「ドントディスターブ（DND）」の札が表示されている場合であれば、イブニング・サービスの準備ができていることを伝える「プライバシーカード」等をそっとドアの下に残すようにします。

顧客の不在時にサービス提供する場合には、入室後ドアを閉じ「清掃中」との札をかけます。もちろん清掃中に顧客が部屋に戻った場合には、丁寧にそのまま清掃を続けるべきかあるいは後に改めるべきかを尋ねます。使用中の客室は顧客の私有物として扱い入室時より徹底して丁寧なサービスを心がける必要があります。

客室作業での留意点（イブニング・サービス）

次に客室内でのイブニング・サービスについてですが、まずベッドはヘッドボードに平行に整えて顧客がチェックインした際の新鮮な雰囲気を再現します。ここでベッドスカートは汚れやしわがなくストレートにし、かろうじて床に届くようリメイクし

ます。寝具は新鮮且つ汚れが見当たらない状況に整え、ベッドは利用者数に応じて適切にターンダウンします。またスリッパは包装から取り出して各ベッドサイドにセッティングします。時計及びテレビは顧客のベッドの方向へ向け適切に調整しておく細かな配慮が求められます（改めて時計が1分違わず正確であるか確認します）。生花やその他植物があれば適切に管理し、必要に応じて取り替えることで顧客に対する丁寧なサービスや顧客視点の配慮を伝えることができます。

　顧客が便宜上移動させた場合を除いて全アイテムは元の場所に戻します。例えば顧客が取り出したアイロンやアイロン台はそのままにし、顧客の所有物や書類及びラップトップPCは位置を変えることなく慎重に整理しておきます。顧客の衣類は衝立があればそれを使用するかハンガーに掛けクローゼットに丁寧にしまう、もしくは丁寧に畳んでベッドもしくはアームチェアに置きます。顧客の靴があれば、揃えてクローゼットに入れるかまたはバッゲージラックの横にまとめるようにします。

　もし家具及び客室付属物に汚れや傷、埃が見られれば適切に清掃し汚れを除去します。窓飾りは、その客室が眺望に優れている場合には開き、夜間で眺めが望めない場合であれば適切に閉じるようすべきでしょう。

　ティーセットが設置されている場合には、適切にストックを満充させます。アイスペールは清潔に維持し、角氷を適量に用意します。またごみ箱は空にして清潔に保ちます。ナイトテーブルにはビン詰めの飲料水とグラスをセットすることが多いようです。さらに新たな敷物やスリッパまたは他のアメニティ等最低1つの特別なアイテムを追加するようにすると感動に繋がります。

バスルーム作業での留意点（イブニング・サービス）

　次にバスルームでのイブニング・サービスです。個人の洗面用品は顧客が置いた場所となるべく同じ位置となるように片づけます。バスルームの付属品やフロア及び内装が清潔な状態か確認します。アメニティは必要に応じて撤去するか半分使い終わっているのであれば新たに補充します。ペーパーアイテム等のストックは充実させ、照明は適切に調整しておきます。

　顧客が別途要請していない限り、使用済みのタオルは取り替えるようにします。但

しベッドリネン及びタオルに関するホテル独自の「グリーンポリシー」があれば適切に踏襲します。バスマットはシャワーブースあるいはバスタブの横に適切に敷き使い易い状態にセットします。

最終的に夜間の質感や雰囲気は、客室に装備があればメインルーム及びバスルームの照明調整及び音楽やその他アイテムがあれば適切にコーディネートしておきます。

イブニング・サービスを提供することの意味

人は周辺環境に応じた動きを自然ととります。つまり顧客にホテル側が使用してもらいたいように整えることで、ホテル側が望むように顧客の行動を誘導することができるのです。ルームサービスであれは、客室で食事をしたくなるような雰囲気を提供してはじめて輝くサービスとなるはずです。

イブニング・サービスも同じです。ホテル側が心地よく休んでいただきたいという気持ちをサービスという形で表現しているのです。ホテルが提供するサービスは、ホテル側の「本気度」が常に同時に伝わります。「本気で」ゆっくり休んでいただきたい、当初の新鮮な空間で休んでいただきたいという思いが形になったサービスこそが輝くイブニング・サービスなのです。社会的に繁忙となり睡眠に拘りを持つ顧客層が今後より一層増加すればするほど、本気で快適な睡眠環境を提供しようとするホテル側の想いが顧客に高く評価されるはずです。

心理的価値を構成する「絆と表現リアリティ」

ホテルの価値を考える場合の3要素、心理的価値と経済的価値、そして競合施設と比較した場合の値ごろ感の中で、以下では特に心理的価値について深く考えてみたいと思います。ここでは心理的価値を、ハードウェアの質感やサービスを通じて顧客にワクワク感を抱かせ、楽しいと感じさせるような心理的な喜びや事前の期待感と定義します。

そのためには例えば、事前の電話予約における丁寧な対応やＨＰ上の新鮮で鮮明なイメージの伝達からはじまる事前期待、現地ホテルではディテールに拘った具体的で

リアリティのある質感、サービスが重要要素となるはずです。脳内においては「ドーパミン」と言われる神経伝達物質がドバっと出る瞬間として捉えられます。そのような質感やサービスをホテルサービスとして抽出し整理しますと、「顧客との絆」を構築しようとするサービスやホテル側が用意するコンセプトの「表現リアリティ」に集約できます。それら心理的価値を引き起こす「サービス装置」の1つとして、まずは会員組織の在り方を検討したいと思います。

　心理的価値という側面だけではなく、集客がインターネットエージェント（OTA）に依存する時代、集客手数料を抑えつつ、的確に顧客満足度を管理向上させるうえで、各ホテルが有する会員組織の存在が改めて価値を生み出す時代でもあり、会員組織及びメンバーに対するプログラムは、昨今益々重要性が増しています。

　ホテルの価値を算出するうえで、それらはもちろんこれまでから集客手数料への影響や稼働率の安定化に貢献する等収益性に影響を与えるものですので、収益性から価値を算出する収益還元法（将来想定されるネットキャッシュフローの現在価値を合計する価格アプローチ）の適用にあたっても考慮されていたものですが、例えば日本ではインバウンド市場においても観光目的での訪日外国人が増加しているように、総じて観光市場が拡大しており、個人の心理面に大きく訴求するようなサービスコーディネートとして、改めてその重要性が増しています。またＣＳ戦略として捉えても顧客プロファイルを把握し個々の顧客が有する目的に照らした最適なサービス提供を重要顧客に焦点を絞り行なうという意味において、会員組織に対するサービスには改めて大きな意義を見出すことできます。つまり会員組織とその関連するサービスとは心理的価値を会員に対するプログラムで引き起こすことができるいわば「ドーパミン・サービス」とでも言えるものなのです。

顧客会員及び関連プログラムの価値

　世界を舞台とするインターナショナルチェーンでは会員特典やプログラムに充実の一途が見られます。集客手数料を抑え、会員組織を通じた多くの宿泊予約に繋げる数千万人に及ぶ会員を擁する海外の大規模チェーンホテルでは、市場がボーダレス化する中、国際的観光市場に訴求するため、また個々の顧客のニーズに応じた適切なサー

ビスを提供するために様々な取り組みが見られます。1つには今後一層重要となる予約時のインターネットサイトの利便性の強化です。言語は複数言語に対応し、スマートフォンアプリケーションや関連サイトも充実させる等、予約ネットワークの取り組みはその対応の早さもさることながら内容の充実も目を見張るものがあります。

また世界レベルで集客セグメントをコントロールし、セントラルリザベーションシステムを構築しイールドマネジメントを行なう人員、組織とシステムを有しています。一旦ホテルを利用するとポイント還元や航空会社との提携によるマイレージ付与、無料宿泊、ルームアップグレード、朝食やインターネット利用、その他無料サービス（コンプリメンタリーサービス）等様々な特典が顧客を待ち構えます。これらは顧客の心理的価値に訴求する「顧客との絆」ひいては自身を重視してもらっているという「心理的な報酬」であり、顧客の心理的側面を大きく刺激します。「絆」を求める顧客層は顧客層の中でも比較的支払余力にゆとりがある重要顧客層でもあります。したがってそれらサービスメニューがホテル価値を大きく左右することに繋がるのです。また当該プログラムは、その内容如何が心理的価値のみならず客室料金に値ごろ感を醸し出す点や、経済的価値（費用対効果）を含めてADRの背後に大きな存在感を放つものと言えます。

表現リアリティの価値

次に心理的価値に繋がるような「表現リアリティ」について考えてみたいと思います。表現リアリティについて、大きく「ディテール」への拘り、「デザイン性の付与」に関連するものと顧客に伝える「ストーリー性」に関連するものがあります。最初のディテールですが、例えば内装の施工の質1つをとっても、各ホテルでそのレベル感にバラツキがあります。1つ1つの内装施工を丁寧に細部に徹底した拘りを有するホテルでは、ロビーの質感1つをとっても変わってきます。大理石や内装クロスの継ぎ目を綺麗に揃える等、質感を徹底して丁寧に構築している空間では、それを利用すればするほどその良さが伝わってきます。そのような環境に身を置くことでワクワク感や高揚感を引き起こすはずなのです。またコンセプトやホテル側の想いが伝わらないものは、存在していないのと同じという徹底したコーディネートがあれば、すべての

ものが機能性や快適性という枠に留まることなく、自由な存在として顧客の印象に漂います。例えばセーフティボックスは、安全性や安心感、ひいては機能性に関連するアイテムですが、それにもデザイン性を取り込むこともできます。例えばですが、その必要性はさておきセーフティボックスに照明を工夫し、デザイン性を与えることも可能なわけです。

　ティーセット1つとってもコンセプトを絡めたデザインを、またメモパッドやペンについても同様です。メモ用のセットはペンと紙に留めず、デザイン性ある分度器や定規を併せてセットしておいてもよいはずです。すべてのアイテムを徹底してこだわるデザイン力、あるいはさらに細部への拘りを有することで、ホテルが表現しようとするコンセプトにリアリティを持たせより魅力的に映し出すことができるはずです。ストーリー性では、ターゲットを意識したホテル体験のコーディネートがポイントとなり、そこには顧客の共感が伴います。例えばファミリーをターゲットとするホテルであれば、ドアのピープホールを2つ、1つは大人用、もう1つは子供用に設けることで、子供も一緒にドアの外を覗くような滞在時の楽しいひと時が即座にイメージに浮かび上がります。

　ディテールへの拘りやデザイン性、ストーリー性等ハードウェアにより、また会員組織プログラムをはじめソフトウェアと実際に顧客と接点を持つスタッフの接遇力により、顧客の心理面にアピールするような取り組みが顧客の心理的価値として輝くのです。またそれらは、これまでホテルを評価する軸として重視されてきた、ホテルの安全性・安心感、機能性、快適性、サービスの丁寧さや積極性に加えて、ホテル側のコンセプトを起点とした顧客共感力という顧客視点の有無及びその徹底が一層重視され、そしてその有無が顧客の有するそれぞれの目的やライフスタイルに組み込まれる形でホテルを利用する「シーンメイク」に大きな影響を与えるものとなるのです。

香りが有する効果と心理的価値

　上記では、ホテルサービスの「価値」を考える3要素、心理的価値と経済的価値、そして競合施設と比較した場合の値ごろ感の中で、特に心理的価値について考えました。不動産鑑定評価の現場においても、市場参加者は通常3つの価値である積算価

値、収益価値、取引価値を勘案して最終的に市場価格を決定する点に着目し、価値の三原則としてのそれぞれの価値を試算して最終的な評価対象不動産の鑑定評価額を決定しています。このうちの心理的価値をハードウェアの質感やサービスを通じて顧客にワクワク感や楽しいと感じさせるような心理的な喜び、その事前の期待感と定義しました。そしてそれは、脳内において人が望ましいあるいは自身が求めるニーズに対応した報酬を得るあるいは得ることができるかもしれないという、その可能性を感じる場面において「A10」と言われる神経核を有する神経細胞から様々な機能別に分布している神経細胞群に「ドーパミン」と言われる興奮性の神経伝達物質がドバッと出る瞬間として捉えられること、ホテルサービスの中で捉えれば「顧客との絆」を構築しようとするサービスやホテル側が用意するコンセプトに合致した「表現リアリティ」の提供に集約できる点に触れました。

　ここで改めて脳内でドーパミンが溢れる現象をその分泌場面で分類しますと①「物質による刺激場面」、②「プロセスによる刺激場面」、③「社会性による刺激場面」と整理することができます。顧客との絆は特に③の顧客の社会性に対する社会的な欲求を充足して刺激する時に、また表現リアリティは、①物質による刺激や②プロセスによる刺激を充足することにより心理的価値を発現させます。①物質による刺激には、照明やデザイン、香りや質感が、また②のプロセスによる刺激は、顧客がホテルを利用する際の利用文脈に応じたサービスを提供することによる顧客側の満足感が関連することになります。

香りの効果

　昨今特にロビーでふと心地よい香りを感じるホテルが増えてきたように思います。良い香りは視覚を通じた空間自体の質感をも変化させ感じ取らせます。これは「香り」がホテルの表現しようとするコンセプトや空間の質感にリアリティを帯びさせる力があることから生じています。またそれが天然芳香成分を使用するアロマであれば、嗅覚によるものの他、呼吸や肌を通じた香り成分の摂取による上記①の「物質による刺激場面」ともなります。さらに顧客側のホテル体験プロセスにリアリティを付与し、顧客側のホテル利用文脈を強化すれば、上記②の「プロセスによる刺激場面」にも繋

がるのです。今回はこの心理的価値を構成する「顧客との絆」と「表現リアリティ」のうち、「表現リアリティ」に分類できる「香り」について考えてみたいと思います。

嗅覚には、記憶を呼び覚ます効果があるほか、環境と調和する香りは、視覚からの刺激と調和することで総じてより強い作用があるとの報告があります。また対象とする空間を香りでコーディネートすることでその空間内において動いている対象にも影響を与え続けることができることから環境コーディネート手段として非常に効果の見込まれるものなのです。この嗅覚の強い作用には脳内神経細胞群の構造が影響しています。嗅覚刺激は知覚や思考を司る大脳皮質を介さずに本能や感情、記憶に関連する大脳辺縁系に直接伝わっているのです。このように香りには、記憶にも影響しその空間の良し悪しを無意識に感じ取らせる強い効果があり、その場面に応じた香りを感じるというのは、その場面の臨場感やその場面の持つ意味、リアリティを強く感じさせる上で欠かすことができないブランディングツールと言えます。

香りの効果を弊社でも一度調査したことがあります。良い香りが漂うロビーについて、それが顧客の印象にどれほど影響を与えるかを全国の男女200名に調査しました。その結果「印象が良い」と答えた人の比率で28.5％、「やや印象が良い」が41％と合計69.5％が好印象を抱くという結果でした。ＢＧＭが流れるロビーと比較しますと、ＢＧＭでは好印象を抱く人の比率で57％（印象が良い11.5％、やや印象が良い45.5％）でしたので、やはり嗅覚を刺激する香りには高い効果が期待できるようでした。また良い香りが漂うロビーに対する感情として、「楽しい」と感じる人が47.5％、「ワクワク」が19.5％とポジティブな感情に支配されるようです。このように香りには顧客の感情をも変化させる大きな力があるのです。

香りによるブランディング

香りによるブランディングを考える上でまずは、良い匂いに関するのと同じぐらいに悪い臭いに対する意識を持つ必要があります。人には環境に対する順応力が備わっていますので、臭気があったとしても現場スタッフはすぐに慣れてしまい、スタッフが感じる臭気と初めて訪れる顧客が感じる臭気をそれぞれが感じ取るレベルとはそもそも異なるということを理解する必要があります。つまりよい香りを考える前に臭気

があれば、その効果を期待することができませんので、まずは臭気を適切に把握し除去しようとする強い意識を持つ必要があるのです。

　次いで香りによる質感コーディネートです。植物の芳香成分を活かした「アロマ」は嗅覚による直接的な脳に対する影響の他、肌や呼吸を介して体内に取り込まれることでアロマテラピーとして療法にまで昇華され利用されているものです。その空間に対する顧客の滞在時間を延ばしたいときに使用する香り、集中力を高める効果のある香り、顧客にリラックスしていただくための香りと顧客のホテル利用場面に応じた香りをコーディネートすることで、ホテル館内においてホテル側が望むような顧客行動や感情を引き出すことも可能となります。

　アロマはその精油ルーツや香りに応じて分類されます。ハーブの花や葉から精油を抽出され、さわやかで清涼感のある香りであるハーブ系、みずみずしくさわやかな甘い香りを醸す柑橘系、甘くて華やかな香りを有しエレガントなフローラル系、東洋の神秘的なイメージでエキゾチックな香りのオリエンタル系、甘い香りの中にも重厚感を有し癒し効果もある樹脂系、他の香りとブレンドすることで香りにアクセントを出すスパイス系、リラックス効果のある樹木系等に分けることができます。それら香り成分は、持続時間や香りの強さにも差異があることから適切にブレンドして、その場に相応しい香りをコーディネートします。また脳の神経細胞全般の特徴として、「長期増強」という現象が起こります。これは望ましいと感じた場面、刺激に対してその影響を受ければ受ける程、その場面に対する脳の感受性が長期間に渡って高くなるというものです。一旦心地よさを感じさえすれば、あとはその場面を心地よいものとして記憶に留め、何度もそのような空間を求めようとする傾向を与えるのです。このようにして香りによる強固なブランディングが形成されていくのです。

　弊社の調査では、先ほどの感情で香りがあるロビーにおいて、少数ではあるものの3.5%の緊張感を覚えた経験があるとの回答もありました。ここで先ほど視覚からの刺激と調和する香りが特に効果が高いことにも触れました。例えば薔薇の香りを採用するのであれば、一輪でも薔薇が視覚に入ることで、作用の強い嗅覚を刺激することからくる緊張感を軽減し、一層心地よく感じてもらうことができるのです。

選択の価値

　顧客にとって、複数あるホテルのサービスの中から自身の好みのあったサービスを「選択」できる場合に、それがどれほど顧客側に価値として認識されているのかについて考えてみたいと思います。費用対効果の観点から見た「経済的価値」、心理的な「審美的価値」、使用しやすい等「利用価値」等「価値」には様々な概念があります。「選択できる」ということは、個々の顧客が自身のニーズに応じたサービスを受けることに繋がりますので、先の価値カテゴリーでいえば、「利用価値」の向上及びその結果として「経済的価値」の向上にも関連するはずです。今回はさまざまな選択肢の中から選択できることに対する価値、つまり「選択の価値」について検討したいと思います。

　宿泊施設の競争力を向上させるためには様々な価値を顧客に提供し「ブランド」を強化することを通じて長期安定的な収益性を得ることが求められます。今回その中で、顧客に対して様々な選択肢を提供することにどれほどの「価値」が見込まれるのかを考えてみたいと思います。顧客に対して選択肢を提供できるシーンを想像しますと、予約時にいくつかの客室タイプの中から顧客の要望に沿った客室を選択できる、あるいは客室の配置もエレベーターホール付近か否か、自動販売機近くか、あるいは眺望を含めて同一タイプでも細かく条件設定することが可能となります。朝食でもビュッフェでは顧客が自分の好みに合わせて朝食メニューを構成できそれ自体顧客にとって高い「選択の価値」を提供しているはずです。その他でもバスルームアメニティを選択できる、レストランを選択できる等様々な選択肢を顧客に提供することができます。そもそもそれら選択肢の提供はどれほど顧客から支持されるのでしょう。

顧客は、「選択」できることをどれほどうれしいと感じるか

　顧客がホテルを利用する際、様々なシーンで複数の選択ができるのであれば、そのことに対してどのような感情を抱くのかを、全国の男女200名に対して「大変うれしい」から「まったく興味がない」の5段階評価にてインターネットを通じたアンケート調査を行ないました。まず弊社がその選択肢を用意することに価値を生じると

考えられる項目に対して「大変うれしい」と「うれしい」の合計である肯定派の意見比率が過半数を超えているものをご紹介しますと、「夕食で利用できる店舗が選択できる」が82％であり、次いで「朝食利用店舗を選択できる」が80.5％という結果でした。また全体の79％に支持されていたのが「チェックイン時間、アウトタイムの幅が選択できる（14時イン10時アウトか15時イン、11時アウトか等）」でした。その他72.5％から支持されていたのが「客室の眺望、客室形状、フロア配置等を3つ以上より選択できる」であり「バスルームタイプが選択できる（シャワーブースのみか、バスタブのみか）」が67.5％、「バスルームアメニティが選択できる」は60％、「枕を選択できる」が55％という結果でした。

逆に選択肢を設けることにそれほど価値が期待できず「選択の価値」が見込めない、つまり弊社の調査では否定派意見比率が肯定派意見比率を上回るものでは「客室で使用するスリッパが選択できる」29.5％、「客室に提供される新聞が選択できる」36％、「ナイトウェアを選択できる」40％という結果でした。

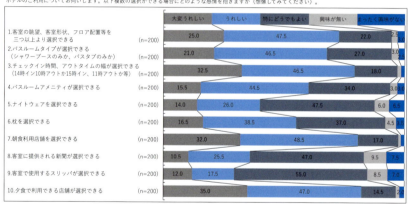

それら調査結果を見ますと、選択肢を用意することにそもそも価値が見込まれるものと、あまり見込めないものがあることが分かります。つまりどのようなサービスでも選択肢を設ければよいということではなく、選択できることが顧客にとってうれしいサービスでなくてはいけないということです。

また様々な選択肢に対して顧客が一律「うれしい」と感じているわけでもありませ

ん。「客室の眺望、客室形状、フロア配置等を 3 つ以上より選択できる」に対しては、ほぼ男女等しく 40 歳代から 50 歳代で「大変うれしい」及び「うれしい」と答える肯定派意見比率が上昇しています。「バスルームタイプが選択できる（シャワーブースのみか、バスタブのみか）」では男性で 30 歳代、女性で 20 歳代の顧客層から支持されています。「チェックイン時間、アウトタイムの幅が選択できる（14 時イン 10 時アウトか 15 時イン、11 時アウトか等）」については、男女 50 歳代以上からの支持が目立ちます。「バスルームアメニティが選択できる」では女性から支持が多く（肯定派意見比率は女性で 70%男性が 50%）、「ナイトウェアを選択できる」も同様に女性からの支持を集めます（肯定派意見比率は女性で 53%、男性が 27%）。また「朝食利用店舗を選択できる」は 40 歳代から上昇が強く見られます。「客室に提供される新聞が選択できる」では男性からの肯定派意見比率が 45%、女性が 27%という結果でした。「夕食で利用できる店舗が選択できる」では総じて高い支持を占めていますが、特に男性 40 歳代、女性 30 歳代からの支持が高い傾向が見られました。朝食についても同様に選択できることに価値が見込まれます。朝食ビュッフェを想定した場合にうれしいと感じる品数を調査した結果、和食のプレート数では、特に 5 品から 7 品に支持が多く見られ、8 品以上を求める人も全体の約 32.5%という結果でした。また洋食のプレート数でも概ね同様の傾向を示しており、5 品から 7 品に支持が集まっており、8 品以上を求める人も和食と同様に全体の約 31.5%と多く見られました。その他サラダ、デザート、ドリンク類、スープにパン類に対しても多くの選択肢が求められていました。

選択できることの価値とその留意点について

　ここで選択肢を設けることの留意点についてです。選択できること自体に価値（「選択の価値」と称しました）が見込まれるものの、逆にあまり選択肢が多くなりすぎると顧客側に選択上のストレスを与えかねないという点です。
「選択の科学」を記した「シーナ・アイエンガー」教授の調査では、同じお店で 24 種類の商品と 6 種類の商品を展示してみたところ、圧倒的に注目を集めたのは選択肢の多い 24 種類の商品テストですが、実際に販売に繋がったのは 6 種類の商品テス

トであったという調査結果も紹介されています。つまり選択肢が多くなればなるほど顧客にとって「選択の価値」が上昇するわけではなく、あまりに多くの選択肢が提供される結果、その中から選択すること自体に心理的ストレスを与えてしまう場合には「選択の価値」は逆に低減してしまいます。「選択の価値」を考える場合には、適切な選択肢の「数」から慎重に模索する必要があるのです。

顧客ニーズと顧客の利用文脈との関係

　時間軸での体験コーディネートについては、そもそもホテルや旅館の体験に心理的に備わる「文脈効果」を把握して利用する必要があります。繰り返しになりますが「文脈効果」とは、ある体験の前後の文脈がその体験の知覚や認知に深く影響を与える効果を言います。時間軸で適切な文脈があって初めて「今の体験」が理解しやすくなったり記憶に留まりやすくなったりするのです。「文脈」があってさらに継ぎ目のないスムーズなサービス提供を「シームレス」に提供することで顧客の感情を揺さぶることができます。このように適切な「文脈」×「シームレス・サービス」がホテルサービスの「シーンメイク」となるのです。

　時間軸で考えた場合に顧客の感じる体験価値を向上させるためには、このような適切な「文脈」を準備することと、「シームレス」なサービス提供を行なうことが重要な運営視点となるはずです。今回はそのような顧客が有するホテル滞在目的、つまり顧客が有する「文脈」の中で、具体的に宿泊施設における「大浴場」や「フィットネス」等の存在意義を一例として考えてみたいと思います。

大浴場に対するニーズ

　大浴場や温泉施設の存在がどれほど支持されているのかについて、弊社で以前5段階評価にて調査を行ったことがあります（全国の男女200名に対するインターネットアンケート調査）。その際、「大浴場や温泉施設」を「大変重視する」と答えた人の割合が17%、「やや重視する」と答えた人が28%（当該施設を求める意見は全体で45%）という結果でした。本調査では同時に「選ぶ楽しみを有する朝食提供」に

対する調査も行ないました。その折には「大変重視する」と答えた人の割合が17%、「やや重視する」と答えた人が52%という結果であり、充実した朝食に対するニーズは大浴場や温泉施設に対するニーズを上回っていました。この時には特に温泉街に所在する宿泊施設等ニーズに影響を与える事前の「文脈」を与えていません。つまりもしもその宿泊施設が温泉街の近くに所在するという文脈を用意した場合には、その回答結果はどのように変化するのでしょう。

今回新たな調査においては、大浴場及び温泉施設ニーズに事前の「文脈」を用意してみます。今回の調査においても上記アンケートと同様5段階評価にて調査を行ない以下の設問を設けました（全国の男女200名に対するインターネットアンケート調査、2015年）。

設問：温泉街の近くにある地域に出張することをイメージしてください。その場合ホテルを使用の際にホテルサービスとして温泉や大浴場をホテルにも求めますか。

その結果、温泉や大浴場を「強く求める」との回答が全体の15.5%、「求める」との回答が50%と肯定意見の合計比率はなんと65.5%にまで上昇し、温泉や大浴場に対する顧客ニーズは先の調査と比べて大きく変化します。

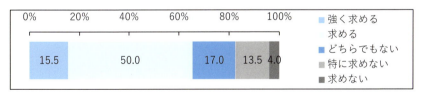

温泉街の近くにある地域に出張することをイメージしてください。その場合ホテルを使用の際にホテルサービスとして温泉や大浴場をホテルにも求めますか。

また先の調査同様充実した朝食サービスと比較しどれほど温泉や大浴場施設を重視するかを調査しますと、今回は総じて大浴場や温泉施設に対するニーズが充実した朝食ニーズを上回るという結果でした。

温泉街の近くにある地域に出張することをイメージしてください。その場合ホテルを使用の際に、充実した朝食サービスと温泉や大浴場施設いずれを重視しますか。

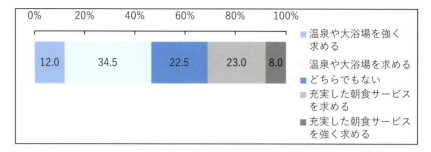

　大浴場や温泉施設に対するニーズは常に非常に高いものであると捉えるよりむしろ、ホテルを利用する事前の文脈が顧客ニーズに強く影響を与えている様子が窺えます。つまり顧客ニーズとは絶対的なものではなく、ホテルを利用する「文脈」に応じて相対的なものということになります。

　このように考えますと、例えばその他サービスでも同様のニーズ変化が予想できます。例えばターンダウン等を含む「イブニング・サービス」の提供を考えてみます。ホテル滞在中に外出する機会の多いシティホテルにおいては、リゾートホテルに比べて、チェックイン後に客室不在時（外出時）における「イブニング・サービス」のニーズが高まることが予想できます。一方でリゾートホテルでは大半の時間をゆっくり客室で過ごす顧客も多いものと思われますので、シティホテル程「イブニング・サービス」が求められない可能性があります。

　「ビジネスセンター」はどうでしょう。「ビジネスセンター」に関して以前弊社でもそのニーズの高低を調査したことがあります（全国の男女200名に対するインターネットアンケート調査）。弊社の顧客ニーズ調査では、ビジネスホテルにおける「ビジネスセンター」を「大変重視する」という回答が全体の3.5%、「やや重視する」が13%という結果でした。一方でシティホテルでは「大変重視する」という回答が2.5%、「やや重視する」が7.0%、リゾートホテルでは「大変重視する」という回答が1.0%、「やや重視する」が6.5%という結果でした。確かに仕事とプライベートを明確に区別しない顧客層が増加しているとはいえ、ビジネスホテルに比べてリゾートホテルではそのニーズは低いということなのかもしれません。リゾートホテルでは、

むしろ地域の情報を提供でいる「ライブラリー」に対するニーズが高まるのかもしれません。

また「フィットネス」に対するニーズに関しても「ビジネスセンター」と同様以前弊社で調査を行なっています。ビジネスホテルにおけるスパ及びフィットネスニーズは、「大変重視する」が 6.5%、「やや重視する」が 19.5%、合計 26% という結果でした。一方でシティホテルでは「大変重視する」が 4.5%、「やや重視する」21.5%（合計 26%）、リゾートホテルでは「大変重視する」が 10.5%、「やや重視する」22.0%（合計 32.5%）という結果でした。「ビジネスセンター」と異なるのは、顧客のライフスタイルに関連するサービスアイテムであるという点です。つまりビジネス目的や観光目的に関係なく、ある程度自身のライフスタイルを踏襲したいと考える人が多いはずです。リゾートホテルではビジネスホテルやシティホテルに比して自由時間が多いこともありそれら施設に対する顧客ニーズが少し上回っていますが、ライフスタイルに関連することもあり総じて高いニーズが見込まれると解釈できそうです。

客室形状の関する調査

さて、ここで新たな調査結果を 1 つご紹介したいと思います。ホテルの客室形状に関する調査で、これまでご紹介した調査同様、全国の男女 200 名に対する調査に基づきます。客室形状は、そもそもの敷地形状や容積制限等の建物規制等様々な制約条件の影響を受けます。

"整形な客室（正方形や長方形）"と比べて"不整形な客室（L字形など）"について、宿泊する際にどのように感じますか。

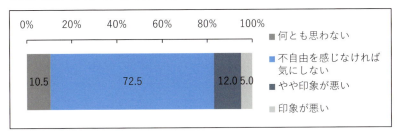

調査結果では、大半の利用者は、「支障がなければ問題がない」と答えていますが、むしろ注目すべきは、「何とも思わない」人はわずか10.5％しかいないという点です。客室形状は「ホテル側の都合」です。顧客は、ある程度、「支障がない範囲であれば」了解してくれるでしょうが、本来の顧客視点でのサービスという観点からは、やはり十分なケアが必要だと言えます。

まずは、清掃体制への影響です。清掃にかかる時間が一律ではなく、部屋の形状に応じて長短が生じるでしょうし、形状が複雑であれば、清掃に見落としも生じやすいのではないでしょうか。もしその部屋への負担が大きくなれば、他の標準客室にもシワ寄せが生じかねません。またそのような客室形状を用意すること自体が、ホテル側都合の顧客への押し付けと映ってしまう可能性もあります。「ホテル都合」を押し出す姿勢がスタッフに伝搬してしまいますと、スタッフの日々のサービスにも影響を与えてしまう可能性もあります。

ハードウェア×ソフトウェア×ヒューマンウェアが整うことの意味

ホテルの構成要素である、ハードウェア、ソフトウェア、ヒューマンウェアは、人間で表現し直しますと、「心・技・体」でもあります。

ハードウェア、ソフトウェア、ヒューマンウェアに関して平均点が「4スター」のホテルと「5スター」のホテルについて、①「要素間にバラツキがあって結果的に平均点が4スター、又は5スターのホテル」と、②「すべての要素が4スター評価、又は5スター評価のホテル」を比較評価してもらいました。その結果、やはりすべての要素が揃った場合、つまりハードウェア、ソフトウェア、ヒューマンウェアが揃って4スター（又は5スター）のホテルを、よりもっともそれらしく、つまり4スターらしく、あるいはまさに5スターのホテルだと感じる傾向が見られます。つまり、3要素が揃いますと、よりもっともらしく感じるのです。

下記【平均4点のホテル】について、望ましさを1~5点満点でご評価ください。（それぞれ一つだけ）

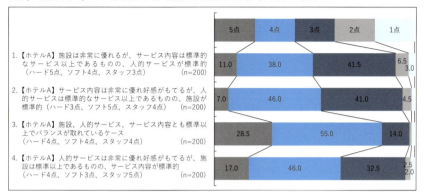

下記【平均5点のホテル】について、望ましさを1~5点満点でご評価ください。（それぞれ一つだけ）
※ホテル表現6点は5スターを超える非常に高いレベルを意味する。

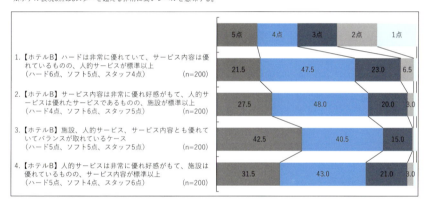

ホテルの客層はホテルの写し鏡

「ホテルの客層はホテルの写し鏡」とは、よく聞くフレーズですが、それは具体的にどのようなことを意味しているのでしょうか。まず、そもそもホテルの利用者が他の客層を気にしているかについてですが、弊社で実施した顧客意識調査（ネットアンケート200名、全国）によると、大半の利用者が他の客層が「気になる」から「少し気になる」と答えています。全体の比率でいうと64%の利用者が他の客層を気にするという結果でした。

ホテル利用時の客層は気になりますか。

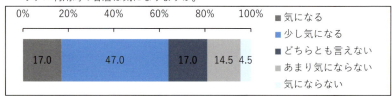

具体的に望ましい客層とはどのような客層なのかについて、下記選択肢から見ますと「自分と同じ印象」を望ましいと答える人が多いようです。この結果は男女、年齢に関係がありませんでした。顧客にとって自身とよく似た客層を有するホテルとは、そのこと自体に価値が生まれるということであり、ホテルを「客層」で捉えているという意味で、まさに「客層はホテルの写し鏡」なのかもしれません。ホテル側は顧客ターゲットを明らかにした上で、コンセプトを固める必要があるということでしょう。

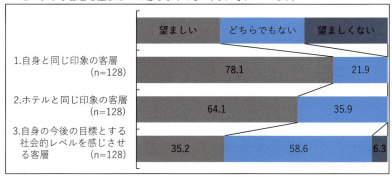

ホテル客層の重要性について

弊社が定期的に実施している顧客ニーズ調査（全国男女200名ランダム調査）で、先の「気になるか」からより踏み込んで「客層の統一感」について調べました。この「客層の統一感」について、「非常に重視する」～「やや重視する」人の合計割合を調べた結果、ビジネスホテルが約32％、シティホテルで約20％、リゾートホテル約30％でした。約3割の顧客が「客層」を重視しており、さらにどのような「客層」

を望ましいと感じるかについては、「自身と同じ価値観を有する客層」や「自身の周辺親族や環境」に合致している「客層」を望ましいと考えている人が多いようでした。そのような「客層」を感じる場合に、ホテルに対する追加支出をいくらぐらいまで許容するかについては、追加支払いを許容する人の割合自体は全体の10％程度と少数ではありますが、平均額は約400円（以下「プレミアム価値」ということにします）という結果でした。つまり、「客層の統一感」及びその客層の内容が、「プレミアム価値」を生む可能性があること（ＡＤＲ向上）、また、「プレミアム価値」の支出を許容しない人についても、全体で重視する人が３割と高いことから、少なくとも競合ホテルとの「差別化要因」として、つまり稼働率で貢献し、ホテル価値に少なからず影響を与える可能性があると言えます。

重視する人の割合	ビジネスホテル	シティホテル	リゾートホテル
客層の統一感	32.5%	19.5%	28.5%
自身が目標とする客層	19.0%	12.5%	16.5%
自身の周辺親族、環境に合致した客層	27.0%	17.0%	21.0%
自身の社会性（地位等）と整合する客層	21.5%	16.0%	15.5%
自身と同じ価値観を有する客層	24.5%	16.0%	17.5%
自身と同じ年齢層である客層	13.5%	9.5%	9.5%

プレミアム価値を支払う人の割合	ビジネスホテル	シティホテル	リゾートホテル
客層の統一感	10.0%	9.5%	11.5%
自身が目標とする客層	7.0%	7.0%	8.0%
自身の周辺親族、環境に合致した客層	8.5%	8.0%	7.5%
自身の社会性（地位等）と整合する客層	8.0%	7.5%	8.0%
自身と同じ価値観を有する客層	11.5%	8.5%	9.0%
自身と同じ年齢層である客層	6.0%	7.0%	7.5%

プレミアム価値	ビジネスホテル	シティホテル	リゾートホテル
客層の統一感	425円	389円	422円
自身が目標とする客層	429円	436円	350円
自身の周辺親族、環境に合致した客層	388円	406円	360円
自身の社会性（地位等）と整合する客層	438円	420円	369円
自身と同じ価値観を有する客層	426円	359円	428円
自身と同じ年齢層である客層	517円	429円	353円

「重視する人の割合」と「プレミアム価値を支払う人の割合」の差に注目したいと思います。重視する人の割合が３割ある一方で、プレミアム価値を支払う人の割合は１割にすぎません。ホテルのサービスを、顧客の心に強く響き、顧客が積極的に料金を

支払うことで「プレミアム価値」に繋がるような「プレミアムサービス」部分と、「プレミアム価値」には直接関係しないものの、あってほしい、あるいはあって当たり前という「前提サービス」部分に分けられるとすれば、この「客層」というのは、あって当たり前と感じられる「前提サービス」という側面が強いのかもしれません。前回、ホテルや旅館にチェックインする際の感情に関する調査結果をご紹介しました。そこでは緊張感や不安、疲労感を抱いている人が多いことにも触れました。であるからこそ、「客層」が非常に重要なのではないでしょうか。つまり、実際には他の顧客と会話を交わすことは殆どなく、他の人がどのような人なのか、知るすべはないのです。どこの誰だかわからない人と時空を共有すること自体が、ある種の不安をさらに強めるとも言えます。

「客層」を重視する人が約3割もいるということは、そのような空間であるからこそ、他の客層が「気になり」、また「客層の統一感」が求められていると考えられます。

客層形成メカニズムについて

「客層の統一感」を感じることができるようにすることとは、知らない他人に対して、空白部分であるその人の人格を埋める作業とも言えます。弊社が、以前実施した別の調査では、「人の気配を感じさせる認知上のメカニズム」を調べたものがあります。パソコン上でのコミュニケーション（チャット等）で、どのようなやり取りがあると、相手方が機械による自動応答（ロボット）ではなく、実際の人であると感じるのかを調査したものです。

相手がロボットや機械による自動応答ではなく、実際の人とのコミュニケーションしていると感じるためには、相手方とのコミュニケーションに、自身の「①関与度が高い（情報の必要性が高い）」こと×相手から「②自己主張（客観的データや事実に基づくアドバイスではなく、私はこれが良いと思う、あるいは好きだと答えてくる）があり」×「③積極的な利他性（より詳しく目的や予算等を確認してくる、つまりさらっとアドバイスして終わるのではなく、相手にとって負荷や手間が増えても、敢えて追加質問をしてくる）が感じられる」、この3つの要素が揃う必要があるという結果でした。この3要素が揃う場合に、相手がロボットではなく、実際の人だと感じ

る割合が大きく上昇するようです。ホテルや旅館を利用するという「①高関与」環境下において、ホテル側から、コンセプトに基づいた一貫したサービスという「②自己主張」があり、さらに他人を配慮するスタッフの振る舞いに「③利他性」が感じられる空間があれば、その空間自体が、「人的」なのかもしれません。そして、そのような「人的な空間」が、他の顧客に関する空白部分である、人格を補うことで、「このような人だろう」という「客層の統一感」を演出しているのではないでしょうか。

ホテル側にとって、上記のような「自己主張」の手段は、実際の現場空間のコーディネートに留まりません。昨今強力な対顧客コミュニケーションツールでもある「フェイスブック」等も、この「客層の統一感」との関係で、重視すべきものであるように思います。なぜなら、そこには、ホームページ開設者の②自己主張があり、様々な共感者とのやり取りが、参加者の密度を高め（①高関与環境）、さらに、アドバイスや様々な情報のやり取りを経ることで、情報自体が「③利他的」なものに昇華すれば、そこも強力な「客層形成の場」となりうるからです。

ホテルの人格について

客層からさらにホテルの人格について考えてみます。ホテルの人格についてはどうでしょう。ホテルの滞在時に人ではない「ホテル」に何らかの人格性を感じたことがあるかを聞いてみました。その結果、200人中43人（21.5％）の利用者が人格を感じたことがあると答えています。またこの43人のうち、旅館が多く20名でした。旅館は、女将により、全体の質感やサービスのコーディネートに一貫性を持たせやすいことや、仲居を含めスタッフと接する機会が多いことが影響しているのかもしれません。旅館だけではなく、リゾートホテルでも12名、シティホテルで8名、ビジネスホテルでも数名が人格を感じたことがあると答えています。客層に次いで、ホテルの人格とは何を意味しているのでしょうか。

【質問】ホテルを利用した際、人でないホテルに対して何らかの人格性を感じたことがありますか。ネットアンケート200名、全国、20歳以上男女均等割付による。以下回答割合（%）

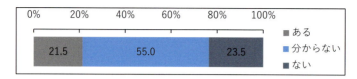

【質問】人格を感じたホテルはどのタイプのホテルでしたか。ネットアンケート200名、全国、20歳以上男女均等割付による。以下回答割合（%）

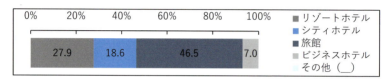

まず、人格を感じたホテルに対してまた行きたいと思うかを質問すると、大半の回答者が「頻繁に行きたい」～「いつか行きたい」と答えています。あまり行きたくない、行きたくないと答えた人はほとんどおらず、「いいホテル＝人格性」の高さと考えてもよさそうな程の効果が見られます。

【質問】人格を感じたホテルにまた行きたいですか。ネットアンケート200名、全国、20歳以上男女均等割付による。以下回答割合（%）

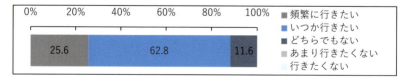

この人格性の出処についてですが、ホテルの人格性には以下の通り、様々な要素が関係しています。旅館、リゾートホテル、シティホテルそれぞれで共通するのは、接したスタッフ全体の印象に近いということと、ホテルの全体印象から自然と生まれたと答えている人が多いという点でした。つまり、人格性は、スタッフがきっかけとなり、最終的には全体の質感やサービスと相まって、自然と生じるものなのでしょう。

【質問】感じた人格は、どのような人格でしたか。ネットアンケート200名、全国、20歳以上男女均等割付けによる。以下回答割合（％）

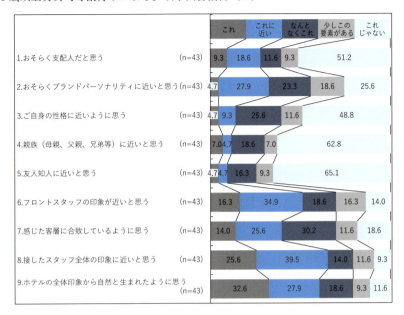

　人が擬人化して物事を表現する時、そこには何等かの強い感情が伴うと言われています。人ではないホテルが、そこでの体験を通じて自然に人格を帯びるというのであれば、つまりは「人格アート」と言っても過言ではないのではないでしょうか。特に旅館はその余地が大きく、リゾートホテルやシティホテル、ビジネスホテルであってもサービス内容によっては十分に上記の意味において「アート作品」になりえるということなのかもしれません。そしてホスピタリティ精神やスタッフのサービス力が高いと称される日本のホテル業界にとって、この「人格性」の意義は大変大きいのではないでしょうか。

ホテルや旅館の人格に関する調査要約

　弊社の調査では、ホテルや旅館での滞在体験を通じて「これまでにホテル・旅館に対し人格を感じたことがあるか」という質問に対して、約21％の人が「ある」と答

えていました。施設カテゴリーで見ますと人格性を感じたという人の約46％が旅館でした。また約28％がリゾートホテルであり、約19％がシティホテル、約7％がビジネスホテルという結果でした。さらに「人格を感じたホテルにまた行きたいか」という質問に対しては、なんと約88％の人が「頻繁に行きたい～いつか行きたい」と答えていました。「感じた人格が具体的に「誰」に近いと思うか」という質問に対しては、多くの人が「フロントスタッフ」や「接したスタッフ」に近いと答えていました。旅館では特に「女将」の影響を強く受けているようです。これらスタッフ以外で人格性の源泉を探りますと、「全体を通じて自然に生じていると思う」という回答が多く、その他「ブランド」、「支配人」、「客層」へと続きます。このようにホテルや旅館での様々な滞在体験から顧客はホテルに対して何らかの人格性つまり「パーソナリティ（性格特性）」を感じ取っています。

　子供がよく物や動物を擬人化して表現するように、人には人間以外でも様々な「物」を擬人化する「能力」を備えています。この擬人化とは、比喩のプロセスでもあり、感じ取る側の対象物に対する積極的な関与、つまり対象物に共感した場合においてそれを改めて強調して表現したい場合に用いられる表現手法とも言われます。「人格を感じた」という場合このような文学的な表現手法という側面から考えるだけではなく、確かに「そこでパーソナリティを感じた」ということも心理的な事実もあるはずです。心理的にはおそらく「ミラーニューロン」と呼ばれる脳の神経細胞が関連しているように思われます。人は他の人が何らかの意図をもって行動している場面を見るとその行為者の脳内反応と同様の反応（脳内神経細胞の活動）を（見ているだけでも）脳内で再現しているのです。これは行為者の行為を観察する中で、脳内で無意識にそれを自身が同様の公約をするかのようにシミュレーションしている、つまり共感する脳内の仕組みなのであり、それらは「社会脳」と称されています。この「社会脳」があるために他人の気持ちを理解できるわけですが、この機能が人の感情の伝搬にも一役買っていると考えられます。例えばスタッフの振る舞いを見ることで、そこに何らかのスタッフの有する行為の意図が想像できる場合にこの社会脳が働いているはずです（共感する）。ホテルや旅館の構成要素とは一体となったハードウェア、ソフトウェア、ヒューマンウェアです。そこでスタッフに共感した場合に、スタッフを通じた「パーソナリティ」が、その背景であるソフトウェア、ハードウェアにも及

ぶことで、そのホテルや旅館で感じる「人格」に繋がっていると考えられます。

　暗い雰囲気や、ネガティブな感情を引き出すようなホテルや旅館では、顧客が認知的に積極的な関与をして擬人化することもなければ、スタッフの動きに目を奪われることもないはずですので、「ホテルや旅館で人格を感じ取る」場面とは、総じて顧客側が好意的に捉えることができるポジティブ感情に作用するようなスタッフの行為なり場面が多いはずです。

共感を引き起こすホテル及び旅館の人格とは

　ポジティブな感情の上位概念には「幸福感」があります。この「幸福感」を感じさせるようなパーソナリティがあるとすれば、それが顧客の共感を得やすくする、つまりホテルや旅館にとって望ましいパーソナリティと言えるはずです。もちろんホテルや旅館はそれ自体が人ということではありません。経営者があり所有者があり、様々な関係者が協力して作り上げる壮大な「アート作品」ですので、どのような性格（パーソナリティ）及びそれに基づく人格性をそのホテルや旅館に帯びさせるべきかをコントロールすることができるということでもあります。人の性格については、①社交性（外向性）、②神経質傾向、③同調性、④善良さ（誠実性）、⑤開放性（オープンさ）に分解することができるという説が有力視され、それらをまとめて「ビッグファイブ」と呼ばれます。またどのようなパーソナリティや性格特性が、その人が自身で感じとれる「幸福感」と関係があるのかについては多くの既存研究成果があります。それらを見てみますと、幸福感は社交的（外向的）な人において高く、逆に神経質傾向の人において低いという結果が出ているようです。また、同調性と善良さ（誠実さ）も、幸福感と正の相関を示しているとの研究結果もあります（この幸福感には様々な環境の違いも影響すると言われており、個人主義的価値観の相対的に強い国やその他文化格差によっても異なるとも言われます）。さらに「自己概念（アイデンティティ）の一貫性」も幸福感に関連すると考えられています。自己概念に一貫性があるということは、どの様な社会的場面でも振る舞いに一貫性があり、そのような振る舞いができる人に幸福感が高い傾向があるようです。

　パーソナリティ、性格特性は、ＤＮＡ検査で調べることができるとも言われていま

す。例えば、外向的な振る舞いを良くする人は、新規性に触れたいとの欲求が強いはずで、その背景には、そのような感情を引き起こす脳内物質（ドーパミン等）を分泌しやすいかどうかを見ればよいという考え方です。ホテルや旅館は、それ自体が人ということではありません。経営陣があり所有者があり、様々な人が協力して作り上げている壮大なアートですので、経営により、どのような性格を帯びさせるかを決めることができます。また、一旦決めたパーソナリティ特性については、一貫性が必要です。ハードウェア、ソフトウェア、ヒューマンウェアすべてに一貫性があって初めて、幸福感を帯びるようなポジティブ感情を引き出すホテル・旅館になれるのではないでしょうか。そしてその結果が、顧客に「再度訪れたい」と感じさせるのです。

ホテルや旅館の人格性（パーソナリティ）を前提とした運営的留意ポイント

　ここで顧客の心理的働きでホテルや旅館に人格性（パーソナリティ）を帯びさせているということは、運営上どのような点に留意する必要があるのでしょう。パーソナリティとはその人となりを観察することで感じ取るものです。つまり望ましいパーソナリティを得るためには、他人に与える容姿や振る舞いのあり方を長期に渡って意識していく必要があるということです。顧客にとって共感したホテルは、不動産ではなく、認知的には「人」なのですから、ホテルや旅館を「人として取り扱う」ということの他、さらには「人として育てていく」という感覚が望ましいパーソナリティを構築する上で非常に重要と言えます。例えばもし共用部の外構にゴミが見られれば、それは汚れたままの服を着ている「人」を見ているのと同じ感覚を覚えさせるのではないでしょうか。トイレの手洗いに水が飛び散ったままになっているのであれば、水にぬれた服を着させたまま、エレベーターに傷みがそのままの状態となっているということも怪我をした状態で放置し活動している「人」を観察しているのと同様に映るはずだということです。そのような振る舞いでは最終的には人格を帯びさせる「共感」を維持することができないのです。

　さらに言えば、人ではないホテルや旅館に対してパーソナリティを感じるということは、先の「共感」を通じて物理的次元を超え心理的で認知的な次元で人以外の対象物に対して「人」として、あるいは擬人化して捉えている点に改めて着目すべきです。

例えば顧客側がロビーで顧客荷物が他人の荷物の上に積まれている、あるいはまた顧客の荷物を預かって後に直接床に置いてしまっている場面に遭遇した場合、そのシーンをどのように感じるでしょう。もちろん「共感」できないはずです。つまりそのような作法ではホテルや旅館に人格を帯びさせることはできません。これはホテルや旅館を人として扱い、育てていくという視点に留まらず、顧客の私物や荷物についても顧客自身と同様に取り扱うべきであることをも意味しているのです。

　ホテルや旅館での滞在を通じた様々な体験から、顧客はホテルに対して何らかの「パーソナリティ」（性格特性）を感じ取っています。子供がよく物や動物を擬人化して表現するように、人には、人間以外でも様々な「物」を擬人化する「能力」を備えています。この擬人化は、比喩のプロセスでもあり、感じ取る側の対象物に対する積極的な関与、つまり、対象物に共感する等でそれを強調したい場合によく用いられるとも言われています。「人格を感じた」という場合、このような文学的な表現手法という側面から考えるだけではなく、確かに「そこでパーソナリティを感じた」ということも心理的な事実でもあります。擬人化して表現されたということだけでも、表現者の対象に対する積極的な関与が必要という意味で興味深い現象なのですが、ここでは、擬人化という表現形式に関する側面ではなく、人ではない物に対して（ここではホテルや旅館ですが）、「確かにそこにパーソナリティを感じ取った」という特別な体験に着目し、ホテルや旅館に対してパーソナリティを感じるということは、一体何を意味しているのかを考えることが、共感サービスを構築するきっかけともなりうるのです。

ホテルシーン別期待値レベルとホテルのアート性

　ホテルに対する満足感は当該ホテルに対する事前の期待値に関係しています。事前の期待値が高ければ高い程、その高い期待が人をワクワクさせ興味を引き起こし、その期待値を上回るサービスが提供されればその分高い満足に繋がります。

　そこで今回はホテルにおける各シーンで顧客の期待とはどのように変化するのか、またどの部分で最も期待値が高くなっているのかについて弊社の調査結果もご紹介し、

考えてみたいと思います。

ホテルのシーン別顧客期待値

　ホテルの事前期待値はホテルで流れる様々なシーン別で異なります。また実際にサービス提供を受け期待通りであったか否かは、事後の期待値にも影響を与えます。今回弊社が実施した調査では「ホテルを使用し宿泊することを想定してください。チェックインからチェックアウトに至るまでのホテルやホテルサービスに対する期待感を1から10点で表現するとすればどのようになりますか」という設問を設けました。また当該ホテルシーン別期待値に関する調査では、ホテルサービスが期待通りに提供された場合と実際のサービスレベルを勘案しない事前に有するシーン別、単独の期待値（事前の期待値）、それぞれを調査しました（全国男女200名に対するインターネットアンケート調査、2015年）。

　予約するということはそもそも様々なホテルから選択された結果であることから、ベースの期待値は高くなっています。つまりすべてのシーンで基本的に高い期待値を示しています。ホテルシーン別の事前期待値を見てみますと、予約時に大きく期待値が上昇し、その後ホテルに到着するまでのアクセス道中では大きく低下しています。ホテルに到着しチェックインのステージに向かう間に当初予約時の期待値レベルを超えて上昇しています。またその後期待値レベルは低下し、客室に向かって改めて大きく上昇しています。なおホテルの場合は客室が期待値のピークを示していますが、一方で旅館では夕食や入浴がピークを示します。その後少しずつ期待値は低下しますが、ベッドでの寝心地等に対する期待感があるのでしょう、就寝で上昇します。翌朝の起床から新たな期待値が始まり、朝食で大きく期待値が上昇します。その後客室に戻り、期待値が低下した後に、チェックアウトで上昇するというのが顧客の有する事前の期待値です。

　次に期待通りのサービス提供がある場合に、その事前の期待値はどのような影響を受けるのでしょう。期待通りのホテル（グラフではホテルBに該当）と、そうではないホテル（事前期待値であると推定され、グラフではホテルAに該当）を比較しますと、チェックイン時を除いて、期待通りのサービスが提供されているホテル（ホテル

B）では総じてその後の期待値がホテルAより上回っています。

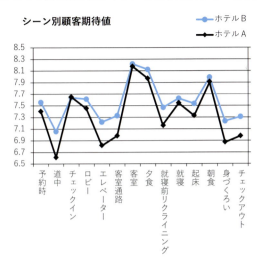

　ホテルの期待値に関しその変化を見てみますと、全体として客室での「期待の山」を中心とする1つの全体の山があり、その中で大きく3つの「期待の山」が見られます。1つはアクセス道中からホテルに到着しチェックインからロビーにかけての「期待の山①」、次いでチェックイン後の客室に至るまでの「期待の山②」、そして翌朝の朝食シーンに至る「期待の山③」です。さらにその大きな山の前後で「夕食」や「就寝」等様々な小さい山が見られ、3つの大きな山を内包する全体の山を形成しているのです。またこの小さい山はホテル側のサービス提供に対する工夫によって無限に広げることが可能でもあります。

　このように時間軸で見られるホテルシーン別での顧客期待値を単純化してモデル化しますと、次ページのような「期待値図」になります。これは横軸に時間軸、縦軸に期待値を取ったものです。点と点であった事前期待値から実際のホテル体験を経ることで線となって繋がることで、チェックイン時を期待値の頂点としその後低下する最初の山、客室を頂点としその後低下する2つめの山、そして朝食を頂点としその後低下する期待感をしめす山があり、さらにその前後で様々な細かな山が無数に入り込む余地を残しつつも全体として1つの大きな山を構成しているという顧客の期待値に基づくホテル体験を図示したものです。

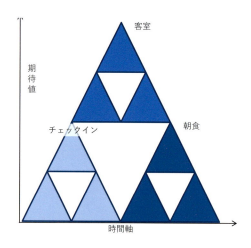

　このホテル体験を期待値と時間軸で表現しますと「自己相似形」と言われる、全体から捉えても、細部を捉えても同じ構造を取る形状を有しています。この自己相似形は様々な自然界で見られる自然美の根幹でもあり、ホテルにおける体験を特別なものとしているホテルのアート性の根源とも考えることができます。横軸を時間軸、縦軸を顧客が有する期待感として整理すると、まさにホテル体験はそのような「自己相似形」を模ったものとなるのです。

　アート性を帯びるためには、この自己相似形を意識したホテル体験のコーディネートがポイントとなります。事前の期待感をホテルシーンその都度で裏切られてしまっては、そもそも次のホテルシーンに対する期待感が生まれません。また様々な体験を提供することで山の中にさらに細かな山を入れ込む入れ子形状を強化することもでき、ホテル体験のアート性を一層際立たせることもできます。

顧客の期待値調査（裏切られる場合、期待を上回る場合、期待を大きく上回る場合）

　ホテルに対する期待感はその後の満足感に影響を与えます。高い期待感を感じるということで脳内では興奮性の神経伝達物質が排出される結果、ワクワク感や興奮状態に繋がります。またさらに期待を上回る結果を得ることで改めて同様の現象が生じる結果、高い満足感となって結実するのです。

上記の通り、「全く事前期待を考慮しない場合」と、ホテルサービスが「期待通りである場合」の2通りのシナリオを検討したのですが、今回改めてホテルシーンとして「バスルーム（入浴）」に対する期待、「クラブラウンジ」に対する期待、「客室へのアテンドサービス」に対する期待を追加したうえで「期待通り」だけではなく、「期待を裏切られる場合」やまた「期待を上回る場合」及び「期待を大きく上回る場合」の3シーンを追加して再調査を行ないました（全国男女200名に対するインターネットアンケート調査、1点から10点の10段階評価）。

　その結果、ホテルサービスが「期待を上回る場合」やさらに「期待を大きく上回る場合」を見てみますと、「期待通り」だった場合に比べて各ホテルシーン別の期待感は総じて高まっています。つまり期待を超えるサービスがあれば、次々に高い期待感が時間軸で連鎖していく様子が窺えます。

「期待を裏切られる場合」においても、①チェックインからロビー、②客室、③朝食の3つ山の基本形が見られます。ただし前回調査しました特段の事前期待感を有していない場合に比べますと大幅にホテルサービスに対する期待値が下がっています。特に予約時における対応が悪いと、ホテルに至る道中にも影響を与えていく様子が窺えます。

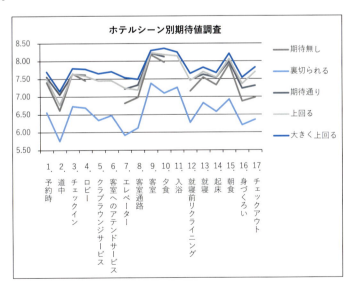

ここで特に注意すべきなのは、期待を裏切ってしまいますと次々に訪れる各シーンに対して大きく負の影響を与えてしまうという点です。つまり「期待を上回る場合」には「期待通りの場合」と比べ総じて期待値そのものが高まるものの、「期待を裏切る場合」にはより大きく影響を与えています。一旦、当初の期待を下回ってしまいますと、その後の負の連鎖が期待でも見られる結果、当初裏切られた期待感以上に、その後の事前期待値にも影響するという意味において、全体的に大きくマイナスの影響を与えてしまいます。

　ブランド・コンセプトやサービスコンセプトを明確化する場合には、事前に顧客側に一定の期待感が生じます。事前の期待感が高ければ高い程、その高い期待が人をワクワクさせ興味を引き起こし、その期待通りのサービスを提供することで高い満足として最終的な感情となり結実します。当初期待感通りのサービスを提供できれば、まったく期待感が無い場合に比べて、到着するまでのアクセス「道中」や「エレベーター」、「就寝前のリラクゼーション時間」、翌朝の「チェックアウト」というホテルシーンにおいても高い期待感を維持することができ、総じて高い満足を感じてもらうことができます。一方逆に事前の期待感を与えつつもそれを下回るサービスを提供してしまう場合においては、非常に大きなマイナスの影響を与えかねないということを理解した上で、現場レベルで徹底したサービスチェックが求められるということになります。

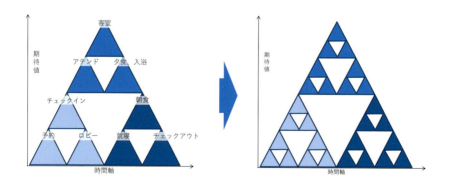

「バスルーム（入浴）」に対する期待、「クラブラウンジ」に対する期待、「客室への アテンドサービス」を含めて先ほどの顧客の期待値に基づくホテル体験図上にて整理 しますと上記の通りとなります。客室に向かう大きな山と3つの基本的な山の中に は、図で示すように無数の期待感を提供することができ、ホテルに対する感情を大き く揺さぶることに繋がるはずです。そのためには様々なホテルシーンに対して顧客の 注意や意識が向かう必要があり、適切な期待感を事前に提供すること、さらにはその 事前の期待感を裏切らないサービスを提供することが求められるのです。

インターネットアンケート調査から見られる客室清潔感ニーズ

顧客がホテルに心地よく滞在できるためには、施設共用部をはじめ、客室に快適性、 機能性が適切に確保されている必要があります。以下ではホテル全体の清潔感を担保 する重要な機能の1つとして客室清掃を取り上げたいと思います。まず客室清掃には、 短期的視点、細部視点、長期視点の3視点に対応する清掃管理として整理できます。 短期的視点の清掃とは前日利用された顧客の形跡を一切消し去る「都度の清掃」、細 部視点は客室アイテム等のセッティングの丁寧さや換気口の埃の除去を含めて清掃員 の五感を駆使した「丁寧な清掃」、長期視点では傷みを発見した際の修繕連携や長期 的視点で対応する「快適空間の持続的確保」です。それら客室清掃の重要性について 以下見てみたいと思います。

まずはこれまで弊社が実施したアンケート調査を通じて客室清掃に対する顧客ニー ズを見てみましょう（全国男女200名によるインターネットアンケート調査、2012 年～2013年実施）。ホテルサービス項目別の格付け情報ニーズを調査した際に、最 も重視されていた項目が「客室の快適性」でした。「特に重視してほしい」が30.7%、 「重視してほしい」が61.4%（合計92.1%）という結果です。またそれに次いで「費 用対効果」（合計89.8%）が挙げられ、「清掃力・維持管理力・清潔感」はそれら トップ2つに次いで「特に重視してほしい」が40.4%、「重視してほしい」が47.0% （合計87.4%）という結果でした（それら3項目に次ぐのが「スタッフのサービス力 等人的要素」、「客室の機能性」、「ホテル提供サービスの質と量」、「安全性・安心感」、 「環境・景観」等でした）。ホテルの事前情報として清潔感は顧客に伝わりづらく、仮

にホテルや旅館の品質認証や認定あるいは格付け情報があるとすれば、清潔感に関する情報が強く求められました。直接的にどれほど客室の清潔感を重視しているかを調査した際も同様に、ビジネスホテルで「大変重視する」との回答が45.0%、「やや重視する」が43%（合計88%）、シティホテルで「大変重視する」との回答が35.0%、「やや重視する」が39%（合計74%）、リゾートホテルで「大変重視する」との回答が35.5%、「やや重視する」が39%（合計74.5%）と非常に高いレベルで清潔感が求められていました。当該調査と並行してそれらが具備されている場合に追加でプレミアム費用を支払うかとの問いに対しては、ビジネスホテルで70%が支払いたくないと答えたものの逆に言えば30%の回答は100円〜1,000円追加で支払ってもよいと答えていました。同様にシティホテルでは29.5%の回答が100円〜1,000円の追加支払いを許容しており、リゾートホテルでは31.5%の回答が100円〜1,000円の追加支払を許容していました。つまり客室の清潔感にはそれ自体に経済的価値が見込まれるということです。また1週間以上の滞在を検討する際には「清潔感ある客室」が「絶対に必要」と回答した人の比率が60.5%、「あればうれしい」が37.5%とここでも他の項目を圧倒して重視されていました。さらにどのようなサービス要素があればホテル滞在でリラックスできるかを調査した際には「清潔感ある客室」は、「絶対に必要」が48.0%、「あればうれしい」が45.5%とここでも同様に他の項目を圧倒して最も重視されています。

客室清掃の留意点

　このように弊社が実施した調査でも「客室の清潔感」は非常に重視されている様子が窺えます。客室清掃の運営に当たっては外部委託か自社運営が選択され、外部委託が採用されているホテルも多いものと思われますが、例えば外部委託する場合においては1室あたりの清掃費がいくらかという費用面だけではなく、このようにホテルサービスの根幹にかかわるものであるという点に十分に留意して委託清掃会社を選択すべきです。また客室清掃を自社運営する場合も共通に言えることですが、清掃管理に当たっては特に臭いに対して留意が必要です。これは客室清掃だけに拘りませんが人には環境に対する順応力が備わっていますので、仮に臭気があったとしても現場ス

タッフはすぐに慣れてしまい、スタッフが感じる臭気と初めて訪れる顧客が感じる臭気ではそれぞれが感じる臭気レベル自体が異なるのです。そのような順応が生じるということを前提に臭気を適切に把握して徹底除去しようとする強い意識を組織として持つ必要があります。丁寧な清掃を顧客に提供できるよう外部清掃会社の清掃内容を社内ハウスキーパーにより適切にチェックする体制の構築もさることながら、顧客からみて委託先清掃員も自社社員も区別しませんので、顧客がいれば適切な挨拶ができるよう配慮する必要があります。さらに今後滞在日数が長期間に及ぶ傾向が見られるインバウンド市場の拡大も期待されますので、ハウスキーピングや一部のホテルではイブニング・サービスの提供を行なうための柔軟な組織内清掃体制が付加価値の提供に繋がります。

　自社運営を想定しますと清掃担当社員のモチベーションの徹底管理が重要課題となります。もしも顧客との接点を意識せず機械的に清掃だけすればよいと感じてしまいますと、モチベーションが低下する結果、清掃レベルにも影響を与えかねません。客室清掃は顧客に関する情報の宝庫です。どのような顧客がそれぞれどのように客室を使用しているか、家具についてどのように移動させて使用したのか、客室アイテムのうち何が使用され何が使用されていないのか、客室の使用状況は顧客のニーズを肌で感じることができる貴重な情報源であり顧客接点でもあります。それら情報を経営サイドに定期的にフィードバックする仕組みがあれば、それら情報を活かせるだけではなく、清掃の重要性をスタッフが強く共通認識として持つこともできます。上記の通り客室の清掃状況を通じて清潔感や快適性は顧客満足に大きく影響します。客室清掃を通じて使用後の客室状況を通じて顧客ニーズを捉えることができ、それを適切に経営にフィードバックできる仕組みがあれば、客室清掃もホテルサービスの大きな軸の1つとして一層高いモチベーションを維持し、顧客満足から始まり様々なステークホルダーに対する報酬のフィードバックを通じてさらによりよいサービスを提供するというホテルサービスのポジティブなループ、好循環を強化することになります。また清掃員による挨拶はそれほど強く顧客も期待していないでしょう。人が感動する場合には事前の期待感とともに、期待を上回る出来事が影響しますので、笑顔を伴った丁寧で積極的な挨拶があれば顧客の期待を上回ることができる大きなチャンスともなるのです。

ホテル旅館体験の入れ子構造からくるアート性と客室清掃の関係

　ホテルや旅館のアート性という観点から客室清掃を再度位置づけてみたいと思います。例えば雪の結晶はそれ自体を眼で見てもまた顕微鏡で細部を観測しても同じような形状を有する「入れ子構造」になっています。この「入れ子構造」は「フラクタル」と言われ、自然界のあちこちで観察される現象なのです。自然界で見られるような「入れ子構造」が、先ほどの顧客の期待値に基づくホテル体験図で見たように、ホテル・旅館でも見られます。つまりホテルや旅館のサービスはハードウェア、ソフトウェア（サービス）、ヒューマンウェア（人的接遇）の組み合わせで表現でき、チェックインではロビー空間×チェックインサービス×スタッフ接遇力に触れます。またレストランやその他でもホテル・コンセプトを軸とした同様の組み合わせがあり、それらが体験として積み重なることで、先に見たような「入れ子構造」が現れるのです。では客室ではどうでしょう。ここでは人的要素としてハウスキーピングやイブニング・サービス等とは異なり、人的要素に触れることはほとんどありません。つまり温かいおもてなしを感じ取られる程に徹底した上記3視点からの客室清掃があって初めて客室における「入れ子構造」を形作ることができるのです。

ダイレクトリーを確認している人の割合

　ホテルシーン別の事前期待値を見てみますと、予約時に大きく期待値が上昇し、その後ホテルに到着するまでのアクセス道中では大きく低下していました。またホテルに到着しチェックインに向かう途中で期待値レベルが上昇し、またその後期待値レベルは低下、客室に向かって改めて大きく上昇するというものでした。翌朝の起床から新たな期待値が始まり、朝食で大きく期待値が上昇します。その後客室に戻り、期待値が低下した後に、チェックアウトで上昇するという調査結果をご紹介しました。このようにホテルの期待感に関してその変化を改めて俯瞰しますと、全体として客室を期待感のピークとする1つの「全体の山」があり、客室を中心に2つの「期待の山」がその前後で見られます。1つはアクセス道中からホテルに到着しチェックインからロビーにかけての「期待の山」、そして翌朝の朝食に至る「期待の山」です。さらに

それら客室を含む3つの山の前後で「夕食」や「就寝」等様々な小さい山が分散して、すべての山を内包する「全体の山」を形づくっているのです。このように顧客の有する期待のピークが「客室」に関連しています。以下ではその客室に顧客が入室した際、多くの顧客が最初に触れるであろう「ダイレクトリー」の重要性について考えてみたいと思います。

上記の通り「客室」こそ、顧客がホテルに対して有する期待感のピークです。ここで当該客室において最初の顧客との接点である「ダイレクトリー」の存在意義を考えてみたいと思います。昨今「ダイレクトリー」は、客室VODシステムに取り込む等紙媒体以外での提供も見られます。この「ダイレクトリー」をどれほどの顧客が確認しているのかまずは弊社の調査結果をご紹介したいと思います（全国男女200名、インターネットアンケート調査、2015年）。

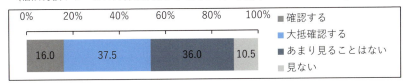

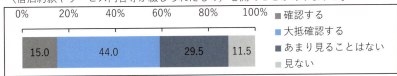

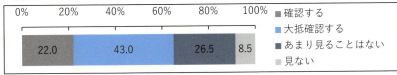

旅館を利用する際に、客室にあるダイレクトリー
(宿泊約款やサービス内容等が綴じられたもの)を開くことがありますか。

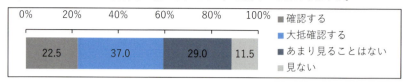

上記の通り各ホテルカテゴリーで多くの人が「ダイレクトリー」を確認しています。そのダイレクトリーについて、「確認する」及び「大抵確認する」と答えている人の割合をさらに男女別に整理しますと以下の通りとなります。

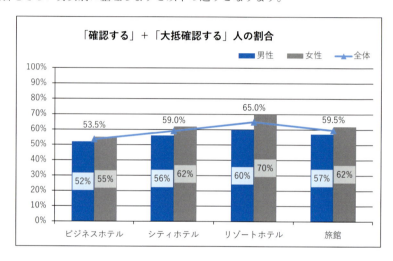

ビジネスホテルでも全体で53.5%と過半数の人が「確認する」あるいは「大抵確認する」と答えています。シティホテルでは59%、リゾートホテルで65%であり、旅館で59.5%という結果でした。リゾートホテルでは特に女性の70%が確認する、あるいは大抵確認すると答えています。

客室ダイレクトリーの存在意義

客室ダイレクトリーの中には宿泊における取決め事項である「宿泊約款」の他、大

半の顧客が当該ホテルのサービスメニューを確認しているものと思われます。客室ダイレクトリーとはいわば滞在ホテルの「取り扱い説明書」なのです。大変の顧客が確認しているという事実を考えますと、客室ダイレクトリーに汚れや傷みがない等の清潔感が求められるのは当然のこと、当該ホテルが用意しているサービスメニューや施設構成が分かりやすく説明されていることが求められます。また多くの顧客に触れるという意味で、当該ホテルが提供しようと考えているコンセプトやブランド・イメージ等を伝える大きなチャンスと捉えることもできます。

　先の顧客の期待感との関係で考えても、最も顧客の期待感の高い客室に入室し、最初に触れるものですので、そこで不正確な情報や分かりづらい内容、あるいはそもそもダイレクトリーがどこにあるのか分からない等では、その後の顧客の客室での期待感を最初から裏切ることに繋がりかねません。高い期待感を有する客室における最初の接点であることに十分に留意して客室ダイレクトリーを用意しておくことが望まれます。またリゾートホテルでは20代の女性で75％（男性60％）、50代及び60代それぞれの女性で85％（男性50代72.5％、60代80％）また旅館では、50代の女性で70％（男性60％）、60代の女性で85％（男性70％）が客室ダイレクトリーを確認しています。リゾートホテルや旅館では特に女性視点を意識する必要もありそうです。

「花の調査」結果

「華のある」といいますと、「豪華な」という意味で、抽象的な表現手法として使われますが、今回はこの、文字通り「花のあるホテル」について、考察してみたいと思います。「花」の存在は、ホテルに対して一体、どのような影響を与えているのでしょうか。華やかさを演出するという効果はもちろんですが、ホテルを利用される顧客に対して、それ以上の心理的効果があるのかもしれません。以下では弊社で実施した「花の調査」結果をご紹介したいと思います。

　ホテルや旅館で適切にコーディネートされた「花」の存在について、事前の予測では、無意識レベルで、「清潔感」や「施設管理力」に対する顧客側の認知や印象の形成に、何らかの影響を与えているのではと考えていました。もしかしたら、さらにその他の要素にも間接的に影響を与えているのでは、ということでホテルや旅館の

「サービス力」、「スタッフ接客力」、「客層」に対する印象の形成に、どのような影響を与えているのかも調査してみました。全国男女200名/20歳～60歳代によるインターネット調査（2013年実施）に基づきます。

　まず、印象のよい花が適切にコーディネートされ、飾られているホテルがあるとしたら、ホテルや旅館の「清潔感」について、どのように感じるかについてです。やはり多くの人が、「清潔感」を感じると答えています。強く感じる人で36%、やや感じるという人の52%、合計88%の人が、「花」の存在から「清潔感」を連想するという結果でした。「施設管理力」については合計84.5%の人が、管理能力が高いはずと感じるようです。さらに顧客側の連想は広がり、高い「サービス力」があるように感じるという人が30.5%、やや高い「サービス力」があるように感じるという人が55%、合計85.5%の人が「サービス力」にも連想を広げています。「サービス力」に関する連想が無意識に働くということは、その他にも影響を与えるはずです。調査結果では、高い「スタッフ接客力」があるように感じるという人が27.5%、やや高い「スタッフ接客力」があるように感じるという人が45.5%、合計73%の人が「スタッフ接客力」の連想に繋がっているようでした。ここまでくると、あらゆることに連想が広がるようにも思えます。「客層」についても調査してみますと、統一感のある客層を感じるという人が21.5%、やや感じるという人で40%、合計61.5%の人が客層認知にも影響を受けているようでした。これは非常に重要な意味を持ちます。先に「客層」に対する認知について、どのような客層を感じるとポジティブな印象を抱くかという調査をご紹介しました（「花の調査」と同様男女200名より）。改めて見ますと、利用時の「客層」が気になるかという調査では、気になるという人が17%、少し気になるという人が47%という結果で、ホテル（ブランド）と同じ印象の客層について64.1%の人が望ましいと答え、自身と同じ印象の客層については78.1%の人が望ましいと答えていました。「客層」については多くの人が気になると答えており、望ましさとしては、「自身と同様」という答えが多く見られます。このようにそもそも客層は非常に重要要素なのですが、さらにその「統一感」がある場合、約30%の利用者が統一感を重視すると答え、追加の客室料金支払については全体の約10%が支払っても良いと答えおり、平均は約400円という結果でした。つまり「客層」は実際に経済的価値に繋がっているのです。

「花の調査」まとめ

　適切にコーディネートされた「花」の存在は、「清潔感」を感じさせるだけではありません。人の脳の機能が介在し、脳の神経ネットワークを伝って、無意識レベルで、様々な連想を引き起こし、その結果様々な印象を抱かせます。「花」の背後にあるであろう要素という無意識レベルでの連想の結果、ホテルや旅館の「施設管理力」、「サービス力」はもちろん、「スタッフ接客力」、「客層」にまで、その影響は及びます。さらに、「スタッフ接客力」から、ホテルや旅館の人格にも影響を与えている可能性もあるのです。「花の存在」⇒ホテルの質感（清潔感等）＋ソフト面のポジティブな連想（「高いスタッフ接客力の認知」等）→「ホテル旅館の人格」と連想が発展する可能性を示唆しているのです。

「客層」の統一感は、そのこと自体で、追加支払いを受容する人が10％いました。またホテルや旅館に「人格」を感じた場合には、その88.4％が再度訪れたいと考えており、潜在的なリピーターにて繋がっているのです。このように考えますと、運営戦略ツールとしての、「花」の重要性が浮かび上がるのではないでしょうか。

印象のよい花が適切にコーディネートされ、飾られているホテルがあるとしたら、サービス力にどのような印象を抱きますか。最もあてはまるものをお答えください。

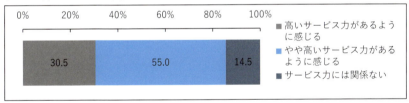

印象のよい花が適切にコーディネートされ、飾られているホテルがあるとしたら、施設管理力にどのような印象を抱きますか。最もあてはまるものをお答えください。

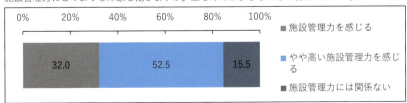

印象のよい花が適切にコーディネートされ、飾られているホテルがあるとしたら、
スタッフの接客力にどのような印象を抱きますか。最もあてはまるものをお答えください。

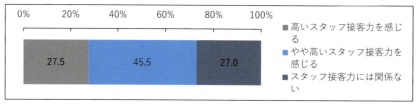

印象のよい花が適切にコーディネートされ、飾られているホテルがあるとしたら、
ホテルの客層にどのような印象を抱きますか。最もあてはまるものをお答えください。

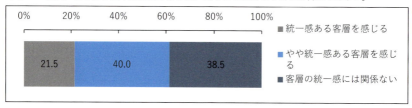

印象のよい花が適切にコーディネートされ、飾られているホテルがあるとしたら、
ホテルの清潔感にどのような印象を抱きますか。最もあてはまるものをお答えください。

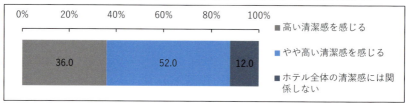

香りの効果

　私はかねてから「ホテルは感情変換装置」だと考えてきました。人の感情は他の人にも伝搬します。また感情は人の認知や思考、行動に深く影響を与えるものです。例えば、認知面では、「感情一致効果」、つまり今の感情と一致する感情を感じた時の記憶がよみがえり易いであるとか、恐れを感じるような場面では「闘争逃走反応」と言われる、緊急事態に対応できるよう心拍、緊張感、集中力が用意される等行動面に与える影響です。ホテルの質感が人の感情を左右する「力」があるとすれば、様々な人の認知や行動にも影響を与えることができるという意味で、ホテルの社会的意義は計

り知れないのではと思えてきます。特にロビー・フロアにおけるホテルの質感は重要です。ロビー・フロアは、質感コントロールの自由度が高いことから、ホテル側の「想い」を伝えやすい場であることはもちろん、ロビーで見られるサービスアイテムの1つ1つが、顧客の感情に働きかけるからです。

　香りは、視覚や聴覚、触覚等の器官と比較すると、感情に与える効果としては非常に強いものがあります。進化の中で命を守るために例えば腐った匂いに敏感に反応する等危険を察知する上で器官と仕組みが高度に発達する必要があったからだと言われています。「良い香りが漂うロビー」について、まずは印象の良し悪しを調査しますと（男女200名によるアンケート調査に基づく。以下同様）、「印象が良い」が28.5％、「やや印象が良い」が41％で、合計で69.5％の人がいい印象を抱いています。ここで「良い香り」とはどのようなものでしょう。ターゲットとする顧客の文化的背景等様々な要因が左右すると思いますが、そもそもホテルのコンセプトが明確であれば、そのコンセプトに共感する顧客が利用していると考えられます。つまり、ホテルのコンセプトが明確である場合では、それぞれのホテルのコンセプトに合致した「香り」が「良い香り」と考えられます。次に良い印象を抱く理由です。印象の良し悪しの背後では、その時折の感情が働きかけているはずです。「良い香りが漂うロビー」で、どのような感情を抱くのかを併せて調査してみました。その結果、まず「緊張感」が低下するようです。「良い香り」があれば、「緊張感」を感じる人は3.5％にとどまり、「ワクワク感」を感じる人が19.5％、「楽しい」と感じる人が47.5％になります。特に67％もの人が、ポジティブな感情を抱いているようです。なお、このポジティブ感情はその後の認知や行動にも影響を与えます。細かなことを気にしない、また同様の感情を抱くような事象に注意が向きやすい等です。特に「香り」と他のアイテムと比較しますと、「ワクワク感」を感じる人が多いようです。人は新規性を求める潜在的願望を有しています。新たな発見を求めるというわけです。このワクワクするというのは、新規性欲求を掻き立て、より高い期待感をいただかせるという意味で、「良い香り」とは、戦略的に重要アイテムと言えそうです。

BGMの効果

　BGMが流れるロビーについては、「印象が良い」という人が11.5%、「やや印象が良い」という人が45.5%でした。過半数の57%の人から肯定的に評価されていますが、「良い香り」と比較しますとその効果はやや劣るようです。背後の感情面を見てみます。「ワクワク感」を感じる人が9.5%、「楽しい」と感じる人が52.5%と合計62%がポジティブな感情を抱いていますが、やはり「良い香り」と比べると弱いという結果でした。特に「ワクワク感」が低下するのですが、一方で「楽しい」と感じる人だけを見ると、「良い香り」を上回っています。

　また、BGMには緊張感を低下させる効果もあるのでしょう、「緊張感」を感じる人は低下し2.0%となります。ここで、「良い香りが漂うロビー」と「BGM」が一緒にある場合です。「印象が良い」26%、「やや印象が良い」44.5%と合計70.5%が肯定的に捉えています。「香り」だけだと、合計69.5%でしたので、合わせることでさらなる効果も期待できます。ただ、背後の感情は大きく変化するようです。「ワクワク感」が低下し（「香り」19.5%から12.5%）、「楽しい」と感じる人が「香り」47.5%から55%に上昇します。印象の良さは向上するものの、その中身である感情の構成が変わります。

さらに客層が揃うとどうなるか

　ホテルがコーディネートする直接的質感アイテムではないものの、さらに「統一感ある客層」がある場合、顧客の印象や感情がどのように変化するかも考えてみたいと思います。まず、「印象が良い」と特に肯定的に捉えた人の比率を見ますと、「良い香りが漂うロビー」28.5%、「BGMが流れるロビー」11.5%、「良い香りが漂うロビー＋BGMが流れるロビー」26％に対して、「良い香りが漂うロビー＋BGMが流れるロビー＋統一感ある客層」では29.5%でした。また、背後の感情を見ますと、「ワクワク感」17.5%と「良い香りが漂うロビー＋BGMが流れるロビー」12.5%を引き上げます。また「緊張感」は9.0％と、「香り」3.5％、「BGM」2.0％、「香り＋BGM」2.0％より大きく上昇しています。統一感がある客層があると、「印象が良い」という人の割合が上昇していますので、この「緊張感」も心地の良い「凛とした雰囲気」という

意味での「緊張感」として上昇しているように思います。このように、ホテルは、顧客の感情に影響を与える「感情変換装置」でもあり、顧客の感情を推測しつつ、それを望ましい感情に誘導することができれば、顧客のホテルに対する印象や評価を大きく変えることも可能なのではないでしょうか。

ホテルのデザイン性と街並みとの調和

　成長産業としてその地位を確立しつつある日本のホテル業界には、新たに参入しようとする多くの新規開発計画が見られるようになりました。それらの計画では、前提とするホテルのブランドのイメージを前面に打ち出した建物デザインを採用する等それぞれ独自性が打ち出されるはずです。また既存ホテルについても、リノベーション等様々な競争力強化策もみられます。ここで個別のホテルブランドマネジメントとは違う視点で、地域性との調和という観点からホテルのデザイン性について考えてみたいと思います。そもそもホテルのデザインを考える場合に、街並みとの調和は重要な要素なのでしょうか。

　旅館に宿泊する際に、「景観が保護され、街並みが整備された場所（以下「街並み」という）」をどれほど重視しているかに関する調査結果（全国男女200名によるアンケート調査）をご紹介します。弊社で行った調査は旅館に焦点を当てたものですが、「街並み」には強い心理的効果が期待でるというものでした。回答者全体の7.5％の人が「大変重視し」、全体の約45％の人が「やや重視する」と答えています。合計しますと全体の約52.5％（200人中105人）がある程度重視するという回答でした。次に、このある程度重視する105人の回答者に対して、「街並み」が整っている旅館に対し、いくらぐらいまでであれば追加金額を支払ってもよいと考えているのかをみてみますと、1,000円以上支払っても良いとの回答者が全体の48.6％（51人）と多く、次いで700円以上〜1,000円未満という回答が16.2％(17人) という結果でした。これまでの様々なホテルや旅館提供サービスに対する同様の調査結果と比較しても、この旅館に関連する「街並み」に対する価値は非常に高く評価されているのです。

　上記調査は、日本の旅館に対する調査です。ホテルにはそのまま応用することはできないかもしれません。ただし、この「街並み」は、「客層」と同じく、顧客が体験

する環境でもあります。社会的な心理的効果で、例えば一定の客層を感じると望ましい、また自身と同様の客層が良いと感じるという「客層心理」と同じ効果が、統一感ある街並みがあると望ましいと感じる、あるいは心理的に何らかの影響を与えるというような「街並み心理」とでも言える効果があるとすれば、ホテルにおいても同様の効果が期待できるはずです。また、先にご紹介した別の調査では、感情に関してリゾートホテルや旅館の場合では、疲労感や空腹感等のネガティブ・マインド以上にワクワク感や刺激を求めるような期待感を強く抱いていることに触れました。特にリゾートホテルでは旅館において顧客が事前に有するのと同様の感情を抱いています。このように事前の感情が開放的であることからも、街並みの印象の良し悪しを含めてホテルを評価する姿勢が顧客側にそもそも備わっており、それが「街並み効果」を引き出しているのではないでしょうか。つまり、リゾートホテルでは特に地域性つまり街並みとの調和もデザイン性を検討する際に十分検討する必要があるということなのかもしれません。

「おもてなし」の価値

「おもてなし」の語源や意味については様々な説明が見られますので、以下では端的にホテルや旅館の現場における「真心のこもった利他的なサービスであり、自らを誇張することなく謙虚に、そのシンプルな振る舞いの中にこそ感じることができる『もてなす側』の真心であり、そのような姿を雅と感じる日本的サービス」として捉えることとします。この「おもてなし」にどのような価値があるのか、あるとすればその価値の源泉とは一体何なのかについて考えてみたいと思います。

　そもそも「おもてなし」にはどのような価値があるのでしょう。以前あるホテルにアンケート調査にご協力いただき「顧客はホテルに人格を感じることがある」という調査を行ったことがあります。そこでは多くの人が人ではないホテルに対して人格を感じたと答えていました。またその人格がどこから生じてくるかを追求していきますと、ホテルの背後に見え隠れする「真心こもったサービス」あるいは「おもてなし」と接した頻度が何らかの形で影響しているようでした。この「おもてなし」については、スタッフによる顧客との接遇機会だけではなく、客室の設え、備品、ホテルが準

備しているサービスメニューと様々な顧客接点を通じて感じ取ることができ、その高い頻度がホテル自体を「人」にしていたのです。さらにその「人」となったホテルに共感した顧客は、高い比率で再度訪れたいと感じることになります。つまりホテルに行くこと自体を宿泊の目的に昇華させていたのです。また別の視点から「おもてなし」に価値を見てみますと、どのようなビジネスでも同じかもしれませんが、相手の立場にたって物事を考え、丁寧な対応をする中で、その顧客との関係の中に偶然の幸運を掴んだことがあるのではないでしょうか。心理学では「セレンディピティ」と言われるもので、偶然をきっかけにひらめきを得、幸運をつかみ取る能力と言われるものです。相手の立場にたって丁寧に顧客と接する「おもてなし」とは、そのようなセレンディピティ、つまり幸運を掴みとる能力と捉えることができるのかもしれません。

ホテルや旅館の「人格」と「おもてなし」

「おもてなし」を人ならではの「暖かいサービス」と解釈しますと、「おもてなし」を伴うサービスクオリティに、人間性をホテル全体に波及させる契機があるようです。ホテルの「人格」と「おもてなし」との関係を実際に調査した結果（某ホテルのご協力により弊社実施）、あるホテルで「人格」を感じたと答えた人は、同ホテルで「人格」を感じなかったと答え得た人に比べて、より多くの人が「施設設備を介してのおもてなし」、「サービスを介してのおもてなし」、「スタッフによるおもてなし」を感じたと答えていました。

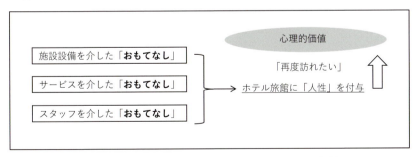

このように、「おもてなし」が「人格」をホテルに生じさせる契機の1つかもしれないのです。

点の「おもてなし」から線の「おもてなし」、さらに面の「おもてなし」へ

　人の行動や、どのように事象を感じるのかという認知を含めた心理的働きは、常にその場面に至る経緯や事前に抱く期待感、将来の目的という時間と空間を跨ぐ文脈の影響を強く受けています。ホテルの消費についても、ホテルを利用する目的から、事前の期待値や実際にチェックインした際の印象が積み重なって、最終的なホテルの「認知」や「印象」に繋がっていると考えられます。「点」としての「おもてなし」が連なることで「線」となり、それが事前の期待や、事後の感想、満足度として、つまり未来を予感し過去に振り返って顧みることで「面」となります。どの部分を切り取って観察しても、同じ「おもてなし」で質感なりサービスが貫かれている、つまりどの場面を切り取っても、同じ「面」となっているような場合、そこには「自己相似性」があると言えます。ある事象を大きく捉えて見ても、ミクロ的に捉えて観察しても両者が同じような形状をしているという自然界を支配する不思議な現象です。「おもてなし」が時間軸と空間軸で「面」となるということは、この自然界を支配している「自己相似性」、つまり自然界に内在する「審美性」にも繋がっており、これが再度訪れたいと感じさせる「心理的価値」に繋がっているのかもしれません。

　このように感情を揺さぶるような「心理的価値」と、「経済的価値」、「機能的（使用）価値」が揃うような商品に対して、顧客は商品サービスの購買意思決定上で強い信念を持つことができます。この3つの価値をコーディネートすることで、顧客側の強いコミットメントを得ることができ、例えばブランドはこの心理的価値を補う重要な要素となっているのです。「おもてなし」が、ホテルや旅館の基本機能である居住性、機能性、利便性の上に成り立つことで、「心理的価値」に留まらず、確固たるリピーターを確保する盤石な経済基盤を構築するような真の価値に繋がるのではないでしょうか。

「おもてなし」の価値を価格に転嫁

　そのような「おもてなし」を価格に適切に転換するには、「おもてなし」の顧客側にとってのメリットを明確化し、事前の予約時にそのことを顧客側に十分理解しても

らうことが必要となります。これは個々のホテル側の努力だけでは難しいのかもしれませんが、「おもてなし」がどのように根付いたのか、それがなぜ必要であり、その結果日本の産業にどのような影響を与えたのか、そしてそのような「おもてなし」をホテルが提供することで顧客側にどのようなメリットがあるのかを明確にする必要があります。また「おもてなし」をスタッフ個々人の問題とすべきではありません。なぜならそれでは長期的に価値を生み続ける「ビジネス」にはならないからです。研修やトレーニング体制を適切に用意することを通じて、スタッフ間にサービスレベルのバラツキを無くし、どのように「おもてなし」を顧客にとっての明確なメリットに感じてもらえるかを検討する仕組みを持つことが「おもてなし」を「ビジネスモデル」にまで引き上げるのです。

インバウンド市場と「おもてなし」

　2020年の東京オリンピックや今後の動向が注目されるIR法案の行方等インバウンド市場には好材料が多く、今後さらなる外国人観光客の増加が期待されます。そのようなインバウンド市場では、それぞれの国の文化的背景によってホテルに求めるサービスも少しずつ異なるはずです。例えば、中国からの観光客、台湾からの観光客、韓国からの観光客等それぞれどのようなサービスやハードの設えを求めているかを十分に理解することも、相手の立場にたって誠心誠意サービスを提供しようとする「おもてなし」があればこそ自然に行なわれる必然のサービスとなるのではないでしょうか。つまりインバウンド市場の各国からの来訪者を迎えるにあたって必要となるのは、そのような「おもてなし」の延長腺上において適切にサービス提供するために、訪れる外国人のそれぞれの文化的背景を把握する仕組みを組織として用意することであり、一貫して「おもてなし」の精神を提供することこそが、強く顧客に感銘を与えるはずです。「おもてなし」があればこそ、インバウンド市場を支えるホテルとして新たな存在感を改めて放つきっかけになるはずです。

　ユング心理学における「シンクロニシティ（意味ある偶然や共時性）」と似た概念なのですが、偶然をきっかけにひらめきを得、幸運をつかみ取る能力は「セレンディピ

ティ」と言われています。相手の立場にたって物事を考えて丁寧な対応をし、その結果相手との間に良好な関係を築くことは、そのような偶然の幸運を得やすくしているのではないでしょうか。つまり相手の立場にたって丁寧に顧客と接する「おもてなし」とは、そのような「セレンディピティ」、幸運を掴みとる大きな能力と関係している可能性があるのではないでしょうか。そこで実際に、そのような関係をコミュニケーションの相手側と築くことで実際にどれほどの人がそのような偶然の幸運を手にしたことがあるのか、インターネット調査（全国 200 名男女 2014 年）により調べてみました。

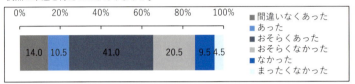

調査の結果、相手の立場にたって丁寧な対応を行ない、相手との間で良好な関係を築くなかで、偶然の幸運を得たことがあると答えた人の割合は、「間違いなくあった」、「あった」、「おそらくあった」を合計しますと 65.5％という結果でした（おそらくあったが 41％と多くを占めていました）。やはり「おもてなし」とは、そのような大きな能力の 1 つとして捉えることができるのかもしれません。サービスの一環として、ビジネスとして「おもてなし」を考えることとは別の次元で、スタッフ個々人にとっても、どのような顧客接遇を行なうかは幸運を掴みとる能力を向上させることにも繋がる大変重要な取り組みと言えるのかもしれません。

このように「おもてなし」には様々な効果や価値があります。これらの取り組みはシティホテルやリゾートホテル、旅館だけではないはずです。ビジネスホテルの場合においても、以下のように大きな効果が期待できます。

ビジネスホテルにおける「おもてなし」の効果

ビジネスホテルのツインルームを対象にし、18 ㎡から 20 ㎡程度のツインルームが

あれば、たとえビジネスホテルであっても観光目的で使用して気にならない（問題なく使用できる）と、どれ程の人が感じているのかを調べてみました。その結果「まったく気にならない」人は全体の38％という結果でした。また客室面積がどれほど影響するかを見るため、客室面積を広げて21㎡から24㎡あるツインルームであれば同回答者割合で40.5％、また25㎡～27㎡であれば同44.5％、27㎡～30㎡で同48.5％という結果でした。

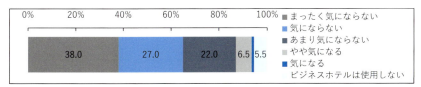

「ビジネスホテル」でもツインルームであれば（18㎡～20㎡程度）、観光で使用しても気にならない（問題なく使用できる）ですか。

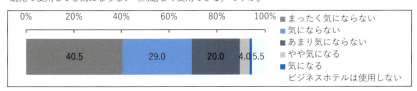

「ビジネスホテル」でもツインルームで若干広ければ（21㎡～24㎡程度）、観光で使用しても気にならない（問題なく使用できる）ですか。

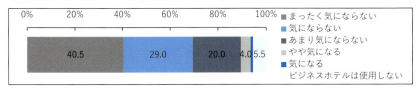

「ビジネスホテル」でもツインルームで若干広ければ（21㎡～24㎡程度）、観光で使用しても気にならない（問題なく使用できる）ですか。

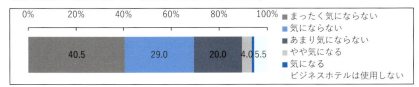

「ビジネスホテル」でもツインルームで若干広ければ（21㎡～24㎡程度）、観光で使用しても気にならない（問題なく使用できる）ですか。

次に同様のホテルでスタッフサービスが良い場合に、その比率が変わるかを見てみました。スタッフサービスレベルについては、3段階を設け、1つは「親切丁寧で常に笑顔、海外でのホテル格付けで3スタークラス」、次に「おもてなしに溢れ、海外でのホテル格付けで4スタークラス」、最後に「トップクラスのホテルで、海外でのホテル格付けで5スタークラス」として調査してみました。

その結果、上記設問上3スタークラスのスタッフサービスがあれば「まったく気にならない」人は全体の46％、4スタークラスで同47.5％、5スタークラスで同49.5％という結果でした。

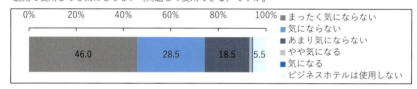

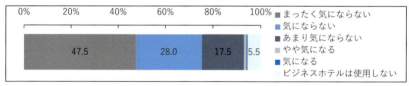

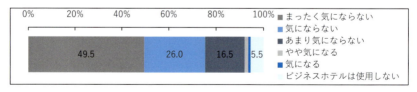

客室面積の変化と「おもてなし」の効果を比較しますと、ツインルームの客室面積について 18 ㎡から 20 ㎡あれば「まったく気にならない」という人の割合は 38%です。

　客室面積 25 ㎡から 27 ㎡と広くなると同 44.5%と魅力度が上昇していますが、それ以上に上記設問における「3 スタークラス」のスタッフサービスレベルで同 46%、「4 スタークラス」のスタッフサービスレベルでで同 47.5%、「5 スタークラス」のスタッフサービスレベルでは同 49.5%と客室面積の変化より大きな魅力を与えています。「5 スタークラス」であれば、客室面積が 27 ㎡から 30 ㎡の場合の 48.5%を上回る競争力を付与することができる可能性があります。このように、特に観光客等のビジネスユーザー以外を集客しようと 2 名用のツインルームやダブルルームを設けている宿泊特化型ホテルにとっても、スタッフの接遇レベルはやはり重要な要素なのです。

おもてなしと記憶

　これまで利用して満足したホテルと不満だったホテルのそれぞれに対して、良かった点と悪かった点をどれほど記憶しているかを調べてみました（全国男女 200 名、インターネットによるランダム調査）。この調査を行った理由は、満足したホテルに対する良かった点の記憶と不満を覚えたホテルに対する悪かった点の記憶には、その記憶のし易さに「非対称性」がある、つまり満足した場合の良かった点の方が不満時の悪かった点より記憶に残りやすいのではないかと考えたからです。通常であれば満足していれば良かった点の記憶量が多く、逆に不満だった場合には今度は同程度に悪かった点の記憶量が多く現れるはずです。この点実際には、満足したホテルに対する良かった点の記憶量が、不満だったホテルの悪かった点の記憶量を上回っていました。

以前使用したホテルで満足したホテルを思い出してください。
それぞれ良かった（満足だった）点、良くなかった（不満だった）点を覚えていますか。

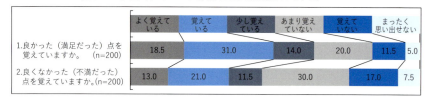

以前使用したホテルで不満を覚えたホテルを思い出してください。
それぞれ良かった（満足だった）点、良くなかった（不満だった）点を覚えていますか。

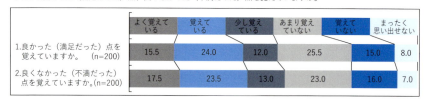

　満足している場合の逆に悪かった点の記憶の少なさも、不満だった時の良かった記憶と同程度に少なくはるはずです。ここでも、不満を覚えたホテルに対する良かった点の記憶の方が満足したホテルに対する悪かった点の記憶量を上回っています。このように「良かった点」とは常に記憶に残りやすいと言えるようです。このような記憶の非対称性が生じる理由はなんなのでしょう。良かった点の記憶は、次回の利用に繋がります。逆に悪かった点は、二度と使用しないと割り切ってしまえば、記憶に残す必要がないのかもしれません。あるいは心理学では、このような現象を「ポリアンナ効果」と呼ぶようです。ポリアンナ効果とは、ポジティブな感情を伴った記憶ほど思い出し易く、ネガティブな感情を伴った記憶は思い出しにくいという傾向や、一般に人は肯定的な評価を好むこと、またマスマーケティング等において否定的評価は肯定的な評価に比べて集まりにくい等を意味する心理学上の用語です。良いサービスを提供しているホテルは、それ以外のホテルと比べて、顧客の記憶を介しその違いをより一層大きなものとしている可能性があります。これが「おもてなし」の価値をさらに高める要素になっているのかもしれません。肯定的な記憶が残りやすいのであれば、相手の立場にたったサービスや真心のこもったおもてなしを受けた顧客は、より強く記憶に刻まれる可能性があるからです。

「おもてなし」の価値要約

　これまで様々な「おもてなし」の効果や価値を検討してきました。まずは「おもてなし」を検討するため、便宜的に「おもてなし」という言葉を、「真心のこもった利他的なサービスであり、自らを誇張することなく謙虚に、そのシンプルな振る舞いの中にこそ感じることができる『もてなす側』の真心であり、そのような姿を雅と感じる日本的サービス」と感覚的に定義しました。このサービス提供の瞬間には、その顧客の過去の文脈や将来の目的にも沿い、サービスを提供する側のこれまでの想いや時代背景をも表現した適切で膨大な情報が伴っており、時空を超えるストーリーがサービス提供という一点に凝縮されたものこそ日本的な「おもてなし」であるとも表現できます。そのような「おもてなし」に対する効果として、1つには、ホテル自体あるいはホテル全体に人格を帯びさせる可能性があることに触れました。「おもてなし」が感じられる程度に比例して顧客は人に対する共感と同様の感覚を覚えるのです。また2つには、サービスの一環として、ビジネスとして「おもてなし」を考えることとは別の次元で、スタッフ個々人にとっても、どのような顧客接遇を行なうかは幸運を掴みとる能力を向上させることにも繋がっているとも考えられます（セレンディピティと言います）。そして3つめには、ビジネスホテルであっても、「おもてなし」により観光需要を引き込む力があることをご紹介しました。そして記憶を介した効果です。もちろんそれらに限られるものではないはずで、「おもてなし」には顧客の心理上様々な効果が期待できるのかもしれません。

　日本のホテル業界を取り巻く現状の外部環境は、①2020年東京五輪開催決定等を背景とするインバウンド市場の拡大、②団体客市場から個人客市場、少子高齢化社会を背景とする成熟した国内観光市場、③企業としての社会的責任や環境配慮の高まる必要性、④情報に溢れる社会環境等の大きな変化、⑤回復の兆しを見せつつ、さらに大きな市場に変貌を遂げつつあるビジネスセグメント等の流れの中にあります。様々なホテルパフォーマンスデータを見ますと、ＡＤＲ、稼働率とも好調な推移を示しているホテルが多いようです。このような環境にあって今後もとめられる「おもてなし」とはどのようなものなのでしょう。

　ホテルは様々な機能を提供しています。宿泊機能、地域のハブとしてのネットワー

ク機能や婚礼機能、安全基地としての機能や文化発信機能等です。それら機能の提供がこれまで「価値」を提供してきたのですが、上記ファンダメンタルを俯瞰しますと、今後益々個々人にとっての「価値」をどれほど提供できるか、つまりは上記のような「おもてなし」こそ非常に重要な視点となっていくはずです。

　個々人に対しオーダーメイドされたパーソナル・サービスの提供であり、そのような取り組みが、ハードウェアにも浸透してサービスとも調和することで、仮にまったくの偶然の一致だったとしても偶然とは思えないような「意味ある同時性（シンクロニシティという）」を感じさせます。つまり「おもてなし」により、サービス提供という一点勝負ではなく、チェックインからチェックアウトを通じて様々な質感や空間に、たとえそれが偶然だったとしてもあたかも一貫性ある因果性を感覚的に感じさせることができるのです。その結果がホテルの背後人格を感じさせ、ホテルにあたかも「人」に対するのと同様の共感を覚えさせます。この現象はビジネスホテルでも見られます。「おもてなし」をスタッフのサービススキルから、ビジネスとして、つまり「点」としてのサービスではなくハードウェアの細部をも巻き込み、過去から未来という時間軸の中で、特定される個々の顧客が有する文脈に合致するようなサービスを提供することで、「面」としてのサービスとすることこそが、ホテルに大きな価値を生む「おもてなし」となるのです。

ホテルのコンセプト・メイキング

　以前、デザイナーが関与している、あるいはデザイン性の豊かな「デザイナーズ・ホテル」に対してどれほど顧客ニーズがあるのかを調査したことがあります。ビジネスホテルでは、デザイン性の高いホテルに泊まりたいと「強くそう思う」から「ややそう思う」人の合計で全体の41.5%という結果でした。シティホテルでは同54%、リゾートホテルでは同63.5%です。つまりビジネスホテル、シティホテル、リゾートホテルでそれぞれ支持する人の割合は異なりますが、デザイン性に対して総じて高いニーズがあるという結果でした。ここでもしホテルのコンセプトが曖昧な中でデザイン性が優れている場合はどうでしょう。もちろん優れるデザイン自体が顧客の心理に強く響く可能性もありますが、そのデザインが採用されている理由や伝えたい内容

が不明確であれば顧客側にとってそのような多くの混在する情報がストレス源にもなりかねません。つまりデザイン性を取り入れることは、ホテルが重視するサービス哲学をコンセプトとして表現することと両輪の関係にあるはずです。

コンセプトの必要性はデザイン性との関係だけではありません。個人客中心の市場へと変化し、しかも今後、海外を含めより遠くの顧客にアピールしていく必要があります。それら外部環境の変化が明確なコンセプトをホテルに求めているとも言えるのです。

またホテルの場合には、料金を決済する、あるいは支払を約束する場面が実際のサービス消費より前の段階です。つまり、ホテルに到着し、体験してはじめてよかったと感じるのでは、料金徴収できないとも言えます。どのようなホテル体験が期待でき、サービス提供が約束されているのかをブランディングし事前に伝えておく必要があるのです。

今回は、ブランド・コンセプトやホテル・コンセプトを明確化する場合に留意すべき点について、顧客視点から整理してみたいと思います。

ホテルのコンセプト・メイキング留意点

ブランド・コンセプトやホテル・コンセプトを検討する場合に避けられない作業が、そのホテルや企業が有するサービス哲学です。これまでその企業内において重視してきたサービス哲学やスタッフに浸透している考え方があればそれを無視することはできません。一旦、どのようなサービス哲学が合意されているのか確認する必要があります。次いで自社の強みが何であるのかを再度見直します。現状の顧客と将来のターゲット候補を含めて長期的視点から需要を再度確認することからコンセプトづくりが始まります。

ホテルのコンセプト・メイキング

コンセプト・メイキングには多くの理論や考え方があるとは思いますが、以下ではこれまでの顧客視点から考えられるコンセプト・メイキングのあり方を考えてみたい

と思います。

　具体的にコンセプトを明確化するにあたっては、（1）中心となるコア・コンセプトはできれば3つが望ましく、（2）さらに実際にコンセプトを顧客に伝達する取り組みと持続する仕組みが重要であり、（3）顧客にそれらを伝達する結果、さらにコア・コンセプトが強化されるという好循環を意識する必要があります。

　意思決定の判断に、その判断の"確からしさ"は、究極的には確率論の問題になります。もちろん無意識の世界で繰り広げられます。顧客側が意思決定するにあたって3つの確からしい根拠があれば、その判断は確率論的にＧｏサインを得やすくなります。つまり、ホテルの中心となるコア・コンセプトの数は、伝えたいサービス哲学なり、ライフスタイルなり、またはケアしたい顧客の感情なりについて、なるべく漏れがなくダブリのない3つの概念に集約させるべきだと思います。その上で、それらコンセプトを一体として伝達することで見出されるホテルやブランドとしてのメッセージが明確化されている必要があります。このメッセージは、明示するのも、黙示で暗に伝えると解釈する場合も、いずれの場合であっても明確に何を伝えたいか、ターゲット顧客にとってそのメッセージはどのように響くのかを確認した結果に基づきます。

　一旦、コンセプトが明確化されれば、それをどのように現場レベルで具体的なアクション・プランに落とし込むのかを検討しなければなりません。ハードウェア、ソフトウェア（サービス構成）、ヒューマンウェア（制服から接遇等）を介して顧客に伝えることにより、コンセプトはブランドやホテルからのメッセージに昇華させることになります。実際に伝達するアクションプランに落とし込みができれば、次にそれを維持する仕組みが必要となります。コンセプトがメッセージに昇華し、そのメッセージを受け取った顧客側の評価がさらに、コンセプトに磨きをかける仕組み、つまり現場レベルにフィードバックする仕組みを考えておく必要があります。

　顧客はホテル体験を通じて、人ではない「ホテル」に対して「人格」を感じ取っています。これは、スタッフによるサービス提供を契機とし、最終的にはハードウェア、ソフトウェア、ヒューマンウェアを介して、ホテルサービスをコーディネートしている背後人格が感じ取れるからです。設定されたコンセプトはその背後人格に影響を与えます。つまりそのコンセプト自体、またそれらコンセプトから伝わるメッセージが

男性的なのか、女性的なのか、またどのようなパーソナリティなのかを考えておく必要もあります。

電話予約対応及びチェックインサービスの価値

　顧客のホテル滞在体験をより良いものにするためには、それぞれの顧客の個別ニーズを把握するような電話予約時の対応が欠かせません。またチェックインサービスは顧客との直接的な接点を有しその後の顧客満足に影響を与える場として非常に重要です。そこで以下では電話予約対応及びチェックインサービスについて「価値」という観点から考えてみたいと思います。価値の視点から考えるということは、そのサービスが有する心理的な価値、効用あるいは経済的価値、割安感や他商品と比較した場合の値ごろ感（費用性）の3要素から、提供サービスの有する存在意義を検討するということです。このように3要素から考えるのは、実際のサービスが顧客側に高い効用を有するものとして評価され、それが費用性を具備し、しかも心理的にも高く評価されるのであれば、購買力を有する第三者から支持される（実際の支払という意思決定を後押しする）可能性を高めるとともに、長期的で安定的な効果に繋がりひいては価値の向上に繋がると考えられるからです。

電話予約対応の価値

　予約時における顧客対応の重要性は、顧客がどのような目的でホテルを使用するかを的確に把握する手掛かりに繋がる重要な局面であること、また顧客のホテル認知には「一貫性の原則」、つまり一貫性のある事象に着目しやすいという認知上のバイアスが影響を与えますので、その対応如何がその後の当該ホテルの印象を左右するきっかけになることにあります。つまり電話予約時のスタッフ対応は、それ自体が顧客のホテルに対する印象に影響を与えるという直接的な効果と、さらには顧客ニーズを探りその後の滞在をよりよいものにするきっかけを与えるという間接的な効果が見込まれるのです。

　ライフスタイル型ホテルやコンセプチュアルなブランディングを全面に押し出すホ

テルの場合であれば、ターゲット顧客のニーズをホテル側で設定し、それに基づき、サービス及びハードウェアの質感を統一することができますが、広い顧客層に丁寧なサービスを提供しているようなホテル等ではそのような前提を置くこと自体が困難となります。であればこそ特にそれらホテル等においては電話予約時において顧客の個別ニーズを探り的確に把握することに大きな意義があるのです。

　すべてのサービスは、ハードウェア要素、ソフトウェア要素、人的要素を通じて提供されますので、1つ1つのサービスについて、それぞれ当該3要素に照らし適切な内容となっているかを確認する必要があります。この電話予約対応についても同様に、詳細をハードウェア要素、ソフトウェア要素、人的要素に分けて整理しコーディネートする必要があります。電話予約時のハードウェア要素については、背後ノイズがないことや保留にする場合には保留音の音量や選曲が適切であること等が挙げられます。電話予約対応についてソフトウェア要素、人的要素では、スタッフがホテルについて十分な知識を有し顧客の要望を把握し責任を持って対応しているか否か、また顧客のニーズに十分に耳を傾け積極的に対応しようとしているか、抑揚のある快活で自然な会話ができているか等が、特に電話では相手の顔が見えていないだけに、ホテルの印象に大きな影響を与えます。繁忙時にフロントスタッフが電話対応するような場合には、その背後の雰囲気がそのまま顧客に伝わってしまいます。さらにはサービスを丁寧に提供しようとしているかも重要な要素となります。例えばキャンセルポリシーやデポジットポリシーを適切に説明し、あるいは関連する確認番号も提供しているか、顧客の要請があれば復唱し予約内容の詳細を確認しているか、また把握され且つ使用することが適切である場合には顧客の氏名を使用しているか等顧客に対する丁寧で正確なサービスを提供しようとするスタッフの真摯な姿勢がホテルの印象を左右するのです。このように、ハードウェアやソフトウェア要素を通じて心地よいコミュニケーションが取れているところに、このホテルは他と異なるという顧客側の心理的価値、またそこまでしてくれるのであれば十分に支払った価値があるという経済的価値や費用性を具備することにも繋がるのです。

　間接的な効果である顧客ニーズを把握するためには、部屋の種類、眺め、その他サービスを料金等と併せてオプションとして適切に提供することで、それらがアップセルに繋がるとともに顧客ニーズを探るきっかけともなります。顧客のプロフィー

ルや個別ニーズ（必要であれば質問もし）に基づき顧客の要望を察知できれば、その後のパーソナル・サービスに繋げることもできます。

チェックインサービスの価値

電話予約に次いで、実際のチェックインサービスです。電話予約時における顧客ニーズの把握を受け、一貫性のあるサービスの提供を行なう重要なシーンとなります。ここでもハードウェア要素、ソフトウェア要素、人的要素に分けて整理してみましょう。まずはハードウェア要素です。遠方から足を運んでくれた顧客に対して最初に接するわけですから、フロントカウンター周辺は、清潔且つ整然としており、スタッフ及び顧客が輝く質感、活力のある、生き生きした質感が提供されている必要があります。

チェックイン時の施設説明では自然且つ個々の顧客に対応した適切な対応がなされていること、また顧客が望む場合には、適切にその日のニュースや、顧客のプロフィール及び好みに関する話題にも対応できていること、スタッフは適切な権限を有し顧客ニーズを察知して対応することができ、且つ総じて意欲的な態度を示していることが望まれます。ここで電話予約時に把握した顧客ニーズを活かすとともに、顧客が抱いているであろう感情を意識することで1つ上のサービスを提供することができます。例えば今後増加が予想されるインバウンド顧客は遠方からようやくホテルに到着しているのですから、疲れや空腹等ネガティブな感情を抱いているはずです。その日の天候等を見て必要であればねぎらいの言葉も伝えることができれば、顧客にとってはネガティブ感情の大きなはけ口となり高い満足度となって跳ね返るはずです。

さらにチェックインでは予約情報は的確に利用することができ且つ正確であること、指定された客室は希望した部屋のタイプ及び特徴と同一またはそれ以上となっていること、万一にも顧客の部屋の準備が終了していない場合には、顧客のプロフィール（目的や属性）に基づいた代替案が適切に提示する必要があります。また意外に十分なケアがされていないのが室料及び部屋番号に関するやり取りです。料金は顧客によって異なり、さらに安心感という観点からも、口頭ではなく、予約情報の登録カードを提示して伝えるべきとなります。万一にも遠方から来た顧客をチェックインで待

たせてしまうと大きなストレスとなってしまいます。

　チェックインサービスについても、それが顧客の心理的価値に響いているか、サービス全般を通じて顧客に費用対効果（経済的価値）を訴求できているか、また他のサービスと比較して費用性はどうかという価値の視点からサービスを見直しコーディネートすることで「価値あるサービス」にすることができるはずです。

6章　ホテルの顧客ニーズ

ホテルは、顧客の利用目的に応じた様々なサービスが要求され、それに的確に応えることで事業が成り立っています。したがって、様々なサービスに対する費用対効果の予測とともに、顧客ニーズに合致した適切なサービス提供を見極める必要があります。顧客ニーズは、時代背景の変化とともに、常に変化の途上にあります。ポイントを外さず的確なサービスを提供するためには豊富な経験と多くの調査研究が必要です。経験に関しましては、常日頃実際の運営で皆様感じ取っておられる部分があろうかと思います。そこで以下では、弊社が継続的に実施しているホテル顧客ニーズ調査成果をご紹介し、上記後半部分である「多くの調査研究」の一助としていただければ幸いです。

　弊社の顧客ニーズ調査（以下「本調査」という）では、特に宿泊部門を中心にビジネスホテル、シティホテル、リゾートホテルを分けて、様々なサービスに対する顧客から見た重要度（以下「大変重視する～やや重視する」との回答を「重視度」とします）と、さらに重視度が高い場合には、さらにそれらに対して満足のいくサービスが期待できる場合に追加で支払っても良いと考える費用負担額を調査しています。

　本調査の留意点なのですが、本件では全国無差別に男女200名、20歳以上の男女及び10歳毎の均等年齢分布を採用していますので、仮に首都圏で20台の女性をメインターゲットとするホテルということであれば、本来、首都圏の20台の女性を調査対象とした（スクリーニングして）調査に基づく必要があります。また、その他ホテルの利用頻度に関するスクリーニングは実施していませんので、例えば以下ご紹介するブランド評価に関しては十分な利用経験がある人に絞った調査が必要かもしれません。そのように、実際に運営上利用する上では、より詳細にターゲットに絞った調査を行なう必要がありますが、一般的に多くの利用者はどのようにホテルサービスを見ているのか、戦略立案に落とし込む前段のマーケットニーズ概論としてご参考にしていただければ幸いです。

顧客ニーズ調査サマリー

　本顧客ニーズ調査では、調査対象項目を重視する人の割合（以下では「重視度」と言います）と、客室料金に追加して支払っても良いと考える人による平均追加支払い

額（以下では「純心理コスト」と言います）を調査したものです。客室家具のグレードを上げる場合のように単独のリニューアルを検討する場合や、ホテルのリ・ブランド等で様々なリニューアル項目が複雑に絡み合って競争力向上が見込まれる場合に、経済的効果がどれほど見込まれるかを計るための参考資料となりうるよう、客室部門に関する弊社調査結果を現時点での調査サマリーとして一旦整理したいと思います。

まず、「重視度」では、安心感項目、客室快適性、人的要素、バスルーム、ロビー、立地の重視度が高いという結果でした。また、ホテルカテゴリー別では、リゾートホテルで夕食と大浴場の評価が際立っていました。「純心理コスト」では、全体項目の平均値で400円程度でした。それでは以下で細かく見てみましょう。

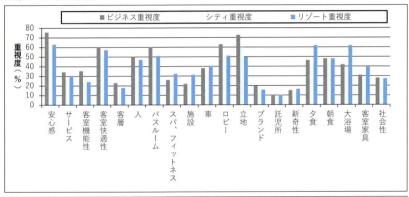

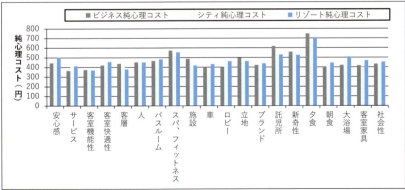

	純心理コスト450円以上	純心理コスト350円以上、450円未満	純心理コスト350円未満
重視度 50％以上	高いリニューアル効果が見込まれる	高いリニューアル効果が見込まれる	確保していないと、集客上のマイナスとなる可能性もある
重視度 25％～50％	ターゲットを見極め実施することで、高いリニューアル効果が見込まれる	ターゲットを見極め実施することで、高いリニューアル効果が見込まれる	費用対効果から当該項目については充分な検証が必要
重視度 25％未満	経済的効果は高いものの、重視する人が1/4人以下であり、ターゲティングに留意が必要	ある程度の経済的効果は高いものの、重視する人が1/4人以下であり、ターゲティングに留意が必要	費用対効果から当該項目については充分な検証が必要

ビジネスホテル	純心理コスト450円以上	純心理コスト350円以上、450円未満	純心理コスト350円未満
重視度50％以上	フロント・ロビーの印象の良さ（心理コスト467円 重視度75.5％）駅利便性（心理コスト542円 重視度81.5％）目的地からの距離（心理コスト519円 重視度83.5％）スタッフサービス力の高さ（心理コスト489円 重視度63％）バスルームの清潔感と快適（心理コスト485円 重視度88％）シャワーブースの有無（心理コスト478円 重視度53％）滞在時の安心感（心理コスト479円 重視度81％）客室の広さ（心理コスト585円 重視度63.5％）客室の清潔感（心理コスト475円 重視度88％）免震構造等耐震補強（心理コスト458円 重視度74％）十分なコンセントの数（心理コスト457円 重視度51.5％）	車利便性（心理コスト429円 重視度53％）(朝食）選ぶ楽しみのある品数（心理コスト432円 重視度69％）(朝食）地元の地産品重視（心理コスト408円 重視度50％）(朝食）選ぶ楽しみのあるパン（心理コスト364円 重視度65.5％）完全に禁煙化した客室（心理コスト425円 重視度64.5％）見なえいところではあるが、徹底した防犯防災体制（心理コスト397円 重視度72％）ネット環境（Wi-Fi、LAN接続）の快適性（心理コスト397円 重視度63.5％）	待ち合わせや使いやすいロビーラウンジ（心理コスト333円 重視度50.5％）自動販売機（心理コスト330円 重視度50.5％）(朝食）選ぶ楽しみのあるドリンク（心理コスト347円 重視度68.5％）(朝食）選ぶ楽しみのあるフルーツ（心理コスト333円 重視度62％）気持ちの良いナイトウェア（心理コスト327円 重視度58.5％）気持ちの良いバスルームリネン（タオル）（心理コスト333円 重視度79％）安心感、一定のグレード感あるバスルームアメニティ（歯ブラシセット等）（心理コスト339円 重視度75％）
重視度25％～50％	ホテルブランドとしての知名度（心理コスト456円 重視度31.5％）スパ、フィットネスの利用（心理コスト572円 重視度26％）夕食提供の有無と充実感（心理コスト749円 重視度46.5％）(朝食）カロリー表示の徹底（心理コスト455円 重視度25.5％）素晴らしい客室からの眺望（心理コスト502円 重視度44.5％）	駐車場の充実度、駐車しやすさ（心理コスト395円 重視度44.5％）印象のよい車寄せ（心理コスト405円 重視度32％）何らかのポイント還元や得点制度（心理コスト410円 重視度44％）観光対策の充実度（心理コスト420円 重視度38％）客室まで丁寧な案内（アテンド）（心理コスト414円 重視度37％）充実した貸出品（客室）（心理コスト395円 重視度38％）(朝食）徹底した産地表示の安心感（心理コスト407円 重視度42.5％）バリヤフリー等高齢者、身障者対策（心理コスト433円 重視度28％）(朝食）食材表示（アレルギー対策）の徹底（心理コスト443円 重視度30.5％）大浴場と温泉の有無（心理コスト404円 重視度45％）天然温泉である大浴場の有無（心理コスト440円 重視度39％）ベッドカバーではなく清潔感あるデュベスタイル（純白の羽毛布団）（心理コスト385円 重視度43.5％）バスタブと独立したシャワーブース（心理コスト437円 重視度39.5％）客室の家具のグレード（心理コスト418円 重視度31％）清掃担当者のサインがある（心理コスト385円 重視度33％）質感の高いティーセット（販売で買うこともできる）（心理コスト420円 重視度25.5％）客層の統一感（心理コスト425円 重視度32.5％）自身の周辺親族、環境に合致した客層（心理コスト388円 重視度27％）	ドライヤーの強度と快適性（心理コスト324円 重視度48％）使いやすいコインランドリー（心理コスト295円 重視度25％）自由に選べる日系新聞サービス（心理コスト317円 重視度33％）
重視度25％未満	外資系ホテルブランド（心理コスト560円 重視度8.5％）アミューズメント施設の充実や他施設との提携（心理コスト488円 重視度22％）託児所、キッズルーム（心理コスト618円 重視度10.5％）様々な人と出会いのあるスタンドバー（心理コスト521円 重視度9.5％）高級感、落ち着いたい雰囲気のバー・ラウンジ（心理コスト597円 重視度21％）(朝食）バイキング形式ではなく、和洋の定食で持ってきてもらう（心理コスト467円 重視度20％）自身と同じ年齢層である客層（心理コスト517円 重視度13.5％）	ホテルコンセプトに合致した客室内備え付け雑誌（心理コスト367円 重視度22.5％）アミューズメント（ペイテレビ、ビデオオンデマンド）（心理コスト370円 重視度21.5％）自身が目標とする客層（心理コスト429円 重視度19％）自身の社会性（地位等）と整合する客層（心理コスト438円 重視度21.5％）自身と同じ価値観を有する客層（心理コスト426円 重視度24.5％）夜間仕事ができるビジネスセンター（心理コスト432円 重視度16.5％）	ホテルコンセプトに合致した音楽（CD等）の備え付け（心理コスト309円 重視度17％）海外新聞サービス（心理コスト300円 重視度4.5％）客室で聞けるオーディオ機材（心理コスト341円 重視度22％）

6章

シティホテル

	純心理コスト450円以上	純心理コスト350円以上、450円未満	純心理コスト350円未満
重視度50％以上	フロント・ロビーの印象の良さ（心理コスト458円 重視度62％）駅利便性（心理コスト491円 重視度65.5％）目的地からの距離（心理コスト495円 重視度70％）バスルームの清潔感と快適（心理コスト452円 重視度72％）（朝食）選ぶ楽しみのある品数（心理コスト485円 重視度62.5％）滞在時の安心感（心理コスト476円 重視度62％）客室の広さ（心理コスト513円 重視度59％）客室の清潔感（心理コスト473円 重視度74％）完全に禁煙化した客室（心理コスト459円 重視度58.5％）免震構造等耐震補強（心理コスト457円 重視度61.5％）	スタッフサービス力の高さ（心理コスト434円 重視度50％）（朝食）選ぶ楽しみのあるパン（心理コスト395円 重視度57.5％）（朝食）選ぶ楽しみのあるドリンク（心理コスト379円 重視度59％）（朝食）選ぶ楽しみのあるフルーツ（心理コスト385円 重視度56.5％）気持ちの良いナイトウェア（心理コスト364円 重視度51.5％）気持ちの良いバスルームリネン（タオル）（心理コスト368円 重視度62％）安心感、一定のグレード感あるバスルームアメニティ（歯ブラシセット等）（心理コスト363円 重視度61.5％）見なえいところではあるが、徹底した防犯防災体制（心理コスト408円 重視度59％）	—
重視度25％～50％	ホテルブランドとしての知名度（心理コスト483円 重視度29.5％）充実した貸出品（客室）（心理コスト452円 重視度28％）スパ、フィットネスの利用（心理コスト516円 重視度26％）夕食提供の有無と充実度（心理コスト655円 重視度42％）バスタブと独立したシャワーブース（心理コスト463円 重視度36％）清掃担当者のサインがある（心理コスト500円 重視度26.5％）素晴らしい客室からの眺望（心理コスト497円 重視度46.5％）十分なコンセントの数（心理コスト456円 重視度33％）	待ち合わせや使いやすいロビーラウンジ（心理コスト430円 重視度42％）車利便性（心理コスト421円 重視度44％）印象のよい車寄せ（心理コスト350円 重視度26.5％）何らかのポイント還元や得点制度（心理コスト413円 重視度33％）観光対策の充実度（心理コスト431円 重視度30％）客室まで丁寧な案内（アテンド）（心理コスト435円 重視度28.5％）シャワーブースの有無（心理コスト400円 重視度38％）地元の地産品重視（心理コスト409円 重視度42％）（朝食）徹底した産地表示の安心感（心理コスト420円 重視度33.5％）（朝食）食材表示（アレルギー対策）の徹底（心理コスト438円 重視度27％）大浴場と温泉の有無（心理コスト411円 重視度39.5％）天然温泉である大浴場の有無（心理コスト446円 重視度39％）ベッドカバーでは清潔感あるデュベスタイル（純白の羽毛布団）（心理コスト350円 重視度36.5％）客室の家具のグレード（心理コスト400円 重視度27.5％）ネット環境（Wi-Fi、LAN接続）の快適性（心理コスト378円 重視度42.5％）	駐車場の充実度、駐車しやすさ（心理コスト327円 重視度35％）自動販売機（心理コスト288円 重視度33.5％）ドライヤーの強度と快適性（心理コスト330円 重視度32％）自由に選べる日系新聞サービス（心理コスト325円 重視度29％）
重視度25％未満	外資系ホテルブランド（心理コスト561円 重視度8％）アミューズメント施設の充実や他施設との提携（心理コスト459円 重視度22％）託児所、キッズルーム（心理コスト532円 重視度9％）様々な人と出会いのあるスタンドバー（心理コスト555円 重視度10.5％）高級感、落ち着きたいい雰囲気のバー・ラウンジ（心理コスト586円 重視度15.5％）（朝食）カロリー表示の徹底（心理コスト500円 重視度24％）（朝食）バイキング形式ではなく、和洋の定食で持ってきてもらう（心理コスト465円 重視度23.5％）	ホテルコンセプトに合致した音楽（CD等）の備え付け（心理コスト394円 重視度13％）アミューズメント（ペイテレビ、ビデオオンデマンド）（心理コスト410円 重視度13.5％）海外新聞サービス（心理コスト423円 重視度8.5％）バリアフリー等高齢者、身障者対策（心理コスト429円 重視度24.5％）客室で聞けるオーディオ機材（心理コスト409円 重視度17％）質感の高いティーセット（販売で買うこともできる）（心理コスト437円 重視度20％）客層の統一感（心理コスト389円 重視度19.5％）自身が目標とする客層（心理コスト436円 重視度12.5％）自身の周辺親族、環境に合致した客層（心理コスト406円 重視度17％）自身と同じ年齢層である客層（心理コスト420円 重視度16％）自身と同じ価値観を有する客層（心理コスト359円 重視度16％）自身と同じ社会性（地位等）と整合する客層（心理コスト429円 重視度9.5％）夜間仕事ができるビジネスセンター（心理コスト433円 重視度9.5％）	ホテルコンセプトに合致した客室内備え付け雑誌（心理コスト306円 重視度14％）使いやすいコインランドリー（心理コスト286円 重視度17％）

リゾートホテル

	純心理コスト450円以上	純心理コスト350円以上、450円未満	純心理コスト350円未満
重視度50％以上	フロント・ロビーの印象の良さ（心理コスト469円 重視度62%）目的地からの距離（心理コスト512円 重視度61.5%）スタッフサービス力の高さ（心理コスト477円 重視度61.5%）観光対策の充実度（心理コスト505円 重視度50.5%）バスルームの清潔感と快適（心理コスト458円 重視度74.5%）夕食提供の有無と充実感（心理コスト709円 重視度62%）（朝食）選ぶ楽しみのある品数（心理コスト507円 重視度71.5%）（朝食）地元の地産品重視（心理コスト489円 重視度54.5%）滞在時の安心感（心理コスト551円 重視度64.5%）客室の広さ（心理コスト545円 重視度69%）大浴場と温泉の有無（心理コスト517円 重視度63.5%）天然温泉である大浴場の有無（心理コスト502円 重視度60.5%）客室の清潔感（心理コスト489円 重視度74.5%）完全に禁煙化した客室（心理コスト484円 重視度56.5%）免震構造等耐震補強（心理コスト526円 重視度60%）素晴らしい客室からの眺望（心理コスト538円 重視度68%）	（朝食）選ぶ楽しみのあるパン（心理コスト437円 重視度62%）（朝食）選ぶ楽しみのあるドリンク（心理コスト410円 重視度63.5%）（朝食）選ぶ楽しみのあるフルーツ（心理コスト413円 重視度62.5%）気持ちの良いナイトウェア（心理コスト398円 重視度54.5%）気持ちの良いバスルームリネン（タオル）（心理コスト388円 重視度66.5%）安心感、一定のグレード感あるバスルームアメニティ（歯ブラシセット等）（心理コスト420円 重視度63%）見えないところではあるが、徹底した防犯防災体制（心理コスト429円 重視度65%）	ー
重視度25％〜50％	待ち合わせや使いやすいロビーラウンジ（心理コスト457円 重視度40.5%）車利便性（心理コスト460円 重視度49%）ホテルブランドとしての知名度（心理コスト494円 重視度27%）充実した貸出品（客室）（心理コスト472円 重視度43.5%）スパ、フィットネスの利用（心理コスト555円 重視度32.5%）（朝食）バイキング形式ではなく、和洋の定食で持ってきてもらう（心理コスト473円 重視度25%）バリアフリー等高齢者、身障者対策（心理コスト456円 重視度27.5%）ベッドカバーではなく清潔感あるデュべスタイル（純白の羽毛布団）（心理コスト450円 重視度40%）バスタブと独立したシャワーブース（心理コスト558円 重視度37.5%）客室の家具のグレード（心理コスト471円 重視度39.5%）	駅利便性（心理コスト418円 重視度39%）駐車場の充実度、駐車しやすさ（心理コスト429円 重視度45.5%）印象のよい車寄せ（心理コスト436円 重視度36%）何らかのポイント還元や得点制度（心理コスト396円 重視度32%）アミューズメント施設の充実や他施設との提携（心理コスト419円 重視度31.5%）客室まで丁寧な案内（アテンド）（心理コスト426円 重視度33%）シャワーブースの有無（心理コスト435円 重視度41.5%）（朝食）カロリー表示の徹底（心理コスト432円 重視度25%）（朝食）徹底した産地表示の安心感（心理コスト423円 重視度42.5%）食材表示（アレルギー対策）の徹底（心理コスト429円 重視度27%）ドライヤーの強度と快適性（心理コスト364円 重視度38%）客室の統一感（心理コスト422円 重視度28.5%）ネット環境(Wi-Fi、LAN接続)の快適性（心理コスト359円 重視度37%）十分なコンセントの数（心理コスト367円 重視度33.5%）	自動販売機（心理コスト348円 重視度32.5%）
重視度25％未満	外資系ホテルブランド（心理コスト471円 重視度9%）託児所、キッズルーム（心理コスト531円 重視度10.5%）様々な人と出会いのあるスタンドバー（心理コスト504円 重視度13.5%）高級感、落ち着きいたい雰囲気のバー・ラウンジ（心理コスト551円 重視度20%）海外新聞サービス（心理コスト469円 重視度7.5%）	ホテルコンセプトに合致した客室内備え付け雑誌（心理コスト374円 重視度13.5%）ホテルコンセプトに合致した音楽（CD等）の備え付け（心理コスト426円 重視度14.5%）アミューズメント（ペイテレビ、ビデオオンデマンド）（心理コスト433円 重視度16%）客室で聞けるオーディオ機材（心理コスト382円 重視度16.5%）清掃担当者のサインがある（心理コスト359円 重視度24.5%）質感の高いティーセット（販売で買うこともできる）（心理コスト409円 重視度23%）自身が目標とする客層（心理コスト350円 重視度16.5%）自身の周辺親族、環境に合致した客層（心理コスト360円 重視度21%）自身の社会性（地位等）と整合する客層（心理コスト369円 重視度15.5%）自身と同じ価値観を有する客層（心理コスト428円 重視度17.5%）自身と同じ年齢層である客層（心理コスト353円 重視度9.5%）夜間仕事ができるビジネスセンター（心理コスト382円 重視度7.5%）	使いやすいコインランドリー（心理コスト298円 重視度21.5%）自由に選べる日系新聞サービス（心理コスト348円 重視度24.5%）

6章

フロント・ロビーについて

「フロント・ロビーの印象の良さ」は、各ホテルカテゴリーで重視されていました。ビジネスホテルでは、約75％の回答者が「大変重視する～やや重視する」と答えています。シティホテルやリゾートホテルでも約62％の利用者が重視するとの結果でした。純心理コストを見ると、重視度とは逆にビジネスホテルが467円、シティホテルで458円、リゾートホテルは869円とビジネスホテルでは低く、全体的に金額はそれほど高い評価を得ていませんが、重視度では傑出しています。ビジネスホテルの重視度が高い理由は、シティホテル、リゾートホテルでは評価する他要素も多い一方で、ビジネスホテルは部門が限定的であることから、客室等とわせてこのフロント・ロビーの印象に注目を集めやすいからなのかもしれません。

「ロビーラウンジ」の重視度は、ビジネスホテルが約50％、シティホテルで42％、リゾートホテルは40％でした。ロビーラウンジと言えば、シティホテルでの利用が思い浮かびますが、ビジネスホテルでは商用ミーティング等の打ち合わせスペースとして重視されている可能性があります。純心理コストは、ビジネスホテルが333円、シティホテルで430円、リゾートホテルは457円という結果でした。

ロケーションについて

「駅利便性」に関する重視度は、ビジネスホテルで全体の81.5％が「大変重視する～やや重視する」とやはり傑出しています。シティホテルでも65％が重視していました。一方でリゾートホテルでは39％とそれほど高く重視されていません。「大変重視する」人だけ見ますと、ビジネスホテルで約40％、シティホテルで20％、リゾートホテルでは13％と、ビジネスホテル利用者にとって駅利便性が大変重要と認識されている様子が窺えます。リゾートホテルではむしろ他のサービス要素が重要なのでしょう。純心理コストを見ると、ビジネスホテルが542円、シティホテルで491円、リゾートホテルは418円と、ビジネスホテルの純心理コストも高いという結果でした。

「目的地からの距離」では、ビジネスホテルが83.5％、シティホテルで72％、リ

ゾートホテルは 61.5％の人が「大変重視する〜やや重視する」と答えています。また「大変重視する」人だけ取ってみれば、ビジネスホテルでは 40％、シティホテル、リゾートホテルでは 26％程度と、シティホテル、リゾートホテルでも高く評価されています。純心理コストでも、駅利便性より高く、ビジネスホテルが 519 円、シティホテル 495 円、レジャー 167 円でした。駅からの利便性はホテルにとって重要要素であるのは確かですが、この目的地からの距離に関しても意識しておく必要がありそうです。それだけで価格の下支えができる可能性があります。

「車利便性」は全体的に約半数の人が重視しています。純心理コストはビジネスホテルが 429 円、シティホテルで 421 円、レジャーホテルは 460 円と駅利便性と比べると受容力が低いという結果でした。

つまり、駅利便性に劣り、さらに目的地利便性にも劣る場合には、別途十分な差別化が求められ、あるいは、コスト優位性があり高い価格競争力があること等を備えておく必要がありそうです。

ホテルのブランドについて

「ホテルブランドとしての知名度」はそれほど重視度が高くないという結果でした（※上記「留意点」をご参照）。結果をそのまま解釈するとすれば、むしろ実際のサービスの良し悪しが重要なのかもしれません。ただし、ビジネスホテルでは、シティホテルやリゾートホテル以上にブランド知名度を重視する人が多い点には注目が必要です。事前の選択時に、あまり考えたくないという、ホテル選択時のストレスを避けたいという想いがが影響しているのかもしれません。ただし、ビジネスホテルのそれら純心理コストは他のホテルカテゴリーより低く、ビジネスホテルが 456 円、シティホテルで 483 円、リゾートホテルは 494 円という結果でした。

「外資系ホテルブランド」であるか否かについても全体的にあまり重視されていないという結果でした（※上記「留意点」をご参照）。もちろん組織運営がしっかりとしたホテルチェーンであれば、サービスに一貫性もあれば、結果として高いパフォーマンスを獲得するでしょうから、もちろんブランド効果が見込まれないということではありません。今回は国内でのホテル利用を想定した調査でもあり、ブランドよりむし

ろ「実際のサービスはどうなのか」という実質面が求められているのかもしれません。「ホテル・コンセプトに合致した客室内備え付け雑誌」については、全体的に「大変重視する」という人は少ないものの、「やや重視する人」は、ビジネスホテルで約20％、シティホテルで12％、リゾートホテルで9％でした。リゾートホテルでは、「大変重視する」という人が4.5％ありました。「ホテル・コンセプトに合致した備え付け雑誌」の心理コストは、ビジネスホテルが367円、シティホテルで306円、レジャーホテルは374円でした。重要度では意識に上がりづらいものの、なんとなく一定の費用を負担してでも設置されていると良いと考えているのかもしれません。

「ホテル・コンセプトに合致した音楽（CD等）の備え付け」については、ビジネスホテルでは「大変重視する〜やや重視する」で約17％の人が重視すると回答しています。シティホテルが13％、リゾートホテルで14.5％でした。リゾートホテルでは「雑誌」同様他より多く4.5％が「大変重視する」と答えています。客室内の「音楽」の純心理コストはビジネスホテルが309円、シティホテルで394円、レジャーホテルは426円でした。仮にコストを抑えて設置することができるのであれば、ある程度の効果が見込まれのかもしれません。

人的サービス力について

「スタッフサービスの高さ」については、すべてのホテルカテゴリーで過半数以上の人が重視しています。重視度ではビジネスホテル63％、シティホテル50％、リゾートホテル61.5％でした。ビジネスホテルでも、スタッフのサービス力が高く評価されています。純心理コストでは、リゾートホテルが高く477円（28％の回答者が追加費用負担と受容）、ビジネスホテルで489円（25％が追加費用負担を受容）、シティホテルで434円（30％が追加費用負担を受容）でした。シティホテルでは純心理コストが相対的にやや低い結果でしたが、高い人的サービスが当然と取り扱われている、つまりそれに対する対価は支払済みという意味を含んでいる可能性があります。又、ビジネスホテルでは、高い人的サービスがあれば、意外性があるという意味で重視度が高く、またそれに対しては追加費用負担も受容しています。リゾートホテルについては、より高い追加費用を支払うレベル、つまり高いレベルの人的サービスが求

められているのでしょう。

駐車場及び車寄せについて

「駐車場の充実度、駐車しやすさ」については、車利用の多いリゾートホテルで重視度が高く 45.5％の人が重視しています。次いでビジネスホテルが 44.5％、シティホテルで 35％でした。全般的に「大変重視する」という人は少なく、「やや重視する人」が大半を占めています。純心理コストもビジネスホテルの平均値で 395 円（19％が追加費用負担を受容）、シティホテルで 327 円（20.5％が追加費用負担を受容）、リゾートホテルは 429 円（17％が追加費用負担を受容）でした。重視度は高く、費用負担がやや低い、つまり当該サービスは具備されて当然と考えられている可能性があります。

次に「印象のよい車寄せ」についてですが（宴会利用は考慮外）、重視度はビジネスホテルが 32％（内大変重視するが 7％）、シティホテルで 26.5％（同 6.5％）、リゾートホテルは 36％（同 9.5％）です。純心理コストではビジネスホテルが 405 円、シティホテルで 350 円、リゾートホテルで 436 円でした。一定の重視度があり費用負担が低い、これもつまりある程度具備されていて当然と考えられているのかもしれません。

「チェックイン・キオスク」の効果

まずは、チェックイン、チェックアウト時の自動清算機（チェックイン・キオスク）の導入について、その効果を検討してみたいと思います。フロントカウンターでの対面接客が必要となるホテルにとって、ある程度の客室規模を有するホテルでないと、費用対効果としてあまり意味がないようにも思える「チェックイン・キオスク」ですが、顧客側の視点から見てみますと、一定の効果が期待できる可能性があります。以下ではこれまでと同様に、全国の男女 200 名を対象とし、ホテル利用時におけるサービスに対して、「絶対にほしい」、「あるとうれしい」、「どちらでもない」、「必要ない」の 4 択設問方式を採用した調査結果を別途ご紹介します。「チェックイン・キ

オスク」について、「絶対にほしい」という人は、全体の6%に過ぎません。そもそも馴染みもないことから、あまり期待もしていないのかもしれません。ただし、「あるとうれしい」という人は38.5%に及びます。特にビジネスホテルでは、自ら進んで訪れたというより、仕事上の理由からホテルを利用し、また、仕事を終えた後、疲れた体でチェックインする顧客心理が背景に浮かびます。チェックイン時だけではなく、チェックアウト時においても、知らない場所で駅から近いホテルを利用しているような場合、なるべく早くホテルから目的地に向かいたいのではないでしょうか。「チェックイン・キオスク」から連想される「効率的に人が動く空間」が、「あればうれしい」と答えさせているようにも思えます。このようにチェックイン時だけではなく、チェックアウト時においても、フロントカウンター前で、処理を待つような無駄な時間をできるだけ省きたいという思いが、「あるとうれしい」と答えさせているのかもしれません。ただし、設置する場合には、その配置等ホテル側の十分な配慮も必要です。取扱い方がよくわからず、スタッフに聞こうとしても、設置されている場所がフロントカウンターから離れているような場合には、むしろ逆効果となりかねないはずです。

「柔軟なチェックイン、アウト時間の設定」

次に「柔軟なチェックイン、アウト時間の設定」について検討してみます。チェックインからチェックアウトという販売時間の設定は、清掃等の運営体制にも影響を与えることから、基本的には、顧客の行動パターンに合致し、運営体制や客室規模等に合わせた適切な時間設定が必要ではありますが、弊社の調査では、「絶対ほしい」という人が26%、「あるとうれしい」と答えた人が58.5%と、なんと84.5%もの人が肯定的に評価していました。柔軟な時間設定を織り込んだ、選択の幅あるプランがあれば、顧客の個別ニーズに丁寧に対応でき、その結果「顧客への配慮」という「光」を放ちます。早朝プランでは、朝食時間もそれに合わせた提供が必要でしょうし、単に、時間を配分するだけでは、これも逆効果ということになりかねません。朝食サービスやその他関連サービスも丁寧に織り込まれたプラン造成ができれば、大きな差別化要因ともなる可能性があります。

「無料ミネラルウォーター」等その他戦略アイテム

　客室に設置される「無料ミネラルウォーター」には、どれほど効果があるのでしょう。これも、「チェックインやアウト時間の柔軟な設定」と同様、顧客満足度の引上げに繋がる可能性のある重要アイテムです。「絶対にほしい」という人が20.5%ですが、「あるとうれしい」という人の割合は58%に及び、合計78.5%の人が肯定的に評価しています。

「無料コーヒーサービス」についても、同様で、合計で78.5%の人が肯定的に評価しています。「チェックイン・キオスク」でも触れましたように、ビジネスホテルを利用する顧客の多くが、疲れた体でチェックインするケースが多いことも背景にあるのかもしれません。ホッと一息、気持ちを入れ替える効果があるのでしょう。

「夕食チケット（提携先レストランでの割引券）」も評価が高いサービスと言えます。合計74.5%の人が肯定的に評価していました。また最近では多くのホテルで利用できる客室内Wi-Fiサービスについても高評価が期待できます。合計で66%の人が肯定的に評価していました。

　このように見てみますと、結局は「おもてなし」、つまり顧客の潜在心理を的確に把握したサービスの提供が、顧客の心理を的確に捉えた「おもてなし」サービスとして心に響くことで、顧客から高い評価を得ているのでしょう。

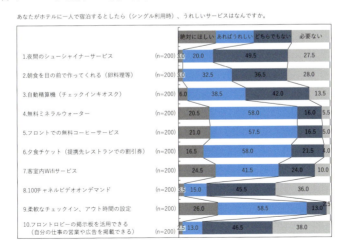

「和室」があれば利用したいか否か

　もし「和室」があれば利用したいか否か、またどのようなサービスがあれば利用したいと感じるかについて調査した結果も併せてご紹介します。ビジネス利用を前提とした場合、「和室」があると、「是非利用したい」と回答した人の比率が10.5%、逆に「あまり利用したくない」が15.5%、「利用したくない」という人が9.5%でした。「和室」ということだけで利用者が見込めるわけではないことが分かります。ちなみに、観光目的の場合は「是非利用したい」が21.5%、「あまり利用したくない」が10%、「利用したくない」が2.5%です。次に、「ベッドがあれば和室を利用したい」が11%、「執務空間が整っていれば和室を利用したい」が6.5%です。一番多い回答が「和室／洋室どちらでもよい」で34.5%という結果でした。例えば、ベッドを用意し、作業がし易いライティングデスクに替る設備を有していれば、合計で28%の人が「和室」に対する積極的な潜在顧客と言えます。

あなたが仕事でホテルを利用するとした場合、和室があれば利用したいですか。
最もあてはまるものをお答えください。

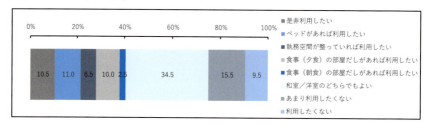

ホテルの各種サービスについて

　以下では再度、先の「重視度」及び「純心理コスト」に関する調査結果に戻ります。「何らかのポイント還元や得点制度」についての質問では、ビジネスホテルで重視度が高く44%（内大変重視する人が13.5%です）、シティホテルで33%（同9%）、リゾートホテルが32%（同10.5%）という結果でした。やはりビジネスホテルでは個人への還元となるポイント制に対して高いニーズがあるようです。大半は「やや重視する」という人ではありますが、シティホテル、リゾートホテルでも有用なサービスか

もしれません。

「アミューズメント（ペイテレビ、ビデオオンデマンド）」については、それほど重視されておらず、ビジネスホテルで重視度21.5%（内大変重視する人が5.5%）、シティホテルで13.5%（同3%）、リゾートホテルが16%（同4.5%）でした。純心理コストでは、ビジネスホテルが370円（21.5%が追加費用負担を受容）、シティホテルで410円（14.5%が追加費用負担を受容）、リゾートホテルは433円（10.5%が追加費用負担を受容）です。

「自動販売機」の重視度は50.5%と半数以上の人が重視しています。ただしその内「大変重視する」と答えた人の数は8.5%とそれ程高くはなく、「やや重視する」という人が大半を占めています。シティホテル、リゾートホテルでは重視度33.5%（同5.5%）、32.5%（同8.0%）でした。シティホテル、リゾートホテルではアウトレットも充実していることから、ビジネスホテルでポイントとなりそうです。ただし、純心理コストは低く、ビジネスホテルが330円、シティホテルで288円、リゾートホテルは348円ですので、ビジネスホテルでは具備されていて当然であり、またシティホテル、リゾートホテルでは費用対効果から留意が必要と言えます。

「観光対策の充実度」については、リゾートホテルでは重視度50.5%（内大変重視する人の割合は16.5%）、純心理コストは505円でした。ビジネスホテルでは重視度38%、シティホテルで30%です。純心理コストはビジネスホテルが420円、シティホテルで431円という結果でした。

「アミューズメント施設の充実度や他施設との提携」についてはやはり特にリゾートホテルでニーズが強く、重視度は31.5%、純心理コストで419円でした。ビジネスホテル、シティホテルの重視度は22%で、純心理コストはビジネスホテルが488円、シティホテルで459円という結果でした。ビジネスホテル、シティホテルでは費用対効果の観点から留意が必要という結果でした。リゾートホテルでは、適切なターゲティングに基づき的確な判断が求められます。

「充実した貸出品（客室）」については、リゾートホテルで重視度43.5%、純心理コスト472円、ビジネスホテルで重視度38%、心理コストが395円、シティホテルで重視度28%、純心理コストが452円という結果です。リゾートホテルでは差別化要素となる可能性も秘めていますが、適切なターゲティングから費用対効果に十分に留

意が必要な項目と言えます。

「客室までの丁寧な案内（アテンド）」については、重視度はビジネスホテルが 37％、シティホテルで 28.5％、リゾートホテルは 33％、純心理コストはビジネスホテルが 414 円、シティホテルで 435 円、リゾートホテルは 426 円という結果でした。

バスルームについて

「バスルームの清潔感と快適性」は、やはり非常に高い「重視度」が見られます。ビジネスホテルが 88％、シティホテルで 72％、リゾートホテルは 74.5％という結果でした。また「純心理コスト」でもビジネスホテルが 485 円、シティホテルで 452 円、リゾートホテルは 458 円でした。

「シャワーブースの有無」の「重視度」は、ビジネスホテルで 53％と高いものの、シティホテル、リゾートホテルではビジネスホテルに比べてやや低く、38％、41.5％という結果でした。もちろん喜ばれる施設ではあるのですが、「純心理コスト」はビジネスホテルが 478 円、シティホテルで 400、リゾートホテルで 435 円という結果でした。

託児所、キッズルームについて

「託児所、キッズルームの有無」については、すべてのカテゴリーで重視度は低く、ビジネスホテルが 10.5％、シティホテルで 9.0％、リゾートホテルは 10.5％という結果でした。本アンケートが 20 歳から 60 歳に「均等割り付け」、つまり広く調査していることから、小さな子供が一緒であれば、もちろんニーズはあるとは思いますが、少子化の影響もあるのでしょうか、支持率は総じてやや低いという印象です。「純心理コスト」ではビジネスホテルが 618 円（19.5％ が追加費用負担を受容）、シティホテル 532 円（17％ が追加費用負担を受容）、リゾートホテルは 531 円（18％ が追加費用負担を受容）という結果でした。

スパ、フィットネスについて

「スパ、フィットネスの利用可能性」については、約3割の人が重視しています（ビジネスホテルが26%、シティホテルで26%、シティホテルは32.5%でした）。「純心理コスト」ではビジネスホテルは572円、シティホテルで516円、リゾートホテルで555円でした。

新奇性について

　新奇性に関する施設・サービス内容については、例えば「様々な人と出会いのあるスダンド・バー」については、「重視度」が低く、ビジネスホテルで9.5%、シティホテル10.5%、リゾートホテル13.5%でした。「純心理コスト」については、ビジネスホテルが521円、シティホテルで555円、リゾートホテルは504円でした。一方で、「高級感がある雰囲気の良いバーラウンジ」については、ビジネスホテルで、「重視度」が21%でした。シティホテルで15.5%、リゾートホテルで20%という結果です。「純心理コスト」ではビジネスホテルが597円、シティホテルで586円、リゾートホテル108円という結果でした。
「海外新聞サービスの有無」については、平均値では、あまりニーズが確認できず、「重視度」で全体的に一桁台という結果でした。また「純心理コスト」では、ビジネスホテルが300円、シティホテルで423円、リゾートホテルは469円という結果でした。

食事について

　飲食（夕食）に関連する調査ですが、「夕食提供の有無と充実感」については、ビジネスホテルで「重視度」は46.5%、「純心理コスト」で749円という結果でした。これは館内で簡単に済ませたいというニーズの高さを反映しているのかもしれません。シティホテルで同42%、655円、リゾートホテルでは高く62%、709円でした。
　朝食に関してですが、まず、「選ぶ楽しみのある品数」については非常に「重視度」

が高く、ビジネスホテルが69％、シティホテルで62.5％、リゾートホテルは71.5％という結果でした。「純心理コスト」ではビジネスホテルが432円、シティホテルで485円、リゾートホテルは507円でした。「選ぶ」という行動は能動的な行動です。記憶でも「エピソード記憶」という実体験の裏付けがある記憶として長期に残りやすくなります。「選べる」ということが、強く記憶に残るという意味においてブランディング戦略としても活かせるかもしれません。

「選ぶ楽しみのあるパン類」については、「重視度」、「純心理コスト」それぞれ、ビジネスホテルが65.5％、364円、シティホテルで57.5％、395円、リゾートホテルは62％、437円でした。

「選ぶ楽しみのあるドリンク類」では、ビジネスホテルで68.5％、347円、シティホテルで59％、379円、リゾートホテルで63.5％、410円でした。

さらに「選べる楽しみのあるフルーツ類」については、ビジネスホテルが62％、333円、シティホテルで56.5％、385円、リゾートホテル62.5％、413円という結果でした。

「地元の地産品が豊富」については、「重視度」、「純心理コスト」それぞれ、ビジネスホテルが50％、408円、シティホテルで42％、409円、リゾートホテルは54.5％、489円という結果でした。「心理コスト」はそれほど高くはないものの、「重視度」ではそれなりにニーズがあります。

朝食の「カロリー表示の徹底」については、「重視度」、「純心理コスト」それぞれ、ビジネスホテルが25.5％、シティホテルで24％、リゾートホテルで25％ですので、4人に一人の割合で、情報を求めているようです。「純心理コスト」はビジネスホテルが455円、シティホテルで500円、リゾートホテルは432円という結果でした。

「徹底した産地表示の安心感」については、「重視度」、「純心理コスト」それぞれ、ビジネスホテルが42.5％、407円、シティホテルで33.5％、420円、リゾートホテルは42.5％、423円でした。

ビュッフェ形式での朝食提供が定番となる中、プレート提供のニーズを調査した結果、「バイキング形式ではなく、和洋食プレート」については、「重視度」、「純心理コスト」それぞれ、ビジネスホテルが20％、467円、シティホテルで23.5％、465円、リゾートホテルは25％、473円でした。

「食材表示の徹底（アレルギー対策）」については、アレルギー患者数が増加していることを背景にしているのかもしれませんが、全体的に「重視度」で4人に一人以上が求めています。ビジネスホテルで30.5％、シティホテル27％、リゾートホテル27％という結果でした。「純心理コスト」では、ビジネスホテルが443円、シティホテルで438円、リゾートホテルは429円という結果でした。

ビジネスホテルの客室について

　ビジネスホテルの客室について、「重視度」が高く（50％以上で過半数が重視）、「純心理コスト」も450円以上の項目を見ると、「安心感」、「広さ」、「清潔感」が上位に入ります。多く見られた震災の影響もあってか、免震構造であることも強く重視されているようです。また、「重視度」は50％以上と過半であるものの、「純心理コスト」が相対的に低いもの（350円未満）では、ナイトウェアやリネン類、アメニティ類が挙げられます。その中間に位置する項目が、「100％禁煙」、「防犯防災体制」でした。
「重視度」は中程度ですが、「純心理コスト」が高い（450円以上）項目に、「眺望」が入ります。「重視度」は中程度で、「純心理コスト」が350円以上450円未満に「大浴場」、「デュベスタイル」が入ってきます。「重視度」、「純心理コスト」とも相対的に低い項目が、「オーディオ機材」という結果でした。その他、意外に「重視度」、「純心理コスト」とも高い項目に、「質感が高いティーセット（ホテルで購入可能）」がありました。
　安心感に繋がるサービスは、有料な経済価値として、十分に認知されているようです。また、「安心感」、「清潔感」等は、「居住性」に繋がる項目とも言え、重要な指標の1つなのかもしれません。

シティホテルの客室について

　シティホテルの客室項目についても、ビジネスホテルと同様の傾向が見られます。「安心感」、「清潔感」の評価が高いという結果でした。逆に、ビジネスホテルではそ

こまで評価されていなっかったもののシティホテルでは評価されている項目に「100％禁煙」があります。また、「ナイトウェア」や「リネン類」、「客室清掃係のサイン」についての金額評価もビジネスホテルより高くなっています。ビジネスホテルでは相対的に評価の低かった「オーディオ機材」については、シティホテルでは「重視度」は17％と低いものの、「純心理コスト」では409円と評価が高く、居住性とともに、快適性ニーズも高いという結果でした。

リゾートホテルの客室について

　リゾートホテルでは、さらに快適性が強く求められています。「大浴場の有無」、「天然温泉」、「素晴らしい客室からの眺望」について「重視度」、「純心理コスト」ともシティホテルよりさらに高いという結果でした。「デュベスタイル」も上昇、その他「客室の家具のグレード」についても、「純心理コスト」が高額化しています。一方で、「自由に選べる日系新聞サービス」は、シティホテルより低い評価となっており、非日常性が求められている結果と言えるのかもしれません。

社会性、客室機能性について

　ネット環境及びコンセント数に関しては、やはりビジネスホテルで特にニーズが高く、「ネット環境の快適性」の「重視度」については、ビジネスホテルが63.％、シティホテルで42.5％、リゾートホテルは37％という結果でした。「十分なコンセントの数」は、ビジネスホテルで51.5％、シティホテルで33％、リゾートホテル33.5％という結果です。「夜間仕事ができるビジネスセンター」については、ビジネスホテルの「重視度」で16.5％、シティホテルで9.5％、リゾートホテル7.5％でした。社会性に関する項目では「バリアフリー対応」について、ビジネスホテルの「重視度」で28％、シティホテル24.5％、リゾートホテル27.5％という結果でした。

客層について

「客層の統一感」については、ビジネスホテルで全体の32.5%の人が重要だと考えています。シティホテルで19.5%、リゾートホテルで28.5%でした。「純心理コスト」では、ビジネスホテルが425円、シティホテルで389円、リゾートホテルは422円という結果でした。どのような客層を望ましいと考えるかについては、「自身が目標とする客層イメージ」を望ましいと感じている人の割合は、ビジネスホテルが19%、シティホテルで12.5%、リゾートホテルは16.5%といずれもそれほど高くはないという結果でした。「自身の周辺親族、自身の環境に合致した客層」については、「重視度」がやや高く、ビジネスホテルが27%、シティホテルで17%、リゾートホテルは21%という結果です。また、「自身の社会的地位に合致した顧客」については、ビジネスホテルが21.5%、シティホテルで16%、リゾートホテルは15.5%という結果でした。「自身と同じ価値観」を有する客層を望ましいと感じる人は、ビジネスホテルが24.5%、シティホテルで16%、リゾートホテルは17.5%です。「自身と同じ年齢層」の客層については、ビジネスホテルが13.5%、シティホテルで9.5%、リゾートホテルは9.5%という結果でした。客層を重視しているという意味では、ホテルカテゴリーに拘わらず共通して言えるのですが、どのような客層を最も望ましいと考えているかは、判断は難しく、現時点では「背伸び」をせず、自身と同様の環境や価値観を持った人たちと同じホテルに泊まりたいという意識が強いようです。

客室アメニティに関する顧客ニーズ

　ビジネスホテルにおいても、快適性、機能性について高いニーズがあるようです。「高さ調整可能な椅子」（純心理コスト433円、重視度22%）、「空気清浄機」（純心理コスト312円、重視度53.5%）「快適性の高いライティングデスクの椅子」（純心理コスト269円、重視度52%）「トイレの温便座」（純心理コスト309円、重視度64.5%）、「電気スタンド」（純心理コスト243円、重視度45.5%）、「加湿器」（純心理コスト298円、重視度44.5%）、「消臭スプレー」（純心理コスト255円、重視度35%）、「マッサージ機」（心理コスト334円、重視度25%）という結果でした。

全国1,000名に対する「シャワーブース」評価(2014年インターネット調査)

　まずは、ビジネスユースや観光レジャーユース等の利用目的に関係なく、「バスタブよりシャワーブースがあればよいと思うか」否かについて、「強くそう思う」、「そう思う」、「どちらでもない」、「そう思わない」、「まったくそう思わない」の5段階に分けて調査しました。

「シャワーブース」に対する評価は、年齢層や男女別で差異が見られます。まず「強く思う」人と「そう思う」人、つまり肯定派と、「どちらでもない」という中立の人、また「そう思わない」人と「まったくそう思わない」人、つまり否定派のそれぞれを男女年齢別で見てみます。否定派が肯定派を上回っているのは60代男性層のみであり、総じて肯定派が否定派を上回っています。特に20代から30代の男性でその傾向が顕著です。また男性では、年齢が上昇するにつれて否定派が多くなりますが、女性では年齢が上昇するにつれ肯定派が若干増えるようです。

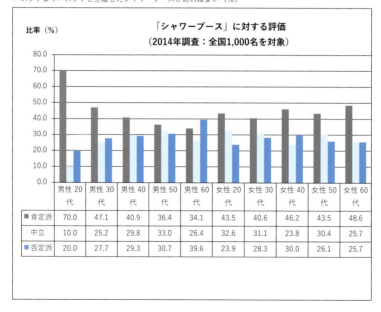

ホテルカテゴリー別「シャワーブース」評価(2013年全国200名インターネット調査)

　ただし、ホテルを利用する目的別で「シャワーブース」の評価は異なるはずです。ビジネスホテル、シティホテル、リゾートホテルのそれぞれについて「シャワーブース」の評価を調べた結果は以下の通りです。

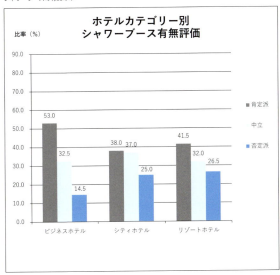

　各ホテルカテゴリー別の肯定派の比率を見てみますと、ビジネスホテルが53％、シティホテルで38％、リゾートホテルは41.5％でした。シティホテルやリゾートホテルでは否定派が増加している様子が窺えます。
　さらにホテルカテゴリー別の年齢男女セグメント別でみた「シャワーブース」評価を見てみます。

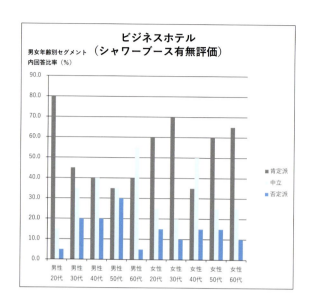

　ビジネスホテルでは、男女とも20代、30代からの支持が多く、また女性からはすべての年齢層で多くの支持を得ているようです。ビジネスホテルではそもそもバスタブ自体があまり利用されていないのかもしれません。「シャワーブース」に対する肯定意見が総じて多いようです。

　一方で、シティホテルやリゾートホテルでは、全体的には肯定派が否定派を上回りますがビジネスホテル程明確ではありません。また疲れを癒したい、リラックスしたい、という利用目的が背景にあるのでしょう、女性から否定意見も多く見られ、「バスタブ」ニーズを確認できます。

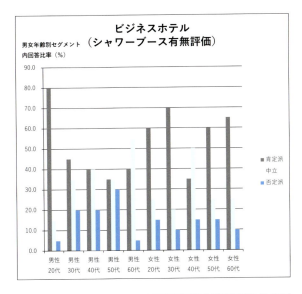

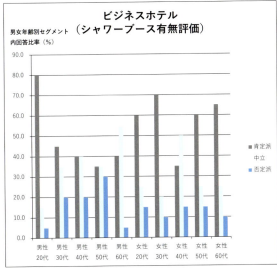

 以上の通り、「シャワーブース」に対する評価は、ホテルカテゴリー別で差異があるものの、総じて多くの人から支持されている様子が窺えます。特にビジネスホテル

でそれは顕著に見られます。一方で「バスタブ」には、ゆっくりと疲れをとる時間を提供することや、リラックスさせる機能等「シャワーブース」では提供できないような充実したホテル体験を提供することもできます。

「バスタブがあって当然」というのではなく、実際に利用される顧客の利用目的、その折の顧客の感情予測に照らして、どのようなホテル体験を提供すべきなのかを明確化したうえで、必要な機能性や設えを用意する必要があるということなのでしょう。

ビジネスホテル顧客ニーズ調査

　以下では、先に紹介しましたビジネスホテル・シティホテル・リゾートホテル別顧客ニーズ調査とは別の視点で2013年10月に実施したビジネスホテルに関する顧客宿泊需要の調査結果をご紹介したいと思います。本調査は全国25歳から64歳の男女1,000名に対して実施したインターネットアンケート調査の結果であり、ビジネス目的でホテルを利用する場合に、下記の11カテゴリー、合計100アイテムに対する付加価値額を調査したものです。11のカテゴリーとは①「ロケーション」、②「建物」、③「館内アウトレット」、④「客室及び客室アメニティ」、⑤「サービス」、⑥「接客」、⑦「知名度・ブランド」、⑧「駐車場」、⑨「朝食」、⑩「バスルーム及びバスルームアメニティ」、⑪「レストラン」を採用しています。

　回答者の属性は75.1%が男性、24.9%が女性でした。それぞれの年齢構成については以下の通りです。また地域別では東京都が全体の15.8%、神奈川県12%、大阪府7.9%、愛知県7.2%その他全国という構成でした。

	人	%
全体	1000	100.0
男性 25歳～34歳	205	20.5
男性 35歳～44歳	237	23.7
男性 45歳～54歳	185	18.5
男性 55歳～64歳	124	12.4
女性 25歳～34歳	84	8.4
女性 35歳～44歳	69	6.9
女性 45歳～54歳	57	5.7
女性 55歳～64歳	39	3.9

	人	%
全体	1000	100.0
宿泊を伴う出張がない	412	41.2
5,000円以下	92	9.2
5,001円～6,000円	156	15.6
6,001円～7,000円	139	13.9
7,001円～8,000円	106	10.6
8,001円～10,000円	80	8.0
10,001円以上	15	1.5

質問に使用した文章は以下の通りです。

「ビジネス出張で、ホテル（シングルルーム1泊7,000円〜8,000円程度のビジネスホテル）に宿泊することを想像してください"そのホテルに次に挙げたサービスや設備、アメニティ等がある場合、あなたはいくらぐらいの付加価値を感じるか教えてください。」

客室調査結果

まず客室に関する調査について、ここでは単純集計結果（総平均）を評価高低の序列にて整理しますと以下の通りです。

※先のホテルカテゴリー別「純心理コスト」は追加で支払ってもよいと答えた人のみの平均金額であり、支払いを享受しない人を含めた総返金地である本「付加価値金額」とは異なることに留意。

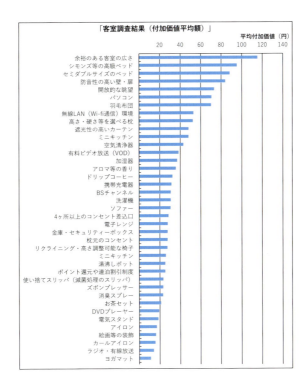

特に評価（感じる付加価値額）が高いものを見てみますと、「余裕のある客室の広さ」、「高級ベッド」、「セミダブルサイズのベッド」、「防音性の高い壁・扉」、「開放的な眺望」が70円以上となっています。「余裕のある客室の広さ」については、男性より女性から支持される傾向がありました。また年齢では全体的に45歳以上に受け入れられ易いという結果でした。男女年齢別で見ますと女性35歳～54歳からの支持が高いという結果です（女性35歳～54歳のセグメント内では約26％の人が301円以上と答えています）。また「高級ベッド」については、女性から支持される傾向があり、全体的に25歳から44歳から支持され易く、特に35歳から44歳の女性から支持される傾向があります（女性35歳～44歳のセグメント内では約23％の人が301円以上と答えている）。「セミダブルサイズのベッド」については、特に35歳から44歳の女性から支持され易いという結果でした（女性35歳～44歳のセグメント内では約19％の人が301円以上と答えている）。「遮音性」については、同じく女性からの支持がやや高く、45歳から54歳の女性から支持されています（女性45歳～54歳のセグメント内では約30％の人が301円以上と答えている）。「眺望」については、男性では55歳から64歳、また女性は35歳から54歳からの支持が高いという結果でした（男性55歳から64歳のセグメント内では約15％、また女性35歳から54歳では16％から20％の人が301円以上と答えています）。「有料放送（VOD）」については、女性93％、男性でも78.4％の人が不要ないしは0円との回答でした。「空気清浄機」については女性45歳から54歳で一定の支持が見込まれました。

　駅利便性や大浴場の有無、バスルームの規模等については別途ご紹介しますが、今回の「客室」については、やはり全体の中でも客室面積の付加価値額が高いという結果でした。客室の「遮音性」や「眺望」もある程度重視されているところを見ると、ビジネス目的とはいえ居住性、快適性も重視されているようです。また、男女別や年齢別で各アイテム間の評価に差異が見られました。マーケット内でのポジショニングやターゲット顧客を明確にすればするほど、より効果的な運営戦略に繋がります。

　以下参考までに総論とし「客室調査」に対する平均付加価値額をご紹介します。

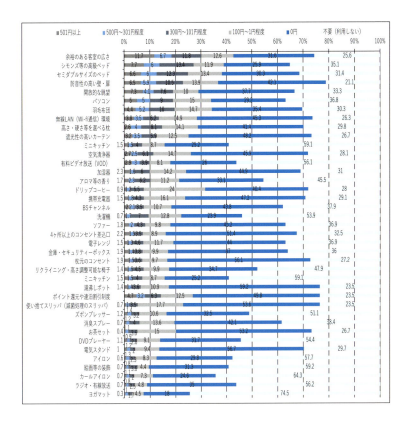

ビジネスホテルのロケーション、建物、設備

　上記ではビジネスホテルについて客室及び客室アメニティに対する顧客ニーズ調査結果をご紹介しましたが、以下では「ロケーション」、「建物」、「館内アウトレット」、「知名度・ブランド」、「駐車場」、「レストラン」、「バスルーム及バスルームアメニティ」に対する調査結果（顧客にとっての平均付加価値額）をご紹介したいと思います。質問に使用した文章は以下の通りです。

「ビジネス出張で、ホテル（シングルルーム1泊7,000円～8,000円程度のビジネスホテル）に宿泊することを想像してください"そのホテルに次に挙げたサービスや設備、アメニティ等がある場合、あなたはいくらぐらいの付加価値を感じるか教えてく

ださい。」

　まずは上記同様に単純集計結果を評価の高いものから序列にて整理しますと以下の通りです。

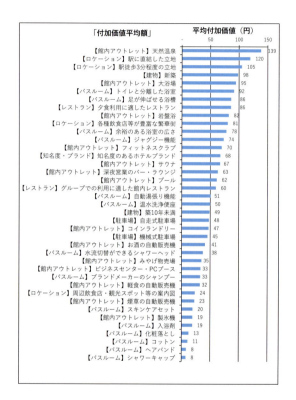

　特に評価（感じる付加価値額）が高かったものを見てみますと、「天然温泉」、「駅に直結した立地」、「駅徒歩３分程度の立地」、「（建物が）新築」、「大浴場」、「トイレと分離した浴室」、「足が伸ばせる浴槽」、「夕食利用に適したレストラン」、「岩盤浴」、「各種飲食店等が豊富な繁華街」、「余裕のある浴室の広さ」、「ジャグジー機能」、「フィットネス」が70円以上でした。

　これら高い評価を得ている項目について、男女年齢別のセグメント別評価を見てみますと、バスルームに関しては総じて壮年期女性からの支持が集まっているようです。301円以上の付加価値を感じると回答しているセグメントを見ますと、「トイレと分

離した浴室」では、35歳〜44歳の女性で約22%、「余裕のある浴室の広さ」では35歳から44歳の女性で約17.4%、「足が伸ばせる浴槽」では35歳から44歳の女性で20.3%、「ジャグジー」では35歳から44歳の女性で約18.8%の人が301円以上と回答しています。一方で「大浴場」については広い年齢層の男性から支持を受けており、35歳から64歳の男性では、セグメント内で平均15.3%の人が301円以上と回答しています。また「天然温泉」となりますと、今度は男女関係なく高い支持を得やすくなり、35歳から44歳の女性で約27.5%が301円以上と回答しています。「岩盤浴」では、女性からの支持が中心で年齢は「天然温泉」よりやや若年化し、25歳から34歳の女性から支持が得やすいようです（当該セグメント内では23.8%の人が301円以上と回答）。

「駅に直結した立地」では女性からの支持が高く、セグメント別では、25歳から34歳の女性で23.8%、35歳から44歳の女性で33.3%の人が301円以上と回答しています。「駅徒歩3分程度の立地」においても女性からの支持が相対的に高く、男性では25歳から34歳で20.4%、女性では25歳から44歳で約21.5%の人が301円以上と回答しています。「飲食店等店舗等が豊富な繁華街に近い立地」についても、女性からの支持が相対的に高く、また35歳から54歳と広い年齢層の女性から支持されているようです（35歳から44歳で20.3%、45歳から54歳で21.1%が301円以上と回答）。

「（建物が）新築」は、女性からの支持が相対的に高く、特に35歳から44歳の女性で29%の人が301円以上と回答しています。「個人の夕食利用に適したレストラン」は、女性からの支持がやや高く、セグメント別には55歳から64歳の男性では約20.2%が、また35歳から44歳の女性からは20.3%の人が301円以上と回答しています。「フィットネスクラブ」については、若干男性からの支持が高く、男性では約12%、女性では9.6%の人が301円以上と回答しています。

このように、年齢や男女別といったデモグラフィック属性でも異なる顧客ニーズ特性が浮かび上がります。顧客ニーズは時代の変化とともに常に変化の過程にあります。イールドコントロールが可能な客室構成としつつ、ターゲットとする顧客の行動特性や心理状況等に注目することで、個別ホテルのロケーションや設備水準を最大限に生かした運営に繋げることができるのではないでしょうか。

以下参考までに総論として各アイテムに対する平均付加価値額をご紹介します。

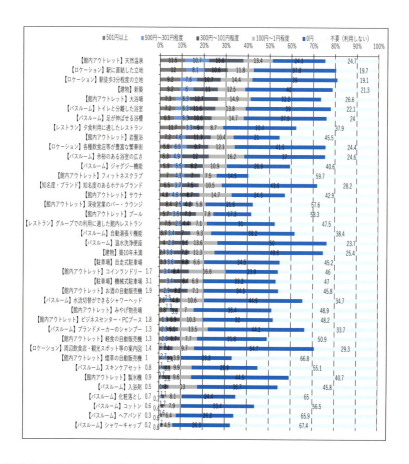

ビジネスホテルのサービス、朝食

　以下では「サービス」及び「朝食」に対する調査結果（顧客にとっての平均付加価値額）をご紹介したいと思います。

　「ビジネス出張で、ホテル（シングルルーム1泊7,000円～8,000円程度のビジネスホテル）に宿泊することを想像してください"そのホテルに次に挙げたサービスや設備、アメニティ等がある場合、あなたはいくらぐらいの付加価値を感じるか教えてください」

　まずはこれまでと同様に単純集計結果を評価の高いものから順に整理してみます。

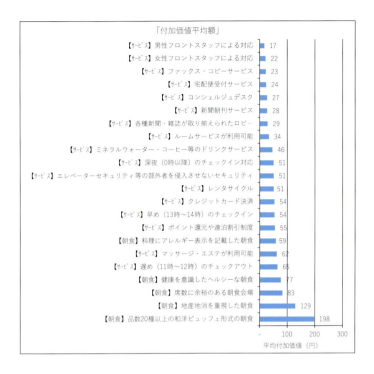

　特に評価（感じる付加価値額）が高かったものを見ますと、朝食に関しては「品数20種類以上の和洋ビュッフェ形式の朝食」、「地産地消を重視した朝食」、「席数に余裕のある朝食会場」、「健康を意識したヘルシーな朝食」の評価額が高く、サービスに関しては「遅めのチェックアウト」、「マッサージ・エステが利用可能」までが60円以上という結果でした。ソフト面に関しては総じて「朝食」に関するニーズが高く、付加価値額もこれまで見たものと比較して高く評価されていることが分かります。
「品数20種類以上の和洋ビュッフェ形式の朝食」については、男女とも高いニーズが見込まれます。男性では年齢層が高くなるほどニーズが高まります。総平均値では198円ですがセグメント別に301円以上と回答した人の比率を見ますと、男性では25歳から34歳で約28％、35歳から54歳で約37％、55歳から64歳で約42％、女性では、25歳から44歳で約39％、45歳から54歳で約45％、55歳から64歳で約41％という結果でした。「地産地消を重視した朝食」では女性からの支持が相対的に

高く、45歳から54歳の女性では約39%が301円以上と答えています。「席数に余裕のある朝食会場」では、男性は全体の13%、女性で12%が301円以上の付加価値を感じると答えています。「健康を意識したヘルシーな朝食」では女性からの支持が相対的に高く、男性は全体の11.2%、女性は15.7%が301円以上と答えています。また女性では25歳から34歳のセグメント内で19%が301円以上という回答でした。「遅め（11時〜12時）のチェックアウト」については、男性は全体の8.4%、女性は10.4%が301円以上の付加価値を感じると答えています。また女性では35歳から44歳で15.9%が301円以上と答えています。「マッサージ・エステが利用可能」については、男性は全体の9.3%、女性は14.1%が301円以上の付加価値を感じると答えています。また、女性では25歳から34歳のセグメントで約14.3%が301円以上の付加価値と答えています。

　以下参考までに上記各アイテムに対する平均付加価値額の水準別比率及び付加価値額60円以上のランキング上位アイテムをご紹介しますと以下と通りです。

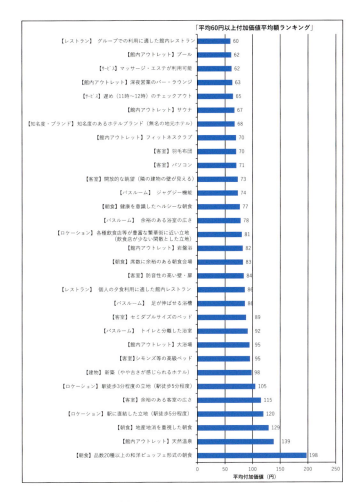

ビジネスホテル宿泊予算調査

　ビジネスホテルは、客室料金について、会社予算の制約を受ける場合が多いという側面があるものの、利益率の相対的に高い客室部門を中心としていることから、安定的なＧＯＰ比率を確保しているホテルが多く、採算性の観点から今後も競争の激化が予想されるセグメントの１つと言えます。そこで以下で、宿泊費用の負担方法（支払方法）や、予約ルートの形態について調査を行った結果をご紹介します（調査に当

たっては、某ホテルチェーンのご協力により、アンケート項目について意見交換を行った結果を採用)。

どれほどの頻度で出張があるのかについては定期的、又は不定期を含めて65％の人が出張ありと答えています。定期的に出張するセグメントは小さく、週に1度の頻度は約8％、月に1度は約10％でした。出張はあるが、不定期という答えが多く40％に及びます。テレビ電話の普及等を背景に、出張ニーズ自体の減少も懸念される中、人と人とが実際に会する出張ニーズは消えることがないはずです。この毎週又は月1回の出張者については、なじみのホテルがあり毎回同じホテルを利用している可能性もありますが、40％を占める「不定期」回答者については、出張の都度、インターネット等を通じて個別に選択している可能性が高いように思います。

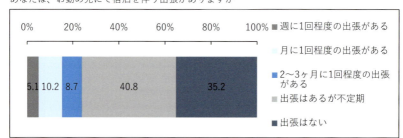

あなたは、お勤め先にて宿泊を伴う出張がありますか

では、どのようにホテルを予約しているのでしょうか。いくつかの予約方法を設問の中で例示する中で「該当する」との答えが最も多かったものが、「個人でインターネット（楽天トラベル）を通じて予約する」（約45％）でした。その他「個人で直接電話予約」、「直接ホテルのホームページを通じて予約」、「個人でインターネット（じゃらんnet）を通じて予約」が目立ちます。逆に「会社の総務から予約」という答えは少なく、「該当する」と「やや該当する」を含めても20％程度でした。「法人契約」でも同様に20％前後という結果です。すでに大半の顧客が個人で自由にホテルを選ぶマーケット環境にあり、自社ホームページを含めて、インターネットという仮想世界がビジネスホテルの主戦場となっています。また、インターネットの口コミを30％以上の人がチェックしているようですので、書き込みに対する誠実な返答も重要となります。

ビジネスホテルの宿泊予算

　ホテル宿泊費の会社予算額を調べますと、価格帯のボリュームゾーンは6,600円～8,000円（43％）と9,500円以上（32.8％）とに分かれています。

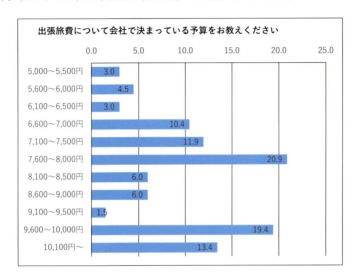

　会社で宿泊費を精算する場合に、どのような方法で、また、どこまでの内容を清算する（できる）のかについは、「会社から規定額全額を支給してもらう」が最も多いようです（「該当」、「やや該当」を合わせて66％）。この場合、できるだけ低価格を求めてホテルを選択している可能性があります。次いで、「上限金額内にて領収書で精算が多いという結果でした。逆にここでは、上限額内でできるだけ良いホテルを選ぼうと行動する可能性が高まります。会社からの規定額については、上記調査で最大のボリュームゾーンが6,600円～8,000円でしたので、この水準感が1つの価格目線となりそうです。さらに、朝食についてですが、17％の人が、会社負担ではなく、個人負担と答えていますので、無料軽食や低料金の軽食販売ニーズも見込まれるということになります。有料朝食では、例えば1,000円であれば、上記規定額から1,000円を控除した価格での販売が実際の購買力を伴った有効需要と見なされる場合もあるということです。

その他駅からタクシーでホテルに行く場合のタクシー代金については、過半数の答えが、精算不可で個人負担でした。ビジネスホテルの立地性については、別の弊社調査で、目的地に近いことも重視されていましたが、この個人費用負担が、ビジネスホテルで駅利便性が重視されている理由の1つとなっているのかもしれません。その他、部長クラスでもビジネスホテルを利用する割合が多いようです（全体の84%）。また、宿泊のキャンセルフィーについては、24%が個人負担となっているようですので、ある程度宿泊予定が明確になってから予約をすることや、一度利用したことがあるホテルを利用する等、安心感が求められているのかもしれません。

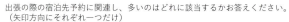
出張の際の宿泊先予約に関連し、多いのはどれに該当するかお答えください。
（矢印方向にそれぞれ一つだけ）

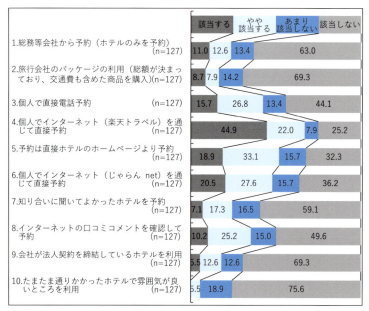

ビジネスホテルのセグメントもすでに成熟期を迎えつつあるように思います。朝食メニューや客室アメニティ、広さ等様々なサービス提供や差別化が試みられています。部長クラスも含めて出張ニーズを取り込んでいるという状況から、今後さらに踏み込んだ、情動価値（滞在を通じて感じるプラスの感情）の提供までも意識する市場になりつつあると捉えることができます。

朝食ニーズ

　朝食は、ホテル滞在経験の締めくくりでもあり、ホテル全体の総合評価にも少なからず影響を与える重要なサービスです。今回は、シングルルーム利用者（ビジネスユース等）が求める朝食メニューとはいかなるものかについて、弊社が実施した調査結果をご紹介します。シングルルーム利用時で、無料朝食提供を実施するホテルと有料（別途1,000円程度を前提）朝食を提供するホテルを想定し、それぞれの朝食ニーズを調査しました。本調査は、これまでの調査同様に、ランダムに選ばれた全国200名の男女（平均年齢43歳、22歳～60歳）の意見を集約したものです。

朝食の品数はどれほどほしいか

　まず、無料朝食の場合と、有料（別途1,000円程度を前提）朝食の場合で、顧客が求める朝食メニューの品数についてです。品数は、無料朝食でも有料（別途1,000円程度を前提）朝食でも、それほど変わらず、5品から10品という答えが多いという結果でした（ドリンクは別）。無料朝食であること、また、有料でも1,000円を前提とした調査であるという点に留意が必要ですが、いずれの場合も5品から10品との回答が全体の90%弱という結果でした。ただし、本件とは別の調査では、選べる品数を重視する（「大変重視する」人が17%、「やや重視する」人が52%と合計69%）との意見もあり、ビジネスユースで求められている品数の目安と言えそうです。

【（シングル利用、朝食別途有料、ドリンク別）朝食の品数について、これぐらいほしいという品数をお答えください。】

	%
全体	100.0
5品未満	32.0
5～7品	38.0
8～10品	17.0
11～13品	4.5
14～16品	3.0
17～19品	1.5
20～22品	1.5
23～25品	0.0
26～28品	0.0
29品以上	2.5

【（シングル利用、朝食利用金は無料、ドリンク別）朝食の品数について、これぐらいほしいという品数をお答えください。】

	%
全体	100.0
5品未満	34.0
5～7品	40.5
8～10品	15.0
11～13品	4.5
14～16品	3.5
17～19品	1.0
20～22品	0.0
23～25品	0.5
26～28品	0.0
29品以上	1.0

どのような朝食メニューを求めているか

　具体的にどのようなメニューが人気なのかについては、「フルーツ」、「卵料理」、「野菜」、「パン」、「ごはん」、「味噌汁」の人気が高いという結果でした。特に「フルーツ」は無料朝食、有料（別途 1,000 円）朝食いずれも高く、無料朝食で 54.5%、有料（別途 1,000 円）朝食では 71%の人が「絶対にほしい」と答えています。「ごはん」については、無料朝食で 50%強、有料朝食で 58%強の人が「絶対にほしい」という回答でした。「おかゆ」については、今回独立して取り上げていませんでしたが、女性客には「ごはん」同様高い支持が見込まれます。また、有料（別途 1,000 円）朝食の場合と無料朝食の場合のニーズ格差を見てみますと、やはり、有料であればメニュー全体で要求度合が高まっていることが分かります。

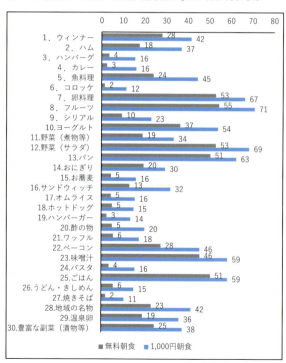

■メニュー別朝食ニーズ調査・品目別「絶対欲しい」という人の比率（％）

メニュー	無料朝食	1,000円朝食
1. ウィンナー	28	42
2. ハム	18	37
3. ハンバーグ	4	16
4. カレー	3	16
5. 魚料理	24	45
6. コロッケ	2	12
7. 卵料理	53	67
8. フルーツ	55	71
9. シリアル	10	23
10. ヨーグルト	37	54
11. 野菜（煮物等）	19	34
12. 野菜（サラダ）	53	69
13. パン	51	63
14. おにぎり	20	30
15. お蕎麦	5	16
16. サンドウィッチ	13	32
17. オムライス	5	16
18. ホットドッグ	5	15
19. ハンバーガー	3	14
20. 酢の物	5	20
21. ワッフル	6	18
22. ベーコン	28	46
23. 味噌汁	46	59
24. パスタ	4	16
25. ごはん	51	59
26. うどん・きしめん	6	15
27. 焼きそば	2	11
28. 地域の名物	23	42
29. 温泉卵	19	36
30. 豊富な副菜（漬物等）	25	38

また、無料朝食時と有料（別途1,000円）朝食時で、それほどニーズ格差が無い、つまり無料でも有料（別途1,000円）でもあまり要求格差がないメニューを見てみますと（絶対にほしいという回答の「無料＜有料」格差が1.5倍未満）、「ごはん」、「パン」、「卵料理」、「味噌汁」、「野菜」、「フルーツ」でした。これらメニューについては、たとえ無料であっても、朝食というのであれば、是非とも提供してほしいということなのかもしれません。

6章

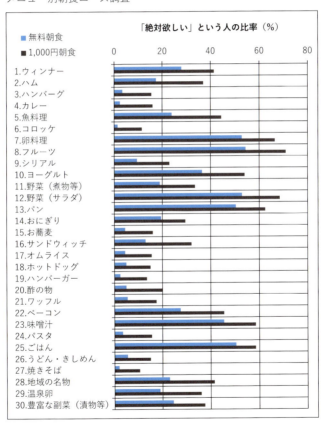

メニュー別朝食ニーズ調査

なお、客室料金は会社負担であるものの、出張時の朝食は個人負担という人の割合を見ますと、「該当する」が17.3％、「やや該当する」が12.6％という回答でした。朝食の無料提供、あるいは軽食提供には、それら個人負担が多いという観点からも、ある程度のニーズがあるのかもしれません。

レストランに対する顧客ニーズ

　ホテルのサービスは、提供するサービスの「深さ×幅」で、表現することができます。「深さ」とは、ハードウェア、ソフトウェア（サービスメニュー、そのコーディネートやブランド等）、ヒューマンウェア（現場スタッフ）それぞれの質の高さや一貫性、また、それら要素間の調和と考えられます。また「幅」とは、サービスメニューの充実度や、部門構成の広さ、大きさといったところでしょうか。今回は、このホテルサービスを規定する「深さ」と「幅」の関係について、ホテルクラスが上がる程に求められる、ホテルサービスの「深さ」及び、それと同時に求められる「幅」として、レストランに関する顧客ニーズ調査結果もご紹介しつつ、検討してみたいと思います。

ホテルで求められるレストランの店舗数とは

　レストランにおける「幅」とは、ホテル内のレストラン数や店舗のカテゴリー構成、また、単独店においてはメニュー数やその構成と考えられます。まずは、5スタークラスから1スタークラスまでの5クラスのホテルを想定してもらい、それぞれ何店舗のレストランがあれば、「ふさわしい」と感じるのかについて、調査した結果をご紹介したいと思います。

■単純集計表（n%表）

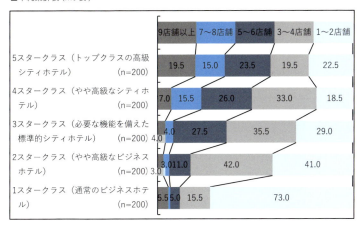

（※全国ランダムに選ばれた男女 200 名にアンケート調査を実施）

　その結果、5 スタークラス（トップクラスの高級シティホテルを想定）では、ふさわしいと感じる店舗数として、5 〜 6 店舗という回答が 23.5%、また、7 店舗〜 9 店舗以上という回答も 34% ありました。一方、3 スターから 4 スタークラスのホテルでは 5 〜 6 店舗に支持が集まっているようです。4 スタークラスのホテルでは 9 店舗以上とう回答が大幅に減少し、さらに 3 スタークラスのホテルでは 7 〜 8 店舗という回答が減少しています。アッパークラスのビジネスホテルでは、3 〜 4 店舗という回答が目立ちます。ビジネスホテルでは 1 〜 2 店舗がふさわしいと考えられているようです。このようにホテルの質やグレードが上がれば、求められる店舗数もやはり上昇するようです。なお、4 スタークラス以上で、7 〜 8 店舗以上との回答者は、40 歳以上の女性に多いという結果でした。

各ホテルクラスでニーズの高い店舗カテゴリーとは

　それでは、ホテルのクラス別に、どのようなレストランカテゴリーを望ましいと考えているのでしょう。複数種類のレストランカテゴリーを挙げ、ホテルクラス別に、どれを重視しているかを調査してみました。

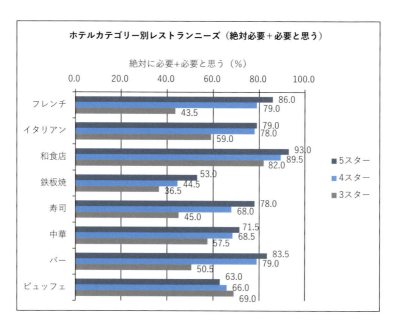

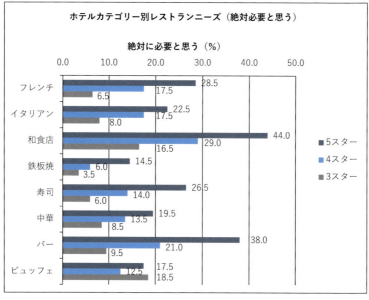

まず、「絶対に必要と思う」店舗カテゴリーを調べると、5スタークラスのホテルでは「バー」という回答が目立ちました（38%）。その他全般的に「和食」の支持が高いようです（44%）。

次に、「絶対に必要と思う」+「必要と思う」と答えた人の合計を見ますと、「和食店」では、ホテルクラスに関係なく80%以上が必要と考えているようです。また、ホテルクラスによって差があるのが、「フレンチ」、「イタリアン」、「寿司」、「中華」、「バー」という結果でした。それらは、4スタークラス及び5スタークラスではニーズが高いものの、3スタークラスのホテルでは、4スタークラス、5スタークラス程重視されていないという結果でした。

レストランの「深さ」について

これまで顧客に支持されるレストランの「幅」について、ホテルクラスとの関係をみてみましたが、ここで「深さ」について、再度見てみたいと思います。サービスレベルの「深さ」については、ハードウェア、ソフトウェア、ヒューマンウェアの各要素のレベルの高さとともに、その統合された調和が求められます。弊社で、トップクラスのシティホテルを利用した場合に最もありそうな体験の順序を調査した結果、「ハード、ソフト、ヒューマンいずれも優れる体験」が最も多いという結果でした。このように5スタークラスのホテルでは、3要素のいずれかが突出しているというより、いずれも優れている状態が、良いホテルと考えられているようです。この「深さ」に関する調査では、トップクラスのホテルでの体験を聞いています。ハードウェア、ソフトウェア、ヒューマンウェアのいずれも優れる体験をしたとの回答が一番多く、次いでスタッフが突出していた体験、ハードが突出していた体験、ソフト（サービス内容）が突出していた体験と続きます。

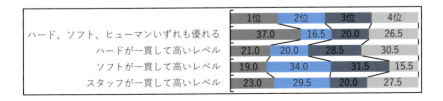

このように、ホテルのランクが上がるほどに、「幅」に対するニーズが異なり、それとともに上記の通り「深さ」も求められます。ホテル内のレストランでは、ハードウェアの質感、料理の味やデコレーション、スタッフによる適切な接客という「深さ」とともに必要なレストランカテゴリー構成という「幅」を検討する必要があります。また、単独店舗では、ホテルのランクが上がるほど、上記「深さ」とともに、必要なメニュー数やその構成等の「幅」も要求されていると考えられます。

※以下参考調査結果（3スター〜5スタークラスのホテルにおけるレストランニーズ）

5スタークラス（トップクラスの高級シティホテル）において、必要と考えるレストランの種類についてお答えください。

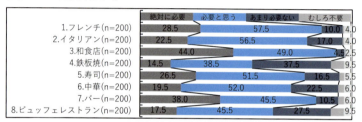

4スタークラス（やや高級なシティホテル）において、必要と考えるレストランの種類についてお答えください。

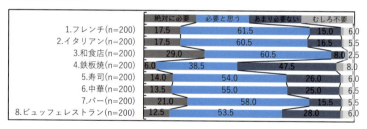

3スタークラス（必要な機能を備えた標準的シティホテル）において、必要と考えるレストランの種類についてお答えください。

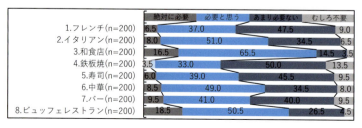

7章　ホテルのブランディングと運営

これまで、ホテルを価値の増殖システムとして、またマーケット及びファンダメンタルをシステム思考で捉え、且つ、顧客心理にもフォーカスして論点整理を行ないました。それらを踏まえたホテル経営について、以下では考えてみたいと思います。
　まずは、攻め（企画、販売促進等）と受け身（現場対応）のバランス、組織力、ブランドマネジメント等の重要論点を整理したいと思います。最初にブランド・エクイティについて取り上げたいと思います。ブランド・エクイティという概念は、ブランド研究家であるAaker(1991)が、「あるブランド名やロゴから連想されるプラスとマイナスの要素の総和」と表現し、また同研究家Keller(1998)によれば「あるブランドのマーケティング活動への消費者の反応に対して、ブランド知識が及ぼす差異的な効果」として定義されています。表現は難しいですが、結局これらはブランドを超過収益源である測定可能な対象として捉え、その源泉を維持管理しようとするもので、特にKellerは消費者行動理論とブランドマネジメントを関係付け、企業からの提供サービスを顧客との共感として捉えなおし、それをサポートして超過収益に繋がるような企業イメージやブランドの心理的連想を総合設計しようとするものです。このようなブランド理論に基づくと、ブランド・エクイティとは、顧客の理解を基礎とし企業側から適切な情報発信・管理を行なうこと、またその結果、構築される目に見えない顧客との心理的繋がりの産物であり、それらの構築こそが重要なのだと主張されます。ここでの情報発信では様々な内容が提案されています。それらを要約しますと顧客が共感すると考える企業側の価値観の表明であり、その価値観と整合するサービスの設計・提供を徹底的にコーディネートすることとなります。
　では共感させるべき、ターゲットとする顧客の価値観とはどのように定義し、理解するのでしょうか。またそもそもその根底にある価値観とはどのようなものなのでしょう。この点については、実は明確な説明がかけている印象を受けます。おそらくその追求には人の「感情」が関わっており、その感情自体に明確な定義が与えられていないところが問題なのだと思います。このような顧客の「価値観」とはいったい何なのか、ホテル側が価値観を顧客に表明するにはどうすればよいのか、どのような視点でコンセプトをまとめるのかをホテルの実際の運営に落とし込むための考え方をここでは検討してみたいと思います。ここまでを要約すると、キーワードは「価値観」と「共感」の理解、次いでそれらのコントロールということになります。

「価値観」ですが、通常どのような「もの」や「こと」を当人が「良し」と考えるかについての意見と考えれば、価値観の表明とはかかる意見の表明であり、「良し」と判断するためにはそれを支える当人が有する感情の仕組みを背景にしており、個々人の感情のあり方と密接に関係しているはずです。感情とは先にご紹介した進化心理学的見地からの見解を参考とすれば、人が個別の外部環境に対してどのように反応すべきなのかを決める重要な判断材料となっていると考えられます。最近ではこのような感情を「感情価」（心理的にポジティブかネガティブか）と「覚醒」度合い（当該感情の結果である心理的緊張度合い）の2軸で表現する考え方も提案されています。つまりポジティブで覚醒度合いが高いのが「歓喜や熱狂」、逆にネガティブで覚醒度合いが低いのが例えば「憂鬱」な状態というように様々な感情表現を要素分解し、それら要素に関する2軸上の位置関係として様々な感情を捉えようとするものです。そしてこの2軸（感情価/覚醒）内における位置付けを決めているのが「目的一貫性」であるとし、個人の信念や目標との合致度が影響するものと考えられています。自らの目標と合致する事象にはポジティブ感情が生まれ、目的に反する場合にはネガティブ感情が生まれるということです。また「覚醒」については、「目的関係性」が影響すると考えられています。事象がどれほど個人と直接関係するかが覚醒度合いを規定するのです。直接関係する事柄については、敏感に反応するが、あまり関係しない諸事に対しては穏やかな反応となります。

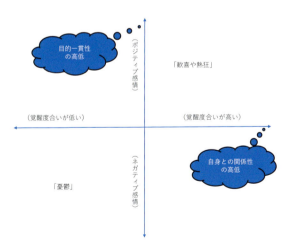

このような考え方に従うと感情とは個々人の目標と利害関係の程度の中で生じており、個々人のこれまでの経験（利害関係の認知に影響）と将来目標（目的一貫性に影響）の中で個々人別に且つ相対的に生じるものと考えられます。

良い例が、故郷の友人と久しぶりに会って話をするときに感じる「腹を割って話ができる」感覚です。文脈を一時的に共有したもの同士の価値観の共鳴と言えるのかもしれません。このように過去の経験と今後の歩むべき道、つまり「顧客の文脈」に'スポッ'と入り込めた場合に生じるものこそ「共感」であり「価値観の共鳴」なのです。

価値観の背後にある感情の起伏を上記のように顧客側の文脈との整合性とシンプルに捉え、さらに無意識レベルと意識レベルも絡めて考えますと、価値観の表明とは記憶と無意識に照合された結果である自動的反応と意識的に制御された反応の結果と言えます。無意識による感情的な反応とは、いわゆる「好き・嫌い」です。また意識的に制御された反応は、例えばスポーツカーがほしいけど、家族を考えるとファミリータイプにしようとか、ホテルですと静かな環境が「好き」だけど、子供のことを考えるとアミューズメント施設があって朝食はバイキングが良いというような場合でしょうか。お子さんに良い対応をすると非常に喜ばれたというようなケースでは、当該顧客の文脈に合致する価値観が表明された結果、共感を受けたのだと解釈できます。

つまり価値観の表明を、無意識的反応である「好き・嫌い」と意識的な「でもいろいろ考えると・・」という理性の綱引きの結果であるものとし、それらをさらに要素分解してみますと「好き要素」、「実益要素」と「理性要素」が絡み合った結果と言えそうです。

上記のような感情を背景とする価値観を考えることとは、コミュニティにおける個々人の振る舞いに関係する「趣味」と「実益」と「大義名分」という３つの視点に対する態度に着目することと要約できるのではないでしょうか。

Aaker,D.A.(1991)Management Brand Equity,The Free Press（陶山計介・中田善啓・尾崎久仁博・小林哲訳『ブランド・エクイティ戦略：競争優位をつくりだす名前、シンボル、スローガン』ダイヤモンド社、1994 年
Keller,K.L.(2008)Strategic Brand Management:Building,Measuring,and Managing Brand Equity(3rd ed.),Prentice Hall(恩蔵直人監訳『戦略的ブランド・マネジメント（第 3 版）』東急エージェンシー ,2010 年

ホテルのブランドに関するハードウェア要素、ソフトウェア要素、ヒューマンウェア要素

　当初ホテル選択時における事前のブランド・イメージからスタートし、ホテルの提供しようとする価値観の表明が明確であり、それに接することができれば、その後ホテル滞在中の実体験の印象等その後のホテル認知がそれら価値観の影響を受けます。ホテル側が用意したコンセプトに基づきホテルの印象を形成しやすくなるとともに、チェックアウトを経てホテル経験が終了する体験をエピソード化しやすくなります。

　思っていたイメージ通り、実際にホテルに行ったらこんなサービスがあった等、ストーリーとして記憶にとどまるのです。当初ブランド・イメージと実体験に整合性があればこのエピソードが長期記憶となりブランドをさらに強化します。また逆であれば実体験がブランドを毀損する結果となるのです。事前のブランド・イメージとホテル実体験に齟齬があれば、長期記憶でも要素間のつながりが曖昧となり、または解釈があとで修正（ブランドが毀損する）されてしまいます。もしブランドを付与していないか、明確なブランド・イメージを提供していない場合には、ホテル実体験だけで勝負する、つまり実体験が際立ち且つ一貫性をもって印象づけられない限り、エピソード化することが困難となります。

　現地でのホテル体験がブランドという仮想のイメージを経て集約されるように、ブランドに適切にハード要素、ソフト要素、ヒューマン要素のイメージを集約する必要もあります。ブランドマネジメントには、ハード要素、ソフト要素、ヒューマン要素それぞれを束ねる価値観の表明に繋がるコンセプトが必要なのです。このコンセプトとはつまり、顧客側の利用文脈に照らし、ホテル側からの提案であり「われわれはこのホテルサービスを良いホテルと考えている」という価値観の表明です。

　ハードウェア要素に対しては、設定した価値観に沿う一貫性のある建物スペックを整備し、細かな備品に至るまで基準化する必要があります。ソフトウェア要素には、同じくコンセプトを具現化する細かなサービス内容とサービスの質を定義します。ヒューマンウェア要素も同様にコンセプトを人的に具現化する制服や基本姿勢、態度等サービス指針とともに、それをサポートする人事制度を整備します。ホテル側の価値観をそれら3要素に織り込み、マーケット変化に応じて必要があれば、コンセプトに立ち戻ることを繰り返すというブランドマネジメントを通じて表明される価値観を

更新していきます。当ホテルは一体どのような価値観に共感してもらいたいのかを適切に伝えるブランド名称、ロゴ、メッセージと整合する3要素をコーディネートする壮大な作業がブランドの開発なのです。個人消費マーケットである価値協創時代において、このブランド開発及びブランドマネジメントは現場のホテル運営と並行して十分な取組が求められる重要課題なのです。

ホテルの共感オペレーション

　趣味はどのようなもので、これまでの人生経験や今後の目標という文脈に照らし今求めているサービスつまり実益とは何か、そして他人に対する利他的欲求の強さはどれ程有しているか、この社会性3要素とも言える価値観の断片こそがホテルのコンセプト・メイキングに取り入れるべき価値観表明の有効手段の1つと言えます。ホテル3要素について「趣味」的要素はハードウェアの質感、「実益」的要素はサービス内容、「大義名分」的要素はホテルを利用することで他の人からどのように見られるかという社会的アイデンティティに相当します。このようにして設けた価値観をベースにハードウェアをどのような趣味に合わせるか、ソフトウェアやサービス内容にどのような機能性を持たせるのか、社会的アイデンティティとしてどのような客層を想定し、その顧客層に対してどのような人的サービスを用意するのか、ホテルの価値観を現場のハードウェア、ソフトウェア、ヒューマンウェアを通じて顧客の社会的価値観に合致させることこそがホテルの共感オペレーションだと考えられます。

先にご紹介したホテルの時空消費モデルで見れば、ホテル選択時のブランド・コンセプトで趣味的属性（ハードウェア要素）、実益的属性（ソフトウェア要素）、大義名分的属性（ヒューマンウェア要素）をカバーしていれば、それら事前のブランド・コンセプト（もしブランドが付与されない場合には、ホテル・コンセプト）の表明が、後のホテル経験、その認知に影響を与え続けることになります。それは、事前の情報が知覚や認知に影響を与えること（「プライミング効果」という）、複雑な事象には、事前の手掛かりで簡単に判断しようとする（「ヒューリスティクス処理」という）、知っている情報に対しては、同調しやすい（相互作用）等の人間特有の認知的バイアスに基づいて、それら手掛かりに沿うように実体験に対する認知が進む可能性があるからです。このコンセプト（ブランド・コンセプトやホテル・コンセプト）の設定には、①複数の整合性あるコンセプトを設けて、連想の広がりを狙う方法と、②1つだけ単独であるが強力なコンセプトを設ける方法が考えられます。前者の場合にはコンセプト間の意味的な整合性が重要です。整合性のないコンセプトが多くあると、一貫性が感じられずここでもまた認知的なストレスに繋がる可能性があるからです。後者では表現自体のインパクトが重要となります。

　ブランド（ホテル）コンセプトの開発以降は、現場レベルでそれらコンセプトを具現化するために3要素コーディネートを行ないコンセプトと現場サービスで整合性を取ります。コンセプトやブランド・イメージがその後のホテル経験に影響を与え続けるとはいえ、実際チェックインしてホテルに滞在すると事前に考えていた内容と大きく異なることもありえます。そのような場合には、事前のブランド・イメージからチェックインした時点でホテルの利用文脈が途切れてしまい、逆に全体のホテルの印象を悪くするかもしれません。さらに長期的観点からそれを常に追求しつづける仕組み造りを含めて取り組む必要があるのです。

「ブランド」効果の再認識

　ここで改めてブランドの効果について考えてみたいと思います。ホテルブランドの効果は機能を含めて大きく4つあると考えています。

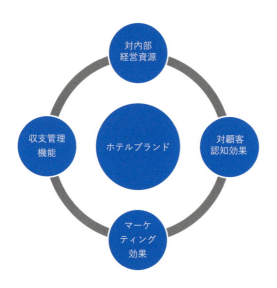

　1つはマーケティング効果です。ホテルを利用する顧客層は様々です。すべての顧客を満足させることが求められるべきでしょうが、様々な顧客層すべてに対応するサービスや質感を備えることは不可能です。ここで、ホテル側から明確なメッセージ、つまりブランドコンセプトやブランドメッセージ（以下ブランドイメージと言う）があれば、そのブランドイメージに注目する顧客層にターゲットを絞ることができます。つまり質感の設えやサービスコーディネートを適切に当該ブランドイメージに呼応させることで、多くの利用者が満足する仕組みを作ることができます。また利用者にとっても、ホテルを選択する折には、様々なリスクを抱えています。つまり利用者にとってチェックインして実際にホテルを見るまでどのようなホテルなのかわからず、手掛かりが限られていることに起因する顧客側が有するリスクを低減するのです。利用したことがあるホテルブランドであれば、ある程度事前の安心感が生まれます。これはホテル選択時のリスクが大きくなればなるほどその効果も大きくなります。2つ目の効果がホテルの内部に与えるものです。明確なメッセージを有すること、つまりサービス指針でありホテル内部の「掟」であるブランドイメージに沿ったブランド憲章等があることで、ハードウェア、ソフトウェア、ヒューマンウェアに統一感や一貫性が生まれるのです。

進化の中で人もその他すべての生物と同様に自然淘汰の結果現在の姿に至っているのですが、その進化の過程で「意識」が生まれるタイミングに生じた大きな変化が「集団優位の淘汰」だったのではないかという見解もあります。それは、単独では太刀打ちできないような集団をうまく形成できた種族が生き残ります。集団をうまく機能させるためにコミュニケーションが求められ、そこで「意識」が生じたとも考えられるのです。さらには個々人の振る舞いは完全にバラバラでも集団を構成する場合には集団の望ましい振る舞いに自然と調和される仕組みを含めて元々人には備わっているとも考えられます。例えば利他的行動や意思決定時に集団での判断に同調する等の内集団バイアスを考えると確かに説得力ある見解です。このような素地があるとすれば、規模が大きなホテルになればなるほど、意思疎通、集団としての振る舞いに関する行動指針として「ブランド」が大きな効果を上げることが予想できます。こまかな意思決定から、適切な振る舞い方に対する個々人の認識に一貫性を持たせるためにも、特に規模が大きくなればなるほど、この「ブランド」は非常に重要な意味を有するのです。

　そして３つめに対顧客認知への影響です。この認知効果には様々なものが予想されます。ただその中で特に重要だと考えられるのは、ホテルの客層認知です。ブランド・コンセプトが明確にあり、それに呼応するブランド・パーソナリティがあり、実際のサービスもそれと整合が取れている場合、ホテルを利用することで同様の人格的要素を感じとります。この顧客が感じ取った人格的要素は、他の顧客に対する認知に影響を与えることになります。つまり、「親しみやすい」と感じれば、他の顧客の印象もそれに合わせて「親しみやすい」と感じ取られるのです。そのような意味においてよく「客層はホテルの写し鏡」だと表現されますが、まさにその通りなのです。他の顧客認知が、ブランド・パーソナリティに合致することで、ホテル、スタッフ、利用者を含め全体が一体として斉一化され、さらなる集団規範に発展するという好循環が生まれます。そのような力を「ブランド」は有しているのです。長期的観点から強いホテルを造っていくためには、このようなブランドマネジメントが求められるのです。

　また、昨今所有と経営の分離が進んでいます。これには、ホテル経営に対する知識を直接金融、間接金融とも蓄積してきたこと、ホテルの市場規模拡大が予想されるこ

とから、投融資市場から資金の提供が集まっていることが大きな要因です。ホテルブランド側とＭＣ契約にて運営委託がなされているようなケースですと、当該ホテルブランドの収支管理が徹底されます。この所有と経営の分離を背景に、経営側の収支管理を客観的なホテルブランドという第三者が行なうという意味において、中立性あるホテルブランドの存在が重要な機能を担っていると言えるのです。

ホテルの提供価値の表明

　ホテルビジネスをどのような視点から捉えて取り組むかで、運営戦略の力点が変わります。例えば顧客目線から捉えれば、SPT（セグメンテーション、ポジショニング、ターゲティング）が重要と判断されたり、内部競争力に着目すると人的サービス力に注目されたりという具合です。いずれも適切に運用上取り入れるべき分析ツールや視点だと思いますが、ここではブランドマネジメントの重要な構成要素という意味においてもホテルが表明すべき提供価値に着目してみたいと思います。

　様々な要素どうしが結びつき、線となる（システム化）、そしてそれが面に（顧客認知上、一貫した体験へ）繋がる（そして価値の創発へ）という視点から、ホテルブランド理論を再構築してみたいと思います。

　自らのホテルが顧客に何を提供すべきか、それをどのように顧客に伝えていくのか、この価値観の表明をしっかりと検討することがブランドマネジメントの第一ステップだと思います。この価値観の表明には、提供すべき価値（コア・バリュー、ストロング・ポイント）とともにホテルのビジョン・ミッション、ホテルのイメージやデザイン性を含めて顧客に伝える必要があります。そしてそれらを伝えるための手段がハードウェア×ソフトウェア×ヒューマンウェアであり、それら３要素のコーディネートにより、より強くできるのです。

　弊社で実施したホテルに対する記憶調査では、ブランド・イメージの記憶が高い場合、その他の細かなサービスや客室の印象等も総じて高いレベルで記憶されていました。記憶レベルが高くなればなるほど、それと連動してホテルの総合的評価も高いようです。つまり顧客の認知的な入口としてブランドイメージが様々なホテル体験を一貫性のある意味ある体験としてまとめやすくし、最終的なホテル評価にも影響を与え

る、というように事前のブランドイメージがその後の顧客のホテル認知に大きく影響を与えることになるのです。

　コア・バリューの確認はこのブランド構築にとって最初に取り決めるべきものであり、提供価値に着目する視点の第一歩となります。提供価値に着目する視点は、その相手との関係で意味あるものとなります。それらに対する「マーケット」が存在するのかという有効需要の検討から始まり、さらに提供するサービスのレベルが顧客からの高い信頼性を得られる次元で準備されている必要があります。この信頼性を確保する手段が、3要素をコーディネートすることであり、その結果サービスやその背景の質感に一貫性を感じさせ、あるべくしてあるサービスという意味で特定の文脈を感じとらせるものとなるのです。

ホテルのコア・パーソナリティについて

　コア・バリューから先に定義する必要性は、顧客であり人間の行動特性に基づきます。人間はこれまでの経験や記憶情報に基づき、学習し、シミュレーションを繰り返しながら将来記憶を形成します。つまり未来は過去から出来ている。ホテルが規定した価値観の表明は、顧客によるホテル利用の将来予想図となり、その後実際のサービス知覚、認知、認識に影響を与えることになるからです。価値には、経済学的観点からの市場価値、効用や心理学等に基づく欲求の充足、またその背後に脳科学等から脳内報酬物質の発現等様々な観点から議論が可能です。これらの「価値」のうちいずれを重視すべきであるかという判断には、広くホテルが置かれている外部環境との関係から考える必要があります。殆どの商品・サービスが汎化し、時間の経過にともなって希少性が感じられなくなるような成熟社会では特に自ら重視すべき価値的要素とは何かを深く顧みる必要があります。そしてこの価値を生み出し、ハードウェア、ソフトウェア、ヒューマンウェアという異なる要素間の組み合わせを通じて顧客に的確に伝えていくには、十分にコーディネートされた高度なビジネスモデルが必要となるのです。

　ホテルのコア・バリューの次は、ホテルのコア・パーソナリティについて整理したいと思います。この部分はホテルの3要素のうちヒューマンウェアにも強く影響を

与えます。ホテルがどのような目的に照らして存在しているのか、どのようなサービス哲学を有し、どのように顧客のニーズに対応し、さらには地域や社会に貢献しようとしているのかについてのホテル側の企業理念を実際に現場に落とし込むためには、ホテルの人格的要素、つまりモデル・パーソナリティであるホテルの「コア・パーソナリティ」を設定し、それを実際の現場を取り仕切る「スタッフの行動」に影響を与える必要があります。

なぜなら、ホテルとの共同研究という形で実現したホテルのパーソナリティアンケート調査では、顧客は非常に敏感に背後に潜む人格性を感じ取っている様子が浮かび上がるからです。パーソナリティには大きく外向性、神経質傾向、誠実性、経験への開放性等が挙げられます。弊社の調査では、また支配人の人格特性が顧客のホテル認知に影響を与えている可能性も見られました。これは、ハード、ソフト、ヒューマンという異なる要素の組み合わせは非常に強力な背後人格伝達ツールとなっているということでもあります。その傾向はホテルの客室規模に連動しており、150室を超えるとその影響度合いが弱まります。また100室前後のホテルでは特に支配人の影響が強く現れています。おそらく店舗別であっても顧客は各店舗でそれぞれの店舗空間から背後の人格性を感じている可能性があります。このように想像以上に顧客は敏感にハードウェアの設えやサービス内容、スタッフの行動から、ホテルの質感とその背後の人格特性をそれも無意識レベルで感じ取っているのです。

ホテルはある種、演劇やオーケストラ、その他様々な舞台に例えることができます。演劇であれば、演出家がGM、スタッフはまさに舞台というハードウェア上で、感情を呼ぶストーリー（機能）を表現するアクターなのです。オーケストラでいうと、指揮者がGM、大勢の観客の前で演奏する演奏家がホテルスタッフなのです。

「私は〇〇を実践します、私は〇〇をしません、私は〇〇を重視します！」等の行動指針は、スタッフの行動規範として、斉一化を図るサービス・スタンダードに該当します。このサービス・スタンダード、行動規範は、ホテルの「コア・パーソナリティ」をベースとし、またそれと整合が取れている必要があるのです。ここで重要なことは、各スタッフが能動的に行動できるよう演出することです。2つの明確な行動を後押しする環境がある場合、特定の行動が生じることが知られています（アフォーダンス理論といいます）。例えば、各持場のハード、ソフトと完全に調和させること

で、その場でのスタッフ行動をコーディネートするのです。

　ブランドマネジメントにおいて適切なコア・パーソナリティを有することの意義は、支配人に必要な人格特性を理解してもらうとともに現場レベルで適切な要素コーディネートを実践してもらうこと、そしてその結果顧客に一体感を感じ取ってもらう結果、客層の形成やホテルの人格特性にも繋がるということでもあります。

　ホテル側からホテルの価値観に沿ったコア・パーソナリティを設定し、それをホテルの質感で適切に表現することができて初めてホテル側の提供しようとしている価値、また価値観を顧客に伝えることが可能となるのです。

ホテルの「コア・パーソナリティ」と「コア・バリュー」

　なぜホテルのコア・バリューやコア・パーソナリティに着目する必要があるのでしょう。ホテルはその場でサービスを消費して終了するだけではなく、顧客の利用文脈に深く入り込むことで、その利用文脈に応じた機能性の提供やホテルを通じて感じ取れるパーソナリティへの共感が期待されるからです。

　コア・パーソナリティを構築することとは、顧客がどのようなスタッフにどのようにもてなされるのか、その結果として顧客がどのように外から見られることになるのかという顧客の社会的アイデンティティに関係します。これは時間を超越し、将来目標に繋がる確固たる足場となる「今」を彩ります。

　また、コア・バリューについては、空間軸を広げます。例えば朝食1つをとっても、機能的観点から、①食欲を満たす、②一日の活力源を積極的に得る、③健康的な食事をとる、④一日の始まりにリラックスするひと時とする、⑤その場で新聞を読む等情報を取得する場とする、⑥朝食をとりながら仕事をする、⑦大切な人とコミュニケーションをとる、⑧家族との絆を深める時間とする、⑨一日の予定を考える時間とする、⑩周辺事業者にとっての一日の活力源を提供する・・・等機能性に着目することでその空間をある意味無限に広げることができるのです。ホテル体験を時空消費として捉えようとすると必然的にこれら2つのアプローチが求められるのです。

　ブランド構築という観点から、機能性に対応するコア・バリューとコア・パーソナリティについて触れましたが、それらを融合する「場」がホテルの質感を形造るハー

ドウェアであり、ブランディング上はデザイン性や総合的なホテルイメージということになります。この舞台装置としてのハードウェアのイメージが具体的に表現でき、コア・バリュー、コア・パーソナリティに応じた現場サービス、人的スタッフが適切かつ完全にコーディネートできれば、ホテルが単なる宿泊施設やホテル事業という枠から、より深い精神世界、つまりアートの世界に発展する可能性を秘めていると考えられます。なぜなら感性、感情や言葉で表現しきれない空間イメージを伝える、つまり環境が人に知覚を通じて働きかける結果、自らの自己知覚と照らし合わせつつ、行動の可能性や心的反応を呼び覚ますものがアートだとすれば、まさにこれまでの議論はホテルをアートの世界に誘うためのモデル構築を目指すものと言い換えることができるからです。

　少し話がそれましたが、本題に戻り、ブランドからハードウェアを固めることの意義をもう少し整理したいと思います。まず、ハードウェアは一番顧客の記憶に残ります。これは弊社での独自アンケート調査でも同様でした。また、ブランド・イメージが明確であればあるほど、この記憶力は高まります。生態心理学の世界では、環境には、その場でどのような行動をすることができるのかという「特定的行動」に繋げるという意味も有しています。つまり認知上、環境（環境知覚）とその時の自らの状態（自己知覚）を同時に計りにかけて実際の行動が生じると考えられるからです（「アフォーダンス」と言う）。このアフォーダンス理論は比較的新しい理論ではありますが、アートの世界やデザインの世界で徐々に大きな影響力を持ちつつあります。ハードウェアは単にデザイン性といったところにとどまらず、スタッフをはじめ、顧客に対しても、彼らがどのような行動をとるかということに大きな影響を与えるからです。例えば、汚れたロビーでは、そのような服装や振舞いが許され、清潔感ある壮大なロビーでは、背筋が伸びるといったところでしょうか。

　ホテルの時空消費では、仮想の世界から始まり、顧客のニーズ、ホテルを利用する種々の顧客側の文脈がホテル側の価値観やその存在意義と合致することで、ホテルを選ぶ際の選択肢の1つに上がります。その後チェックインし、様々なホテル体験を経てチェックアウトし、ホテル体験が閉じられることになります。

　顧客側のホテル体験において、様々な時点において過去の経験との類似性や将来期待との整合性が取れている場合、そこに「想起」が生まれます。この想起は、記憶理

論では過去にあって今目の前にない場合を「再生」と呼び、過去にあって今目の前にもある場合を「再認」と呼びます。

　なぜ、ここで想起や記憶について触れたかと言いますと、ブランディングは、実際のホテル利用時の想起の契機になるからです。

　例えば、チェックイン時にハードウェアに触れる、その後夕食でサービスの質に触れ、背後人格を感じつつチェックアウトでヒューマンに触れる、というような極端にシンプルなホテル体験を考えますと、最初のハードウェアから、夕食時のサービスまで途切れることがなく時間が流れてしまいます。これでは顧客側に深くその背後の意図を推測するような体験を提供できなくなります。一方で、仮にその途中にウェルカムフルーツが出た、その提供に挨拶を含めて印象の良いスタッフが見え隠れする等様々な要素が入れ替わり顧客とコミュニケーションを重ねる度毎に、顧客のホテル体験が途切れ、その都度、過去の類似体験との比較や、一貫性ある将来期待に照らした想起が生まれることで心を揺さぶるのです。この想起の積み重ねが、「不変項」、つまりゆるぎないホテルパーソナリティとして顧客に認知される時こそ、ホテルが芸術作品の域にたどり着き、アート性を帯びる存在となるのです。

　実はこの形や現象が、自然世界で見られる「フラクタル現象」と酷似しており、アート性の源泉とも言えるのです。ホテルのアート性についてはいずれ改めて整理したいと思いますが、いずれにせよ、ブランディングについても、ハード、ソフト、ヒューマン要素の三位一体を通じて価値観を表明すること、そしてホテルがなにを価値として顧客に提案したいのか、どのような価値を価値として見出しているのかを適切に表現することが、その後の顧客側ホテル体験をどのように彩るのかに影響を与えるとともに、大きなホテル価値に繋がるという意味で重要な取り込みとなっているのです。

ハードウェア領域のホテルコーディネート

　ハードウェア領域の範疇は、施設面だけではなくその立地性も含みます。ホテルが提供するサービスには、各ホテルが伝えようとするテーマ性、価値観にリアリティが伴う必要があります。そのリアリティを伝えるためには、顧客がホテルに到着するま

でのアクセスからすでに顧客へのメッセージが始まるからです。

　例えば演劇では、説明的な台詞をタブー視しているようです。リアリティとは、顧客側が能動的にイメージ、想像を繰り広げ、5感を通じて感じ取るものです。つまりリアリティを直接説明されると、その重要な顧客側のステップが省かれてしまい、もはやリアリティを感じる隙がなくなってしまうのです。ホテルに当てはめて考えれば、駅からのアクセスで、ホテルがテーマとしている要素がまったく感じ取れないのに、ホテルに到着した途端に、ブランド・メッセージを急に伝えても、まさに演劇の世界でいう「説明的な台詞」となる、つまり顧客は興ざめすることになりかねません。

ホテルが提供する価値観に対するリアリティの追求

　ホテルは演劇と非常によく似ています。GMは演劇の世界でいう演出家といったところでしょうか。演出家は、俳優のもつ価値観やパーソナリティを、その場その場で必要とされるパフォーマンスに合致するよう徹底的にコーディネートを行なう存在といえます。ホテルで言い換えると、GMはホテルが伝えようとする価値観やテーマ性をその文脈、意義を含めて適切に伝えられるよう、各スタッフのパフォーマンスを調整する存在なのです。

　ここで、ホテルがどうしてそこまで価値観なり、顧客側の共感を目指す必要があるのでしょうか。それは、日本が成熟したホテルマーケットの環境にあるからです。今後益々個人客へも訴求するホテルサービスを構築するためには、個人の認知や心理面に深くかかわる運営が求められます。また日本のホテルは一期一会の精神を中心に、その他日本固有文化を背景とし、我々にしかできない、その高度な運営が可能なのだと思います。「コア・パーソナリティ」に共感する顧客がホテルを選択するところから顧客のホテル体験が始まります。今本テーマとはややそれてしまいますが、人は自分に似た第三者に無意識にひかれるようです。これは「潜在的自己中心性」の影響と考えられています。「コア・パーソナリティ」が自身のパーソナリティに似ていることが大きなメッセージとなりうるのです。

　顧客の認知面で絶対的に抑えるべきポイントは「一貫性」、「同時性」だと考えられます。これは、人が一貫性があることには信憑性が感じられるため、一貫性に非常に

敏感であり、また人は、常に何か意味のある存在を求めている、同時性で彩られた事象には、何らかの意味があると感じることができるからです。

ハードウェア領域（施設所有者領域）

　そのようなホテル体験を適切に構築するためにはハードウェア領域も、ソフトウェア（サービス）との整合性、ヒューマンウェア（前提とする人（スタッフ、顧客）の振る舞い）との整合性の上に作り上げられるべきであり、それら3要素の中で、実体を伴うという意味でホテル体験における基礎的な重要領域と言えます。

　まず、顧客が対象ホテルに到着するまでのアクセス性、利用文脈、その時に感じている心理状況を推測する必要があります。特にリゾートホテルや旅館では、到着するまでの流れ、文脈にホテルが提供しようとするコンセプトと整合性の取れないようでは、到着していきなりコンセプトを表現されても、リアリティが感じられません。もちろん立地性や街づくり等を含めてコーディネートするには限界もありますが、かりに新規に開発するような場合にはそのような文脈性を含めて検討しておくべきです。そのようなアクセス、ホテルを利用しようとする顧客の様々な文脈を踏まえて求められる機能性とはなにか、顧客が求めている感情とはどのようなものかを検討することで導き出されるのがソフトウェアの構築であり、サービスの検討となります。次いで、スタッフや顧客が、そのハードウェア（舞台）上でどのように振る舞ってほしいかを検討します。顧客側では、どのようにスタッフに振る舞われたいと考えているか、スタッフ側では、自然にスタッフが求められる振る舞い様式ができるようにするにはどのようなホテルの質感が必要となるかを検討することでヒューマンウェアにまで落とし込みます。このように機能性や人の振る舞いが定義できれば、あとはそれが自然と導かれるようなハードウェアの詳細な質感を再度検討することとなります。昨今の人の認知研究において、人は知覚と同時に、どのような行動が可能か環境から読み取っています。例えば、コーヒーカップを見ると、それがコーヒーを飲むためのものという以外にも、持って投げることができる等行動の選択肢が同時に認知されます（例が適切ではないかもしれませんが…）。これは「認知の二重性」と表現をされ、ハードウェアでは、その質感、空間に望ましい振る舞いは何であるかを伝えることができる

ということを意味しています。人の振る舞いが重要なホテルであるからこそ、その質感が求められるサービスや機能性、人の振る舞いにとってどのような影響を与えるのかを検討する必要があるのです。

また既存ホテルの場合であっても、そのような質感が機能していないと思われる場合には、再度顧客の利用文脈を確認するとともにターゲットを再定義し、顧客が望む価値観なり感情を見直しして顧客やスタッフが望ましい形で行動できるような「ふさわしい質感」を改めて検討する必要があるのです。

ホテルのブランディングとシーンメイク

世界の国際観光市場では観光客数のうち過半数が近隣国間で移動しています。つまり日本のインバウンド市場は欧米からの訪日観光客増とともにアジア圏からの安定需要が見込まれ、今後のリピーター顧客増も期待されるのです。ますます多くのリピーターが訪日するインバウンド市場となれば顧客ニーズはどのように変化するのでしょう。おそらくは他の人が行ったことが無いような特別な体験をしたい、その体験をできるだけ多くの人とシェアしたい等特定の目的地と深い関係を求めるようになるのではないでしょうか。そのような環境に以下ではそのような「価値ある体験」を提供するためにどのような運営視点が求められるのかを、特にブランディングという観点から改めて考えてみたいと思います。

ホテルのブランディングと顧客のライフスタイル

ブランディングとは消費者が商品やサービスに対して感じる価値を高めるものです。またホテルは衣・食・住といったライフスタイルに関連し個人の価値観を表現する場でもあります。そのようなライフスタイルなり価値観なりは個人間でまちまちですので、すべての顧客層をターゲットとし、自らのホテルが提供するサービスに対してすべての顧客に高い価値を感じていただくというのは容易なことではありません。したがって自らのホテルが、どのような目的を有し、どのような価値観やライフスタイルを有する顧客をメインターゲットとしているのかを明確にする必要があるのです。

その上で当該顧客にどのようなサービスを提供でき、またしようとしているのか、どのような体験を事前に約束しているのか（ブランド・コミットメント）を明確にすることでニーズに合った的確なサービス提供を徹底して構築することができ、ターゲット顧客が「感じる価値」を高めることが可能となるのです。

ホテル・コンセプトに対する顧客ニーズ

ホテルが用意するブランド・コンセプトとはそのようなホテル側のブランド・コミットメントを端的に表明する一手段となります。

以前弊社で実施しましたホテル・コンセプトに関する調査結果をご紹介します（全国 200 名の男女、インターネットアンケート調査に基づく）。この調査は合計 27 のホテル・コンセプトを例示し、それらに対してどれほど顧客が共感を示すのかを調べたものです（本調査は日本人をターゲットとして調査したものであり、外国人が共感するものとはことなる可能性があることに留意）。例えばリゾートホテルでは「癒し」に関連するコンセプトに約 80％の回答者が共感すると答えています。

顧客がどのようなコンセプトに共感するかということは、それぞれのホテルカテゴリー別に顧客側が望むホテル体験も示唆しています。ここでビジネスホテルとシティホテルでそれらコンセプトに対する共感度合いの違いを見てみますと、シティホテルでは「癒し」、「美」、「ちょっと贅沢」及び「高級感」でビジネスホテルでの共感度合いを上回っています。またビジネスホテルでは「ネットワーク」がシティホテルでの共感度合いをやや上回っています。シティホテルとビジネスホテルという 2 つのホテルカテゴリーを顧客の心理的な体験ニーズの違いとしてシンプルに捉えてみますと、大きく「美」と「癒し」、「ちょっと贅沢」というニーズ格差と言えるのかもしれません。またリゾートホテルではすべての要素でシティホテル、ビジネスホテルを上回り、特に「美」、「癒し」、「楽しさ」、「ちょっと贅沢」、「綺麗な空気」、「ナチュラルパワー（自然）」、「高級感」、「朝食」に高い共感を示しています。さらにビジネスホテル、シティホテル、リゾートホテルに共通しているものでは「安心」、「美味しい朝食」という結果でした。やはり滞在時の安心感と翌朝スタートを切る朝食提供の充実度はいずれのホテルカテゴリーにおいても重視されているということなのでしょう。

このようなホテル・コンセプトから考えますと、宿泊特化型ホテルであっても「美」や「癒し」を強調し適切に事前情報として伝えることで、シティホテルに共感する客層を取り込むことができるかもしれません。またシティホテルであっても「美」や「癒し」、「美味しい朝食」、「ちょっと贅沢」という要素を一層強化しつつ「楽しさ」、「ワクワク」、「ナチュラルパワー（自然）」、「健康」というようなコンセプト要素を取り込むことで、アーバンリゾートとして観光客の取り込みに繋げることができるかもしれません。

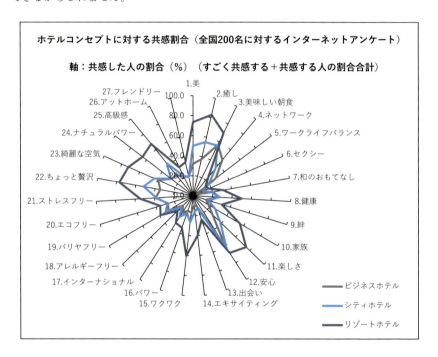

ホテルのブランディングとシーン・メイク

　顧客に約束する体験や感情を具体的に現実のものとするためには、ハードウェア、サービス、人的接遇力をアクション・プランに落とし込んで適切にコーティネートする必要があります。電話予約や自社ホームページ、あるいはエージェントを通じた予約からチェックアウト、その後のサポートを含めてどのような体験を提供できるのか

を考え取り組むことこそ今後求められるホテルや旅館のブランディングであり、その中でホテル側に求められる具体的なアクション・プランこそが「シーン・メイク」なのです。

弊社のアンケート調査でも高級シティホテルを表現するとすれば、あるテーマに沿った体験を提供する「テーマパーク」であり顧客の「社会的ステージ」との回答が多く得られました。つまり、ホテルの現場は、顧客にとっての舞台でもあり、そのような意味において、スタッフは当該舞台で顧客の各シーンを演出するために与えられた役割をまっとうする必要があるのです。

高級シティホテルをホテル以外のカテゴリーで表現するとすれば以下のどれが一番近いですか。

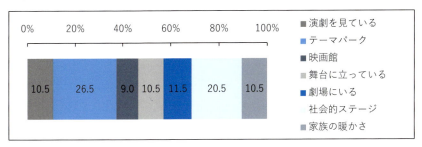

ホテル価値を向上させるブランディング

ブランドに関する理論については多くの専門書があり、様々な理論展開がなされていますが、ブランディングを「消費者が認知する商品やサービスの消費価値を向上させる取り組み」と大きく定義し、宿泊業との関連においてブランドの効果を最大限に発揮させる上で重要と思われる視点を2つ改めてご紹介したいと思います。2つの視点とは顧客認知を強く支配する「文脈効果」とチェックインからチェックアウトに至るすべての顧客体験に関連し、宿泊サービス業の特徴の1つであるサービス提供の「入れ子構造」です。

まず改めて「文脈効果」を簡単に整理しますと、ある体験の前後の文脈がその体験の知覚や認知に影響を与える効果を言います。時間軸で適切な文脈があって初めて「今の体験」が理解しやすくなったり記憶に留まったりやすくなったりするのです。

次にホテルの「入れ子構造」ですが、ホテルや旅館のサービスはハードウェア、ソフトウェア（サービス）、ヒューマンウェア（人的接遇）の組み合わせで表現できます。例えば顧客はチェックインでは「ロビー空間（ハード）」×「チェックインサービス（ソフト）」×「スタッフ接遇力（ヒューマン）」に触れます。またレストランやその他でもホテル・コンセプトを軸とした同様の様々な組み合わせを体験することにより、ホテル全体とホテルの各サービスセクション（細部）に一貫した「入れ子構造」を感じることができるのです。つまり、顧客体験の「文脈効果」に訴求するようにコーディネートするホテルの「入れ子構造」の構築を含めてホテルのブランディングを考える視点です。

ブランド構築及び「文脈効果」と現場サービスのコーディネート

　ブランドは、非常に重要な企業哲学からサービスの様々な特徴を組み合わせたブランド・イメージ等の無形要素とパッケージやロゴ等の有形要素を組み合わせて表現します。次にそのブランド・メッセージやコンセプトは「共感」することで真に顧客に伝わりますので「感情」多要素を盛り込むことがポイントとなります。感情は関心、怒り、不安、悲しみ、喜びの5つの要素に分類されることが多く、それらの組み合わせにより複雑な感情が形成されると言われます。構築しようとするブランド・イメージに合致する表現をブランド・コンセプトとして選定します。例えば仮に「快活さ」とするとその感情表現に合致するよう、ハードウェア、ソフトウェア、ヒューマンウェアのホテル構成要素を細部にまで拘りをもって調整する必要があります。ブランド・コンセプトに合致するホテルの質感が備わることで（「快活さ」＝このホテルの質感）という価値観を顧客に伝え特定の顧客層の「共感」を狙うのです。

　次にホテルの現場におけるサービスコーディネートを考えましょう。顧客側は5感を通じてホテルからのメッセージを受け取ります。5感をそれぞれの感覚器（以下「モダリティ」と言います）が感知する空間的な広がりから整理しますと、一番広いのが視覚、次いで聴覚、そして嗅覚、触覚、味覚となります。また知覚に至るまでに顧客側の「注意すること」が必要となるのが視覚、「口にまで運んでもらう」のが味覚、触覚では「体に触れる」必要があります。一方で直接的なメッセージとして伝え

やすいのが聴覚や嗅覚です。特に嗅覚は情動に直結しておりインパクトが非常に強いという特徴があります。「モダリティ」の空間的広がりと認知のための条件を理解し尚且つうまく利用してホテルの質感をコントロールする必要があります。つまり直接的にアプローチができる聴覚とインパクトの強い臭覚は望ましい形でコントロールすべきですし、視覚については、注意を引き付けるために、「オーバーアクション」も重要な質感形成に向けた戦術ともなります。笑顔や姿勢、振る舞いはできるだけ「大きい」ほうが良いとも言えます。さらに「マルチモダリティ」と言いますが、人は複数の「モダリティ」から同時に情報を受け取っています。文脈に合致し一貫性あるメッセージが複数の「モダリティ」から同時に伝われば、様々なモダリティを通じたメッセージは互いに関係性のある情報として結びつく結果、意味ある情報となり、メッセージ自体にリアリティ（現実味）を帯びさせることに繋がるのです。人は様々な情報を記憶する際、互いに関係性のある情報を意味あるストーリーとして整理していきます。

　なるべくハードウェア、ソフトウェア、ヒューマンウェアから、一貫性のあるメッセージを「マルチモダリティ」を通じて「同時に」伝えることで、ホテルのブランド・イメージにリアリティを感じさせることができるのです。ハードウェア、ソフトウェアに比べ、ヒューマンウェア要素と顧客との接点は予約時、チェックイン時、アテンド時やレストラン等施設利用時に限りますので、少ないチャンスを最大限活かす必要があり、この意味からも先ほどのオーバーアクションが重要なのです。スタッフがいない空間でヒューマンウェア要素を補うのが客層です。客層イメージがスタッフイメージを補うことで、3要素が機能すると考えることもできます。そして最後にブランドを強化するための取り込みが「文脈」造りとなります。宿泊施設としての基本サービス・スタンダードを適切に備えた上で、それがどのような地域であり、どのような体験を期待して顧客が来てくれているのかを前提に求められるサービスを考えることが「文脈」造りとなります。例えば朝食では、その場所でしか食せない地産品があれば、満足度が高くなるのも、「文脈効果」の影響と考えることができます。「場所」と「食材」がリンクすることで、知覚、認知を研ぎ澄まさせる結果、それら体験の記憶にも強く影響を与え、顧客が認知する消費価値を最大限に引き上げるからです。

「文脈効果」とアウター・ブランディングとしてのPR

　インバウンドを意識すると、滞在期間の長期化が期待されるヨーロッパやリピーターが増加する台湾、香港からの訪日顧客増が期待されますので、今後より一層具体的に、宿泊した上で何をし、どのような体験ができるのかというような、顧客側がイメージしやすい事前情報の提供が求められます。顧客が事前に期待していない場合には、期待したサービス以外を提供したとしても顧客満足に繋がりづらくなります。正確な事前情報を適切に伝えることで、期待感を高め当該施設が選択されやすくするとともに、それら事前情報が実際に訪れた際には知覚の引っ掛かり、つまり「フック」として機能し続け、体験に対する知覚や認知、つまりどのようにその体験を解釈するのかを短い滞在時間においてよりスムーズに整理しやすくもします。また事前の期待感はそれに関するサービスを認知しやすくし、その結果次のシーンに対するさらに強い期待感に繋がり、その繰り返しが高い満足度に繋がります。このよう宣伝広告や営業活動、その他PR活動についても、顧客の有する「文脈効果」を意識することで実際の満足度にも直結する、つまり顧客が感じる消費価値を引き上げる取り組みに繋げることができるのです。

「文脈効果」とインナー・ブランディング

　スタッフの振る舞いに関する取り組みに、インナー・ブランディングという考え方があります。これはその宿泊施設が提供しようとしているブランド・イメージをスタッフが行動指針に結びつけて理解することで、個々のスタッフが望ましい振る舞いを追求できるようにする組織内部向けのブランディングです。実際に様々なシーンで適切な振る舞いができるようにするためには、各スタッフが深くブランディングを理解しておく必要があります。その上で、あるシーンで適切な振る舞いを取るためには、事前にそこで望まれる振る舞いに繋がるよう事前の準備を適切に用意しておく必要があります。定期的な研修は単に知識を吸収するだけではなく、そのような振る舞いに繋がる1つの事前の「体験」として、スタッフにとっての重要な「文脈」ともなっているのです。また日々の行動でも事前の「文脈」を追求するべきです。顧客ゾーンに

入る折には丁寧な挨拶をした上で顧客ゾーンに侵入するようにする等も「文脈」になるはずです。このように「文脈効果」を織り込んだインナー・ブランディングを構築することで、各スタッフが望ましい行動をとれるようにすることにも繋がるのです。

ホテル運営とクリティカルシンキング

　情報が豊富にある状況ではなく、限れた情報の中で難しい意思決定や判断を迫られる場合、どのようにすれば的確な判断が行なえるのでしょう。そのようなケースでも可能な限り客観的で的確な判断を下すための思考ツールが「ロジカルシンキング」や「クリティカルシンキング」と言われるものです。これはそのような環境において論理的に結論を導くため、目標を明確にしてその測定が可能な指標を適切に設けること、現状と目標とのギャップを様々な視点から多角的に分析すること、それに対する解決策にはブレインストーミング等を駆使して多くの発想を展開し、ロジックツリーやピラミッドストラクチャー図等を利用し課題を構造化することで、限られた情報の中でも的確な意思決定ができるようにするための思考ツールです。実際に、多くのホテルがこの思考ツールを実践しています。ゴールとして顧客満足度を置き、現状を正しく把握することを内部の調査チームを編成し調査し、あるいは外部ミステリーショッパーを使用して確認し、その後に現状の課題点や問題点を抽出してそれに対する解決策を打つというものです。今回はこのホテルで実践されているクリティカルシンキングとも整合する、上記のような取り組みの留意点を考えてみたいと思います。

適切なゴール設定とは何か

　ADRや客室稼働率等ホテルのパフォーマンスの裏には顧客満足も重要な指標の1つと考えられますので、それを適切に図れるのであれば有効なゴール設定の1つと言えます。また、顧客満足度だけではなく広くホテルの価値をゴール設定とすることも考えられます。ホテルはPL上の収支結果とBS上の資産価値が直結する収益用不動産ですので、価値を向上させるという視点は、大きな意義を有します。価値を向上させるためには顧客満足度を含め、顧客ニーズとバランスする適切な運営内容となって

いるか、さらにはハードウェア、ソフトウェア、ヒューマンウェアのバランスが崩れているような場合には利益率が低下する傾向が見られますので、そのようなバランスが確保できているか等の視点が必要になります。ただし価値を採用すると価値そのものの計算及び把握からその後の検討対象も大きく広がりますので、最適なゴール設定としてはポイントに絞るという意味においても顧客満足度が有用であり、その適切な測定が大きな課題と言えます。顧客満足度の把握には、インターネット上のレーティングや、客室内でのアンケート調査結果を採用するホテルも多いと思いますが、そのような場合には、顧客が支払う料金をはじめ多くの情報が心理的に影響を与えてしまい適正な評価を困難にしてしまうという点に留意が必要です。例えば事前の情報がその後の情報の認知に影響を与えてしまう「係留効果、アンカーリング効果」があります。ビジネスホテルを使用する際に、駅からの距離と築年数に着目する人はその情報がアンカーリングとして、他の情報に対する注意を低下させるかもしれません。かりにスタッフが良いサービスを行ったとしても、記憶に残りづらくなる可能性があるのです。また事前の料金がアンカーリングとなって、その後の良し悪しの判断に影響を与える可能性もあります。例えば明確なスタンダードに基づき客観的に評価ができるミステリーショッパーが定点観測して評価を行なうという仕組みを併用することでこの問題をカバーすることができます。

課題点の週出と解決策の特定

　目標が明確化され、測定された上で現状の把握ができれば、次にその乖離がなぜ生じているのかを分析する必要があります。クリティカルシンキングでは、大きな論点を「Why？」という質問を繰り返すことでできるだけ細部の要素に分解し、それをまた構造化することを繰り返します。ここでの留意点は、長期的な視点を持つことと人間特有の認知的バイアスを避けることです。短期的視点で課題点を抽出しても、長期的には市場は常に変化の途上にありますので、実践するときにはすでに効果が半減していることもあるはずです。新規参入情報や他ホテルの戦略や運営内容の把握、よりマクロ的観点から都市計画がどのような方向に進もうとしているかや昨今の経済情勢はどの方向を歩んでおり、今後どのようなリスクが生じる可能性があるのかまで俯

瞰した上で議論をすべきです。

　無意識にストレスを軽減して容易に判断しようとする「ヒューリスティック」という認知的バイアスは意思決定や判断に影響します。「利用可能性ヒューリスティック」と言われるものでは、想起しやすくイメージしやすい内容を過剰に評価する傾向が指摘されており、「代表性ヒューリスティック」と言われるものでは、典型的にあるはずと考えられる特性の生じる可能性を過大に評価する傾向が指摘されています。つまり強力で様々な認知的バイアスが判断には介在するということです。そのようなバイアスを避けつつ的確に課題点を抽出し解決策の1つとして多数のメンバーによるブレインストーミングが有効だと言われています。一人で考えるのではなく、様々なバックグラウンドを有するメンバーが、発想を出し合い、最終的に出てきたアイデアを構造化して適切なグルーピングを検討し上位テーマを抽出する思考ツールです。ただし参加メンバー数が多くなりすぎますと多数派意見に従ってしまう集団心理が働きやすくなりますのである程度規模がちいさい方が望ましいと思います。そして得られたアイデアを構造化する際によく利用されるのが「ロジックツリー」や「ピラミッドストラクチャー」と言われる分析ツールです。情報をトップダウンで分解するのがロジックツリー図で、逆にボトムアップでテーマを見出そうとするのがピラミッドストラクチャー図です。いずれも要素の構造化に役立てられています。このような論理的な思考の流れの中で適切な分析ツールを使用することで、課題点の抽出、解決策の模索を行ない、限られた情報の中ででも的確な意思決定ができるようにするのが、クリティカルシンキングなのです。

顧客満足度チェックの二重の視点

　上記のようにミステリーショッパーによる評価や実際の顧客アンケート調査等が顧客満足度の指標として採用されていますが、そのような細かな質問項目や評価基準を設けて確認し定量化するというのはボトムアップ的なアプローチと言えます。一方で、トップダウン的視点も重要であり、顧客はホテルを利用する何らかの理由や課題、テーマを有していますので、その大前提となる顧客固有の文脈を適切に満足させることができているかにも留意が必要です。また、逆に不満は、細部からのボトムアップ

となり、最後に大きなテーマあるいは、大文脈を覆すようなことがあれば二度とそのホテルには泊まらないということにも繋がります。具体的にそのホテルの何がよかったかと問われるより、何が嫌だったかと問われる方が、鮮明し指摘できるのではないでしょうか。つまり、顧客満足度を的確に捉えるためには、トップダウンで顧客の目的や事前の感情を前提としたホテルを利用する際の顧客が有する文脈に沿った適切なサービスが提供できているかを確認するとともに、ボトムアップ的にサービスのディテール、細部に対するチェックを行なうという二重の視点を測定に取り込む必要があります。

スタッフ研修

　ホテルの印象は、様々な要素が関係することで形成されているのですが、その中でも特にスタッフの存在及びその振る舞い如何が、ホテルの印象形成に大きな影響を与えています。まずは、スタッフの存在が与えている効果の一例として、「ドアマン」の存在を取り上げ、その意義やホテルの印象に与える影響を検討します。さらに一般論としてスタッフが適切な行動をとれるようにするための研修プログラムについて考えてみたいと思います。

ドアマンの存在感

　ホテルのエントランス扉の前に、適切なスタッフが配置されている場合、顧客はその存在をどのように感じるのを調査したことがあります。当初の予想通りにドアマンが存在することで、「安心感」を感じる人が多くなると同時に、ホテルの「グレード」を感じると答えた人が約半数近くに及んでいました。その存在は、ホテルに入る時に、まずは「安心感」を与える重要な役割を担うとともに、そのホテルの「グレード」を感じさせる、文字通りという意味において「ホテルの顔」と言えます。

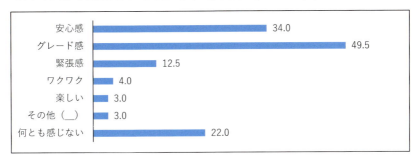

あなたがシティホテルを利用するとしたら、エントランス扉の前に適切なホテルスタッフ（ドアマン等）が配置されているとどのように感じますか。N=200（％）

　もちろん、ただ配置されているだけでよいわけではなく、「ドアマン」として適切な振る舞いができていることが前提です。これはドアマンをはじめとするスタッフだけの問題ではなりません。ホテルの提供サービスすべてが、顧客目線にあってこそ、ホテルと顧客が一体となった空間が生まれます。その空間が感情を揺さぶることでホテル独特の深みが醸し出されるのです。その中でも特にスタッフの存在には注意が向きやすく、上記のようにホテルの印象を左右するような大きな影響を与えることができますので、顧客目線で適切な行動がとれるようなスタッフを適所に配置する必要があるわけです。

ハイ・パフォーマンスを構成する要素とは

　顧客目線で行動するというのは、前提として顧客の行動やしぐさに注目している必要があります。人間の脳は効率的にできています。危機感を感じる等の負の感情が生まれる場面であれば、次の行動に備えるために全身に力がみなぎり、高い集中力を発揮できるようにできているのですが、平常時に敢えて、他人の振る舞いに注意し続けるというのは容易なことではないのです。

　弊社では、スタッフのパフォーマンスの良し悪しを決する要素を、個々のスタッフの「能力の高さ（能力・レベル）」×「納得感をどのレベルで感じるのか（こだわり・レベル）」×「集団目標への同調性（集団・レベル）」だと考えています。この3

軸を図にして表現しますと、平面軸に「能力・レベル」と「こだわり・レベル」、縦軸に集団目標との同調性である「集団・レベル」として描けます。つまり、弊社では、この３つが高いレベルにあるような行動を「ハイ・パフォーマンス」と呼び、スタッフの「ハイ・パフォーマンス」を引き出すために、これら３軸に沿った適切な研修プログラムが必要であると考えているのです。

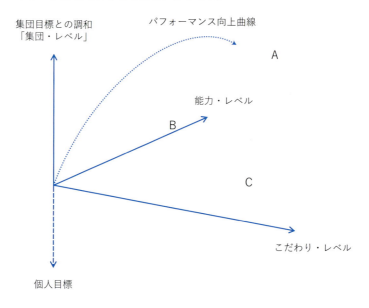

図表上のＡ、Ｂ、Ｃは、それぞれ異なるパフォーマンス力を有するスタッフを仮に想定しています。Ｃさんは、手を抜かず、こだわる力は高いのですが、「能力・レベル」に課題があります。Ｂさんは、逆で、その気になれば高い能力を発揮するのですが、「こだわり・レベル」に弱みを持ちます。つまり、手を抜くわけです。その中でＡさんは別格です。「能力・レベル」も高いと同時に、「こだわり・レベル」も高く、細かな点にも手を抜きません。さらにＡさんは、集団目標にも合致できます。つまりホテルが目指しているブランド・イメージを十分に理解した上で適切な振る舞いが行えます。「個々人の存在の合計」が、それ以上の価値を有する「集団」になれるよう、他のスタッフとの連携も欠かしません。「能力・レベル」や「集団・レベル」と異なり、「こだわり・レベル」は、個人の意思や意欲、さらには性格や資質に強く関係し

ていますので、それを自由にコントロールするのは易しいことではありませんが、そのレベルを自身で意識すること、また「こだわり・レベル」が「ハイ・パフォーマンス」に強く関連していること自体に目を向けること自体が重要なのです。

　もう一点、注意していただきたいのが、個人目標との調和です。集団目標との調和がとれつつ、同時に個人目標にも合致してこそ、幸福感を感じられるはずです。真に心のこもったおもてなしというためには、スタッフ自身が幸福感に満ちていることも必要なのです。

ハイ・パフォーマンスに繋がる研修プログラム

「能力・レベル」と「こだわり・レベル」、また「集団目標との合致」は、役職やポジションに応じて求められるレベルが異なります。また、「能力・レベル」を高める研修プログラムと、「こだわり・レベル」を高めるものとも異なります。したがって必要に応じた研修プログラムの構築が求められることになります。「こだわり・レベル」の向上には、どのような場面で、どのようなところまで気配りをすべきか、どのような行動と注意を払う必要があるのか等具体的な行動規範が必要となります。「能力・レベル」の向上には、部署毎に必要な知識の獲得と知識の共有（ナレッジ・マネジメント）が求められます。「集団目標との調和」である「集団・レベル」の向上には、内部に対するインナーブランディングが欠かせません。すべてのスタッフに「ブランド」が発信する顧客との「約束ごと」を十分に理解してもらう必要があります。その上で、個人目標との合致、つまり「ライフ・ワーク・バランス」をサポートしていく体制造りが、ホテルには求められているのです。今回は、スタッフの存在が顧客のホテル印象に与える効果に関する一例として、「ドアマン」の存在意義をご紹介しました。ホテルの印象形成に大きな影響を与えているのは、この「ドアマン」だけではありません。すべてのスタッフが等しく重要な役割を担っているのです。また、本稿では敢えて「パフォーマンス」と表現しましたが、高いレベルでの顧客対応や振舞いができることとは、集団目標と調和がとれた、高い「能力・レベル」と熟練した「こだわり・レベル」が伴ってこそ実現できるものなのです。

支配人に求められるパーソナリティと能力特性

　ホテルや旅館は顧客に対する人的サービス力がホテル競争力に影響を与える労働集約的なビジネスです。ホテルは顧客に対して高いレベルのホスピタリティを提供しつつその一方では利益を確保し収支を作るというビジネスマネジメントも求められます。そのようにサービスの中で"人"が重要な要素となるホテルオペレーションにおいて、組織を束ねる支配人に適したパーソナリティや能力特性があるのでしょうか。海外でも同様の研究が行なわれ、実際に成功しているホテルの支配人やマネージャーを対象としたアンケート調査により、支配人に求められる性格や能力特性を調査したものがあります。米国で行なわれた支配人に求められる能力特性に関する調査では、重要とされた順序で「対人関係能力」「管理監督能力」「ホスピタリティ能力」「リーダーシップ能力」「コミュニケーション能力」「料飲運営能力」が挙げられています（※1）。また英国で行なわれた同様の調査では、パーソナリティを含めて求められる支配人像として、「対人関係能力（共感力）」「心身忍耐力」「コミットメント能力」「外向性」「精神的安定性」「英知（知識力）」等が見出されています（※2）。以下ではホテルの組織内部と対顧客それぞれに対して支配人のパーソナリティや能力特性がどのように関係するのかを検討し、求められるであろうパーソナリティや能力特性を考えてみたいと思います。

支配人のパーソナリティや能力特性が対組織内部に与える影響

　ホテルはスタッフによる顧客接遇力及びサービス提供力が重要であり、人的サービス力のコーディネートが重要なビジネスモデルです。人的サービス力をコーディネートすることとは、決められたサービス・スタンダードにどこまでスタッフが準拠できるのか、つまりスタッフの「ヒューマンエラー」をどこまでコントロールすることができるのかという問題と言い換えることができます。したがって以下では、スタッフ

※ 1:Important competency requirements for managers in the hospitality industry,Eunju Suh,Joseph J.West,Jaeuk Shin,Journal of Hospitality,2012
※ 2:A personality profile of the hotel manager,Philip Worsfold,Int.J.Hospitality Management Vol.8No.1

の「ヒューマンエラー」という観点から、ホテルに求められるであろう支配人像を検討してみます。「ヒューマンエラー」とは、人為的なミスですが、このヒューマンエラーについては、スタッフの行動プロセスを要素に分解することで管理しやすくすることができます。スタッフの行動を整理しますと、事前の知識取得、現場での適切な判断及び最終的な行動と大きく3つのプロセスに分けることができます。事前の知識取得については、サービス・スタンダードを正しく理解し熟知していないと、その後の判断や行動を正しいものにすることができません。スタンダードの正確な知識の取得がヒューマンエラーを防ぐ上で重要ということになります。次いで実際の現場レベルでどのような行動をとるべきなのか、つまり現場での判断です。ここでは、個人で判断するより集団で判断する場合の方がよりリスキーな決定や判断を下しやすい「リスキーシフト」と言われる現象や、スタッフ間の意見にバラツキが見られる場合には、多数派意見に従ってしまうという傾向がありますので、ヒューマンエラーの観点から特にこれら集団心理の影響にケアが必要となります。それらを避け正しい判断ができるよう、サービス事例をケーススタディ化しスタッフ間で共有することや、小規模のグループにチーム編成することで集団心理の働きを回避することが有効となります。最後は行動で見られるヒューマンエラーです。そもそも個々のスタッフ能力が低い場合については、トレーニングや経験により補うことになります。それ以外ではスタッフが意図とは異なる行動を無意識にとってしまう「スリップ」と言われる行動パターンがヒューマンエラーに繋がります。サービス・スタンダードを十分に理解しているにも拘らず、適切な行動をつい忘れてしまう、あるいは表現するチャンスを逃してしまうようなケースです。個々のスタッフのサービス提供能力が十分に備わっていることを前提にしますと、個人行動はその個人を取り巻く集団行動に同調してしまう個人の行動特性をケアする必要があります。このようなヒューマンエラーを管理し適切なサービスを一貫して提供するためには、意思決定権者であるリーダーが広い視点を有し、自らそれらバイアスを回避する能力に長けていることはもちろんのこと、集団心理の働きや同調行動を避けるために多くのスタッフと触れ合い意見を広く聞く能力を有していること、つまり対人関係能力や共感能力がサービスのプロフェッショナル集団としての組織をコーディネートするために求められるのです。

支配人のパーソナリティや能力特性が対顧客に与える影響

　ホテルがホテルである所以とは、おもてなしの気持ちやサービス哲学がハードウェアやサービスを通して顧客を取り巻く環境すべてとなって伝えられるところにあります。単に寝食するだけではなく、そのホテルのコンセプトに共感し、なんとも言えない居心地の良さを感じさせるような顧客を思う気持ちがハードウェアやソフトウェア、ヒューマンウェアを通して顧客に伝わることこそが、ホテルを特別な存在にしているのです。それら多くの要素が完璧にコーディネートされる場合には、そのようなホテル体験を通じて、その背後意図を、確信をもって感じ取ることができます。以前にもご紹介しましたが、ホテルの人格について、ホテルの滞在時に人ではない「ホテル」に何らかの人格性を感じたことがあるか否かをインターネット調査や実際にホテル内にて顧客アンケートのご協力をいただき調査したことがあります。インターネット調査では、200人中43人（21.5%）の利用者が人格を感じたことがあると答えています。またこの43人のうち、旅館が多く20名でした。旅館は、女将により、全体の質感やサービスのコーディネートに一貫性を持たせやすいことや、仲居を含めスタッフと接する機会が多いことが影響しているのでしょう。旅館だけではなく、リゾートホテルでも12名、シティホテルで8名、ビジネスホテルでも数名が人格を感じたと答えています。実際のホテルでの調査でも同様の調査結果が得られています。「感じた人格が、具体的に「誰」に近いと思うか」という質問に対しては、多くの人が「フロントスタッフ」や「接したスタッフ」に近いと答えています。旅館では、特に「女将」の影響を強く受けているようです。これらスタッフ以外では、「全体を通じて自然に感じ取っているのだと思う」という回答が多く、その他「ブランド」、「支配人」、「客層」と続きます。「人格を感じたホテルにまた行きたいか」という質問については、約88%の人が、「頻繁に行きたい」から「いつかまた行きたい」と答えています。このように、ホテルや旅館の「人格」の鍵を握っているのは、まずは、顧客と接するスタッフであり、それを包含し、客層を含めた全体の質感が重要な要素となっているのです。さらに引いて見れば、その質感をコーディネートする支配人なり女将であり、その経営陣に影響を与えるステークホルダーへと繋がる運営全体で造り上げているものこそが、ホテルや旅館の「パーソナリティ」と言えるのです。このように考えると、

外向的で積極的に顧客と接しようとする姿勢をリーダーが示し、ハードウェアやサービスに関する質感のディテールにも十分な配慮ができるような支配人像が浮かび上がります。そしてそのような支配人のパーソナリティが質感を通じてホテルのパーソナリティとして顧客に伝わるのです。

今後求められる運営とは

　宿泊施設は、ハードウェアとソフトウェア及びヒューマンウェアが一体となることで様々な顧客ニーズに対応しています。これらの組み合わせ如何は、当該施設が所在するマーケット特性やターゲット顧客に応じてコーディネートしていく必要があります。現在のマーケット環境は、日々変化しています。特に昨今では2,000万人インバウンド市場へと堅調な推移を見せる国際観光市場を基礎とし、顧客がどこにいようが誰とでもネットワークを構築できる、超（スーパー）・ネットワーク社会に進化しています。このような環境にあって、ホテル運営もそれら環境に合わせた取り組みが求められています。

　それではまず、運営面について、今後どのような戦略が求められるのか考えてみましょう。キーワードとしては、「積極性」及び「共感性」が挙げられます。例えば、積極的な接遇は、プライバシーやプライベート感を重視するインバウンドカスタマーにとって、やや重いサービスともなりかねません。個々の顧客がどのような感情を抱いているのか、あるいはどのような目的で宿泊施設を利用しているのかを事前に適切に把握した上で提供する必要があります。つまり、積極的な接遇が顧客満足度を引き上げるには、顧客に対する共感力が伴う必要があるのです。その結果として積極的接遇が、魅惑の「パーソナル・サービス」へと進化するのです。また、販売ルートの構築に関する考え方も今後大きく変化する可能性があります。これまでのようなリアルエージェントやネットエージェント、さらには独自の会員組織を通じた集客という販売ルート別最適エージェントミックスという観点を維持しつつも、現在上記のようなスーパー・ネットワーク社会にあることから、マーケットが求めるニーズを的確に把握すると同時に、競合環境も激化する中にあってエッジの効いた差別化を模索することや、様々な文化的背景を有する外国人観光客に的確に対応していくボーダレスな

サービス提供と、マーケットニーズを把握し適切な情報発信をしていくこと、つまりは「マーケティング力」が強く求められる環境に変貌・進化しつつあると捉えるべきでしょう。さらに、海外対応という意味では、海外顧客の文化的背景を学ぶ他、十分なロビーアテンダントを確保し、必要なサービスを手際よく且つ手厚く提供すると同時に、文化的背景がそれぞれ異なる顧客同士が揉めるようなことがないよう十分に配慮すること、清掃についても、日本人顧客を前提とした清掃体制ではなく、様々な文化体背景を有する顧客が利用することを前提に徹底した巡回清掃体制を構築する等組織体制の見直し及び体制整備が求められます。例えばこれまで朝食のテーブルプレートまで丁寧な清掃をしなくとも問題がなかったとしても、今後はそれらを含めてより一層丁寧な清掃を行なうような配慮も必要と言えます。さらに、ホテルは地域の情報発信拠点ともなりうる存在ですので、周辺地域の様々な施設と共同して情報発信し、提携サービスの提供を模索する他、高速交通網から先の2次交通手段を補完する機能提供が求められます。館内アンケート調査では、日本語のみではなく英語や中国語等様々な言語対応を用意し、ボーダレスに多く声を集めるよう努力すべきです。それらアンケート結果を情報の山の1つとして埋もれさすことなく、スタッフの「気づき」等の情報を併せて適宜吸収して即座に運営に反映するような運営システムの構築が求められます。その結果ホテルを、日々自身を進化させる自己組織的システムへと変貌させることができるはずです。また、新築ホテルの競争力が高いことは当然です。今後多くのホテルが開発される中、これから運営上求められる戦略として、適切な修繕計画の立案とその実践が挙げられます。ホテルはハードウェア×ソフトウェア×ヒューマンウェアですので、運営如何によって、たとえ築年が経過しても、清潔感を維持し続け施設に新鮮さを保つことで高い競争力を維持することができます。ホテルオペレーターの運営力の高さとは、築15年を超えたあたりから現れると言っても過言ではありません。したがって施設管理力も十分に確保する必要があります。次にヒューマンウェアであるスタッフの人的接遇力です。ホテルの「格」を造るのは、ハードウェアとソフトウェアですが、一方で、顧客の感情を揺さぶることができるのがヒューマンウェアだと言えます。ヒューマンウェアの提供サービス如何が顧客の感情をダイレクトに左右する理由は、「ミラーニューロン」の作用があるからです。人は他の人が何らかの目的を持って行動している様子を見た際に、自身の脳内でも同様

の脳内活動が現れる共感脳である「ミラーニューロン」を有しているのです。このように感情を揺さぶるスタッフの行動について、以下ではより深く具体的にどのような振る舞いが望ましいのかについて考えてみたいと思います。

スタッフの行動３要素

　スタッフの行動３要素とは、これまで弊社がホテルを調査する中で見てきた現象をまとめて整理した考えであり、スタッフの行動で３つ何らか一貫性が感じられる行動に遭遇すると、顧客側に上記ミラーニューロンの影響で感情を左右するだけではなく、より大きくホテルに対する印象に影響を与えてしまう要素です。例えば、①「ダラダラ」している×②笑顔が見られない、ここまでであれば、気にしない顧客もいるかもしれませんが、さらに③大きな音を立てて片付けている等もう一要素が加わることで、顧客の注目を集めてしまい、顧客側に強く嫌悪感を植え付けてしまいます。逆に①笑顔が見られる×②適切にフィットしシワもなく清潔感のある制服を身にまとっている×③共感性ある積極的な顧客対応ができているような場面に遭遇した際には、心地よい感情に包まれることになります。このようにスタッフの行動３要素を駆使して丁寧にコーディネートすることで、望ましい感情を顧客に感じてもらうことができるはずです。

昨今のホテルマーケットの潮流と求められるサービス

　上記の通りスーパー・ネットワーク社会と人と人が常にネットワークで結ばれる環境にあって、さらに世界人口も当面増加の一途を辿りますので、国際観光市場は今後も拡大を続けます。つまり、世界的に人気国際観光都市は、今後も多くの観光客を集めますので、そのようなデスティネーションにおいては、新規ホテル開発も併せて増加し、競争も激化することを意味します。そのような外部環境にあって、各ホテルは自身のポジショニングを明確化し、他施設との差別化が進む結果、ハードウェアについては、「アート性」、「本質主義」、「ユニバーサルデザイン」の浸透が一層見られるはずです。一方で、ソフト面では、地域を絡めたネットワークの構築や、個別顧客に

対する共感性を具備したサービスの積極性に基づくパーソナル・サービスの提供の他、コンセプト及びマーケット内ポジショニングの明確化が進むはずです。パーソナル・サービスは、その背後人格を顧客に感じさせるきっかけとなります。また、コンセプトが明確に伝えられていれば、スタッフの振る舞いにも影響を与えつつ、顧客側に「客層」を感じさせます。このような「客層」と併せて、先ほどのコンセプトに応じたアート性や本質を追求したデザインが施されたハードウェアに包まれることで、サービスを通じて無意識に感じ取ったホテルの「人格」をより確からしいものとして強化されるのです。人格を感じたホテルに対しては約88％の人が再度訪れたいと答えていました。つまり、そのような高度なレベルで顧客の抱え込みを行ない、リピーター顧客を大切にしつつも、対外的にも門戸を開け、様々な顧客に対してもストレスを与えずに適切なサービスを提供していくためにも、人的接遇力の見直しが強く求められているのです。

8章　ステークホルダー別視点

以下では、ホテルの開発、戦略、投資、融資の他、ホテル関連リスクについて、ステークホルダー（利害関係者）間の視点から、それぞれ整理したいと思います。

ホテル時空消費モデルを使ったホテル開発について

　ホテル・旅館の新規開発、あるいはリニューアルやリノベーション、リ・ブランド等既存ホテルの改築・改装において、それら開発リスクの多くが当初の設計段階に関係します。つまり、後々問題が起こった場合に、設計段階の前提条件や基本設計段階から修正しなければならないケースが多いことから、基本設計段階から、将来の検証や運営まで視野に入れ、常に情報のフィードバック（検証）とフィードフォワード（予測）を繰り返しておく必要があるのです。

　ご紹介したホテルの時空消費モデルは、顧客のホテル体験に沿ってホテルをシステムとして捉えるための概念図であり、横軸は時間の経過、縦軸は空間、図表の下段が仮想世界でハードウェア領域とブランド領域、上段が現実の世界であるホテルの現場領域としてホテルをモデル化したものでした。ホテルは顧客がホテルを利用する前の利用文脈から視野に入れて顧客のホテル体験を構築すべきです。つまりホテル体験の順序も重要な情報となっているのです。またコミュニケーションにはハードウェア要素、ソフトウェア要素、ヒューマンウェア要素と複数の伝達ツールに基づく空間コーディネートが求められます。この概念図を上下逆にすると、今度は上段が仮想の世界（顧客ニーズ、マーケット、ブランド・イメージ）となり、下段がホテルの現場領域となり、開発やリニューアル時に対応するホテルモデル図になります。このように逆時空消費モデルとして見れば、顧客が適切にホテルを体験していただけるよう設計段階から常に検証や、ハードウェア、ソフトウェア、ヒューマンウェアによる重層的なコミュニケーションを事前に計画（基本設計段階から詳細設計段階）に織り込みホテル開発、改装計画、その他リ・ブランド等のプロジェクトを進めることができます。システムエンジニアリングの世界では、「Ｖモデル」と言われるプロジェクト開発用のビジネスモデルをホテルビジネスの特徴である3要素の伝達を利用文脈である時間軸と様々な要素が織りなす空間軸で取り込んだホテル版Ｖモデルとなります。

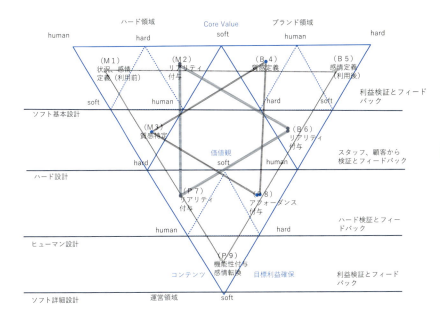

逆時空消費モデル(ホテル版Vモデル)に基づくチーム編成

　この逆時空消費モデル（ホテル版Ｖモデル）では上段が仮想の世界で下段が現場、つまり現実世界を意味します。開発上下に下るラインは、設計段階、また上に折り返すラインは検証段階に該当します。ハードウェア領域、ブランド領域、ホテル現場領域それぞれの内部は任務がことなる３つの領域から構成されます。合計９つの内部領域について９つのチームを編成することができます。それら各チームの究極目標は同じであり、強いホテルつまり３要素が可能な限り適切に統合され、顧客と深い心理的繋がりを持つことと集約できます。各チームの任務は下記のとおり領域別に分かれ、この各チームが顧客のホテル体験の断片を構築します。その結果、顧客のホテル時空消費体験について順を追って形づくることができるのです。ポイントは、各チームが、開発後の運営にも責任をもってチームの目的を貫徹すること、また開発時においては、必要に応じて前フェーズへの情報フィードバックを行ない、修正が必要な場合には早期に解決すること、また適切な利益を確保するため、開発計画が具体的になった段階

で、シミュレーションを継続することが求められます。また3要素（ハードウェア、ソフトウェア、ヒューマンウェア）に強弱はなく、すべてが高いレベルで要求されると認識しつつ、リアリティを高めるため、各チームの中心任務（図表上★箇所）については、任務内容を強化するための取り組みを日々追求することが望まれます。

このようなホテル消費の各断片が適切にコーディネートされること、スタッフが適切に気持ちを表現することで、ホテルが伝えようとするコンセプトや価値観を、リアリティをもって顧客に伝えることができます。サービスを提供するだけではなく、独自の価値観を表現するプラスアルファの存在意義を顧客に伝えることになります。ホテルの究極の価値は、収益性に基づく価値だけではなく、世界でそこだけという唯一無二の存在となり輝くことでプレミアム性が生まれるのです。

この構築に当たって最大の課題点は、適切に気持ちを伝えるスタッフです。それ以外は、中心人物によりワンマン的に引っ張って構築することができるかもしれませんが、最後に顧客に対してリアリティをもって伝えきるためにはどうしてもスタッフが各持場で必要な振る舞いを適切に実施することが求められるからです。

チーム名	目的	human	soft	hard	開発時の位置づけ	運営任務
事前感情コーディネート（マーケティング1）	顧客の事前文脈の理解	ターゲット顧客の特定	到着までの感情の検討（★）	到着前の顧客期待ハードイメージの検討	ソフト基本設計	客層変化、現場設計と事前設計の再確認、対顧客マーケティング、宣伝活動
事前領域チーム（マーケティング2）	モデルスタッフ検討	求められるモデルスタッフ（★）	求められる機能性	求められるハードの質感	ヒューマン基本設計	必要な人事制度維持、スタッフ研修
事前領域チーム（マーケティング3）	ハードイメージの総合コーディネート	求められるモデルスタッフが適切に演じられる質感とは	求められる機能性を適切に提供できる質感とは	ホテルの質感、ハードイメージの検討（★）	ハード設計	施設インスペクション
ブランドチーム（ブランディング4）	ブランドのハードイメージ検討	顧客に感じてほしい人的振る舞い	顧客が求める機能性、価値観、コアバリュー	コアバリュー、ブランドパーソナリティを体現したブランドのハードイメージ（★）	ハード基本設計 ソフト概念構築 ヒューマン概念構築	継続的ブランディング戦略の策定、実施
ブランドチーム（ブランディング5）	ブランドイメージ調整、確認	ブランドパーソナリティの作成、抽象化されたプラン ド（モデルパーソナリティ）	ブランドパーソナリティとハードイメージから提供可能なブランドコアバリューの構築（★）	記憶として残るイメージや理想の逸話（顧客の土産話）	ソフト設計 ヒューマン概念設計 ハード概念設計	顧客満足度の確認、フィードバック
ブランドチーム（ブランディング6）	ブランドパーソナリティを具現化する振る舞いコーディネート	ブランドパーソナリティを具現化（★）	構築されたブランドコアバリューによる顧客側の感情反応とは	ブランドのハードイメージは望ましいか、記憶に残る場合のイメージとは	ヒューマン設計	現場スタッフ振る舞いのインスペクション
スタッフパフォーマンス（パフォーマンス7）	ブランドパーソナリティと合致する具体的振舞い定義	ホテル内各所、提供機能性に背後のブランドのリアリティを感じさせる個別スタッフアクション定義（★プロット表の作成）	提供される機能性付与に感情をかぶせるアクションとは	ホテル内各所で可能なアクション	ヒューマン詳細設計	マーケティング、ブランディングを反映したモデルスタッフの更新 スタッフ振る舞い、客層チェック
ハードアフォーダンスチーム（パフォーマンス8）	環境認知コーディネート（5感コーディネート）	スタッフや顧客の望ましい振る舞いが可能となる質感とは	価値観を伝える質感とは	価値観を伝えつつ望ましい人的振る舞いを即すような質感造り（★デザイナーとの協議）	ハード詳細設計	マーケティング、ブランディングを反映した質感の更新 詳細質感チェック、インスペクション実施
コンテンツ開発チーム（パフォーマンス9）	ブランドコアバリュー、価値観を踏まえた実際のコンテンツ開発	望ましい人的振る舞いを即すコンテンツとは	ブランドコアバリュー、価値観を踏まえた実際のコンテンツ開発（★）	質感を生かしたコンテンツ	ソフト詳細設計	目標利益、予算策定検証、必要があれば基本設計にフィードバック

8章

ホテルモデルとして時空消費モデル、またそれを応用したホテル版Ｖモデル（時空消費モデルを上下逆にしたモデル）は、ホテルを様々な要素間のネットワークで顧客側の経験を提供する、つまりシステムとして捉えそのまま表現したモデルです。複雑な現象をモデル化、つまり「見える化」することでコントロールできるようになります。ホテルの価値観、ホテルの人格性を顧客に伝えることが、ホテルのアート性を引出し、長期的には収益性にも貢献するようなホテルならではのブランド戦略となりうるものとしてご紹介しました。そこでは、ホテルが提供しようとする価値観やテーマ性、コンセプトにリアリティを持たせて顧客に伝えることが重要であること、またリアリティを持たせるためには周到に計画された3要素コーディネート（重層的体験）が重要である点をまとめてきました。さらに諸要素の中でも、ミラーニューロンと言われる人の意図ある行動に対してだけ反応する脳細胞の発見からも推測されるとおり、共感を生む上で人的要素が非常に重要だということには特に留意が必要です。スタッフの立ち振る舞いにホテルの価値観を凝縮する必要があるのです。チェックイン時のスタッフ、アテンドのスタッフ、その他施設利用時のスタッフ、そしてチェックアウト時のスタッフすべてのスタッフと顧客の接点をホテル戦略上の重要なポイントであり、すべての人的要素が共感を生じさせる上で重要であるという運営者側の認識が必要なのです。

　それでは、具体的なホテル戦略としてどのような取組があるのか、その参考例とともにそれらの効果という視点でいくつかをご紹介したいと思います。

わくわく朝食ボード

　例えば朝食のビュッフェボードにフランスパンを設置し、ナイフでカットさせるようなケースが見られます。ある機能を顧客に提供する場面（朝食では「食べる」）では、顧客側の能動的な行動を常に伴います。ここではフランスパンを布で押さえ、ナイフを入れることで、意識的な能動的行動を導き、その結果エピソード体験として記憶に刻まれることとなります。その折にはカットしやすいように布でパンを巻いておくこと、使いやすいカットボードを設置することで、「おもてなし」という見えないサービスが「見える化」されていること、またスタッフの元気のよい挨拶や適切な立

ち振る舞いというヒューマン要素があればなお強力です。つまりそこでは、ハード、ソフト、ヒューマンが融合しています。この融合ポイントで生じる現象が「ホテルの人格」だと考えられます。また例えばメニューの構成では、決して種類は多くはないものの、同一カテゴリー内で多くの選択肢が設けられているケース、例えば独立したパンコーナーには人気のパンが並び選ぶ楽しみがある、バターやジャム類もパンコーナーとは独立して配置されておりエッグジャムからピーナッツバター等少しずつ小皿に入れる楽しみがある、という場合には、ここでも意識的な能動的行動を導いています。選択すること自体が顧客の喜びであり、細かなコーディネートまで楽しめるように工夫されています。果物コーナーも充実し、ドリンクコーナーはよく冷えていて食欲をそそっています。様々な朝食スタイルをもつ外国人に対応しつつ、大きな流れを外さず、さらに地産品も工夫して使用する等地域性も表現されています。ここでの感情を一言で表現すると顧客側も五感を総動員し、意識的行動を即される「わくわく感」ではないでしょうか。このように、目に見えないホテル側のサービスを「見える化」することが重要なのです。前日から宿泊し、ホテル体験を堪能した翌朝であることも朝食を楽しむ素地になっており気持ちを盛り上げてくれます。この消費に伴う文脈性や質感、また能動的で意識的な行動を引き出す取組による効果は、街中にあるレストランではなかなか演出でしきれないホテルの強みなのだと思います。

アトリウム空間

吹き抜けロビー、アトリウム空間があればそこでの音響効果を活かす。あるホテルでは、鳥のさえずりを流し、アトリウムの反響により、リアリティある自然を感じさせることができます。この空間で特に感じることは、「リアリティ」の奥深さです。どうすればリアリティを顧客に感じてもらうことができるのか。それはよく観察すると、スタッフも明るく笑顔で振る舞っていることが大きく貢献しているように思います。スタッフの歩き方も元気よく、まるで自然の中で闊歩を楽しんでいるかのようです。つまり、リアリティとは、空間だけがポイントなのではなく、そこにいるスタッフが本気でそれが自然の中と信じるだけの振る舞いをしていることこそ重要なのです。顧客側もそれが自然界ではないことを承知しています。自然ではない空間に自然を見

出すこと、つまり顧客側も能動的に認知しようとするところに、「共感」が生まれるのだと思います。

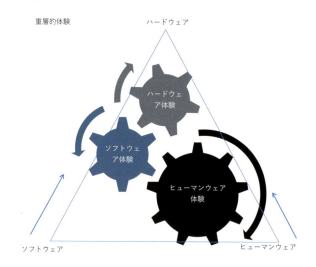

　さらにその体験の奥にホテル側のコンセプトがあれば、さらに発見の楽しみがあります。これが、重層的体験です。つまり同一コンセプトで様々な伝達ルートから同時にコミュニケーションがなされている状態です。開放的空間でバカンスを楽しんでほしいというコンセプトに基づき空間や質感、人的要素を通じて伝えられる重層的体験は、記憶にも大きな影響を与えます。単語を記憶する場合にも、まったく関係のないものであってもそれらとの関連付けて覚える、あるいは、体験した場所に関連づけるという、「関連付け」が記憶力に大きな影響を与えるのと同様、ホテルでの重層的体験自体がホテルの記憶を強化するととともに、その背後に一貫性あるメッセージ性がある場合、そのホテルでの体験に意味を持たせ顧客の心に強く刻み込むことに繋がるのです。

デザイン思考とホテルマネジメント

　デザイン思考とは、形が決まった後に重要な部分は残し、不要な部分はそぎ落としつつ形を形成していくようないわゆるデザインを、より川上の事業戦略立案から取り

入れようとする考え方です。この思考の斬新なところは、アイデアを生み出すデザイナーが特別な存在である一方、アイデアを創発する方法さえ押さえれば、だれでもできる、またそれをビジネスに応用しようとするところにあります。これまでのような集中、差別化、コスト優位が競争戦略と言われるのと対比すると、独自の価値を創出しようとする創造戦略と言われています。このデザイン思考に基づく運営では、「ブレインストーミング」の有効活用が成果を左右します。様々な経歴、部門担当者からなるメンバーを5名前後集め、それぞれのアイデアをできるだけ多く出すこと、またその時には、他人のアイデアを発展させることも推奨されるようなルールを設けることで、アイデア同士が繋がり、そこからまた新たなアイデアが生まれるという創発を生む仕組みなのです。この結果、適切なチームを作成し運用することで、常に新たな価値を生み出す組織を作り上げるのがデザイン思考と言われる所以です。システム思考でモデル化したホテル消費から、具体的に運営戦略に落とし込む中で、このデザイン思考が重要な鍵を握ります。経験価値をコーディネートするには、ホテルの消費の文脈性という時間軸と、ホテル特有の3要素（ハード、ソフト、ヒューマン）の組み合わせという空間軸をコーディネートすること、つまりホテル経験を「デザイン」するという視点が必要となります。

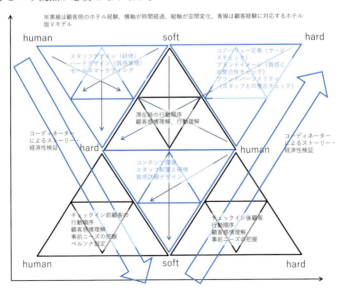

フロント・ロビーの意義

　日本のホテル環境は、他の国のホテルと異なり、経費が相対的に高く、他国で見られるような制度化された格付け情報もなく、顧客は国内客が相対的に多く、多くのホテルとの競争にもさらされ、チップ制も機能せず、人件費も高い等ビジネスモデルとして厳しい環境にありました。ただそれは、競争市場という枠組みで捉えた場合の視点であり、価値創造という視点で考えれば、日本人は、コンテンツを生み出すことに長け、「おもてなし」精神も持ち合わせています。適切な取り組みさえあれば、諸外国が真似できない日本のホテル、旅館ならではの価値を生み出せるはずです。競争戦略ではなく、価値創造戦略を行なうために、システム思考やデザイン思考であり、そこから生まれる「価値」を見つめる視点が必要なのです。

　これからホテルに求められるのは、経験価値の創出です。ハードとソフトの融合、「ホテル」を売るのではなく、「ホテルに滞在する特別な体験」を売るのです。ホテルは、ハード、ソフト、ヒューマンという3要素が強く同時に結びついて価値を提供することができます。脳内では数秒間の間（3秒と言われています）に同時に知覚されたものは強く結びついて認知されます。これがまさにホテル、旅館の強みであり、壮大なアートの創造と言えます。顧客に伝えたい思いを定義し、それを3要素を融合して顧客に伝えることができれば、それは例えば「演劇」の世界であり、つまり「芸術作品」なのです。経済価値、市場価値、いろいろな価値概念がありますが、今日本のホテルが注視すべき価値とは、脳内報酬と並行する感情を伴った経験価値でありであり、どのようなサービスがいいと感じるかという価値観を明確にできる運営力なのです。

　ホテルリノベーションでは客室、それに次いでフロント・ロビー空間を改装するケースが多いようです。ロビー空間には多額の費用を投じることにはどのような意味があるのでしょう。顧客側の期待感の影響という意味において、これは非常に高い効果が期待されます。顧客側の満足を脳内報酬物質の分泌として定義すれば、満足とは、高い期待を感じること、さらにその期待を超えることと言えるからです。ホテル経験での最初のインパクトが強く、それ以降の期待値が上がる内容であれば、顧客は高いレベルで満足度を維持することになります。ホテル滞在時におけるブランドの効果も

同様です。事前の期待が強ければ（それに反する内容であると、「怒り」に繋がるリスクも負う一方で）、期待通りの内容を維持する限り、ホテル経験を閉じるまで、つまりチェックアウトするまで当初期待が継続します。フロント・ロビーについては留意すべき点があります。ハードウェアの改装だけでは、高い期待感は感じても経験価値を生みません。昨今ハードウェアとソフトウェアの融合するところで大きな価値を生むケースが増えています。機能性あるハードだけではなく、そこにデザインや利用の幅を広げるための様々なソフトウェア、またネットワークがあってこそ顧客に新たな価値を提供できるのです。ホテルは、それらハードウェア要素、ソフトウェア要素（サービスメニュー等）だけではなく、そこにスタッフ、さらには顧客というヒューマンウェア要素が関係します。つまりホテルは、他の製品以上にヒューマンという要素を加えた3要素の融合により価値を生み出すのです。ホテルの調査を行なう場合に、たまにホテルのロビーで「緊張感」を覚えるケースがあります。これはホテル側からのメッセージを無意識に感じ取り、自身がその客層となることで、そのような「緊張感」に繋がっているのではないでしょうか。そのような場合には、単にハードウェアが素晴らしいだけではなく、共感できるブランドがあり、さらにそこで活き活きと輝くスタッフが無意識に働きかける結果です。このハードウェア、ソフトウェアだけではなくさらにヒューマンウェアをどのように場面にどのように融合させるのか、ホテルを様々な要素の組み合わせとして捉え、さらにその融合による効果を理解した上で、ホテル体験をデザインするという取り組みが、例えばフロント・ロビーのリニューアルを行なう場合においても、その背後に常にあるべきなのです。

競争力の指数化管理

　ホテル競争力を指数化することで、リニューアルやリ・ブランド、その他ホテルの現状マーケット内ポジショニングが変化する場合に、それらが客室稼働率やADRにどれほど影響を与えるのかを分析することができます。今回はホテル競争力の指数化及び客室稼働率、ADRのパフォーマンス変化予測の方法とその留意点について整理したいと思います。客室稼働率に関する競争力指数は、Penetration indexと言われます（市場浸透指数、以下「PF」と略します）。またADRに関する競争力指数は、Average

Rate Index と言われます(以下「ARI」と略します)。これらは、競合ホテルとの関係を現状のホテル競争力を指数化することで把握するものです。

この競争力指数は、将来の稼働率や ADR の想定にあたって市場の平均 ADR の変化や市場規模の変化(捉えた市場全体の販売室数合計の変化)と、各ホテルの市場内競争力の変化(リニューアル等)、さらには新規参入のインパクトを同時に考慮に入れて将来の稼働率、ADR 予測をすることができるという利点があります。以下この PF について計算例をご紹介します。

1)客室数変化を考慮

□各ホテルの客室	客室数	将来1年目	2年目	3年目	4年目	5年目
Aホテル	200室	200室	200室	200室	200室	200室
Bホテル	220室	220室	220室	220室	220室	220室
Cホテル	180室	180室	180室	180室	180室	180室
対象ホテル	200室	200室	200室	200室	200室	200室
新規参入ホテル		0室	36室	36室	36室	36室
合計	800室	800室	836室	836室	836室	836室

まずは、競合ホテルの選択です。ホテルはターゲットとしている顧客層の違いや、客室構成の違いにより 100% の競合関係とはなかなかなりません。したがってターゲットセグメントの違いに応じて、客室数に競合率を乗じたものを採用します。

仮に、すべて 100% 競合関係にあるとし、2 年目に新規参ホテルを想定しています。新規参入ホテル(120 室を想定)については、想定競争力や客室構成から競合率 30% を想定しています(120 室× 30% = 36 室)。その結果、合計客室数は 800 室から 2 年目には 836 室になります。競合ホテル数が少ないような市場(市場規模が小さい規模)で、新規参入がある場合、そのインパクトを市場内ですべて吸収することになります。仮に新規参入が異なるセグメント(高い ADR 等)で新規参入する場合には競合率を適切に見積り、客室数に乗じて考慮する必要があります。

2）販売可能室数に換算

□販売可能室数 （日数×客室数）	客室数	将来1年目	2年目	3年目	4年目	5年目
Aホテル	200室	73,000室	73,000室	73,000室	73,000室	73,000室
Bホテル	220室	80,300室	80,300室	80,300室	80,300室	80,300室
Cホテル	180室	65,700室	65,700室	65,700室	65,700室	65,700室
対象ホテル	200室	73,000室	60,833室	73,000室	73,000室	73,000室
新規参入ホテル		0室	13,140室	13,140室	13,140室	13,140室
合計	800室	292,000室	292,973室	305,140室	305,140室	305,140室

採用客室数を基礎に年間ベースの販売可能室数に変換します。対象ホテルでは2年目に改装を想定、販売可能室数の計算上は365日中、改装2か月間を差し引いています。閏年があればその年は366日にします。その他リニューアルやリブイン等で販売可能室数が変化する場合には、判明している期間の客室数と期間を販売可能室数の計算上調整します。

3）販売可能室数シェアに換算（客室シェア）

□販売可能室数シェア	％	将来1年目	2年目	3年目	4年目	5年目
Aホテル	25.0%	25.0%	24.9%	23.9%	23.9%	23.9%
Bホテル	27.5%	27.5%	27.4%	26.3%	26.3%	26.3%
Cホテル	22.5%	22.5%	22.4%	21.5%	21.5%	21.5%
対象ホテル	25.0%	25.0%	20.8%	23.9%	23.9%	23.9%
新規参入ホテル	0.0%	0.0%	4.5%	4.3%	4.3%	4.3%
合計	100.0%	100.0%	100.0%	100.0%	100.0%	100.0%

上記客室数をベースに、分子にそれぞれの販売可能室数、分母に市場全体の販売可能室数合計をとり、販売可能室数を市場における販売可能室シェア（％）にします。

4）PF指数化及びPFの将来予測（稼働率競争力指数）

PF指数 （市場シェア÷客室シェア）	販売室実績	市場シェア	PF	将来1年目	2年目	3年目	4年目	5年目
Aホテル	54,750	25.4%	1.02	1.02	1.02	1.02	1.02	1.02
Bホテル	56,210	26.1%	0.95	0.95	0.95	0.95	0.95	0.95
Cホテル	47,304	22.0%	0.98	0.98	0.98	0.98	0.98	0.98
対象ホテル	56,940	26.5%	1.06	1.06	1.10	1.10	1.10	1.10
新規参入ホテル	0	0.0%	-	-	1.10	1.10	1.10	1.10
合計	215,204	100.0%	100.0%					

　PFを求めるには、分子に実際の販売室数を基礎とした市場シェア（対象ホテルの販売室数÷対象ホテル及びすべての競合ホテルの販売室数の合計〈競合率を乗せた後〉）、分母に販売可能室数シェア 3）を取ります。つまり実際の販売室数から求めたシェアが客室数から求めたシェアが同じであれば1、超えていれば1以上となります。この指数がPFであり、このPFについて、新規参入ホテルを含めた各ホテルについて将来予測を行ないます。上記事例では新規参入ホテルは競争力指数を1.10としています（市場平均より10%強い）。また対象ホテルは、新規参入に対抗し、2年に一部の客室にリニューアルを想定（1.06→1.10）しています。将来設定ではこのＰＦを変化させ販売シェアを求めます。もし1.1とすると、ＰＦ（1.1）×客室シェア＝将来の販売室シェアが逆算で求められます。最後に将来の市場規模を予測し当該販売室シェアを乗じることで対象ホテルの将来販売室数を求めることができます。ここで注意が必要なのは、各ホテルのＰＦを実際のＰＦから将来変化した場合、合計販売室シェアが100%とならない点です。したがって将来求められた各ホテル販売室シェアを合計が100%になるよう調整した数値を採用する必要があります。

5）販売室シェアに換算、市場規模の変化予測に乗じることで販売室数を予測

販売室シェア	将来1年目	2年目	3年目	4年目	5年目
Aホテル	25.4%	25.4%	24.3%	24.3%	24.3%
Bホテル	26.1%	26.0%	25.0%	25.0%	25.0%
Cホテル	22.0%	21.9%	21.0%	21.0%	21.0%
対象ホテル	26.5%	22.8%	26.3%	26.3%	26.3%
新規参入ホテル	-	4.9%	4.7%	4.7%	4.7%
合計	100.0%	101.1%	101.4%	101.4%	101.4%

販売室シェア （合計100%に調整）	将来1年目	2年目	3年目	4年目	5年目
Aホテル	25.44%	25.09%	24.00%	24.00%	24.00%
Bホテル	26.12%	25.76%	24.64%	24.64%	24.64%
Cホテル	21.98%	21.68%	20.74%	20.74%	20.74%
対象ホテル	26.46%	22.60%	25.95%	25.95%	25.95%
新規参入ホテル	-	4.88%	4.67%	4.67%	4.67%
合計	100.00%	100.00%	100.00%	100.00%	100.00%

	実績（市場）	将来1年目	2年目	3年目	4年目	5年目
市場規模	215,204室	220,000室 +2.2%	222,000室 +0.9%	230,000室 +3.6%	230,000室 ±0.0%	230,000室 ±0.0%
対象ホテル販売室数予測 （市場規模×調整後販売室シェア）	56,940室	58,209室	50,169室	59,675室	59,675室	59,675室
客室稼働率	78.00%	79.74%	82.47%	81.75%	81.75%	81.75%

上記では市場規模（すべてのホテルの販売室数合計）の将来推移を、需要源である観光目的地の動向等市場変化を調査した結果として、初年度＋2.2%、2年目＋0.9%、3年目＋3.6%と想定しています。このように、PF指数を使用することで、市場規模の変化、競争力の変化、新規参入のインパクトを考慮しつつ客室稼働率を予測することができます。

　この手法は、各ホテルの正確な販売室数実績の把握を基礎にしています。また、シティホテルでは、各ホテルのターゲット層、例えば、国内個人旅行、国内団体旅行、インバウンド、MICE関係、セグメント別で、ホテル競争力を把握する必要があります。つまりセグメント別のPF分析を本来行なう必要があります。またシティホテルでは新規供給でも、これまでの市場内に参入するだけではなく、新規に需要を誘発するケースも多く、その場合には市場規模の変化予測に新規誘発需要として織り込む必要があります。

ホテル価値の上昇局面が与えるホテル運営への影響

　現在日本のホテル売買市場は活況を呈しています。弊社がアンケート調査している

「1年後のキャップレート変化予測」を見ても、リーマンショックに端を発した世界経済の大きな変化を背景に 2008 年より大幅に上昇したキャップレート予測は、2009 年以降、依然として上昇局面にはありつつも落ち着きを取り戻しました。その後 2013 年より、将来的にホテルのキャップレート（ホテル資産価値＝純収益（NCF）÷キャップレート）が低下し、ホテル価値が上昇する可能性が高いとの期待感が広まります。東京都心 5 区だけではなく、全国主要都市を含めて 1 年後の予測が大きく下方に振れる状況となりました。現在の都心 5 区におけるホテルキャップレートは、弊社調査の回答者平均値（回答数約 40 名）で、5％台前半を示し、1 年後の予測値は約△0.2％となっています。

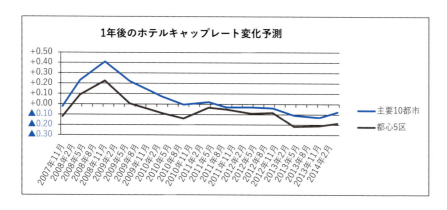

事業収支前提CapRate（％）

ラグジュアリーホテル	札幌市	仙台市	都心5区	横浜市	名古屋市	大阪市	京都市	広島市	福岡市	沖縄県
平均値	7.14	7.34	5.82	6.40	6.71	6.48	6.49	7.49	6.84	6.85
中央値	7.00	7.50	5.78	6.50	6.80	6.50	6.51	7.50	7.00	7.00
上限値	8.70	9.00	7.70	8.10	8.50	8.20	8.50	9.20	8.60	8.70
下限値	5.90	5.70	4.70	5.35	5.50	5.40	5.20	6.00	5.50	5.70
標準偏差	0.66	0.66	0.58	0.56	0.56	0.58	0.71	0.67	0.65	0.63

事業収支前提CapRate（％）

ラグジュアリーホテル	札幌市	仙台市	都心5区	横浜市	名古屋市	大阪市	京都市	広島市	福岡市	沖縄県
平均値	7.14	7.34	5.82	6.40	6.71	6.48	6.49	7.49	6.84	6.85
中央値	7.00	7.50	5.78	6.50	6.80	6.50	6.51	7.50	7.00	7.00
上限値	8.70	9.00	7.70	8.10	8.50	8.20	8.50	9.20	8.60	8.70
下限値	5.90	5.70	4.70	5.35	5.50	5.40	5.20	6.00	5.50	5.70
標準偏差	0.66	0.66	0.58	0.56	0.56	0.58	0.71	0.67	0.65	0.63

これは、円安基調を背景とする国内観光増（及びインバウンド増）の他、東京での夏季オリンピック開催が決定したことで日本の国際観光産業が成長産業の1つと位置付けられたことや、さらにはカジノ構想等様々な要因を背景にしています。このような外部環境をホテル業界はどのようにとらえるべきなのでしょう。

ホテル価値の上昇局面が与える影響

ここでホテル価値の上昇局面がホテル業界に与える影響について考えてみたいと思います。そのような環境は新規資本のホテル投資を後押します。今後益々の増加が期待される宿泊需要を取り込もうと新たなホテル開発が計画される他、既存ホテルも価値の増加に伴ってキャピタルゲイン（売却益）確保のために売買されるケースも増加するでしょう。新規ホテル開発では、ホテル用地を購入し、ホテル開発プロフォーマ（収支予測）を作成し、それぞれの計画で適切なホテル運営スキームを模索します。大震災からの復興工事も並行していること等もあり建物の建築費が高騰しています。建築費の動向は開発計画の難易度を引き上げますが、それでもオリンピック前のホテル開業を取り付けようと多くの開発計画が立ち上がりつつあります。

リスクマネーを投入しようと考える投資家側では、不動産リスクは負いつつも運営リスクはできれば避けたいでしょうから、基本的には賃貸スキームを検討することになります。シティホテルでは、ホテル側にとっても、事業リスクが大きくなることから、人的資本を抱えるリスクや固定賃料支払等の負担リスクを敬遠したいでしょう。開発を行なう投資家側にとってもより大きな販売網を要する等集客力あるホテルが望まれることもあり、ビジネスホテルであれば直接ホテル側との賃貸契約交渉を行なうこともできるかもしれませんが、シティホテルでは、賃貸が困難であることから賃借会社の手配（経営会社の立ち上げ等）とともに、MC契約締結先を模索することになります（MC：Management Contract、運営委託契約）。またMC契約ではなく賃貸契約とすれば、特に固定賃料ですと、リース会計上自社所有資産と同様の会計処理（貸借対照表上の資産に計上するとともに将来賃料を含めて負債として処理）をする必要が出てくる等も規模の大きなホテルチェーンでは問題の1つとなっているのかもしれません。

投資家が描こうとしているシナリオは、増加するインバウンドの受け皿となることで成長産業と歩調を合わせて収益を上げるというものです。つまり仮にMC契約なのであれば、国内ホテルブランドよりも海外ホテルオペレーターの方がよいと考えることもできます。

　ここで改めてホテル側にとって新規に賃貸借契約を締結し出店することを考えますと、労働力の確保が大変なことや、また事業収益の変動リスク、つまり事業リスクを検討する必要があります。ただし一方で、国内ホテルブランドであり且つ国内に多くの既存店があれば、労働力等の人的資本確保は大きな問題ではありますが、解決あるいは検討の可能な問題とも言えるのではないでしょうか。また、事業リスクについても、国内店舗網があることから、変動リスクを全国で展開するホテルポートフォリオである程度吸収することもできるでしょう。賃料負担を考えても、固定賃料と歩合賃料を併用する、あるいは100％歩合賃料（変動賃料）とすることで実質的にはMC契約と同様の経済条件とすることも可能となります。もちろん出店に当たっては、ホテル事業の採算可能性を適切に把握した上で、フィージビリティをクリアする案件に限るべきではありますが、シティホテルであっても賃貸借契約による出店に踏み切ることができれば、ビジネスチャンスを大きく広げることができるはずです。ホテル側が直接賃借人となることで、運営委託報酬料に相当する利益の他、賃借人（労働力を抱える経営会社）としての利益確保も可能ともなります。つまり、人や事業リスクを抱えることに相応する利益を要求すればよいとも考えられるのです。

　既存ホテルの売買についても、賃貸借契約であれば、許認可や人材を擁しているのは賃借会社側ですので、容易にリ・ブランド（リテナント）できなくなります。一方でMC契約であれば、売買の都度、リ・ブランドのリスクにさらされるとも言えるのです。

　日系ホテルオペレーターにとって、現在の環境はMC契約によりリスクを回避する以上に、賃貸借契約に基づき日本国内で日系ホテルのブランドのシェアを守ることも1つの重要な視点となりつつあるのではないでしょうか。

収容可能人数の変更に伴う短期的視点

　昨今ターゲットセグメントの中で特にインバウンド市場をはじめとする観光市場が注目を集めています。そのような環境下において、シングルユースからダブルルームへと変更し収容人数を拡大する、あるいは2室を1室化してツインルームを増設する等定員数拡大を検討しているホテルも多いのはないでしょうか。

　都市計画法や建築基準法等行政法規の他、特にホテルや旅館ではその所在する地域の条例によって様々な規制が定められています。収容人数に関しては地方自治体の条例によって1名当たりの居住面積の定義が定められており、その面積如何が収容人数の申請数に影響を与えています。またその他ビューバスに対する規制等ホテルの建築にも関わるような条例規制等が多くありますので、まずはそれら地域独自の規制内容を含めて行政規制を十分に把握しておく必要があります。先の居住面積については、例えばシングルで届け出ている客室を、客室単価を上げるためにセミダブルベッドを入れて2人で販売するケースを想定して考えてみたいと思います。仮に当該ホテルの有効面積（バスルーム及び客室内の通路を除く客室面積）が5.5㎡で当該地区の条例による有効面積が3㎡/人と定められているとします。そこで1名申請から2名へと収容人数を変更する場合、条例上6㎡の有効面積が必要となり、当該ホテルは有効面積5.5㎡と2名に必要な有効面積である6㎡に0.5㎡不足してしまいます。そのような場合には保健所への収容人数申請と異なる営業がなされるという意味において有効面積に関する条例違反となってしまいます。

　その他収容人数の拡大に関連して確認を要するその他面積配分や設備等について整理してみます。まずはロビースペースです。「旅館業法施行令の規定に基づく構造設備の基準を定める条例」によりますと宿泊者の定員の区分に応じて定員数が30人以下の場合、30㎡、31人から50人までの場合で40㎡、51人以上で50㎡が求められます。また「旅館業衛生管理要領（注1）」では次式により得られる以上の面積を有することが望ましいと規定されています。ロビーの面積＝収容定員×｛(0.1（注2）×6.3平方メートル（注3）×1/4）＋（0.2（注2）×1.1平方メートル（注4））｝（注1）当該式及び「旅館業衛生管理要領」とは各地方自治体が条例を定める際の参考式であり、実際には各地方自治体が独自に制定されますのでそちらの確認が必要となり

ます。(注2) 最も混雑する時間帯の利用率であり、上記式では参考例として4人掛け応接セットでは利用率0.1（10%）、1人掛け椅子では利用率0.2（20%）が例示されています。(注3) 4人掛けの応接セット及び所要の通路面積 = 0.8 × 1.8 m + 1.8 × 2.7 m = 6.3 ㎡、(注4) 1人がけの椅子面積 = 0.9 × 1.2 m = 1.08 平方メートル ≒ 1.1 平方メートル。これら（注2）から（注4）に関しても実際には各地方自治体が当該参考式に基づき独自に制定しています。

その他「国際観光ホテル整備法施行規則に定める施設等に関する基準の解釈について（以下資料（1）という）」を見ますと、収容人数が100人以下で20㎡、101人～500人で（0.2㎡×収容人員）、501人～1,000人で（0.15㎡×収容人員 + 25㎡）、1,001人～2,000人で（0.075㎡×収容人員 + 100㎡）、2,001人以上で（0.05㎡×収容人員 + 150㎡）と定められています（※ただし、フロントの付近に飲物の注文だけで利用可能なコーヒーショップ等がある場合は、計算された面積からコーヒーショップ等の面積の1/2の面積を引いた面積以上あればよく、フロント前、店舗部分、エレベーター前の面積を除いて算出、ロビー等が2室以上ある場合はその合計面積となります）。

また収容人数如何は上記ロビースペース以外で朝食会場スペースにも影響を与えます。例えば先の資料（1）では食堂の客席部分の面積が（0.2㎡×収容人員）以上であることを求めています（なお厨房、配膳室、待合場所等の面積はこれに含まれません）。このように関係する諸規制について適切に遵法性を具備する必要があるのです。

不動産には物理的に空間の広さや避難施設の能力などに限界がありますので、建築基準法では特殊な建築物についてその用途、規模等に応じて避難上必要な施設の数や幅員その他設備規模等について厳格に規定されています。またこれを無視した過剰な人員を収容すれば、万一の場合に混乱のため避難行動が妨げられたり著しく避難が困難になったりしてしまいホテルが根本的に提供すべき安全性及び安心感に影響を与えかねません。したがって消防法等に規定されている収容人数に留意する他保健所や消防等各行政機関方面への適切な確認が必要となります。

収容可能人数の変更に伴う長期的視点

仮に上記のような規制内容について適切に確認した上で定員数を合法的に変更することができたとします。客室面積を含めて客室内の快適性を維持できる場合には、その効果はいうまでもなく定員数の向上による収益性の拡大が期待されることになります。ただし長期的視点から見ればシングルユースからツインユースに客室構成が変化するということは大きく客層にも影響を与えますので、収容人数の変更に伴う客層の変化にまで留意しておく必要があります。ここで改めて弊社調査での顧客調査を見ますと（全国男女 200 名、インターネット調査）、ホテル利用時における客層について「気になる」及び「少し気になる」との回答者数合計比率で 64％という結果でした。また同質問に対して男女別での回答結果を見てみますと、客層が「気になる」及び「少し気になる」との回答者数合計比率で 73％と特に女性で客層を気にする傾向が窺えます。さらにどのような客層を望ましいと考えているかという質問に対しては、「自身と同じ印象の客層」という回答が全体の 78.1％と大半を占めています。

どのような客層を望ましいと感じますか（ホテル利用時に客層が気になると答えた人、回答者全体の 64％（128 名）を対象）

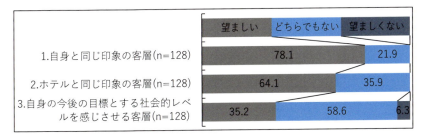

このように客層は顧客の満足度にも影響を与えることから十分に配慮しておく必要があるのです。シングルルーム中心であった客室構成からダブルルームやツインルーム中心の客室構成へ、あるいはダブルルームやツインルーム中心であった客室構成からファミリータイプの客室構成へと大幅に全体客室構成を変更する場合には、自社が掲げるコンセプトとの一貫性や客層の変化に十分に留意する必要があるのです。

ホテル投資編総論

　ホテルや旅館を取得するには様々な目的があるかと思います。例えば短期的に転売を目的とする場合や事業収入や賃貸収入から長期的視点から投下資本の回収を目指す場合、ホテル事業者による事業展開の一環という場合等、既存ホテルを取得する目的は様々です。それらの目的に応じてホテル運営上重視されるポイントも変わるでしょうが、ホテルの価値という観点から見ると最終的には長期視点の手当が適切になされていない限り、短期的収益改善だけで価値が向上するとは言えません。したがって短期的視点から中長期的視点で重要視される施策すべてが織り込まれた運営戦略が求められることとなります。以下では必要な施策を必要なタイミングで実施するために、短期的視点から中期、長期的視点に分けて重視すべきと思われる運営施策を検討してみます。まず、取得前の事前確認事項ですが、そもそも敷地がホテルに適したロケーションではない場合には要注意です。無理に顧客を呼び込む等販売促進費は宣伝広告費が多額になったり、人員確保に困難が生じたりと、収支に影響するからです。次いで、マーケット構造の理解です。これは市場を構成している競合ホテルの顔ぶれ、そのホテルの序列及び各ホテルの特徴や属性次第で、運営戦略の幅がことなる点にポイントがあります。当該構造が需要量に影響を与えているのか、当該構造に欠陥があり需要が伸びていないのか、市場規模（宿泊者数や販売室数、宴会では件数合計）の計測と合わせてどのようなマーケット構造が市場規模の背景にあるのか理解することで、効果的な運営戦略を検討することができます。

「ホテルの最有効使用」についての検討

　まず、既存ホテル取得にあたって重要な概念は「最有効使用」であると思います。この最有効使用という概念は、不動産鑑定評価理論上の概念なのですが、通常の使用能力を有する人による合理的かつ合法的な使用方法と定義されています。最有効使用にある不動産の収益性や市場性、つまり効用が最高度に発揮されている状況ということでありこの最有効使用の状態にあれば、その使用に基づく収益（純収益）は自ずと最高値となり、その使用のあり方を前提として市場に参加する者が最高値を付け、つ

まりは市場価格を決定するという考えです。ただし、求める価格が投資価値ではなく市場価値の場合には、合理的かつ合法的な使用を逸脱する想定や特殊な能力を前提とした想定は考慮外であることは言うまでもありません。

　ホテルにとっての最有効使用は、通常の不動産と比べて何が違うのでしょうか。土地単独を取り出し土地の最有効使用を検討すること、また次に既存建物を所与として土地及び建物のセットとしての最有効使用を考えるという2段階に分けて検討するというプロセスについては、不動産の他の用途と同じです。例えば敷地内に余剰土地がある場合、しかもそれが分離可能な状況でホテル用地以外の最有効使用があるのであれば、それを早期に切り離し、当該土地にとって最有効使用を実現化させることが望ましいというような場合、それは土地についての最有効使用の検討結果ということになります。また土地の最有効使用としては、マーケット環境やハードの設えから個人客向けのスペースとして「スパ」が必要だと思われる場合でも、現状の建物からリニューアル費用や工事に係る期間費用を鑑みると、採算が合わないような場合には、改装工事を見送り現状を維持することが最有効使用ということになります。不動産評価ではあくまで「通常の使用能力を有するもの」による使用を前提とすべきで、その結果導かれる価値が市場価値なのです。ここで特殊な運営や斬新な取組を計画し、それに基づき収支フォーキャストを行なって価値を出す場合、それはもはや市場価値ではなく投資価値、事業価値ということになります。

　このように最有効使用という概念は、実際の不動産の利用の在り方についての議論なのですが、もう1つ重要な側面があります。それは、だれが当該不動産（ホテル）の購入者と予測できるかです。つまり、不動産（ホテル）に価格を付けるということは、おのずと仮想の売買市場を前提とします。当該仮想市場で一体だれが買うのか、この買い手がどのような価格アプローチをして価格を決定してくるのか、またホテルのどのような面を重要視してくるのかが異なります。

　つまり投資家は、自らの取得目的とは別に、対象ホテルのもっともありうる取得者（以下最有効使用取得者という）がどのような購入者なのか、それを含めて最有効使用分析を行なう必要があるということです。マーケットで想定される通常の取得者が一体どのような属性の買主を中心とするのか、それを特定しておかないと、取得後リニューアル等を施し、バリューアップをしたつもりでいても、その市場の想定取得者

が異なる視点に基づき違う側面をより重要視している場合には、当該バリューアップしたと思っている部分が考慮されない可能性もあるからです。ただ、総じて価値向上に繋がるものもあります。土地の最有効使用を向上させる部分については、いずれの投資家についても同様に重要な要素となりますので、最優先で検討すべきです。例えば、一部が借地である場合で、それを購入して完全所有権とするような場合です。それ以外では、想定される取得者を意識しつつ運営戦略を練り上げる必要があります。対象ホテルがどこまでの潜在的収益性を有しているのか、構造的に変更不可な部分以外、手入れをすることあるいは、サービス面を改善することで、どこまで収益性や市場性を伸ばすことができるのかについては、この市場参加者である想定取得者を意識しつつ見極める必要があります。立地的に個人客が多く、源泉を所有、湯量も豊富で女性受けする美肌湯が利用でき、設置するスペース自体も十分な個室が確保でき・・等、その他想定取得者が同様にバリューアップを期待すると判断できる状況というには、少なくとも３つ以上のサポート材料がリニューアル計画の背後に必要と考えられます。

ブランド選定及びリニューアル

　ホテルに対する投資を考える場合、大きく分けて短期的保有目的から長期的保有目的まで、その目的如何でポイントとなる戦略要素を色分けできることを示しました。ただ重要な点は、短期であろうと長期であろうと、また転売を目的としようと、事業用に供することを目的としようと究極の目的は、様々な方法でその事業から価値を生み出すことに変わりはありません。長期的視点から事業の用に供するためにホテルを取得する場合にも、ホテルの価値が向上するということは、つまりその事業で安定的超過収益を上げるということですので、短期から長期の優先戦略の色分けとは単に効果発現の時間差があるだけとも言えます。

　これまでホテルの投資戦略はリニューアルや、リ・ブランドが中心で、もちろん成功するケースもあるでしょうが、うまく機能しないケースも多く見られました。ホテルは、様々な要素が絡み合いながら顧客認知の中で独特のポジションを築く時空消費材という視点で捉えて見れば、なにか１つの事業構成要素に対して手当を施してもだ

めだということになります。つまりホテルは個別要素がシステム化し全体が密接に連携した組織体であり、全体のコーディネートを常に視野に入れる必要があるのです。ハードウェアを改善したら、それに整合するソフトとヒューマンも手当を行なうことはもちろんのこと、ホテルのポイントでもある時間軸や文脈性への配慮も必要となるのです。なぜそのホテルにこのリニューアルが必要なのか、これまでの対象ホテルの歩みと文脈においてその必要性が明確であるべきだと思います。

　事前調査での法務、財務、人事、環境等一通りの確認（これはホテル価値の目融資編で触れましたので割愛します。）と戦略的調査事項である最有効使用についての検討（最適収支の検討、最有効使用取得者）及びマーケット構造理解に基づき、まず検討するべきことは、ホテルの顔、つまりブランドです。ホテルはまさに人に例えやすく、そのことが顧客側でホテルを擬人化するきっかけにもなっているように思います。設備の中でボイラーや電気設備、空調設備等は顧客からは見えない、人でいう内臓に当たります。外部世界と接するのは外観で、顧客を招き入れること、つまりフロント・ロビー等はコミュニケーション機関、防災センター等は神経系で組織体制や支配人は前頭葉（前頭前野）と言ったところでしょうか。ここでブランドとは、人が人に対する印象を抽象化したものに相当します。長期記憶内では情報の断片が集約され、抽象度を引き上げつつおさめられるからです。ブランドのないホテルとは、顧客の認知上は顔、人格のない、むしろロボットに近く、命を吹き込む箱、それがブランドかもしれません。最適ブランドの選定ないしは開発は、超過収益力の源泉です。既存ブランドの設備仕様に耐えるハードの設えがあるのか否かによって市場価値に影響が出るのです。また幅広いブランドに耐えるようなホテルは、リ・ブランドを繰り返し、価値を引き上げるというシナリオも長期的にはあるかもしれません。徐々にハイグレードのブランドに耐えうるハードウェア、ヒューマンウェアを揃えていくという考え方です。もちろんハイグレードのブランドとなれば即座に収益力があがるわけではないでしょう。運営にかかる諸経費も高くなる傾向があるからです。ただ、ホテル売買マーケットにおける市場価値という観点に立てば、ブランド力強化が当該ホテルの市場価値向上に貢献する可能性は十分にあります。ここでマーケット側から見て、ハードウェアの設備仕様、設えが既存有名ブランドの仕様に耐えうるものであることのみが重要なのかです。これまでの案件を見ていると、漠然ではありますが、1つの

ポジティブ要素では将来シナリオ、つまり最有効使用に伸び代がでません。前回触れましたように少なくとも3つ以上、別々の要素から強くポテンシャルを支持する内容が伴っている必要があるように感じます。3つ以上の異なる属性がそれぞれ「いける」と判断させるような内容であれば、非常に高い確率でそう信じさせるに足る材料となるのでしょう。この点はリニューアルの判断だけではなくリ・ブランド、その他の最有効使用の判断でも同様だと考えています。

新規取得にあたってリ・ブランドを検討する場合で対象ホテルが複数の部門を擁する場合、どの部門に注目するかで最適ブランドが異なります。またブランドは、既存ブランドだけが選択肢ではありません。ブランド開発は、価値観の表明ですので、ベースとなるコンセプトがしっかりしていれば新たに構築することも十分に選択肢の1つです。果敢に攻めて対象マーケットに美しく合致するブランドを開発するというのも十分に勝算がある場合もあるのではないでしょうか。

改装についても、ブランド同様価値向上にあたって重要な取組みですが、ホテルの場合どの部分にお金をかけるべきか、選択肢があまりにも多く、判断に迷うことが多いはずです。この改装判断にとっても、上記ブランドの確定が非常に重要な要素となります。つまり、ハード、ソフト、ヒューマン、その細かな仕様すべての設定に理由が必要だからです。なぜそのようなサービスがあるのか、なぜロビーの一角にあの装飾品があるのか等細かな点にまで、一貫性あるストーリーがあってこそ、雇用側にとってホテルが空想の世界で幅を広げるのです。客室競争力を維持することはもちろん、周辺環境の変化に伴い自社の強みを見直す勇気も必要です。眺望が優れていたが周辺に高層マンションが林立することはよくあることです。このような場合にも、これまでの強みに固縮し、スカイバンケット、眺望を売りとするバー等を設置しても、環境が「それら用途はすでに最有効使用ではない」と言っているのかもしれません。建物の最有効使用とは、敷地の最有効使用と合致することで到達できるものです。それに反してマーケットに少しでもギャップがあるようでは、その「無理」が収支に現れます。つまり改装を適切に行なうためには、マーケットニーズや競合脅威だけではなく、それとあわせて、当該地域性、立地的個別性を常に意識し、対象ホテルの最有効使用とはなにかなのかを追求する仕組み造りが先行すべきなのです。

ホテルオペレーターとのMC契約

　ホテルは所有、経営、運営が分離するケースもあれば、所有＝経営と所有直営の場合等運営スキーム上様々な組み合わせが見られます。所有＝経営スキームを採用する利点は、意思決定を速やかに行なうことが可能である点や従業員が高いモチベーションを維持しやすい等が見られます。一方で所有＝経営スキームにおけるマイナス面ですが、利害関係者が少ない環境であることから速やかな意思決定が可能であるものの問題点を先送りしやすいことが挙げられます。またすべて所有直営という形では投資額が必要となる結果、ブランド展開が困難であり、チェーンとしてのスケールメリットを追及しづらいことも大きなマイナス点の１つと言えます。今後益々ホテルが有する会員組織による顧客の抱え込みやホテルのブランド・イメージ、知名度の向上が、個人顧客マーケットに訴求していくうえで重要課題となっています。そのような環境においては、所有と経営、さらには強力なブランド・イメージ、ブランド知名度を確保するべく運営に特化したホテルチェーンとの関係構築も、所有者、経営者双方にとって自社によるブランド再構築と併せて十分に検討するべき論点の１つなのです。そこで今回は弊社が様々な案件に関連し拝見してきたホテル運営委受託契約（以下MC契約という）の契約条件やその傾向をまとめてみたいと思います。

MC契約の契約条件について

　まずはMC契約期間についてです。契約期間については、総じて10年から20年が多いように見受けられます。ホテルブランド（以下オペレーターと言う）側としては投下関連資本の回収や十分な利益確保上、なるべく長期契約が望ましいでしょうが、一方で所有者（経営者）側視点からは、できれば10年程度の期間設定とし、その後は実際のパフォーマンスを勘案しつつ更新あるいは協議を通じて改めて判断できれば安心感もあるでしょう。実際には客室数の規模やホテルクラスやホテルカテゴリーあるいは所在するホテルマーケットによって双方が協議し決定することになります。次にエリアプロテクション条項についてです。これは同一ホテルマーケット内においては同一ブランドの新規出店を禁止する特約です。すべての契約で一律MC契約に織り

込まれているわけではなく、当該規定についても、契約当事者間の協議により決定されます。

　MCフィーに関しては、オペレーター側の日々の運営に関するフィーと、新規開業時における初期開業関連フィーに大きく分けることができます。新規開業時におけるフィーでは、テクニカルサービスの提供やその他コンサルティングに対するフィーが生じるケースがあります。これも一概には言えませんが、ホテル建築・開発費用の3％程度から5％程度が多いように見受けられます。一方で日々の運営に対するフィーですが、大きくベースフィーとインセンティブフィーに分けられます。ベースフィーに関しては、売上総額に対して2％から3％が多いようです。また総額の観点から宿泊特化型ホテルでは高めに設定され、逆にラグジュアリークラスでは宿泊特化型ホテルに比べて相対的にやや低めに設定される傾向も見られます。さらに開業当初から安定化まで段階を設けて異なるフィーを設定するケースも見られます。ベースフィーに関しても、マーケット環境やホテル規模等を背景とするオーナー側とオペレーター側との協議によりその水準及び対象とする売上高が売上総額なのか、それとも客室収入のみとするのか等が決定されています。

　次にベースフィーと併せて、経費面のコントロール等も含めオペレーター側が適切な収支コントロールを提供しやすい環境を整備するとともにモチベーションを付与するためのインセンティブフィーが設けられます。不動産の流動化や証券化がなされている場合には、特にインセンティブフィーが適切な収支管理及び様々な利害関係者にとって適切に利益を追求する経営システムが担保されているという意味で重要な機能を担うことになります。当該フィーは、オペレーター側の責任経費（固定資産税や保険料等は除外）を売上高から控除したGOPから上記ベースフィーを控除した調整後GOP（AGOPと言う）に対する比率で設定されるケースが多く、当該フィーの計算式（フィーストラクチャー）の設定については、オーナー側とオペレーター側との交渉により様々な形態が見られます。当該インセンティブフィー自体の水準については、一概には言えませんが概ね8％から9％程度が昨今多く見られるようです。

　インセンティブフィーのフィーストラクチャーでは大きくGOP比率に連動させるケースと連動させないケースに分けられます。GOP比率に連動するケースでは、一定の目標GOP比率を設け当該GOP比率を超えた場合にはインセンティブフィー比

率を上昇させるというものです。例えば現状のＧＯＰ比率が25％で、目標ＧＯＰ比率が35％と設定され、ＧＯＰ比率連動型のフィーストラクチャーであれば、35％までは AGOP の8％、それを超える場合には AGOP の10％とする等が該当します。またＧＯＰ比率と連動させないケースでは、契約期間を通じて一定比率を採用する、あるいは当初4年目までは一定比率を採用し、その後運営が安定化するものと想定される5年目以降には上昇させた比率を採用する場合等が該当します。

　さらにオーナー優先条項（Owner Priority）を設けて、当該条項が上記フィーストラクチャーに影響するように設定される契約も見受けられます。例えば、ホテル業界に多額資本を投資し大きなリスクを負う側であるオーナー側のフィナンシャルリスクを考慮した規定であり、オーナー側との協議により、売上高やＧＯＰについて一定の最低保証金額を設け、当該金額を下回る場合にはホテルオペレーター側はインセンティブフィーを受け取らないといった内容を盛り込むというものです。その他ベースフィー同様、インセンティブフィーのフィーストラクチャーも結局はオーナー側とオペレーター側との交渉により採用されるものですので、ベースフィーとインセンティブフィーいずれか低い方、あるいは高い方を採用する等個別に決定されているケースもあるようです。

　その他のフィーについてですが、1つにリザベーションフィーがあります。これはホテルチェーンのシステムネットワークを通じて集客できた場合に個別にかかるものもあれば、客室収入に比率を乗じるケースと様々です。客室収入に掛ける場合には1％前後が多いようです。また予約ベースでは予約室当たりで2ドルから5ドル程度（海外オペレーターの場合）が多いようです。マーケティングフィー（昨今では「レインバースメント」と呼ばれるケースが多い）では、客室収入の1％から4％程度、あるいは総収入の0.2％程度から高いものでは4％等幅が見られます。ここも実際にはオーナーにとって、具体的にどのようなＰＲを行なうことに対する対価なのかについて、オペレーター側との協議、確認を経ることで決定されます。その他では、トレーニングフィーや会員組織に対するプログラムフィー、オペレーター側の福利厚生等にも対応するコンプリメンタリールーム提供に関連する取り決め等多岐に渡ります。また一定期間経過後（協議によりますが、運営開始後3年目から5年目で設定されることが多いようです）からホテル運営のパフォーマンステストを実施しそれをクリア

しない場合に解約権利がオーナー側に生じるという内容が盛り込まれることもあります。その場合のパフォーマンステストでは、GOPそのものやGOPと予算との比較、その他RevParに関連させるもの等が見られます。その他ＦＦＥに関する取り決めでは、ホテルカテゴリーにもよりますが、開始年度から段階的に上昇させるケースが多く総収入の2%から5%が多く見られます。さらにキーマネーと言われるオペレーターからオーナーへの金銭授受があるケースもあり、その場合においてはその後の返金条件に関する取り決めや、オペレーター側からのシニアクラスのマネージャー派遣に関する規定等様々な規定が盛り込まれます。それらフィーストラクチャー等の決定については、長期安定的に収益力を高める上で両者信頼関係の基礎となるものですので、丹念な確認作業を行なうことでオーナー側とオペレーター側で十分に納得できる契約内容とすることが肝要なのです。

ホテル経済学とシステム思考

　ホテルへの投資を検討する場合には、上記のように総論としてブランド・エクイティの重要性、また市場における想定取得者という観点ともう１つ、ホテルが有する経済学的な特徴を理解しておく必要があります。ホテルはアダム・スミスで有名な「神の見えざる手」が働く市場から相当距離があるマーケットで戦っています。「神の見えざる手」とは、市場参加者（供給者と需要者）それぞれが、自らの利益の最大化を目的に行動する結果市場全体としても利益の極大化へと繋がるという市場感です。この市場感と相いれない状況としていくつかのマーケットが指摘され、それらを総じて「市場の失敗」と呼ばれています。代表的な「市場の失敗」は独占企業が存する状況です。ホテルではそれぞれ少しずつ差別化しつつ多くの企業が競争している状況であり、独占的競争と言われるものに相応します。また外部効果がある場合にも「市場の失敗」が起こります。利益を得るものはそれに対する対価を支払って市場の需給が最適な供給量と価格の間でバランスが取れるという考えに基づくと、タダ乗り（フリーライダーという）があれば、適正な利益を企業が享受できない結果需給バランスが取れなくなる現象です。ホテルの場合では、ロビースペースには誰でも入ろうと思えば入れてしまうというようにホテル特有の公共性やネットワーク性等外部効果を内

在しています。その他「市場の失敗」には情報の非対称性も影響していると言われています。需要者がすべて必要な情報を入手しえない状況がある場合、適切な意思決定ができず、需給バランスが歪になる場合や、需要量の変化に応じて供給量が柔軟に変更できないことから市場で需給が適切に調整されないという考え方です。ホテルの場合も良いホテルとそれ以外を事前に線引きするのは非常に困難ですので、これも十分ホテルにあてはまっているでしょう。このようにホテルの特徴の1つとしてこれら「市場の失敗」を無視できません。特にホテルはシステムで見ると非常に複雑な事業体で、所有機能、経営機能、運営機能という権利者間の利害や部門利害が複雑に絡み合っており、自然調整機能が働かないとホテル内部で「市場の失敗」に類似する「ホテルの失敗」とも言える状況に陥りかねません。

　もちろん、市場が完全に機能する世界を探すことのほうが難しいかもしれませんが、ホテルのこれら経済学的な特徴を理解することで健全なホテル運営の礎を築くことができるはずです。

　所有者、経営者、運営者がそれぞれ異なる場合、関係者の適切な意志疎通が非常に重要な要素となります。これは市場理論ではなく、ゲーム理論（囚人のジレンマ）が支配することからも説明することができます。お互いの行動が相手に影響を与える場合、個々人が自らの利益の最大化に走ると、全体利益を逸する現象です。この原因は、相手の思惑が分からないこと、各々に支配戦略（つまり他のプレイヤーの戦略に関係なくそのプレイヤーに最高の結果をもたらす戦略が存在すること）がある場合に生じる現象です。これを避けるにはお互いの意図を理解しあうこととお互いの合意を確保しておく必要があります。ホテルの運営スキームを見るとこの囚人のジレンマに近い状況が良く見られます。ホテルの場合さらにハード、ソフト、ヒューマンに一貫性がある場合、さらに一体効果（心理学ではゲシュタルト現象）、つまり合計を上回る効果が期待できます。所有者、経営者、運営者の相互間で十分なコミュニケーションをとることで、囚人のジレンマを回避するだけではなく、より積極的に価値観の統一を図り、全体価値を高めることができるはずです。

ホテル価値向上に対する短期的視点と長期的視点

　投資期間、運営期間について、短期的な視点で運営がなされてしまいますと、経費コントロールを超えた経費の圧縮、あるいは、顧客満足度よりその場の利益を優先する傾向があるように思います。ただ、短期的視点で利益率が向上したとしても、ホテル価値は将来収益の現在価値が中心的役割を担いますので長期的な収益性に影響を与える内容でなければ、価値が向上しているとは言えません。一過性の利益の向上では価値の向上には繋がらないのです。

　そのようなホテルを見ると、いつも思い浮かぶのが、「自然淘汰」と「集団淘汰」という進化論的な議論です。ホテルは様々な点で「人」に例えることができます。施設面では、内臓に当たるボイラーや配電設備、空調設備等が当たります。また人であれば顔の印象の良し悪しが性格の良し悪しの判断に影響を与えると言われていますが、ホテルの場合も全体建物の印象が人でいう体、フロント・ロビーの質感が顔に当たるのではないでしょうか。弊社で実施しているホテルの記憶調査では、建物の全体的印象やフロント・ロビーの印象は長期記憶として強く残っていることが分かっています。先ほどの自然淘汰、集団淘汰ですが、人の進化の歴史において、利己的振舞いをする人は、利他的振舞いをする人と比べて個人レベルでは生き残る確率が高くなるものと思われます（自然淘汰）。ただ長期的には、社会性が高まり、集団化してくると利己的メンバーばかりでは相互間に強力な絆は生まれず、結局は利他的振舞いをする人が多い集団が勝利する（集団淘汰）のです。短期的には利己的振舞いが有利かもしれませんが、長期的には利他性が勝利することで集団淘汰が起こります。その名残で人には利他的欲求が備わっているのではと議論されているのです。ホテルの場合も同様に、利己的に利益重視で邁進することは短期的には勝利する可能性があるかもしれませんが、ブランド・イメージの劣化、グループ全体としての印象の低下を経て最終的には苦戦することになるような気がします。

ホテル価値投資編総括

　ホテルの価値はこれまで、収益性が中心的役割を担っていました。収益用不動産で

あることから今後も収益性は重要ではあるのですが、ホテルの真の顧客利用価値は奥深く、ネットワーク性やハブ機能に始まり、その構造、印象形成からアート性を帯びる等、様々な価値が体積することで浮かび上がるのです。評価手法で考えると、再調達原価に着目する費用性からのアプローチと収益性に着目する収益還元法は当然に重要指標であり続けるでしょうが、それだけでは今後ホテルの適正な価値を把握できません。ホテルと顧客が触れ合うことにより生じる価値、つまり顧客との協創価値については、取引事例比較法も重視すべき手法と言えます（類似競合事例の室単価から比較し査定する手法）。我が国でも、ホテルの場合にはこの取引事例比較法による比準価格の重要性が高まってくる可能性があるとともに、収益性を引き上げることによる収益価値向上だけではなく、バランスよく比準価格の向上（アート性や顧客協創価値の向上）も視野に入れるべきだと考えられます。

ホテルの賃貸

　ホテル以外の新規賃貸借契約の場合には、賃貸事例が比較的豊富で、賃貸人、賃借人が容易にマーケット賃料水準を概ね把握することが可能です。ホテルの場合は賃貸事例自体が少なく、立地性、建物仕様、客室仕様、ホテル運営内容等によりホテル収益力が大きく異なることから、事例を参照して適切な賃料を導き出すのは容易なことではありません。

　このため、賃貸人側（所有者側）の視点より、不動産諸経費の積み上げから賃料を査定するコストアップ方式による「積算賃料」、賃料の負担力から逆算して求める負担可能賃料（以下「収益賃料」）が中心となります。積算賃料では所有者側の期待利益を確保し、一方収益賃料では賃借人側の期待利益を確保することを前提としています。

　積算賃料≒収益賃料となれば両者がお互いに必要とする利益を確保できます。新規開業ホテルであれば、高いホテル競争力が見込まれ、上記の通りバランスが取れるケースも多いかもしれませんが、マーケット環境の変化も激しいこともあり、時間の経過とともに上記バランスが崩れる可能性もあります。その場合には上記の通り賃料アプローチが、個々の利益をそれぞれ控除し求めているため、調整するにはいずれか

が歩み寄る事態となり、コミュニケーションをとることが非常に難しくなります。ホテル以外の賃貸借契約の場合、賃借人が退去したとしても、比較的代替テナントを見つけやすく、賃料も市場賃料があることから将来の見通しも立てやすいのですが、ホテルの場合は代替テナント確保も難しい。またホテル経営者側にとっても撤退リスクは大きく、お互い身動きが取れず事態をさらに悪化させることも多いのではないでしょうか。

　以下では仮に上記の状態を想定した場合、システム思考から提言できる最善策を模索してみます。所有者側にとっての意思決定シナリオを整理します。所有者にとっては、仮に賃借人側に賃料減額に対する強硬姿勢が予想できる場合を（A）とし、比較的柔軟な対応が予想できる場合を（B）とします。（A）、（B）いずれの場合においても、所有者側にとって、強硬姿勢をとる方が得策となる可能性があります。つまり（A）では賃借人側の強硬姿勢が予想されますので所有者側が柔軟対応すると、大幅な賃料減額となることが懸念されます。また（B）の場合は、相手が柔軟姿勢です。逆にこちらは強硬姿勢をとった方が利益に繋がりやすいと考えられます。このような状態では、両者が強硬姿勢と陥りやすい状態となってしまいますので、仮にホテル側から直接減額要請をしたところで、事態の改善はあまり期待できないでしょう。共通の目的を一度整理した上で、一部譲歩条件を付して交渉するのが得策です。ここで原点に戻り、そもそも両者にとってホテルの競争力、収益力を取戻し、再度自律組織としてお互いが満足できる仕組みを再度見直すよい機会と捉えるべきです。まず、重要課題である賃料ですが、この場合お互いが少しずつ譲歩する提案とし、所有・経営に生産的コミュニケーションも確保する。例えばですが固定賃料を一部減額し、併せて減額分は歩合賃料として再度第二賃料として取り込み、所有者側に経営に関わるモチベーションを用意するのもよい方法かもしれません。この場合特に留意すべきは、第二賃料を機能させるため、ホテルの再生をプロジェクトマネジメントとしてしっかり取り組む、つまり所有者側にとっても第二賃料が十分に期待できる水準に再生シナリオを用意すべきです。ここで「プロジェクトマネジメント」と敢えて表現したのは、どのようなプロジェクトもリスクは前段で大きくなります。つまり当初計画の策定が非常に重要であり、徹底的に内部でブレインストーミング等を行ない綿密に戦略を組み立てる必要があります。また、プランの実施以降の検証、必要に応じて早期見直し

ができるようなプランを準備して初めて具体的に適正賃料を議論できる状態になるのではないでしょうか。

ホテルの賃貸借契約条件（甲乙区分）

　ホテルの賃貸借契約を検討する際、定期建物賃貸借契約か普通賃貸借契約にするのか、また契約期間や一時金の額や賃料条件、原状回復及び解約条項等様々な論点がありますが、以下では特に、オーナー側の所有資産となるものとテナント側の所有資産になるもの、つまり甲（貸主）乙（借主）区分の在り方について、実際の契約書を参考に整理し、その資産区分の傾向をご紹介したいと思います。

　まず、甲区分資産、つまり貸主が所有する資産は原則、民法242条に規定されている「符合物」と言われるものが大半であり、本体建物と分離できない、あるいは本体建物の構成部分として取り扱われます。本体建物の売買があれば当然に符合物である甲区分資産も本体建物の権利移転に従うことになります。一方で大半の乙（借主）区分資産は、「主物に属しても独立性を失わない」、民法上「従物」と言われる概念に相当するものが多く、「独立して権利の対象」となるものです。ただし、抵当権が設定され競売等により権利が行使された場合に抵当権の担保効力がこの従物にまで及ぶかについては、抵当権設定時に特段の定めをしていない限り、その法的解釈や説明の仕方に差異が見られるものの原則として抵当権の設定前後を問わず従物にもこの担保効力が及ぶことになりますので注意が必要です。

（1）建築物

　建築物については、躯体に関連する主要構造部、外構仕上げに関連する外部仕上げ材や外部建具及び内装仕上げに関連する内装の下地や内装の仕上げ（スケルトンまで）までは、借主都合による変更も含めて甲区分資産とする傾向が強いようです。一方で、スケルトン以降の内装の仕上げ及びそれら内装の仕上げに関する借主側都合による変更は借主負担且つ借主の資産として取り扱われるケースが多く見受けられます。

（2）電気設備

　受変電設備（受変電設備、自家発電設備）については、甲区分資産として扱われ、

その後の借主都合による変更・増設部分については、借主負担、借主資産区分として扱われるケースが多いようです。その他幹線動力設備、電灯・コンセント設備、照明器具については、基本的に甲区分資産として取り扱われるものの、借主側都合による変更は借主負担且つ借主の資産として取り扱われるケースが目立ちます。

(3) 情報通信設備

電話配線設備、テレビ共同聴視設備、放送設備（それぞれ共有端子盤までの一次側配線設備、二次側配線設備、端末設備）、インターネット設備、警備防犯設備、ＬＡＮシステム設備（それぞれ標準設置機器・設備）までは基本的に甲区分資産として取り扱われるものの、借主側都合による変更は借主負担且つ借主の資産として取り扱われるケースが多いようです。

(4) 給排水衛生設備

給排水衛生設備については、給排水設備（量水器バルブ止めまでの一次側配管設備、それ以降の二次側配管端末設備）、給湯設備（標準設置機器及び設備）、給水設備（排水管立上げまでの一次配管及び設備、以降の二次側配管設備）、衛生器具設備（標準設置機器及び設備）、ガス設備（ガス遮断弁までの一次配管及び設備、以降の二次配管端末設備）については、基本的に甲区分資産として取り扱われるものの、借主側都合による変更は借主負担且つ借主の資産として取り扱われるケースが多いようです。

(5) 空調設備

冷暖房設備（バルブ止めまでの一次側配管設備、以降の二次側配管端末設備）、換気設備（標準設置ダクト機器及び設備）、自動制御設備（標準設置機器及び設備）については、基本的に甲区分資産として取り扱われるものの、借主側都合による変更は借主負担且つ借主の資産として取り扱われるケースが目立ちます。

(6) 外構

植栽及び造園、舗装、外灯設備、フェンス・門扉については、引き渡し時仕様までについては、基本的に甲区分資産として取り扱われるものの、借主側都合による変更は借主負担且つ借主の資産として取り扱われるケースが目立ちます。

(7) 防災設備及び付属施設

法令上必要な器具、区画壁、消防設備の標準設置機器及び設備については、基本的に甲区分資産として取り扱われるものの、借主側都合による変更は借主負担且つ借主

の資産として取り扱われるケースが多く、工作物については、袖看板や独立広告塔までについては、基本的に甲区分資産として取り扱われ、借主側都合による変更は借主負担且つ借主の資産として取り扱われるケースが多いようです。またホテルサインについては共用部におけるサインは甲区分資産、また専有部における各種サイン関しては乙区分資産とするケースが目立ちます。

(8)備品等

備品等については、大半は乙区分資産として取り扱われるケースが多いものの、特殊内装や建物と一体となった照明器具、厨房器具また造り付けの家具は甲区分資産として取り扱われるケースが多いようです。また運営上の備品類では、寝具やリネン、ユニフォームや食器調理用具、工作機器、事務機器、その他ワゴンは乙区分資産、ホテルシステムに関連するハード及びソフトは甲区分資産として、またPOSやPMSは乙区分資産とするケースが多いようです。その他資産については、出入口扉やユニットバス、自動ドアやシャッターは甲区分資産、カーテンボックスやカーテン、宴会特殊施設や消火器は乙区分資産と取り扱われるケースが目立ちます。

もちろん、上記分類はそのような分類方法が多く見られたということに過ぎません。実際にはそれぞれ個別の契約によって具体的に規定されることになります。

資産の甲乙区分で留意が必要な点では、ホテル側の判断で即座の対応が必要なものが挙げられます。特に傷みが早いものについては、できるだけ早期に修繕等の対応がホテル競争力の維持にも直結しますので、丁寧且つ柔軟な規定設定が望まれます。例えばエレベーター内部の足元の内装やエレベーター扉の装飾、エレベーター枠や客室階通路の足元の内装（絨毯、足元サイドクロス）、客室ドアは顧客の荷物も当たり易い場所であることから傷みが早く、できるだけホテル側（賃借人側）の判断で柔軟に対応しそれらをコントロールできるよう詳細な規定を設けておく必要があります。またロビーやフロントカウンターはホテルの第一印象を左右しますので、ここもホテル側、つまり借主側で柔軟な対応ができるよう配慮しておくべきでしょう。その他では排水管や空調設備が挙げられます。排水管は定期的に清掃が求められ、また空調機も時間の経過に伴ってファン機能が低下する他、騒音源ともなりかねず客室内の快適性にも影響を与えかねません。修繕責任者についても貸主である所有者によるのか、それとも借主であるホテル側であるのかについて、上記のような甲乙資産区分という切

り口だけではなく、長期的修繕、日常短期的修繕に分け甲乙修繕区分を丁寧に設けておくべきです。

修繕管理区分他その他論点

　以下では、様々な資産に対し修繕を行なう場合に甲（貸主）乙（借主）のいずれが責任を負うのかという修繕及び管理区分やその他論点を整理しておきたいと思います。

修繕区分について

　修繕区分については、維持管理に関する項目については賃借人が負担し、更新工事のうち建物の躯体や附合物に関わるものは賃貸人が負担する傾向が多く見られます。また、更新区分は資産区分に準ずることが多いものの、日常修繕や管理項目については契約によって差異が見られます。さらに、維持管理や更新工事に関する負担区分は別途詳細な区分表を添付する場合と添付しない場合があり、また更新と維持管理を厳密に区別する場合と区別しない場合に分かれます。短期的にはそれ程大きな問題が生じることは少ないでしょうが、長期的に細かな修繕、更新工事が生じるケースを前提とすると、建物管理をスムーズに行なうためにも明確に修繕区分表を設けるとともに、更新工事と日常修繕や管理項目とに分けて丁寧に責任範疇を明確化しておく必要があると言えます。

原状回復義務に関する規定ついて

　契約満了時における原状回復の範囲についてですが、事業用建物の賃貸借契約における原状回復義務は、「賃借人において賃借物件を賃貸借契約締結時の状態まで復旧して返還することを約した特約である」と解されており、契約期間の満了後に賃貸人と賃借人が協議の上決定することが多いようです。契約締結時に原状回復の範囲を定める場合には、資産区分に準ずる場合が多いようです。また、別途ホテルブランドへの運営委託がなされている場合には原状回復義務が明記されていない場合も見られます。さらに、原状回復の行為者についてですが、賃借人を原則としつつ賃貸人が指定する業者の場合も見受けられます。その際に生じる有益費償還請求権及び造作買い取り請求権についてですが、特に造作買い取り請求権については、旧借家法では「強行

規定」であり、当該規定を特約によって排除することができませんでした。つまり造作買い取り請求権が賃借人側に認められていたのです。その後新借地借家法により、強行規定ではなく「任意規定」となり特約により排除することができるようになりました。賃貸人側に原状回復義務を課す場合には、有益費償還請求権や造作買い取り請求権を賃借人側に認めては、当事者の合理的意思に反することから、これらの規定は特約により排除されることが可能となり、多くのケースで実際に関連する規定が設けられるようになりました。さらに賃借人が設置した資産である残置物に関しては、賃借人は残置物の所有権を放棄又は無償譲渡することとなり、残置物の使用・処分する権利は賃貸人に帰属させる傾向が多く見られます。この際、賃貸人が残置物を処分する費用は賃借人側負担となることが多いようです。

定期建物賃貸借契約か否か

　定期建物賃貸借契約か普通賃貸借契約かについては、定期建物賃貸借契約の割合が概ね過半に見られます。

契約期間について

　契約期間については、個々の契約によって異なるものの、賃借人が建物仕様を指名するような「オーダーメイド賃貸」の場合において、定期借家の場合で建設協力金等の差し入れが伴う場合であれば10年から30年といった契約が多く見られます。一方で定期借地契約とは異なり、定期建物賃貸借契約では契約満了時に、建物の取り壊しの必要がないため、3年等の比較的短期間の契約となっている場合も見られます。

賃料条件について

　賃貸条件については最低保障賃料見合いの固定賃料に別途変動（歩合）賃料が採用されているケースが多く見られます（中には100％変動賃料というものもあります）。また固定賃料のみの場合では開業後の経過年度に応じて賃料に変化を持たせ、経年に応じて賃料を増加させる条件設定も見られます。さらに契約期間満了時に賃借人が負担すべき造作や設備等の費用を考慮し、原状回復義務の有無によって賃料水準を調整しているものも見受けられます。

一時金授受に関する規定

　契約期間が長期の場合であり且つ固定賃料の場合では、多額の敷金や保証金の授受がなされる傾向があります（概ね6カ月から30カ月程度と様々ですが6カ月前後が

多いようです)。一方で、賃料条件に変動賃料が織り込まれている場合であれば、それほど賃料不払いリスクがないためかそのような賃料条件では少額あるいは、関連規定がないものも見られます。また、多額の敷金や保証金の授受がなされるときは、建設協力金的性格を有している可能性もあります。建設協力金は、賃借人側から無利息で建設資金に充当する目的で供与され、返還を要するもので、契約期間中は当該建設協力金から賃料見合いを相殺する形で賃料支払がなされ、万一途中解約があれば、当該差入れ資金を賃借人が放棄するという規定も見受けられます。　建設協力金を受け取る賃貸人側にとっては、建設に要する自己資金を圧縮することができる他、土地のみを賃貸する場合に比べて減価償却費の計上メリットがあります。また逆に万一テナントが退去するような場合においては、当該テナント仕様として建物が建設されていることから次のテナントを探すのに大きな負荷がかかる可能性があり、また建設協力金の多額な返済義務を負うことになるというリスクに十分留意が必要です。建設協力金は、ホテルではオーダーメイド賃貸の場合に特に見受けられます。ホテルの新規開発で賃貸借契約による場合であればホテル経営会社である賃借人側が建物仕様を指示することも多いため、このような金銭授受が見られるのです。また、建設協力金がある場合、賃料が適正か否かが分かりづらくなり、建物が特定のホテル運営者に特有の仕様となっていることも多いため、賃貸人側の賃料交渉力が総体的に低下してしまう可能性がある点にも留意しておく必要があります。

契約書に記載される対象面積

　契約書に記載されている面積については様々ですが、概ね多くが建物の容積対象延床面積に近い数値を採用することが多いようです。

賃料見直し条件について

　公正証書による等書面によって契約された定期建物賃貸借契約の場合であれば、賃料増減額改定に関する規定について特約を付して排除することが可能となります(定期建物賃貸借ではない場合、減額禁止特約は無効であり、増額禁止特約のみ有効)。したがってそのような場合であれば賃料改定を禁止する特約を付することが多いようです(借地借家法32条の適用を排除)。また一方で、固定賃料を採用している場合には、3年から5年の間隔で賃料改定について協議するよう規定を設けているケースが多く見受けられます。

中途解約条項について

　普通賃貸借契約の場合であれば、賃借人保護の性格が強く、規定された月数までに解約通知を行なうよう定められていることが多いようです。定期建物賃貸借契約の場合では、借地借家法38条5項により、一定の場合（※）には中途解約ができると定めていますが、それ以外の場合であれば、原則中途解約はできない、つまり契約期間相応の違約金を支払わないといけないということになります（※一定の場合とは、①居住用の建物賃貸借契約であること、②床面積（建物の一部分が賃借物件であるときは当該一部分）が200平方メートル未満であること、③転勤、療養、親族の介護その他のやむを得ない事情により、賃借人が建物を自己の生活の拠点として使用することが困難になったこと、という3つの条件をすべて満たしている場合）。ただし、中途解約については、別途特段の取決めがある場合にはそれに従うことになります。ホテルの定期賃貸借契約とは定期建物賃貸借契約で居住用でない場合ですので、上記の通り原則中途解約はできず、残期間全額の賃料支払が必要となりますが、中途解約条項を特約として規定しておけば中途解約が可能ということになります。ホテルは経済環境の変化等の大きな影響を受けますので、契約当初に当該規定について慎重に議論しておく必要があると言えます。

賃貸スキームとコンフリクト諸問題

　以下では、ホテルの賃貸借契約締結において、ホテルを所有する賃貸人と賃借して経営する賃借人との間で見られる利益相反（以下「コンフリクト」という）問題を中心にその他留意点について整理してみたいと思います。

　まずは、コンフリクトに厳格な規定を設けているアメリカのホテルリート（REIT）制度の変遷を参考までに見てみたいと思います。通常ホテルブランド側は直接リースで事業用不動産であるホテル自体を借り受けることを避け、フランチャイズ契約や運営委受託契約を求めます。一方で従来、リート法人が不動産賃貸業以外で、別途可能となる運営範囲については規定が設けられており、「一般的且つ習慣的」と認められるサービス提供に限られていました。その結果、リート法人が直接ホテル経営をすることができませんので、第三者である賃借会社との賃貸借契約に基づく賃料収入を安

定的な収益基盤としてスキーム組成され、ホテルブランド側とリート法人側との間に利害関係のない第三会社を賃借会社として介在させる必要があったのです。また、ホテルリートは、第三者である賃借会社の利益とリート法人側の利益との間にそもそも賃料を介したコンフリクトが生じる可能性があるというリスクを有しています。さらに、ホテルは明確なマーケット別市場賃料と言えるものがないため、リート法人は多くの賃料を求める一方で、賃借会社は少額を求めますので交渉力及びその交渉環境による影響が強く働いてしまうという問題もありました。

　そこでその他の不動産も含め、1999年にリート現代化法（REIT Modernization Act）が制定され2001年に施行されました。新制度では賃借会社は完全な第三会社ではなくとも、一定の条件をクリアすれば関連会社（子会社であるTRS（Taxable REIT Subsidiaries））でもよいということになり、子会社であるTRSを通じてリート法人としての賃料収入スキームを維持しつつ、同子会社を通じて実質的に直接的な事業運営、つまり従来禁止されてきた、リート自体による「一般的且つ習慣的」と認められる以上のエンドテナントやエンドユーザーへの直接的サービス供与が可能となりました。

　それでもホテルに関してはコンフリクトが介在する余地が多く残ります。ホテル事業は経費コントロールが可能であることから、仮に純収益に連動する歩合賃料を採用しますと、経費を操作することで支払賃料をコントロールすることが可能となってしまいます。支払賃料が純収益に連動する場合には、リートへの賃料支払額が容易にコントロールできてしまい、リート制度上課税対象となっているTRSが賃料を不当にコントロールするリスクを依然として排除できないことになります。そこでホテルに対して別途条件を設けます。ホテルや病院といったエンドユーザーに対する直接的なサービス提供を行なう事業用不動産に関しては、TRS（リート法人の関係会社であり賃借人）は信頼性ある外部ホテル事業会社に運営委託しなければならないのです。また、特にリート法人の関連スポンサーが委託先であるホテルブランドとの間に利害関係を有する場合においては、当該リートのスポンサー自身が関係するホテルブランドを選択し自ら別途利益を追求する等ホテルブランドも含めたコンフリクトが生じる恐れがありますので、TRSが独自ブランドを冠することやフランチャイジーとなること、利害関係のあるホテルブランドを使用すること等も禁止され、運営委託先であるホテ

ルブランドとはリート法人やTRSとは関係の無い独立したホテルブランドであることが条件となります（その他賃料がマーケット水準に設定されていること等も規定されている）。

　このように信頼性があり独立した適切なホテルオペレーターを介在させ、歩合賃料であれば純収益に連動させないこと、また当該賃料が概ね適切な市場賃料水準と認められるものであることを要求することで、それまでホテルマーケット好況下では固定賃料額＜負担可能賃料額、つまり超過利益が生じる場合に、固定賃料であればそれまでそのすべてが賃借人に帰属していた部分をも、歩合賃料を通じて所有者であるリート法人にも適切に配分できるようにもなりました。こうして、現在のアメリカにおけるホテルリートは、リート法人が子会社との間で賃貸契約を締結することで賃貸スキームとして取り込み、信頼性ある客観的な第三者ホテルブランドを介在させることで、中立的で魅力的なリート商品に仕上げたのです。このようにアメリカにおけるホテルリート制度を俯瞰することで見られる賃貸借契約上のコンフリクトとは、第三者（ホテルとの直接契約を含む）を賃借人とする場合、純収益に連動する賃料ではとくに、賃借人側には特にオーナー側の利益を最大化するモチベーションが無いため適切な賃料確保に繋がらない危険があること、また関連会社による賃借人を擁立する場合においても、税制等も関係し賃貸人及び賃借人間に賃料に関する経済的利益の不一致（コンフリクト）が生じる恐れがあり、それぞれ十分なケアが必要であることを示しています。

　ホテルの場合、その収益性は、不動産やロケーションといったハード面だけではなく、どのようなブランドで、どのような経営組織に基づき、どのような経営レベルで顧客サービスが提供できているかにより大きな差異を生じます。つまり様々な利害関係者が関係する結果、賃貸借契約に基づく事業スキームとする際には、賃料条件次第で、それら利害関係者が個々の利益を優先し、賃料が適正水準から逸脱するリスクが常に付きまとうのです。

　ホテルの賃料を決定する際の留意点を上記のようなコンフリクト問題を含めて整理しますと、（1）固定賃料のみとすると、ホテルマーケットの変化によって適正賃料から容易にずれてしまう可能性があること、（2）また、固定賃料を採用した際には、不動産、ロケーション、組織や運営といった様々な要素が関係しあって収益性が発現

するのがホテルですから、その適正賃料を把握するのがそもそも容易ではないこと、（3）契約期間に対応する将来の市場変化を事前に予測し固定賃料に織り込むことが困難であることが挙げられます。（4）さらに、歩合賃料を含める場合には、GOP等に賃料が連動する場合では、上記のようなコンフリクトが生じてしまう可能性がある他、（5）ホテルブランド側を含めて様々な利害関係者の利益追求行動に利益配分が翻弄されやすく、賃料が適正水準から乖離するリスクを有しているのです。（6）ホテルブランドを冠するという意義は、単にそのブランド知名度やノウハウ、会員組織等の集客力を得るだけではなく、コンフリクトの問題にも関係しているという点にも留意しておく必要があります。（7）そして、直接顧客へ提供されているホテルサービスレベルの高低が事業用不動産であるホテルの収益性に影響を与えますので、所有会社側として現状の運営状況が適切なものであるか否か確認する必要があり、運営に関する情報の透明性確保の問題にもケアが必要です。

　所有会社が賃借会社の直接的な関連会社である場合であれば、所有会社側も経費構造をある程度確認できるでしょうが、仮にホテルブランド側に直接賃貸する場合で固定賃料としますと、売上実績等事業成果の取得が困難となる可能性があり、また、歩合賃料を採用したとしても、売上連動型賃料では、売上項目に関する情報は取得できたとしても、経費面まで入手できないケースも出てきます。賃料スキームに基づきホテルを健全に発展させるためには、利害関係者の信頼関係に頼るのではなく、システムとして明確且つ客観的な第三機関が運営及び収支を監督する仕組みが求められるのです。

海外のホテル賃貸条件

　海外で見られるホテルの賃貸借契約条件を整理し、どのような条件が採用されているのか可能な範囲でご紹介したいと思います（以下の賃貸事例についてはその詳細条件や個別ホテルについては不明であり、またそれがすべてそれぞれの国の一般的傾向を示すわけではないことにご留意）。

　まず、インドから見てみますと、デリー市街地に所在する客室規模で約200室前後のバジェット型ホテルの賃貸事例では、FFE投資はテナント負担であり、総収入の

8.0%前後を控除し残りを歩合賃料とするものが見られます。また契約期間は約20年前後であり、30年まで期間保証するという内容がありました。その他ムンバイ市街地所在の客室規模約300室であるラグジュアリーホテルでは、総収入の20%前後での歩合賃料という賃貸事例もあるようです。

イギリスでは、固定賃料による賃貸条件も多いようです。固定された保証賃料とは別にある一定の利払い・税引き・償却前利益（以下「EBITDA」という）のバーが設けられ、それを超える実績を出した場合には当該超過EBITDAの50%から80%を別途支払賃料として追加支払いするという規定を設けているものもありました。契約期間については非常に長く設定されており、確認できた代表的な賃貸条件でも保証期間が80年から150年と長期に及ぶ傾向があるようです。

アメリカでは、客室規模で約250室前後、アップスケールホテルの賃貸事例で、賃貸期間20年、FFEはテナント負担、賃料条件については客室収入の25%、料飲収入の10%、その他収入の5%を控除した残りのGOPを変動賃料として支払うというものが見られました。また現在のアメリカにおけるホテルリートは、前回ご紹介した通り、リート法人が子会社との間で賃貸借契約を締結することで賃貸スキームとして取り込むことが可能であり、且つ信頼性ある客観的な第三者ホテルブランドの介在を要求する仕組みを取っています。このように信頼性があり独立した適切なホテルオペレーターを介在させて、歩合賃料であれば純収益に連動させないこと、当該賃料が概ね適切な市場賃料水準と認められるものであることを要求することで、それまでホテルマーケット好況下では「固定賃料額＜負担可能賃料額」、つまり超過利益が生じる場合に、固定賃料であればそれまでそのすべてが賃借人に帰属していた部分をも、当該歩合賃料を通じて所有者であるリート法人にも適切にその一部を配分できるようにしています。

韓国では、客室規模で約300室前後、ミッドスケールホテルの賃貸事例で、賃貸期間20年、FFEはテナント負担、賃料条件については、客室収入の43%という事例が見られました。その他宿泊特化型ホテルで、賃貸期間20年、固定賃料をベースに歩合賃料も取り入れるという賃料条件（FFEはオーナー所有）であり、FFEに対する賃料を含めて売上高の約45%、エネルギーコストと租税公課（建物）についても賃借人負担という、賃貸事例がある一方で、市街地に所在するオフィスビルからのコン

バージョンによる宿泊特化型ホテルで、賃貸期間は20年、敷金は12ヶ月の固定賃料であり、約53,000ウォン／月坪（FFEはホテル側負担）、毎年インフレ率として3%から4%を考慮するというものも見られました。その他新規開発の宿泊特化型ホテルで、約150,000ウォン／月坪（FFEはオーナー負担がでありグロス賃料）とほぼオフィスビルと同水準の賃料も見られるようです。

特にソウル市内のホテルでは、運営委託やフランチャイズ型の事業スキームを採用しているケースが相対的に多いものの、昨今、ホテルの収益性の高さに着目する不動産投資会社、その他事業会社による賃料収入に着目した開発が、特に宿泊特化型ホテルに見られるようになっています。変動賃料もあるものの、その場合は非常に高い歩合比率（売上高の40%前後と日本ではGOP比率に近い水準です）が採用されることも多い他、固定賃料条件を採用するケースも見られ、FFE込賃料やその他公租公課の一部、保険料を賃借人側が負担する賃貸条件も見られます。また賃料設定に当たっては、ソウル市内での事務所ビル賃料がグロス賃料（延床面積）で表現されている場合が多いことから、同じくグロス賃料で表現されているホテル賃料と比較されやすく、ホテル適地が少ないこともあって、宿泊特化型ホテルではオフィス用途と競合するケースが多いようです。賃貸条件では敷金10か月から12か月程度、FFEはオーナー負担というものも多く、上記事例の通りFFEを含めて一括貸しするという事例も見られます。その他租税公課や保険料に関連する諸経費の一部を賃借人が負担することもある等オーナー側の交渉力が相対的にやや強い印象を受けます。このように韓国では、ホテルの賃貸市場と言える程の相場が形成されている状況とは言えず、あくまで当事者間の個別交渉に依存している様子が窺えます。

台湾では、ホテルの大半が節税目的等も背景に他業種からの参入投資かホテル事業会社による直営が多いようです。ホテルの賃貸市場と言えるものは殆ど形成されていないようですが、昨今中国からの観光客増も背景として、地価の高い台北市においては投資より賃借による事業展開を模索するホテル運営者も増加する傾向にあり、現地で確認できた賃料相場では、売上高の40%相当というものが見られました。

このように、ホテルの賃料及びその他賃貸借契約条件は、国によって異なり、またホテルタイプによって差異があります。賃料がどのように決定されているかについては、ホテル所有者の所有目的及びどのような制約を有しているかに大きく影響を受け

ます。それら制約には、地域別に求められる直接金融や間接金融がどのような賃料を所有者側に対して投融資する際に求めるかという外部要因が強く影響を与えています。例えば、制度的に成熟したファイナンス環境を有する国においては、ホテルの事業リスクに対して相対的に正確な知識を有しており、変動賃料あるいは、固定賃料と変動賃料を組み合わせたハイブリッド型賃料条件、あるいは複数の計算式から求められる賃料のうち高いものを採用する賃料条件等が見受けられます。

一方で市場黎明期であるホテルマーケットでは、ホテルの事業リスクをできるだけ排除しようと考え、オーナー側の投資採算性がより重視される結果、要求利回りを含めた諸経費を加算する積算賃料等オーナー側の賃料理論に基づく賃料条件が求められる傾向が強いようです。時にはホテル賃借人（ホテル経営側）が採算性を確保するのが容易ではないようなものまで見られます。

さらには、ホテルの基本的なADR水準の国別及び地域別高低差やホテル需給バランス、社会的及び文化的背景の違いが、賃料算定式や賃料そのものの水準に影響を与えている他、また人件費やその他経費、エネルギーコストの高低等の地域及び国別格差がGOP比率に差異を生じさせていますので、当該ホテル事業特性にも応じた賃貸条件及び賃料水準が模索されます。

このように、賃貸条件及び賃貸スキーム、さらには決定される賃料条件とは、金融が経済に影響を与える場合があるように、それぞれの地域や国別のファイナンス環境やその他制度条件並びにホテル事業特性を所与として、ホテル経営者側が事業運営上許容できる範囲内の中で、ホテル所有者側と賃借人側それぞれが納得できる妥協点を見出すプロセスを経て様々な形で決定されているのです。

賃料改定

賃貸借契約当初に定めた賃料水準が妥当ではないと判断される場合に、どのような法的解釈がなされているのでしょう。1つのポイントに「事情変更の原則」とい考えがあります。当該考えは、明確な法規定はないものの、各国でも見られる法的一般原則であり日本の民法第1条2項でも「権利の行使及び義務の履行は、信義に従い誠実に行なわなければならない」と規定されているところの、相互に相手側の信頼を裏

切らないよう行動すべきという「信義誠実の原則（信義則と言います）」を根拠としています。

契約締結時に前提とされた事情がその後変化し、元の契約どおりに履行させることが当事者間の公平に反する結果となる場合に、当事者は契約解除や契約内容の修正を請求しうるとする法原理を言います。

当該事業変更の原則が適用される要件とは、①契約締結後に著しい事情（当該契約の基礎となっていた客観的事情）の変更が生じたこと、②著しい事情の変更を当事者が予見できなかったこと、③著しい事情の変更が当事者の責に帰すべからざる事由によって生じたこと、④契約どおりの履行を強制することが著しく公平に反し、信義則にもとること、として整理されています。この事情変更の原則の考え方を借地借家法の中で権利として認められたものが賃料増減額請求権（借地借家法第11条、同法第32条）です。以下、定期建物賃貸借契約ではなく、通常の賃貸借契約を前提とします。

賃料増減額請求権の要件については、①現行の賃料が客観的にみて「不相当」になってこと、②前回の改定から相当の期間が経過していること、③不増額の特約がないこと（不減額の特約、つまり将来に渡って賃料を減額しないという規定は強行規定に反しており、無効とされますが、不減額特約が付された当初の事情は勘案されることになります）です。

賃料増減額請求権それぞれの要件について、①の「不相当」の解釈について借地借家法第32条1項を再度確認しますと、ホテル自体を賃借する、つまり借家のケースでは、土地及び建物に対する公租公課の増減があること、土地及び建物価格の高低やその他の経済事情の変動があること、そして近傍同種の建物の家賃との比較を当該不相当性の判断要素として例示しています。ただしこれらはあくまで例示に過ぎませんので、そのことで直ちに増減額請求権が発生するというものでもありません。上記の通り、当事者を当初の契約条件に拘束することが信義則に沿わないと判断される場合に認められるものですので、当事者間の個別事情を総合的に鑑みて判断されることになります。

これまでの判例を見ますと、賃料が決定された際の経緯や事情について、特に約定された賃料と近傍同種の賃料相場との関係や賃借人側が営むであろう事業収支に対す

る当事者双方の見込み認識、敷金の額や賃貸人側の銀行借入金の返済予定に係る事情等も考慮すべきとしています。ホテルの賃借の際に、借主側の意向が建物の意匠性等に影響している場合には、つまりオーダーメイド賃貸の場合には、当該事情も考慮されることになります。

②の相当の期間が経過していることに関しては、条文上はある程度の期間の経過が求められるとも読めるものの、前回改定時よりそれ程期間が経過していない場合であっても経済的環境の大幅な変化等事情変更を認めることが妥当であれば適用すべきとの解釈がなされています。そして③の不増額の特約が付されていないということで、逆に不減額特約は強行法規違反となり無効となります。

結局は①と③が具備されていれば、賃料増減額請求権が契約条件にかかわらず生じることになりますので、内容証明郵便等により送付する等単独の行為で法律的効果が生じることになります。この相当額に関して契約当事者に争いがある場合にはまず調停に付されることになります。

実質賃料と支払賃料の違い

まず、不動産の鑑定評価における実質賃料の定義を見てみます。実質賃料とは、賃貸借等の対象となった不動産の賃貸借等の契約に基づく経済価値（使用方法等が賃貸借等の契約によって制約されている場合には、その制約されている程度に応じた経済価値）に即応する適正な純賃料及び必要諸経費等から構成されています。

一方で支払賃料とは、契約に当たって一時金が授受される場合においては、上記実質賃料から、一時金について賃料の前払的性格を有する一時金の運用益及び償却額並びに預り金的性格を有する一時金の運用益を控除して求められた賃料と定義しています。つまり実質賃料を決定すれば、そこから様々な一時金等の運用益や償却額を控除調整し、毎月支払われる支払賃料を算出します。

ここでいう一時金の中で、先の賃料の前払的性格を有するものには、権利金や、礼金が挙げられます。これらはそれらを支払った借主に返済されることがないものです。したがって契約期間に渡って償却し、実質賃料から当該償却額等を控除して支払賃料を求めます。預り金的性格を有する一時金には、敷金や保証金、建設協力金等の名称が使用されているものが挙げられます。実際には、名称の如何にかかわらず、どのよ

うな性格を有しているかを検討して判断されることになります（地域よって名称が同じでも性格が異なることがあるため）。つまり、賃料滞納等の損害賠償の担保としての性格を有するもの（通常敷金と言われます）、契約期間の完全履行を保証するもの（通常は保証金と言われます）、建物等の建設資金に充当する目的で供与されるもので金融的性格を有するもの（通常は建設協力金と言われます）、営業権の対価又はのれん代に相当するもの等に一時金の性格に応じて分類され運用益や償却額について検討することになります。担保的性格、保証的性格の一時金については、契約期間内は無利息で据え置かれ、契約期間終了後に返済されますので、運用益として支払賃料の額に影響を与えることになります（支払賃料＝実質賃料−一時金の運用益及び償却額）。保証金では契約期間の中途まで据え置かれその後均等償還される場合もあります。金融的性格を有するものであれば、長期金利の一般の融資条件と比較し賃貸人側にとって有利な場合には、その差額相当額が支払賃料に影響を与えることになります。したがってこの場合には、支払条件の詳細確認が必要となります。営業権の対価やのれん代に該当するような一時金については、不動産に帰属するものではないので支払賃料に影響を与えません。

　これら一時金についても適切に考慮した支払賃料について、契約の経緯をも考慮し上記のように事情に変更がある場合には賃料の改定が議論されることになり、当事者間の衡平性に留意しつつ改定されるべき適切な継続賃料を模索することになります。

ホテルへの融資

「ホテル価値の目」とは価値を適切に測る視点、つまりホテルを取り巻く関係者の価値観やホテルの存する文脈を包含する木を見て森も見るシステム思考に基づく視点と言えます。以下ではホテルへの融資という視点からホテル・旅館のチェックポイント、重要論点をまとめてみたいと思います。

　ホテルを調査する際のポイントをまとめますと究極的には対象ホテルの実績GOPについて、その背後の「文脈」を理解することとなります。実績GOPが背伸びをしたものか、ポテンシャルを残した水準であるのか、また安定性のある実績か、高い変動リスクを含んだ実績であるのかについて十分に見極める必要があります。最初に見

極めの比較的難しい一般宴会、レストランの要点をまとめますと一般宴会部門については過年度実績での特需の有無と内容、毎期安定的なベース売上の変動を整理します。レストランでは個人顧客の取込み状況、これはレストラン別の各種イベント開催時の顧客反応をヒアリングし判断材料にします。また過去のレストランカテゴリーの変化等運営の取り組み内容の変化は、ホテルの外部環境に対する感度の高さを表しています。

　GOPの安定性を捉えるということは、マーケット環境やハードウェアの競争力等もさることながら、その運営責任者の管理能力も見るということでもあります。GOPとは総支配人の責任利益であり、またGOP前の部門別利益は各部門長の責任利益でもあるのです。この能力評価では、個人責任を追及するのではなく、その責任者の能力とともに十分に能力を発揮できるようなシステムが背後にあるかをチェックする必要があります。

総支配人について

　支配人、部門責任者の能力については、責任利益の安定性と成長性の確認、部門間でのコミュニケーションの有無を見ます。組織規模が150名を超えるようになると、総支配人がすべてのスタッフを適切に管理することが難しくなりますので、ホテルの組織は概ね150名を超える規模になると階層機能が必要となります。つまり規模の大きな組織になればなるほど部門間でのコミュニケーションが滞り、組織が硬直化する恐れもあります。ホテルは様々な部門が協力しあうことで部門間でのシナジー効果が期待できますので日々の会議運営の実施状況と内容を含め組織のコミュニケーションシステムがどのように機能しているかが、規模が大きくなるにつれ重要性を増すことになります。

　すべての部門を統括する総支配人はハードウェア、ソフトウェア、ヒューマンウェア3要素のコーディネーターですので、総支配人がどのようなサービス哲学を有しているかは、3要素の背後にいる利害関係者のコミュニケーションシステムにも大きな影響を与えます。ホテルは人と同じくライフサイクルがあります。建物の経済的耐用年数に応じて重要視すべき運営戦略に違いがあります。3要素のコーディネーター

として総支配人の影響力は非常に大きいことから、ホテルサイクルに応じた適切な人選がなされているかを確認する必要もあります。総支配人を敢えてパーソナリティで類型に敢えて分けると、利益重視の認識差とともに運営手段として市場開拓型、コストカッター型、民主的組織力を重視する人柄となります。開業当初やリニューアルが必要な時期には市場開拓型支配人が、また成長軌道では組織を安定的に束ねる民主的支配人、後退局面ではコストカット能力が必要になることもあるかもしれません。ホテルサイクルという大きな文脈にマッチする総支配人像が求められるのです。

部門長以下スタッフについて

　部門長以下、スタッフの力量は短期間の調査では把握が非常に難しいものです。ホテル3要素では特にフロントスタッフをはじめ顧客を迎えるスタッフの総合的印象の良し悪しが、その後のホテル印象を大きく左右するとともに利用後の記憶に大きな痕跡を残します。インタビューでは責任者以外にもフロントスタッフをはじめ顧客接点を管理する現場責任者の声を十分に聴くべきです。インタビューにより実際の声を聴くほか、顧客としてサービスを受けてみること、そのホテルが存するマーケット内における位置づけや、提供サービスが顧客のホテル利用文脈でどのような意味を有しているかを意識しながら直に提供されているサービスの良し悪しを感じ取る必要があります。この利用文脈、つまりマーケットニーズとの合致度は、ハードウェアに「意味づけ」をし、一貫性あるサービスを気づかせるきっかけを与えるのです。ホテル運営は究極的には人対人のサービス業です。スタッフ個々人のサービスにバラツキがあればホテルを代表する人の印象がまちまちということになります。それでは競争力の源泉となるブランドに繋がりません。一貫性あるサービスの提供は、顧客が感じ取る人の印象、最終的には安定的なホテルパーソナリティとして結実する必要があるのです。

運営システムの把握

　ホテルはハードウェア、ソフトウェア、ヒューマンウェアと様々構成要素が渾然一

体となって機能しています。関連するリスク要因にも様々なものがあります。したがって返済原資に繋がる純収益の安定性を把握するには、リスクを純収益変動リスクとして捉えたうえで、関連するリスク要因について、リスク・プロファイリング等によりそれらの発生確率と発生時のインパクトを整理した上で、リスクの全体像を理解する必要があります。

　ホテルをシステムとして捉えると、ハードウェア・ソフトウェア・ヒューマンウェアの3要素の背後では利害関係者間に利害の不一致、利益相反の関係もあります。3要素がバランスよく機能するためには背後利害関係者間に適切なコミュニケーションが必要なのです。所有者は投資費用を回収したいが、一方で運営者はリニューアルを追加してほしい場合等において当事者間でのコミュニケーションが適切に機能していない場合、マーケットギャップが生じても当事者間で解決策の対話がなされず、あるいはギャップ発生自体に気づいていないということにもなりかねません。運営管理者がハード所有者へ相談する、またハード所有者から運営者へ条件提示をする等の適切なコミュニケーションの有無は、長期的観点からホテルがその競争力を維持しうるシステムを有しているかという観点から重要な要素なのです。

リスク・プロファイリングによるリスク分析

　ホテルのGOPがどのような文脈、状況を背景にしているか、安定性があるのかないのか、ポテンシャルがある状況か、一時的に背伸びをした水準と判断すべきか、ホテル評価に当たってはまずこのGOPの性格付けを行なう必要があります。

　GOPの現状把握に当たって有用な分析ツールに「リスク・プロファイリング」という考え方があります。特にホテルはハードウェア、ソフトウェア、ヒューマンウェアの3要素から構成されていることから派生するリスク要因は多岐に及びます。リスク・プロファイリングではリスク要因をその発生確率や発生時のインパクトについて個別のリスク要因毎に判断します。このような作業により重要なリスク要因を視覚的に整理・理解し易くするほか、今後注視すべき問題点をも明らかにしてくれます。参考図では横軸に発生確率（あるいは発生する可能性が低ければ安定性）を採用しています。ここでもしリスク要因について安定性に貢献する、あるいは安定的なものと

判断される場合は安定度に応じて＋1〜+5とし、不安定な状況にあるものについてはその発生確率に応じて△5〜△1としていますので△5〜＋5で点数化しています。縦軸には発生時のインパクトをとります。ここではホテルの経済価値に与える影響が大きい場合は△5とし、△5〜±0で認定しています。参考図ではこのように2要因から特徴づけされたリスク群について、発生時想定インパクトと発生確率からそのバラツキを視覚化しています。なお当該参考図は具体的な事例に基づくものではなく、説明用の仮想ホテルです。

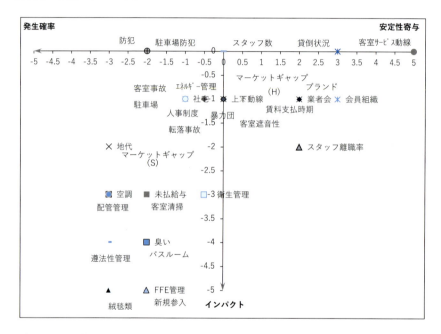

例えばこの参考図では、背後リスクとして、新規参入脅威やFFE更新、バスルーム改修等リニューアルや修繕費用が今後十分にケアすべき項目と判断できます。このように内部に潜むリスク要因を整理することで、将来収支フォーキャストを行なうに当たって、外部要因リスクと内部要因リスクに整理することもでき、現状のホテル運営がどのようなリスク要因を含んでいるかを理解した上で、将来収支フォーキャストを行ないやすくなります。

ここで取り上げるリスク・プロファイリングではあくまでホテルの経済価値に影響

を与えるもの、つまり純収益変動リスクを主に抽出していますが、分析する目的の違いにより、例えば運営者の立場から収支安定性を見る場合や顧客の安全性管理をする場合、スタッフのモチベーション管理やブランド毀損を防ぐ場合等の視点別に重視する抽出項目に差異もあるでしょうから、運営上利用する場合には様々な視点からリスク要因を抽出し管理することができます。

　リスク・プロファイリングは現状 GOP の安定性を把握しやすくするほか、抽出されたリスク要因についてコントロール余地や発生確率をどのようにしたら抑えることができるのか、仮に発生した場合にはそのインパクトをどのようにしたら最小限にできるか等の事前対策を講じる際の判断材料ともなります。つまり整理されたリスク要因をホテルの現状把握にとどまらず、様々な取り組みに優先度をつけるという意味でコントロールすることで、長期的に望ましい運営のあり方を検討することもできるのです。整理されたリスク要因はその後の運営管理上も有用なツールとなります。一度精査し作成しておけば、毎年の予算編成時に、当該プロファイリングも更新し、利害関係者間の1つのコミュニケーションツールともなりうるのです。

　もう一点、このリスクにはホテルのハードウェア、ソフトウェア、ヒューマンウェアのバランスに影響を与えるという大きな力があります。例えばソフトウェア＞ハードウェアの場合、マーケットギャップが競争力の低下をもたらし、その結果、モチベーションの低下に繋がる等、3要素間にバランスがある場合に縮小均衡をもたらすようなホテル要素間の「ゆらぎ」を生じさせることにもなるのです。

ホテルの経済価値に影響を与えるリスク要因について

　以下では収益性や経費面に影響を与えると思われる主たるリスク要因について「ブランド」、「マーケット」、「個別競争力」、「人事制度」、「財務情報」、「その他チェック項目」に分類して現地調査時における確認事項、注意点として整理してみます。

1）ブランドについて

　顧客がホテルを選択する場合、当該顧客のホテルを利用する目的だけではなく、これまでの人生経験を包括した文脈と合致するホテルを選択すると考えられます。つま

り顧客側の文脈に裏打ちされた価値観とホテル側の価値観とが合致したところに超過収益源があるのです。ホテル側の価値観とは、「こういうサービスをホテル側は良いと考えている」、という価値観の表明です。顧客のホテル選択時、ホテルからその価値観を明確に伝える必要があるのです。価値観を反映したサービスの購入は顧客側から見れば自己の表現手段、顧客側の価値観表明という意味も有しています。これはビジネスホテルでもシティホテルでも同じです。価値協創時代を迎え、この価値観の共鳴は非常に重要な要素となっているのです。事前の表明価値観と顧客の価値観が合致し、選択し宿泊した結果、さらに期待に沿うサービスだった時に初めて共感を呼び、「人と人の繋がり」としてホテルは顧客心理の奥深くに重要なポジションを築きます。事前のブランド知識に合致したハードウェアには意味が付与され、サービスに一貫性を感じさせます。ブランド・イメージと合致したスタッフの振る舞いはエピソードとして記憶にとどまるのです。かかる意味において、ブランドは委託して付与されたものであれ、委託契約によらず自社で開発したものであれ、いずれにせよホテルを見るときには非常に重要なチェック項目となっています。

　ブランドが委託契約により付与されている場合であれば、委託費用が実際のブランド貢献との比較において妥当と考えてよいかを検討します。通常はベースフィーとインセンティブフィー、その他関連報酬料より構成されますが、ブランド側の宣伝広告や販売促進活動を支えつつ、ブランド毀損リスクを吸収した上で、妥当と考えられる水準か否かを検討することとなります。すべての報酬料を合算し、対売上高比で何％となっているか、それを支払っても報酬支払後のGOPが、ブランド付与がない場合の想定GOPを上回っているのかどうかを検討する必要があります。

2）マーケットリスクについて

　ホテルを取り巻く環境は常に変動の過程にあります。したがって開発当初はマーケットに合致したハードやサービスであっても、時間の経過に伴いマーケットギャップが生まれ、一度生じるとさらに広がっていく可能性もあります。例えばエントランスピロティーの高さについて昔は問題がなくとも昨今の背の高いバスの乗り入れは難しくインバウンドの取込み等が困難となっているケースや宴会場の天井高が低いため最近のOA機器が有効に使えないケース等が当たります。またソフトウェアについ

ても同様にマーケットギャップがあります。団体客向けのサービスでは営業体制の構築から団体客の行動パターンに沿ったサービス提供が求められる一方で、個人客では個別に心理的繋がりを築けるかに焦点が移っています。団体客には対応できるが、個人客へは対応できないような硬直的な組織である場合には運営面に関するリスクが見込まれます。ホテルは団体客であろうと、個人客であろうと、究極的には人対人の商売ですので、団体客が求めているものは何か、また個人客であればどうすればそれぞれの顧客の立場でサービス提供ができるかを柔軟に調整する能力の有無が問題となるのです。

新規参入脅威

顧客にとってホテル利用は滞在時間を委ねるという意味で消費リスクを伴っています。かかるリスクから築古ホテルより新築ホテルのほうが、心理的ハードルが低いことは間違いないと思います。またビジネスユースの場合にはリゾートホテルと違い、ホテル選択時点であまり時間をかけたくないでしょう。かかる観点からビジネスホテルでは特に新規参入脅威は十分に勘案すべき事項となります。対象ホテルよりも良い立地に新規参入があった場合の負のインパクトを特に検証すべきです。新規参入ホテルの参入ポジションを見据え対象ホテルのシェアを維持できるか、ADRに対する負のインパクトがどれほど見込まれるかを十分に検討すべきです。負のインパクトが予想される場合には、収支予測で織り込むのか、リスクファクターにて吸収するのかについて判断します。この新規参入ホテルの脅威については、新規参入ホテルの関係会社の属性やスタッフ構成、会員組織や営業力等ソフト面を合わせて総合的なインパクトを検討することとなります。

高い収益性を維持しているホテルマーケット環境にあり、対象ホテルの周辺に一時使用目的の土地や更地がある場合には、許認可の届け出状況調査も行ない潜在的な新規参入リスクについて十分に確認する必要があります。

マーケットリスクとは

　ホテルの価値には、収益性から求める価値（純収益と利回りから求める価値）、費用性から求める価値（新たに開発すればどれほどの費用が必要か）、市場性から求める価値（売買事例1室あたりの価格単価比較）があります。多くは収益性に着目され、ホテルの価値を収益性だけで捉えますと「純収益（ネットギャップ）÷利回り＝ホテルの価値」と表現できますので、マーケットリスクと表裏の関係にある「利回り」は、ホテルの価値にも直結することになります。この「利回り」は、ホテル事業に関連するリスクに応じて要求水準が異なりますので、リスクが高い場合、要求される利回りも高くなり、仮に売上高は同じでも価値は下がってしまいます。

　この「利回り」については、純収益の変動リスクの積み上げで表現することができます。安全資産の利回り（長期国債利回り等）に、不動産であることによるリスク（売却が国債等と比べて難しいこと等不動産特有のリスク）と用途性に関するリスク（ここではホテルであることのリスク）を加算します。最後に、それぞれのホテルの個別性に関連するリスクで、運営リスクや、所有権か借地権に基づくのか等の権利に関連するリスク、建物の遵法性や築年数等の建物に関連するリスクや、アスベストの有無等の環境要素を含めた個別リスクを考慮します。そしてそれらを含み最終的な利回りを判断します。「マーケットリスク」とは、この「用途性リスク」に関連し、ホテルの価値に影響を与えるのです。

マーケットリスクの二軸（客室シェア×顧客セグメントの幅）

　「マーケットリスク」とはマーケットの変化が与える影響度合いですので、端的に捉えようとすると次の2つの要素（リスクファクター）で表現することができます。1つは「マーケット内での客室シェアの大きさ（想定する客室数÷マーケット既存ホテルの客室数合計）」です。そしてもう1つが「ターゲット顧客セグメントの幅の狭さ」となります。マーケット内における客室シェアが大きい場合には、マーケットの変化の影響を強く受けてしまいます。例えば新規参入ホテルが現れたとしますと、そのホテルは直接影響を受ける可能性がありますし、逆にシェアが小さいと、その影響を

マーケット全体で受け止めることができますので、相対的にインパクトは小さくなります。つまり、「客室シェア」の大きさは、マーケット変化の影響度合いを左右することから、マーケットリスクを捉える大きな視点の1つと考えられます。

　もう1つは、「顧客セグメントの幅の狭さ」です。例えば、極端にある国の顧客だけで形成されているようなマーケットでは、その顧客の国や地方で万一何か市場に影響を与える事象が起こってしまいますと、対象ホテルの事業は大きな影響を受けてしまいます。顧客セグメントの幅については、この対象顧客の発地別エリアの広がりと併せて、ホテル利用目的の幅も関連します。リゾート目的だけではなく、ビジネス需要やＭＩＣＥ需要、婚礼需要等の様々な利用目的を有する顧客をターゲットとできる市場と、どれか一部だけで構成されている市場とは異なります。

　さらにこの２軸のリスクファクターに間接的な影響を及ぼす要因を併せて網羅することで、潜在的なマーケットリスクを的確に把握することができます。間接的な影響要因には、市場規模及びその変化、ホテル行政や新規競合ホテルの動き、対象顧客の国における経済的要因や対象ホテルの存する地域経済や国の経済的要因、交通インフラの動向等が挙げられます。

　例えば、行政規制では、ビザの発給制度が関連します。対象顧客セグメントの幅が狭く、1カ国から多くの観光客を集めているマーケットですと、その国に対するビザの発給が厳しくなる場合には、そのマーケットは将来大きく影響を受ける可能性があります。また、対象顧客の国に関連する経済的要因では為替の動向や景気等の消費マインドの動向が関連します。交通インフラの動向では、空路確保の状況が挙げられます。

　例えば、北マリアナ諸島連邦の中心サイパンでは、2005年10月に日本航空が撤退し、その後の日本人観光客の取込みに大きな影響を与えました。当初70％以上あった日本人の比率は、現在では40％を下回っています（なお、サイパンでは韓国人や中国人の来島者が堅調な推移を示しており全体として観光客は増加基調に転じつつあります）。

　参考までに沖縄リゾート、グアムリゾート、サイパンリゾート、そして都心のビジネスホテルマーケットについて、仮にこの２つの要素を２軸で表現しマーケットリスクを整理してみますと、以下のような関係になります。

以前のグアムでは日本人比率が70％に及び、日本人マーケットへの依存度の高さは、そのままマーケットリスクに繋がっていました。日本以外のマーケットからの観光客を誘致する活動等、マーケットリスクを低減させる取り組みもなされていますが、依然として高いレベルでマーケットリスクを帯びていると言えます。円の為替相場が強い局面では、堅調なＡＤＲ推移が期待できるものの、円安局面では、ＡＤＲの維持が難しい可能性もあります。サイパンでは、上記のように日本人比率は低下しており、韓国人やロシア人、中国人の比率が上昇しています。ただし、来島者数総数でも40万人程度であり、相対的に客室シェアは高くなる傾向があり、ビザ発給の動向、ターゲット顧客の国における為替相場や経済環境の影響を強く受けることになります。沖縄リゾートでは、それらと比較しますと市場規模が大きく、客室シェアは低下しますが、ターゲットはインバウンドが増加しているとはいえ大半は日本人であり、円為替相場の動向、景気や消費マインド等の国内動向に左右されてしまいます。一方で労働力は日本人を中心に構成することができますので、グアムやサイパンと比べて就労ビザ発給の影響を受けにくい環境にあります。

　的確にマーケットリスクを捉えた上で、そのリスクを低減するような取り組みが、リスクに応じた収支構造を構築することができ、長期安定的な事業基盤を構築することに繋がるのだと思います。

　どのような事業であろうとそれぞれの事業の中で、一体どこが収益の鍵を握っているのかを把握する視点をなくして安定成長は望めません。つまり言い換えますと「どこで決算を作っているのか」という視点です。様々な事業活動のどこの部分が利益創出に貢献しているのか、又は価値を創造しているのかを見極めること、それ自体は重要だと感じつつも、多忙な日々の業務から、いつの間にか先送りしやすいテーマではないでしょうか。

　例えば、共同購買が強力に機能しており、原価率を抑えることで利益を確保している（仕入で決算を作っている）場合もあれば、高いレベルでアフターサービスが提供できており、その結果、高いリピーター率に繋がることで販売促進費が圧縮できているようにアフターサービスが大きな価値を創造している、つまり「決算を作っている」場合もあるでしょう。ホテルの評価を行なう場合には、そのホテルのいわゆる「強み」がどこなのかを確認しますが、言い換えますと、そのホテルは「どこで決算

を作っているのか」という視点で見るということでもあります。強みとなる取り組みが事業の流れ全般に広くいきわたっているような場合ですと、事業リスクは低いと言えます。逆に、ある部分が極端に強く機能していることから、年間収益が構築できているものの継続性には疑義があるような場合、それはオペレーションリスクと判断します。

マーケットリスクにオペレーションリスクを加味し、さらに不動産としての個別的リスク要因を加算することで、全体のリスク総量の大枠を把握することができます。

オペレーションリスクについて

ホテル評価の視点からオペレーションリスクを考える場合、特に「ホテル事業者の運営力とその安定性」、「事業のレバレッジ・ポイント（どこで決算を作っているのか、またどこで作るべきなのか）の確認とその継続性」に注目することになります。

まず「ホテル事業者の運営力とその安定性」ですが、ブランドが付与されている場合、そのブランドのマーケット合致度や、ブランドに対する支払額が妥当な水準にあるのかを含めて、ブランドの貢献度合いを検証するとともに、組織としての運営力を確認することになります。まず、ブランドについては、そのブランドがあることで、人件費や販売促進費を含めて様々な追加経費が生じているはずです。それら経費について例えば販売単価の合計にブランドに対する委託料の販売室あたりの支払額を合計し、ブランドがあることによるオペレーションリスクの低下も考慮に入れた上で、それら費用を補うだけの室料単価や収益貢献があるのかを確認する必要があります。また、組織としての運営力については、組織としての意思決定がどのような手続きでなされているかを確認することになります。意思決定の手続きの確認が必要となる理由は、個々人に、人特有のバイアス（判断の歪み）があるからです。例えば「楽観性バイアス（無意識に楽観的な判断に偏ること）」や「内観の錯覚（自分の意思や思考を良く理解していると感じてしまうこと）」があること、またさらに集団となった場合には「集団特有のバイアス（誰かがするだろうと考え個々人は行動しない等）」が現れるため、それらの「バイアス」が悪さをしないような仕組みを有しているかを確認する必要があるのです。

具体的には、定期的に実施している内部会議の実施方法及びその内容の確認が重要となります。例えば、「楽観性バイアス」があるため、リスクを過少に評価する傾向があります。それを避けるために様々な人が自由に意見を言える場となっているかを確認します。あるいは、意思決定時に選択肢が数多くある場合、人は「選択した理由を言葉でどのように説明できるか」に焦点を当てやすくなり、言葉で表現できないような感情に訴える要素は考慮されない傾向があります。様々な人の意見を取り入れることで、それらバイアス（判断の歪み）を回避する仕組みが求められるのです。

　また、将来のビジョンや計画を描くには、過去の記憶がそのベースとなっていますので、ホテル全体（全部門）での経験を共有する仕組みが、正しいビジョンや目標の設定に欠かすことが出来ません。日々の暮らしの中で特に意識することはないと思いますが、人の脳の大きな力の１つに、想像の世界で自由に過去と未来を行き来できる力、「タイムトリップ」と言われるものがあります。現実には「一時点」に居ても、脳内では「現在」と並行して「過去」を顧みるとともに、過去の記憶の断片を利用して、「未来」の予測を構築しているのです。つまり、組織として共有された知識や経験が、正しくフィードバックされることを通じて、正しい目標を描くことができるのです。

　さらに人は、「期待」に対して常に肯定的に応えようとします。どのような計画があり、担当者に対してどのような「期待」のフィードバックを与えることができているのかが、その後の成果に大きく影響を与える可能性があるのです。この仕組みは「固定観念」や「自己成就予言」として説明されることが多いのですが、結局は、ある「期待」や「予測」が、その後の行動に影響を与えることで、最終的に目標を達成する可能性が高まることを意味しています。これも、人のもつ判断や行動の歪みの１つで、バイアスをうまく利用するということです。人は、「期待」されることで、その「期待」に自然と無意識に応えようとします。その「期待」と結果との間にギャップがあれば、心に痛みを感じるようにできているのです。逆に言いますと「期待」がないと、結果が悪くとも何とも思わない、つまり次の改善に繋がりません。組織内での行なわれる様々なミーティングにおいては、それらを活かした取り組みの有無がホテルの運営力の基礎になるのです。

「どこで決算を作っているのか」

　次に「どこで決算を作るのか、また作っているのか」、言い換えますと、本ホテルの強みはどこなのか、今後もそれは継続して安定的に収益を上げることができるのかを考える必要があります。例えば共同購買で、原価率をうまくコントロールできており、高い収益性に繋がっているような場合を考えてみます。その場合、もちろん仕入力が高いことは素晴らしいことであり、継続してその利益を享受できるよう努力する必要があることは言うまでもありません。ただし、本来の「本業」を再度確認する必要があります。そのホテルはどのようなお客様にどのような経験を提供しようと考えているのか、その大きな流れにあまり貢献していない場合、そもそもどのような体験を提供すべきであり、また提供するための術はあるのかを再認識すべきということになります。今度は顧客側で、先ほどの「楽観性バイアス」が再度顔を覗かせます。良い体験を積み重ねることで、顧客の将来の期待は益々大きなものとすることができるのです。その期待にポジティブな感情が重なること（事前の期待が、いい意味で裏切られる場合）には、その後の行動に強く影響するとともに、将来その体験の想起（思い出すこと）を容易なものにしてくれます（つまりリピーターに繋がる可能性を高めます）。ホテル滞在時、どのような顧客体験を積み重ねることができているかという重要な部分、つまり、本来の「価値の創造部分」があってはじめて、各論である事業性を支えるレバレッジ・ポイントを議論できるように思います。レバレッジ・ポイントは、ホテルのコンセプトの魅力度から始まり、提供サービスの質、仕入等の管理部門から販売力、全体で確保できていることが理想です。

　ホテルはハードウェア、ソフトウェア、ヒューマンウェアが一体となって顧客の記憶に取り込まれます。一要素が突出しているような場合には、背後にあるリスクファクターが、長期的には不安定さを解消する方向で働き、新たな均衡点に向かう力の源となります。これまで見た「リスクファクター」とは、リスク・コントロールという意味での重要性の他、ホテルの3要素を均衡させる力学でもあるのです。

3）個別競争力について

　ホテル競争力の源泉はブランドや人的サービス力、料飲サービス、もちろんハード

ウェアまで幅広く、現地調査に当たっては現状の競争力の源泉がそれらのどこにあるのかを判断する必要があります。ホテル競争力に影響を与える要因のうち主なものを挙げると以下の通りです。

空調設備

まず客室での調査ポイントから整理します。空調設備には、2管式と4管式、その他家庭で見られるような個別設備があります。4管式であれば冷暖房の温度調整が365日自由にできます。騒音や温度調整、風量調整に不備がない限り心理的ストレス源にはなりません。一方で2管式の場合には、利用者毎に細かな温度調整が困難となり、時期によっては大きな心理的ストレス源となりかねません（2管式の場合においても、別途暖房器具の貸出等を行なっている場合もあります）。温度調整の柔軟性や風量調整については十分に確認すべきです。一方で経費面では2管式のほうがエネルギー効率に優れている場合も多いことから、マーケット環境との兼ね合いでいずれのタイプが望ましいか個別に検討すべきということになります。

臭い

心理的ストレスという意味においては、臭いは非常に重要な要素となります。昨今増加する禁煙ルームニーズも背景に臭いに敏感な顧客が増加しています。禁煙ルームの比率が適正かもポイントとなりますが、それ以上に喫煙ルームも含めて煙草の臭いやカビ臭さ、香水やその他臭気が残っていないかに注意が必要です。客室内だけではなく、ロビーから客室通路を含めて顧客動線全般を確認する必要があります。この点ビジネスホテルかシティホテルか等のホテルカテゴリーに関係なく重要なチェックポイントとなります。

会員組織

ホテル競争力の源泉では会員組織も重要要素です。プラス面では安定的利益に貢献

するものの、マイナス面では、価格の柔軟性や運営の自由度に影響を与える場合があり、それら組織構成と機能性に応じて会員組織の内容及び規模が対象ホテルの競争力にどのような影響を与えているかを確認する必要があります。また会員組織に対する付帯サービスの一環としてホテルの一部が開放されている場合には、当該提供床については柔軟な運営が困難になる場合もありますので、一般顧客に対しても十分なサービスが提供できているのか、施設利用状況を確認する必要があります。

　会員組織については、売却価値、市場価値を算出するに当たってその帰属先の如何も確認が必要です。傘下チェーン全体に対する会員組織であればリ・ブランドによって係る会員による継続利用が絶たれる恐れがあります。逆に対象ホテル単独で獲得してきた組織体であれば会員組織継続の可能性もあるでしょう。運営者が変わった場合にその会員組織が対象ホテル固有の組織なのか、チェーン全体に帰属する組織なのかという点も重要な確認事項となります。

その他客室関連

　その他客室での調査ポイントを整理します。宿泊部門はホテルサービスの中心機能ですので、安心して休めることはもちろん、プライバシー確保は重要な確認事項となります。客室の遮音性では通路からの騒音についてドアと床の接する部分に遮音機能が付いているか、密閉性はどこまで確保されているかを確認するとともに、隣接客室からの騒音が無いか、またフローリングの場合には上下階からの音が響く可能性もありますので顧客からのクレームを確認します。騒音が一度気になると滞在時の印象が台無しになる可能性もあり、冷蔵庫の音や換気口の騒音、エレベーターの停止音等細かく確認する必要があります。

　バスルームはトイレ使用時やバスタブに腰を下ろす折、細部にまで目につくようになりますので丁寧なチェックが必要となります。バスルームについては清潔感や印象の良し悪し、ユニットタイプであればそのサイズを確認します。顧客の利用目的にもよりますがビジネスホテルであればユニットバスルームのサイズは1216（1,200mm×1,600mm）前後が多いようです。これを下回ると狭いという印象を与えている可能性があります。細かいですがバスルーム内の備品にも注意が必要です。例えば歯磨

き用チューブサイズが3gの場合、夜使用すると朝の分がないかもしれません。女性の利用頻度が多いホテルであれば、いわゆるシャンプーインリンスは敬遠されやすく、ドライヤーの風量もターボ機能がないと「使いづらい」と書き込まれる可能性もあります。リネン類では特に臭いに敏感な書き込みが見られます。安全対策では客室との段差の有無やバスタブの手摺の有無、シティホテルでは非常用電話機の有無も確認します。修繕項目とも関連しますが、バスルームの配管清掃頻度は給湯湯量や給湯温度調整機能とともに確認事項です。

客室内の家具は顧客ニーズに合致したものか、つまり使用する顧客側の目線で揃えられているかを確認します。長期滞在者が多いホテルではバッゲージラックやクロークの有無、客室で仕事をする人が多い場合にはライティングデスクのサイズや椅子の座り心地、インターネット接続環境を見ます。アイランド形式で室内に独立したライティングデスクがあれば快適な執務空間が提供されていると言えるでしょう。アッパークラスのビジネスホテルであれば、電話の設置数にも留意が必要です。ベッドサイド、ライティングデスク、バスルーム等どこでも重要な電話が取れるよう配慮されているホテルは好印象に繋がります。ベッドは製造会社とともに、デュベスタイルか否か、枕の数や種類を確認します。リネンについてはデュベスタイルであれば清潔感もあり印象が良いですが、リネン費用も相対的に高額化することから、採算性の観点から必要か否かを意識しながらチェックします。

客室内の防犯防災体制については、絨毯やクロス、カーテンの防炎ラベル、煙感知機、スプリンクラー設置状況の他、避難経路案内を確認します。宴会部門を擁するホテルであれば、ダイレクトリー（ホテル案内）内の宿泊約款に暴力団排除規定が適切に記載されているか、また窓が開閉する場合には転落防止用の開閉ストッパー等の有無等転落事故対策の有無とともに開閉幅と開閉する窓枠の高さを見ます。大浴場があるホテルでは、鍵を客室内に置き忘れて自身を締め出す顧客からの問い合わせが多くなることもあり、自動ロック機能がドアに付いていないホテルも多く、このような場合には運営効率を重視し顧客の防犯配慮が疎かになっている可能性があります。ドアについては、自動ロック機能の有無とともに顧客の入出管理ができる非接触型カードキーが望ましく、古いシリンダーキーを使用している場合、鍵の紛失が大きな出費に繋がる恐れもあります。

その他客室全体の質感については、天井高や絨毯の質感と清潔感、眺望、客室の広さが要確認事項となります。天井高は2,400mm前後が多いようでこれを下回ると圧迫感を感じる可能性があります。絨毯はロールカーペットであれば、タイルカーペットより質感が良くなるものの取り替えにコストもかかります。眺望はビジネスユースであればあまり気にされないようにも思えますが、客室全体の質感には影響を与えており、どのようなホテルカテゴリーであってもやはり重要でしょう。

バックヤード関連

　顧客から見えないバックヤードの清掃状況や管理状況は対象ホテルのサービス哲学をはじめサービスの本質を見極める良い材料となります。本当に良いサービスを提供しようとしているホテルのバックヤードは、第一線で顧客と接するスタッフに対するホテル側の配慮とともにホテル側の安全対策意識を垣間見ることができる貴重なチャンスとなります。リネン庫は通常客室各階に設置されている場合が多いですが、床の有効率を高めるため殆ど抑えられているホテルも見られます。例えば非常通路がリネン庫代わりで使用されていたりする場合では消防法等法規制に抵触する恐れもあります。さらにバック通路に備品が置かれている場合には倉庫が全般的に不足している可能性があります。そのような場合は機能的減価としてホテル価値にも影響を与える可能性があります。裏動線ではその他サービス用エレベーターの設置状況は客室の清掃効率に影響を与えます。また客用エレベーターの数とスピードについては概ね100室に1基を目安にしますが、収容人数、同伴係数や建物階層との関係で本当に足りているか注意すべきです。宴会場がある場合には、エスカレーター等の大量運搬設備の有無もホテル競争力に影響を与えます。厨房に関しては、潜在的リスクの多くはここに潜んでいることから、食材動線や清潔感、空調管理設備、器具の設備水準と維持管理状況、スタッフの衛生管理等を的確に確認すべきです。厨房の床は清潔に保たれているか、食器類は適切に管理されているか、食器洗浄等スチュアード設備は適切かつ十分なものか、冷蔵庫等の倉庫スペースも含めて丁寧な確認が必要でしょう。その他社員食堂の内容と運営体制、仮眠室の有無や地方であれば社宅完備はスタッフの日々の活動を支える非常に重要な設備ですので状況把握が必要となります。

その他施設

　その他施設では、宴会部門、料飲部門、アミューズメント、フロント・ロビー等を取り上げます。まず宴会場ですが、宴会ニーズの変化も激しく、リニューアルがなされる場合、アウトソースや客室化、会議室化、テナント化等様々な取組みが見られますが改装に伴う運営上の支障等から機能的減価の温床となりやすい部分です。宴会場については、ハード面とともに、特にソフト面とのバランスが取れているかを点検すべきです。ハードが良くとも営業体制が脆弱では十分な収益性が発揮できません。宴会部門は顧客にとっても利用リスクが大きい部門です。ソフト面では営業体制のほか、宴会サービス哲学を明確に持っているか、安定的サービス提供を行なうことができるのか、委託契約で配膳会社を利用している場合にはその管理状態についても確認すべきです。また市場で料金水準がある程度明確にある場合、ホテルはハードウェアに関する固定費も大きく、原価率の設定が厳しくなりがちです。つまり料理のレベルが周辺競合施設、特に宴会専門施設がある場合には特に厳しい戦いを強いられている可能性があります。料理の味はさることながら、コストコントロールという枠内でどのように柔軟にそして競合施設と差別化を図っているかを確認すべきです。ハード面では宴会場前のホワイエの有無や上下動線の運搬力、様々な利用者のニーズに対応するための照明・音響設備が設置されているかを確認します。

　婚礼宴会、一般宴会を擁する場合には洋食、和食、中華と料飲カテゴリーが勢揃いでしょう。そのような場合には、各料飲施設でどのような効率的運営がなされているかを確認すべきです。セクショナリズムが横行しては効率的なスタッフ配置ができないからです。和食であれば高額接待が手控え傾向にあることもあり、柔軟な料金設定等メニュー開発や営業に工夫が必要です。中華は利用客の幅が広がることもあり比較的安定的な場合が多いようです。フレンチは、宴会部門がある場合本格フレンチが提供されているケースが多く、和食店同様料金帯もやや高めとなるコース料理中心となり顧客が限られてくる可能性もあります。各店舗の顧客ターゲット、ビジネスストーリーを確認する必要があります。レストランはホテルの３要素が凝縮されていますので、ハードウェア、ソフトウェア、ヒューマンウェアのバランスがレストランで取れていない場合、ホテル全体でも同様だと思われます。レストランはホテルの核でも

あります。ホテル全体の質感の良さやエッセンスがここに凝縮されています。レストランの雰囲気、スタッフの振る舞い方、客層、清潔感と照明・音響等を含めた全体空間を見渡すことで、ホテル全体の状況把握の参考とすることができます。

4）人事制度について

　人事制度も確認範囲が非常に広いことから、ホテル価値へ与えるインパクトが大きいものより優先して確認すべきです。まず、部門別での人員過不足感を確認します。現状 GOP が背伸びをしている場合、ここが悲鳴を上げている可能性があります。給与規定については、平均年齢が上昇している状況で年齢によるベースアップがある場合、人件費を自動的に押し上げていくことになりますので平均年齢推移は将来収支フォーキャスト上重要な確認事項となります。その他賞与支給状況、退職金規定がある場合の退職給付引当状況、残業規定の取決内容等の給与制度、評価制度についての枠組みはスタッフのモチベーションに影響を与えますので、それら制度が周辺の競合ホテルと比較し十分なものでなければ、優秀な人材流出に繋がりかねないということになります。ホテルは人対人のビジネスですので、そのように貴重な人材が流出しているような状態ではホテル競争力を維持することはできません。また人件費の将来収支フォーキャストでは、固定費と変動費への分解を視野に入れて調査する必要があります。現状の固定費比率とアルバイト等による変動費比率を見極め今後の運営方針も含めて安定的経費水準やスタッフ配置を模索することとなります。なお役員等関連会社からの派遣社員等がいる場合、その給与の負担先が関係会社となっている場合も多く、個別契約内容にも留意しつつ資料徴求を行なう必要があります。

5）財務情報について

　過年度収支実績において大きな変化があった勘定科目についてはその原因を探ることになります。将来収支予測に当たっては数字の背後にある事実関係と照合する必要があるのです。宴会部門がある場合には、先払いか後払いかの入金タイミングと実際の貸し倒れ実績は貸倒引当金の計上判断に影響します。その他資金面については、ホテルが賃貸に基づく場合、賃料の支払時期が月末払いか中間日払いかは正味運転資金の必要額に影響を与える可能性があります。必要とされる正味運転資金が多額の場合

には利息相当額を潜在的経費として見込計上し控除すべきか判断する必要があります。外販事業を行なっている場合には、不動産に帰属する収益ではなく運営に帰属すると思われますので、ホテル価値を求める際には考慮外とすべきでしょう。仕入先業者にいわゆる業者会があれば原価管理にも影響を与えている可能性があります。原価コントロールは運営者によって取組内容や考え方が大きくことなりますので業者会があればその機能を確認すべきです。エネルギーコストもホテルは大きくかかっていますので、デマンド契約の内容や電気、水道、ガス、重油等の単価推移を確認し変動リスクを把握しておく必要があります。温泉利用がある場合には排水処理次第で経費計上がことなります。浄化槽によるのか下水道を利用しているかで水道光熱費に計上されるか、所有設備として保守点検・修繕費に転嫁されているかが異なりますので留意が必要です。委託料項目については、客室清掃が自社体制か委託か、経費を抑えるためアルバイトを使用しているような自社体制の場合十分な清掃が実施できているか、客室清掃が委託の場合には委託料単価が適正水準にあるのかを確認します。支払手数料では代理店への手数料率について、所在するマーケット環境との関係でどのような経費水準となっているか数字とともに背後事実と突き合わせていきます。財務情報については、ホテルの運営が変化したらどのように数値が変化するのかを理解した上で現状把握を行なうことになります。

6）その他チェック項目について

　人事制度でも触れましたが社宅の良し悪しは、スタッフの健康管理やモチベーション管理上重要な施設の1つです。スタッフは個人の心理的状態にかかわらず接客プロとしての振る舞いを求められます。かかる意味において強い心理的ストレスを抱えやすい「感情労働」であり社宅をはじめとしたホテルスタッフへの配慮の確認はホテルマネジメント力の確認でもあります。したがって対象ホテル自体だけではなく、社宅等付帯施設についても現地確認を丁寧に行なう必要があります。

　顧客用駐車場の収容台数が不足している場合には周辺に借地しスペース提供していることが多く、当該借地の安定性とともに地代水準に留意が必要です。借地をしているホテルについて売買想定価格である市場価値を算定するにあたって底地権者による譲渡承諾料の取り決め内容を確認することも必要となります。また駐車場との関係で

いえば、顧客の主要アクセス手段が車であればホテル敷地への進入容易性や主要道路からの視認性、看板の見やすさ等も併せて確認することになります。なお立地に関するその他注意点はホテルカテゴリー毎に異なり、ホテル利用目的や顧客がホテルに到着するまでの想定される文脈（顧客心理）を考慮した調査が必要です。ビジネスホテルでは駅利便性が非常に重要な要素となりますが、ターゲットとする需要者が車アクセス中心のルートセールスマンであれば、車でのアクセス性がより重要なのかもしれません。実際利用者がどのようなサービスを求めているかをイメージしつつ立地確認を行ないます。その他競合ホテルからの視認性は安定的収益性確保という観点からポイントとなることもあります。近くにホテルが見えるということは、飲食店舗等と同様に当該用途集積地という印象を与えます。他ホテルを利用した顧客であっても次回は対象ホテルを利用してくれる可能性も高まります。成熟市場等市場規模が縮小局面であれば、販売室シェアの取り合いになりやすいですが、成長市場では各ホテルが共同して市場を発展させようと努力しホテル集積が逆に好循環に繋がっている可能性もあります。また宿泊需要源が明確になればなるほど顧客の行動パターン、利用する文脈やニーズが比較的分かり易く新規参入もしやすくなりますので、逆に市場及び収益性に不安定要素を含む可能性もあります。

　その他のチェック項目の最後はフロント・ロビーです。ここでの印象は後のホテル経験を左右するといっても過言ではありません。心理学ではプライミング効果、アンカーリング効果とも言われます。フロント・ロビーについては全体の質感を左右する要素すべてに気を配ります。天井高やロビースペース、フロントカウンターの配置、エレベーターホールの視認性、絨毯の質感、家具類の印象と言ったハード面からスタッフの配置、客層と様々な項目、動き、臭い、雰囲気全体を確認することとなります。

　最後に担保評価という評価目的に照らした留意点についてです。市場価値を端的に追求するのであれば様々な価格形成要因を考慮し考えられるシナリオを分析します。具体的には想定される市場参加者のうち、想定ホテル購入者をある程度特定し、当該想定される購入者がどのような価格アプローチをとるか、またそのような購入者が短期間で同時に複数見込まれるのであれば、最有効使用にいわゆる「伸び代」が見込まれます。法律的、物理的、経済的に最高最善の使用方法を追求しそれに基づく収支

フォーキャストを採用した投資家が市場価値を決定することとなりますので、シナリオ分析に基づき最有効使用を特定したうえで評価を行なう必要があるのです。

ただ担保評価においては、今後ハード面で大きなリニューアルが計画されており収益増が見込まれる場合においても保守的観点から原則的には現況を所与とした評価を行なうべきである点に留意が必要となります。現況所与という意味においては、不動産を中心とするハードウェアに関して現状維持を想定するだけではなく、ブランドやホテルの運営力も同様に現状維持を前提とすることになります。つまり担保評価ではホテル側の計画値である収支プロジェクションに対して、ハードウェア、ソフトウェア、ヒューマンウェアのホテル3要素それぞれについて「現況所与」という枠組みの中でマーケット環境等外部要因を考慮し、当該プロジェクションを再評価する作業とも言えるのです。さらに、車両運搬具や家具什器備品等（以下FFEという）については、観光施設財団等では無い限り担保でカバーされていませんのでそれらを除いた評価を意識する必要があります。具体的には賃貸用不動産でない場合、つまりホテル事業収支に基づき評価を行なう場合には、FFEを含んだ価値であるホテル価値が求められますので、最終的にはそれを建物、土地、FFEに分解し、建物と土地に帰属する価値として補正する必要性を確認すべきということになります。分離方法には、様々な方法があります。例えば純収益からFFEに対する想定帰属純収益を控除することで土地建物に帰属する純収益に補正する方法や土地・建物・FFE積算価格比を採用しホテル価値を案分する方法、ホテル価値からFFE時価査定値を控除する方法が考えられます。これらのうちいずれの方法を採用するかについては、FFEの耐用年数や時価の把握状況、ホテルカテゴリー等に応じて判断することになります。

ホテルはハードウェア、ソフトウェア、ヒューマンウェアの3要素が渾然一体となることで収益性を発揮する用途です。これら3要素が一体となることでホテルとしての全体印象を浮かび上がらしているのです。不動産評価であっても、スタッフのサービス力、またスタッフと彼らの舞台でもあるハードウェアと結びつけているソフトウェア（運営ノウハウ）の確認は欠かせません。

立派なハードウェアが想定されるような新規開発案件であっても、ハードウェアだけでホテル事業が成り立つのではなく、様々な部門スタッフをどのように集め、どのようなサービス哲学のもと、どんなサービスを提供するのか、そして最後にビジネス

として利益確保をどのように成し遂げるのか、全体のビジネスストーリーが明確でない限り、適切な評価ができないのです。都心でのビジネスユースは比較的回復したとはいえ、震災の影響も依然残っており各ホテルは必至に戦っている状況です。このような状況でも目の前の顧客ニーズに一身に応えようとするホテルには「一期一会」の精神が光輝いています。ホテル業界は益々増加が期待される外国人観光客の受け入れインフラであるとともに地域コミュニティの中心という外部効果を担っていることにも留意して調査を進める必要があります。

8章

9章　環境や地域とホテル

「環境」と言うと「京都議定書」という言葉が思い浮かぶと思いますが、京都議定書（Kyoto Protocol）は、地球温暖化問題に対処するために採択された気候変動枠組条約（1994年発効）の第三回会場である京都において採択された国際的な法規制です。CO^2やメタンといった「温室効果ガス」を定義した上で、国ごとの法的拘束力を持った排出レベルが、取り決められました。このように世界的にも環境配慮の姿勢が強く求められるとともに、不動産の投資という観点からも環境配慮の潮流が見られます。環境不動産とは、周辺環境に何らかの影響を与える不動産であり、ホテル、旅館は廃棄物、CO^2排出をはじめ生態系の一部として、環境不動産の中でも影響の大きな不動産の1つと言えます。日本の不動産鑑定評価では、有害物質や土壌汚染等の有無についてはすでに不動産の価格を形成する要因として評価上考慮されています（不動産の流動化、つまり不動産を複数の権利者がステークホルダーとなり証券化するような場面、つまり評価結果が第三者に与える影響を十分に考慮する必要性が高い場合には、厳密な調査が求められます）。

　その他、環境配慮の取り組みに対する経済的効果についての研究調査も進められており、その意義が市場に認知されつつあるのです。このように環境を配慮したホテル旅館運営は、ホテル価値の向上に繋がる可能性があります。

「環境配慮型ホテル旅館運営」の意義について

　環境配慮の意義については、周辺地域を含めたマクロ的意義から、対象不動産に直接影響を与えるようなミクロ的意義まで広くその効果が見込まれます。まず、マクロ的意義については、地域の印象についてのプラスイメージが挙げられます。特に欧米諸国では、環境に対する取り組みが強化されており、市場の認知も進んでいますし、その他地域の印象も大きくホテル旅館の印象形成に影響を与える要素です。ミクロ的意義については、例えばCO^2を排出しないような太陽光発電を保有することからエネルギーコストが低減する場合に見られるような直接的に経費面にプラスの効果を与えるような場合や、規制が強化された場合やその他罰則金規定、地球温暖化対策税（環境税）導入等を背景とした環境リスクの低減効果、環境基準をクリアしたものについては、補助金の交付や貸付金の金利を低下させるような制度がある場合には、プ

ラスの収支効果があります。

　さらに、ホテル旅館の場合、「環境配慮」には、もっと大きな意義があるのではと考えています。環境配慮型のホテル旅館運営とは、例えば省エネルギー設計を取り入れること（断熱性、設備効率効果、エネルギー利用の蓄熱等による季節的平準化、節水や廃棄物の低減）、再生可能エネルギーの活用、自家栽培及び廃棄物の自然還元、建築や設備の有害物質排除、低環境負荷建築資材の利用や生態系への配慮等の環境配慮に関する様々な取組・実践を指します。そのような「環境配慮」が、ホテル旅館の「おもてなし」に真実味を与える、つまりそれらサービス内容と「環境配慮」の姿勢に一貫性が感じられるような場合に、サービスに対する評価や印象を強化する可能性も秘めているものと思われるからです。

「環境配慮型ホテル旅館運営」に対する顧客評価について

　環境配慮型ホテル旅館運営に対する顧客評価について、弊社が実施したアンケート調査結果をご紹介します。代表的な環境配慮型運営として直接的取組として「温室効果ガスの抑制」と間接的取組として「環境保全基金への寄付」を想定し、それぞれに対する顧客ニーズ（重視するか否か）と経済的効果（実施する施設に追加で金銭を支払うとすればいくら支払うか）を、全国ランダムに選ばれた男女200名にアンケート調査を実施しました。

　ここでは、環境配慮型運営に対する肯定的意見について、その取組を「大変重視する」から「やや重視する」と答えた人の全体回答者に対する割合としてみています。それぞれの肯定的意見を比較しますと、温室効果ガスの抑制（直接的取組）は、環境保全基金への寄付（間接的取組）と比べて、より高く評価されているようです。また、この肯定的意見については、ビジネスホテルでは20％〜30％、シティホテルと旅館では30％〜40％、リゾートホテルでは40％〜50％が肯定的という結果でした。ビジネスホテルでは、他と比べ重視する人の割合が低いものの（それでも20％以上あります）、リゾートホテルではなんと半数近くが重視するという結果でした。

　一方で、環境配慮に対する経済的対価という意味では対照的でした。それら取組に対して仮に追加で料金を支払うとすればいくら支払ってもよいか（金銭的支払受容

額）については、大半の利用者（60%～70%）が「支払たくない」、又は支払っても100円～500円程度という回答でした。このように、多くの利用者は、環境配慮に対する取り組みを重視してはいるものの、あくまでホテル側が自主的に行なうべき取組と考えているようで、別途追加で料金を支払うことに対しては否定的でした。この結果だけ見ますと、環境配慮型運営には、直接的な経済的効果がそれほど見込めないようにも思えますが、環境配慮型運営には、さらに間接的効果もあるはずです。本件ではさらに「環境配慮」というキーワードが引き起こす心理的な連想に関する調査を追試しています。

■環境配慮型ホテル旅館運営に対する顧客ニーズ （日本ホテルアプレイザル・ホテル格付研究所による 顧客ニーズ調査・200名男女ランダム）	上段人数 下段比率	大変重視する	やや重視する	どちらともいえない	あまり重視しない	重視しない
ビジネスホテルで、環境配慮（二酸化炭素やその他温暖化ガスの排出をできるだけ低減努力）を実践	200人	9人	43人	91人	29人	28人
	100.0%	4.5%	21.5%	45.5%	14.5%	14.0%
ビジネスホテルで、環境配慮（料金の一部を自然環境保全基金＜世界的な基金としてあれば＞に寄付）を実践	200人	8人	33人	96人	33人	30人
	100.0%	4.0%	16.5%	48.0%	16.5%	15.0%
シティホテルで、環境配慮（二酸化炭素やその他温暖化ガスの排出をできるだけ低減努力）を実践	200人	9人	58人	87人	24人	22人
	100.0%	4.5%	29.0%	43.5%	12.0%	11.0%
シティホテルで、環境配慮（料金の一部を自然環境保全基金＜世界的な基金としてあれば＞に寄付）を実践	200人	7人	52人	91人	27人	23人
	100.0%	3.5%	26.0%	45.5%	13.5%	11.5%
リゾートホテルで、環境配慮（二酸化炭素やその他温暖化ガスの排出をできるだけ低減努力）を実践	200人	24人	67人	71人	16人	22人
	100.0%	12.0%	33.5%	35.5%	8.0%	11.0%
リゾートホテルで、環境配慮（料金の一部を自然環境保全基金＜世界的な基金としてあれば＞に寄付）を実践	200人	21人	59人	76人	22人	22人
	100.0%	10.5%	29.5%	38.0%	11.0%	11.0%
旅館で、環境配慮（二酸化炭素やその他温暖化ガスの排出をできるだけ低減努力）を実践	200人	14人	57人	82人	26人	21人
	100.0%	7.0%	28.5%	41.0%	13.0%	10.5%
旅館で、環境配慮（料金の一部を自然環境保全基金＜世界的な基金としてあれば＞に寄付）を実践	200人	10人	50人	88人	30人	22人
	100.0%	5.0%	25.0%	44.0%	15.0%	11.0%

■環境配慮型ホテル旅館運営に対する追加支払受容額 （日本ホテルアプレイザル・ホテル格付研究所による顧客ニーズ調査・200名男女ランダム）	上段 人数 下段 比率	1000円以上	7900円～	4600円～	1300円～	払いたくない
ビジネスホテルで、環境配慮（二酸化炭素やその他温暖化ガスの排出をできるだけ低減努力）を実践	200人 100.0%	3人 1.5%	6人 3.0%	14人 7.0%	46人 23.0%	131人 65.5%
ビジネスホテルで、環境配慮（料金の一部を自然環境保全基金＜世界的な基金としてあれば＞に寄付）を実践	200人 100.0%	2人 1.0%	4人 2.0%	19人 9.5%	48人 24.0%	127人 63.5%
シティホテルで、環境配慮（二酸化炭素やその他温暖化ガスの排出をできるだけ低減努力）を実践	200人 100.0%	2人 1.0%	7人 3.5%	11人 5.5%	57人 28.5%	123人 61.5%
シティホテルで、環境配慮（料金の一部を自然環境保全基金＜世界的な基金としてあれば＞に寄付）を実践	200人 100.0%	2人 1.0%	8人 4.0%	11人 5.5%	57人 28.5%	122人 61.0%
リゾートホテルで、環境配慮（二酸化炭素やその他温暖化ガスの排出をできるだけ低減努力）を実践	200人 100.0%	6人 3.0%	6人 3.0%	22人 11.0%	47人 23.5%	119人 59.5%
リゾートホテルで、環境配慮（料金の一部を自然環境保全基金＜世界的な基金としてあれば＞に寄付）を実践	200人 100.0%	6人 3.0%	7人 3.5%	21人 10.5%	49人 24.5%	117人 58.5%
旅館で、環境配慮（二酸化炭素やその他温暖化ガスの排出をできるだけ低減努力）を実践	200人 100.0%	6人 3.0%	7人 3.5%	15人 7.5%	48人 24.0%	124人 62.0%
旅館で、環境配慮（料金の一部を自然環境保全基金＜世界的な基金としてあれば＞に寄付）を実践	200人 100.0%	5人 2.5%	4人 2.0%	17人 8.5%	50人 25.0%	124人 62.0%

■環境配慮型ホテル旅館運営が与える間接的効果 （サービスへの連想） （日本ホテルアプレイザル・ホテル格付研究所による顧客ニーズ調査・200名男女ランダム）	上段 人数 下段 比率	非常に感じる	感じる	ほとんど感じない	感じない
ホテルや旅館で環境配慮に徹底した姿勢があれば、建物施設「建物の心地よさ等」も高いレベルではと予測できる	200人 100.0%	16人 8.0%	126人 63.0%	44人 22.0%	14人 7.0%
ホテルや旅館で環境配慮に徹底した姿勢があれば、サービスレベルも高いレベルではと予測できる	200人 100.0%	17人 8.5%	122人 61.0%	47人 23.5%	14人 7.0%
ホテルや旅館で環境配慮に徹底した姿勢があれば、スタッフレベルも高いレベルではと予測できる	200人 100.0%	19人 9.5%	120人 60.0%	47人 23.5%	14人 7.0%

9章

「環境配慮型ホテル旅館運営」の効果について

　上記のような直接的効果の測定以外に、「環境配慮型運営」から連想されるホテル旅館のイメージ、つまり間接的効果を調べてみました。徹底した環境配慮の実践ができている場合、ホテル旅館のハードウェア、ソフトウェア、ヒューマンウェアそれぞれの事前期待に対して、どのような影響を及ぼすのかを調べたものです。先ほどご紹介した通り、経済的対価には結びつけにくく、ADRへの転嫁等直接的な経済的効果はそれほど見込めないかもしれませんが、「環境配慮」というキーワードが引き起こす連想という意味では非常に大きな効果が期待できることが分かります。環境配慮型運営を実践できていること自体が、そのホテルのハードウェア、ソフトウェア、ヒューマンウェアの3要素それぞれすべてに対して、「レベルが高いはず」と感じているようなのです。この効果は絶大で、なんと10人中7人がそのように感じると回答しています。

　このように、「環境配慮」は、サービス面だけではなく、ハードウェアやヒューマンウェアに対してもポジティブな連想に繋がっているようです。これは、ハードウェアに対しては、自然配慮というクリーンなイメージが施設全体の清潔感等のポジティブ連想に繋がっている可能性があること、また、ソフトウェアやヒューマンウェアに対しては、それら環境配慮の取組ができているということ自体が、高いレベルで利他的配慮ができているという「証」でもあり、顧客に対する高いレベルのサービスも期待できるはずと感じさせる結果だと考えられます。

　ここで、弊社の別の調査結果をご紹介しましょう。ホテルや旅館の予約からチェックアウトのどの部分を良く覚えているかを調査したものですが、様々なホテル旅館滞在体験の中で「選択時のホテル旅館に対する印象」が、強く記憶に残っているという結果でした。これは、ホテル旅館の選択時において、選択すること自体が顧客側に大きな心理的負荷をかけている可能性があること、また選択したホテル旅館に対する期待感もこの心理的負荷と相まって強く記憶に銘記された結果だと考えられます。このように考えると、環境配慮型運営は、ハードウェア、ソフトウェア、ヒューマンウェアそれぞれに対して強い期待感を抱かせる結果、顧客側のホテル旅館の選択時における判断の手掛かりを与えるという意味で、「大きな意義、効果」が期待できるのです。

「環境配慮型ホテル旅館運営」の効果に関するアンケート調査

　今回は、代表的な環境配慮の取り組みとして、「CO^2排出を考慮したホテル」、「省エネ徹底設備を有するホテル」、「まちなみ景観を配慮したホテル」、「屋上に緑や庭にできるだけ地域に根差した緑化に取り組んでいるホテル」、「ゴミ減量化をしているホテル」、「生物多様性（あらゆる生物に直接影響を及ぼす要因）に配慮しているホテル」、「再生エネルギーを活用したホテル（太陽光発電等）」、「建築・設備に関する有害物質回避を徹底したホテル」を取り上げ、それらに対する顧客側の「印象の良さ」を調べてみました。

　すべての取り組みについて、総じて過半数の人が、印象が良いと感じるようです（「大変印象が良い」＋「印象が良い」と答えた人の平均値65.3%）。特に良い印象なのが、「まちなみ景観を配慮したホテル」で全体の77.5%の人が良い印象を抱きます。次いで「屋上に緑や庭にできるだけ地域に根差した緑化に取り組んでいるホテル」が75%、「建築・設備に関する有害物質回避を徹底したホテル」では70%という結果でした。その他では「ゴミ減量化をしているホテル」が64%、「省エネ徹底設備を有するホテル」58.5%、「CO^2排出を考慮したホテル」57.5%、「生物多様性（あらゆる生物に直接影響を及ぼす要因）に配慮しているホテル」55.5%と続きます。

　ここで、男女別での調査結果をみてみますと、女性は、男性よりも「環境配慮型運営」に対して高い評価をしているようです。印象が良い（「大変印象が良い」＋「印象が良い」と答えた人の合計）の全体平均で、男性平均を約18%上回っていました（女性平均75.4%、男性平均57.8%）。「環境配慮型運営」は、女性客から特に支持を得られそうです。具体的に好印象であった上位の2つについて、男女別でみてみますと、「まちなみ景観を配慮したホテル」と「屋上に緑や庭にできるだけ地域に根差した緑化に取り組んでいるホテル」については、それぞれ同値で女性が89.4%でした。一方で男性では前者68.7%、後者64.3%という結果でした。

個別取組に対する印象評価

　「環境配慮」というキーワードが、ホテルや旅館に対する事前期待に影響を与えうる

可能性があるものの、「環境配慮」には様々な取組が考えられます。今回代表的なものとして取り上げた例のすべてに対して、過半数の人が好印象を抱いていますので、まずはいずれも効果があると考えるべきでしょう。高いレベルの運営力やハードウェアの良さの連想に繋がるには、「徹底した環境配慮」が必要であり、「徹底」というには、上記取組すべてということになるはずです。ただ、個別の取り組みに対する印象面での効果をみてみますと一様ではなく、「ゴミ減量化」、「省エネ設備を有する」、「CO^2 排出を考慮」、「生物多様性に配慮」については、いずれも重要だとは考えられているのですが、「まちなみ景観を配慮したホテル」、「屋上に緑や庭にできるだけ地域に根差した緑化に取り組んでいるホテル」に特に支持が集まっています。全体の70％を超える人から好印象と答えられた「まちなみ景観配慮」、「緑化」、「建物の有害物質回避」は、他と比較しますとどれも直接的に顧客が触れる、あるいは感じることができるものです。この上位の取り組みは、「環境配慮」に関する効果と「別の効果」も合わさっている可能性もあります。

　それではどのような効果が上位3つの取り組みに潜んでいるのでしょう。ホテルや旅館の背後に「人」を感じるためには、「顧客側の関与の高さ」、「ホテル側の自己主張」、「サービスの利他性」という3つの条件が必要と触れました。上位3つの取り組みは、直接感じる、触れるという意味で顧客側に高い「関与感」があり、ホテル側の「環境配慮」という主張とともに、「高い利他性」を感じることができるものとすれば、これらの3つの条件を具備しているものとも考えられます。つまりそれらは、人間味あふれるサービスだと言えるのかもしれません。

　また、上位2つの「まちなみ」、「緑化の取り組み」についてはさらに、「客層」と同じく、顧客の周辺環境でもあります。社会的な心理効果で、周辺環境からの影響を受ける効果が、例えば一定の客層を感じると望ましい、また自身と同様の客層が良いと感じる「客層心理」と同じ効果が、統一感ある街並みがあると望ましいと感じる、あるいは心理的に何らかの影響を与えるというような「街並み心理」とでも言える効果が働いているのかもしれません。「環境配慮型運営」には、単に印象の良し悪しに起因するような間接的効果だけではなく、その他の効果も関連した深い意義があるのかもしれません。

ホテルや旅館で、以下の取り組みがなされている場合どのように感じますか。

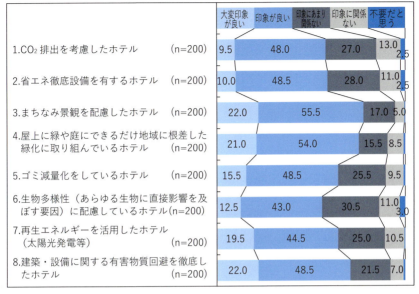

「環境配慮型ホテル旅館運営」がブランド・イメージに与える影響

　以下では「環境配慮型運営」のブランド・イメージに与える影響について新たに調査した結果をご紹介します（2014年、全国男女1,000名、インターネットアンケート調査）。「環境配慮型運営」には様々な取り組みが考えられます。今回は、日々の取り組みから、長期的視点から見た外部環境とのバランスや融和を追求した取り組みまでの大きく3タイプの取り組みを想定しました。まずは直接的な環境保全の取り組み、次にそれに加え地域との共生を重視している取り組み、そして最後に環境保全、地域との取り組みに加えて、自然との共存、調和、スタッフと顧客を含めた広い視点から「バランス」を追求するような取り組みです。
　（1）CO_2排出削減や再利用可能素材を使用するような運営を中心に行なっているホテル・旅館に対する印象（※以下では（1：環境保全）という。）
　（2）CO_2排出削減や再利用可能素材を使用するような運営に加え、地域との共生を重視する運営を中心に行なっているホテル・旅館に対する印象（※以下では（2：＋

地域共生）という。）

（3）CO2排出削減や再利用可能素材、地域との共生に加え、自然環境との共存や調和さらには顧客やスタッフを含めた全体の融和等広い視点から取り組んでいるホテル・旅館に対する印象（※以下では（3：＋全体バランス）という。）

はじめにそれぞれの取り組みを重視する人の割合についてです。（1：環境保全）と（2：＋地域共生）では、ほぼ同程度ですが、（3：＋全体バランス）となりますと、重視する人の割合がやや上昇します。重視する人の割合（強く重視する人＋やや重視する人の合計）は、（1：環境保全）で29.2％、（2：＋地域共生）で29.1％、（3：＋全体バランス）で32.2％でした。

次に付加価値です。それぞれの取り組みに対して、追加で支払ってもよいと感じる追加料金平均額については、（1：環境保全）が211円、（2：＋地域共生）が209円、（3：＋全体バランス）が228円でした。

（1：環境保全）から（2：＋地域共生）へと取り組み範囲が拡大しているにも関わらず、評価がやや低下している理由については、（2：＋地域共生）の地域との共生がどのように顧客に付加価値を生んでいるかが理解しづらいのが原因なのかもしれません。また（3：＋全体バランス）で評価が上昇するのは、顧客やスタッフを含めた全体の融和等が直接的付加価値を感じさせているのでしょう。

又、別の次元でこれら環境配慮の取り組みには興味深い効果が見られました。背後のブランド・パーソナリティ、又はホテルや旅館の背後人格に対する印象への効果です。まず総じて（1：環境保全）より（2：＋地域共生）、さらには（3：＋全体バランス）とより広い視点から外部環境との融和を重視する取り組みを行なうことで、女性的な印象を与えるようです。

また、環境保全の取り組みは、全体的に「活動的」で「知識豊富」、且つ「温かみ」を強く抱かせる効果があるようでした。

共感はそもそも人に対する感情であり、ホテルや旅館の場合には、利用した際の体験や事前の期待を介したホテルや旅館の背後人格に対する無意識の感情として現れます。どのような取り組みを重視するか、またどのような取り組みをブランド・メッセージとして昇華させるかによって、その背後人格をコントロールできる可能性を示唆しています。つまり（3：＋全体バランス）を重視した取り組みを行ないますと、

知識豊富で温かみのある女性的なパーソナリティを帯びさせることにも繋がるかもしれないということであり、ホテルや旅館の背後人格、擬人化されるホテル旅館・パーソナリティ（人格特性）に対して影響を与える可能性があるのです。

このように「環境配慮型運営」には、①直接効果（付加価値等の直接的効果）、②間接効果（ポジティブな連想による施設サービスイメージ向上効果）、最後に今回ご紹介しました③ブランド・イメージへの影響という３つの効果（影響）が期待できるのです。

（１）CO_2排出削減や再利用可能素材を使用するような運営を中心に行なっているホテル・旅館に対する印象

環境配慮型運営 A CO_2 排出削減や再利用可能素材を使用するような運営を中心に行なっている、ホテル・旅館。上記のような、環境配慮型運営 A を実践するホテル・旅館に対する印象についてお聞かせください。（矢印方向にそれぞれ１つだけ）

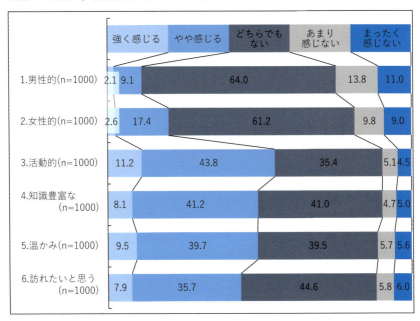

（2）CO2排出削減や再利用可能素材を使用するような運営に加え、地域との共生を重視する運営を中心に行なっているホテル・旅館に対する印象

環境配慮型運営BCO_2排出削減や再利用可能素材を使用するような運営に加え、地域との共生を重視する運営を中心に行なっている、ホテル・旅館。上記のような、環境配慮型運営Bを実践するホテル・旅館に対する印象についてお聞かせください。（矢印方向にそれぞれ1つだけ）

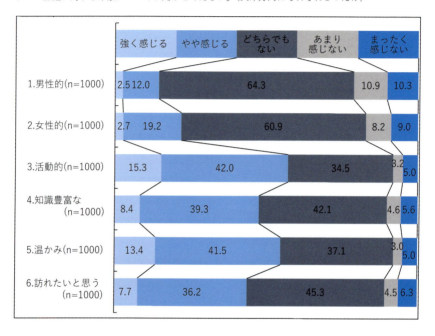

（3）CO2排出削減や再利用可能素材、地域との共生に加え、自然環境との共存や調和さらには顧客やスタッフを含めた全体の融和等広い視点から取り組んでいるホテル・旅館に対する印象

環境配慮型運営CCO₂排出削減や再利用可能素材、地域との共生に加え、自然環境との共存や調和さらには顧客やスタッフを含めた全体の融和等広い視点から取り組まれているホテル・旅館。上記のような、環境配慮型運営Cを実践するホテル・旅館に対する印象についてお聞かせください。（矢印方向にそれぞれ1つだけ）

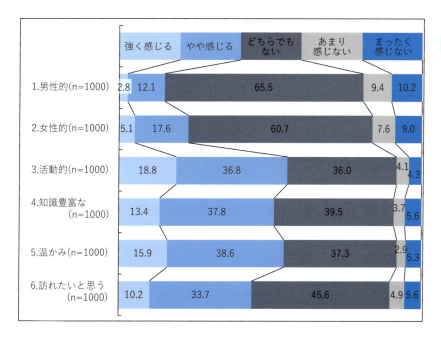

「デザイナーズ・ホテル」と「環境配慮型ホテル旅館運営」との接点

　まずは、デザイナーが関与、あるいはデザイン性の豊かな「デザイナーズ・ホテル」に対して実際どれほど顧客ニーズがあるのか調査した結果をご紹介します。以下のような質問を設けてアンケート調査を行ないました（全国の男女200名に対するインターネット調査、2014年、弊社実施）。

　デザイナーズ・ホテルと言われるホテル（例えばコンセプトを多く取り込み、表現されたホテル）があれば、泊まってみたいですか。

その結果、ビジネスホテルでは「強くそう思う」から「ややそう思う」人の合計で全体の 41.5％の人が泊まってみたいと答えています。シティホテルでは同 54％、リゾートホテルでは同 63.5％でした。デザイン性に対して、ビジネスホテル、シティホテル、リゾートホテルでそれぞれ支持する人の割合は異なりますが、総じて高いニーズがあるようです。

以下のホテルの中で、デザイナーズホテルと言われるホテル（コンセプトを多く取り込み、表現されたホテル）があれば、泊まってみたいですか。（矢印方向に 1 つだけ）

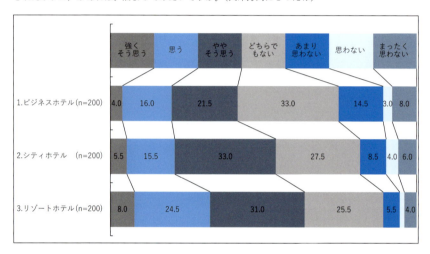

　そもそも人には、心理的にも安心感があると新規性を求める傾向があるとも言われます。利用する顧客にとってホテルとは、旅先において寝食を任せる安全基地でもあります。デザイン性に関しては、「昨今の顧客がより一層、ホテル側にデザイン性を求めている」と解釈するよりはむしろ、ホテルが有する一機能である安全性が向上し安心感が高まるとともに新規性のあるデザイン性が一層求められているのかもしれません。
　ではホテルに対してどのようなデザインが求められているのでしょう。顧客が求めるデザインについてより具体的に調査してみました（同調査、2014 年）。

あなたはホテルにどのようなデザインを求めますか。興味の程度にあてはまるものをお選びください。（矢印報方向にそれぞれ１つだけ）

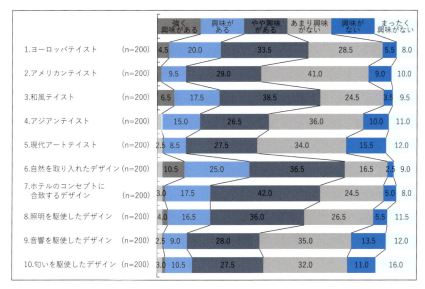

　その結果「自然を取り入れたデザイン」には「強く興味がある」から「やや興味がある」と答えた人の合計割合で72％でした。他のデザインに比べ多くの人から支持されているようです。人によってもちろん嗜好に個人差がありますので、求めるデザインもそれぞれ異なります。一方で、「自然を取り入れた」デザインに対しては、個別的な嗜好の差異が現れづらい、つまり万人受けしやすいということなのかもしれません。このように、デザイン性を強化することがホテル競争力の向上につながり、さらにそこで自然を活かしたデザインを取り込むことができれば、よりその効果を高めることができるのかもしれません。

顧客が求めるブランドの「重度」

　ブランドには様々な「力」がありますが、その１つとして新規参入に対する防衛力があります。弊社の調査においても、約３割の人は、好意を有するブランドがあると、その製品やサービスから、他の製品やサービスに容易には切り替えないという結

果が得られています（全国の男女200名に対するインターネット調査、2014年）。そこで上記のようなデザイン性を強化するような取り組みに伴い、既存ブランドのブランド・イメージや、メッセージ、コンセプトを変化させるような場合には、既存ブランドの有するブランド「本来の力」を毀損させる可能性があるようなのです。

あるブランドが、そのブランド・コンセプトを進化させようとする場合、①既存ブランドのベースとなるコンセプトから大きく変化するか、②既存コンセプトを踏襲しつつ、進化することを望むのかに関して調査してみました（全国の男女200名に対するインターネット調査、2014年）。

■単純集計表(%表)

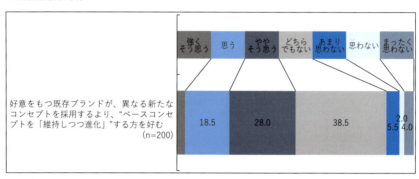

この調査の結果、ベース・コンセプト自体が変化してもよいという人は全体の11.5％に過ぎず、約50％近くの人がベース・コンセプトを踏襲しつつ進化する方を望んでいます。このようにブランドには、そのベース・コンセプトが容易には変化しないような"重み"が必要なのです。このようなブランドの"重み"はブランドに対するコミットメントでもあり、ブランドの魅力度を示す1つの指標と言えるのかもしれません（以下では仮に「ブランドの重度」と称します）。先の調査結果は、既存ブランドのイメージから大きく異なるコンセプトとなると、そのブランドに対する"重み"、つまり「ブランドの重度」が低下してしまいます。つまり、デザイン性を強化する場合、既存ブランドのコンセプトやイメージには十分留意する必要があるのです。

また先の「環境配慮型運営」を重視するというホテル側の表明とは、どのような既存のブランド・イメージやコンセプト、ブランド・メッセージともうまく親和する可

能性があります。ホテルを、「環境配慮型運営」の延長線上において、自然を活かしたデザイン性豊かなホテルへと昇華させることができれば、既存ブランドのイメージ毀損を最小限としつつ、ホテルを力強く進化させることができるのかもしれません。

「環境配慮型ホテル旅館運営」のキャップレートに与える影響

「環境配慮型運営」は、ホテル収支や印象等の間接的効果に留まらず、ホテル投融資マーケットを介した効果として還元利回り（キャップレートという。資本還元価値を求める際の指標の１つであり、〈ネットキャッシュフォロー÷キャップレート〉により市場価値を求めることができる）にも影響を与えることが予想されます。なぜならそれら取り組みをすることにより、例えば金融機関からの優遇金利等をも長期的には期待できる可能性があることや、企業の社会的責任（ＣＳＲ）の遂行に対する社会的評価が期待されるからです。

そこで、ホテルの投資家や金融機関、その他ホテルコンサルタント等に対して以下の設問を設けアンケート調査を実施しました。

「ホテルと旅館それぞれに対して、仮に以下の①、②の取り組みが実践されている場合に、キャップレートがどれほど影響を受けると思うか」（弊社実施、キャップレート調査、2014 年）

① CO_2 排出削減等省エネルギー対応
②（①に加えて）地域との共生や自然環境との調和

その結果、投資家、金融機関はまだそれほど積極的に考慮しているとは言えない水準ではありますが、回答者全体を見ると 0.05％〜0.1％程低下する傾向がありました。また②の取り組みより①の取り組みがより効果が大きいという結果でした。

例えば、10 億円のホテルがあり、キャップレートが 6％だとしますと、純収益は 10 億円×6％で 6,000 万円と想定できます。ここで「環境配慮型ホテル旅館運営」の結果、仮にキャップレートが 0.1％低下するとしますと、6,000 万円÷5.9％（6.0％－0.1％（効果）=5.9％）により評価額は約 10 億 17 百万円に上昇することになります。つまり上記例で言えば、不動産価値は 17 百万円プラスになる可能性があるということです。

□ 環境配慮型ホテル旅館運営がキャップレートに与える影響

①CO_2排出削減等省エネルギー対応、②（①に加えて）地域との共生や自然環境との調和

回答者属性	回答数	ホテル①	ホテル②	旅館①	旅館②
投資家	7人	△0.043%	△0.029%	△0.029%	△0.014%
レンダー	7人	△0.043%	△0.029%	△0.043%	△0.029%
その他	13人	△0.096%	△0.088%	△0.077%	△0.081%
全体	27人	△0.069%	△0.057%	△0.056%	△0.050%

　上記結果は、実際の取引利回りを検証した結果ではなく、潜在投資家や金融機関等に対するアンケート調査に基づくものであり、今後実際の取引を基礎とした事例から検証する必要があります。また投資家だけを見れば0.01％から0.05％に過ぎませんのでまだまだ十分な環境不動産評価市場が形成されているとは言えない状況かもしれませんが、長期的にはより強くキャップレートに影響を与える可能性を秘めていると考えられます。

「環境配慮型ホテル旅館運営」による効果サマリー

　上記のとおり、「環境配慮型ホテル旅館運営」は直接的にホテル収支に影響を与える他、還元利回り（キャップレート）を含めた様々な間接的効果をホテルや旅館側に及ぼす可能性があります。これまでの調査結果を整理しますと以下のようにまとめることができます。

■環境配慮型ホテル旅館運営による効果サマリー

番号	項目	効果種類	調査方法	効果	備考
(1)	付加価値等直接的効果	直接的効果	インターネットを介したアンケート調査に基づく	100円〜500円。但し支払を許容するのは全体の30%〜40%	
(2)	ポジティブ連想による施設及びホテルサービスイメージ向上	間接的効果	インターネットを介したアンケート調査に基づく	施設、サービス、スタッフレベルとも高いはずと感じる連想効果がある（全体の70%が高いサービスレベルを連想する）	
(3)	その他効果と融合したその他派生効果	間接的効果	インターネットを介したアンケート調査に基づく	1,000円以上支払っても良いとの回答者が全体の48.6%（51人）と多く、次いで700円以上〜1,000円未満という回答が16.2%（17人）という結果	客層認知、ホテル人格性認知、街並み効果との融合。顧客の価値観や社会的地位、目標とするゴールと合致する客層であることが条件
(4)	ブランド・イメージへの影響	ブランド効果	インターネットを介したアンケート調査に基づく	（1：環境保全）より（2：＋地域共生）、さらには（3：＋全体バランス）とより広い視点から外部環境との融和を重視する取り組みを行うことで、女性的な印象を与えた。環境保全の取り組みは、全体的に「活動的」で「知識豊富」、且つ「温かみ」を強く抱かせる効果がある	
(5)	デザイン性を取り込むことによる効果	直接的効果	インターネットを介したアンケート調査に基づく	ビジネスホテルは全体の41.5%、シティホテルでは同54%、リゾートホテルでは同63.5%が泊まってみたいと答えている	「自然を取り入れたデザイン」には「強く興味がある」から「やや興味がある」と答えた人の合計割合で72%。またレバレッジポイントは、フロント・ロビー、ベッド、バスルーム、レストラン、建物全体である
(6)	ブランド保全効果	ブランド効果	インターネットを介したアンケート調査に基づく	ベース・コンセプト自体が変化してもよいという人は全体の11.5%に過ぎず、約50%の人がベース・コンセプトを踏襲しつつ進化する方を望んでいる	「環境配慮型運営」は、既存コンセプトと融合し、それを活かすことができる
(7)	キャップレート（還元利回り）に与える影響	不動産価値への影響	弊社キャップレート調査より	0.05%から0.1%程度利回り（還元利回り/キャップレート）が低下する可能性を秘めている	但し、今後実際の取引利回りから検証する必要があるまた投資家だけで見た調査結果は、0.01%〜0.05%である

9章

「街並み」に対する調査結果

　以下では館に宿泊する際に、「景観が保護され、街並みが整備された（以下「街並み」という）場所」をどれほど重視しているかに関する調査結果をご紹介します。結

論から申し上げますと、全体の7.5%の人が「大変重視し」、約45%の人が「やや重視する」と答えています。合計しますと全体の約52.5%（200人中105人）がある程度重視するという回答でした。次に、このある程度重視する105人の回答者に対して、「街並み」が整っている旅館に対し、いくらぐらいまでであれば追加金額を支払ってもよいと考えているのかをみてみます。その結果、1,000円以上支払っても良いとの回答者が全体の48.6%（51人）と多く、次いで700円以上～1,000円未満という回答が16.2%（17人）という結果でした。これまでの様々なホテルや旅館提供サービスに対する同様の調査結果と比較しても「街並み」に対する価値は高く認識されているようです。

あなたが旅館に宿泊をするとしたら、「景観が保護され、街並みが整備された場所にある」ことを重視しますか。

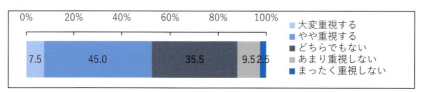

あなたが「景観が保護され、街並みが整備された場所にある旅館」に宿泊する際、景観が保護されていない旅館に宿泊する費用に比べ、いくらまで追加で支払ってもよいと思いますか。

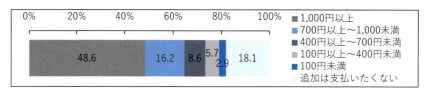

「重視する人の割合」だけで比較しますと、上記「街並み」における調査結果以上に重視されていたサービスは数多くありました。例えば旅館であれば、「夕食提供の充実度」は62%が重視するものの、平均追加支払受容額は700円、追加で支払いたくない人の割合は55%でした。「選ぶ楽しみのある朝食」は71.5%で平均追加支払受容額は約500円、また追加で支払いたくないという人の割合は48.5%いました。「客室の清潔感」については重視する人の割合は74.5%ですが、平均追加支払受容額は約500円、また支払いたくないという人の割合は68.5%という結果です。

それらと比較して「街並み」の効果を整理しますと、重視する人の割合が突出して高いというわけではないものの、過半数の人は「街並み」を重視しており（全体の52.5%）、それらの人はその重要性を高く認識しており追加支出をある程度はいとわない（平均追加支払受容額824円、支払いたくない人の割合18.1%）、ということになります。客室内の清潔感や食事等という要素は、もちろん重視されているのですが、それらはむしろある意味あって当然であり、よほどのレベルでないと、それ自体に価値を見出す、つまり追加で料金を支払うものではないという認識がある一方で、「街並み」については、それ自体に価値が認められていると言えそうです。

「街並み」と「環境配慮型ホテル旅館運営の効果」との関係

　「徹底した環境配慮」の取り組みがあると、顧客側のホテルに対する印象としてサービス面だけではなく、ハードウェアやヒューマンウェアに対してもポジティブな連想に繋がっていました。ハードウェアに対しては環境配慮からくるクリーンなイメージが施設全体の清潔感等のポジティブ連想に繋がっている可能性があり、ソフトウェアやヒューマンウェアに対してはそれら環境配慮の取り組みができているということ自体が利他的配慮をできているという「証」でもあることから、顧客に対する高いレベルのサービスも期待できるのではと感じさせているのでは、というものでした。このように、「環境配慮型ホテル旅館運営」には、ハードウェア、ソフトウェア、ヒューマンウェアそれぞれに対して事前に上記のような期待感を抱かせる結果、顧客側のホテルや旅館の選択時における判断の手掛かりを与えうる可能性があり、その結果、経済的対価等という直接的効果というよりもむしろ、事前の印象を左右するという意味で、顧客側がホテルや旅館を選ぶ際の間接的効果に大きな意義があるというものでした。

　具体的な環境配慮型の取り組みでは「ゴミ減量化」、「省エネ設備を有する」、「CO^2排出を考慮」、「生物多様性に配慮」、「まちなみ景観を配慮したホテル」、「屋上に緑や庭にできるだけ地域に根差した緑化に取り組んでいるホテル」を取り上げました。その印象の良さを調査してみますと、いずれも印象が良いと答えられているものの、特に「まちなみ景観を配慮したホテル」、「屋上に緑や庭にできるだけ地域に根差した緑

化に取り組んでいるホテル」に支持が集まっていました。環境配慮の一環として、環境に能動的に働きかける行為として「街並み配慮」は高く評価されているのですが、それとは別の視点で、その結果出来上がってくる「街並み」には独自の価値が認められるのです。

「街並み効果」

　この「街並み」は、「客層」と同じく、顧客が体験する環境でもあります。社会的な心理的効果で、周辺環境からの影響を受ける効果が、例えば一定の客層を感じると望ましい、あるいは自身と同様の客層を良いと感じる「客層心理」と同じような効果が、統一感ある街並みがあると望ましいと感じる、あるいは心理的に何らかの影響を与えるというような「街並み心理」とでも言える効果がやはり働いているようです。以前、ホテルを訪れた際の事前感情に関して、ビジネスホテルやシティホテルでは緊張感や疲労感に多くの顧客が支配されていること、またリゾートホテルや旅館の場合では逆に期待感が大きいことに触れました。特にリゾートホテルや旅館では、このように事前の感情がオープンであることが、その効果をより大きくしているのかもしれません。

観光資源のコーディネートと新たな事業主体としてのDMC

　現在の顧客は、感情や体験を共有するＳＮＳを中心としたボーダレスで巨大な対人ネットワークを有しています。そのような環境にあって、旅先での思い出を即座に共有でき、また共感することで大きな満足を得るという新たなニーズが出てきました。そうなりますと今後は各地域の文化や歴史、各地域の観光資源をコーディネートしてフォトスポットと併せて適切にＰＲすることがポイントとなり、またそれにより拡大するインバウンドマーケットに強く訴求することができるはずです。

　地域の観光素材は、1つの単独の体験だけではなく、様々なルートを経由する地域一体型の商品もあるでしょう。ここで重要な鍵を握る概念が、行政区単位を超え多くの旅行素材を統合して魅力ある観光商品を開発し運営する視点であり、「デスティ

ネーションマーケティング」や「デスティネーションマネジメント」と言われるものです。この概念はヨーロッパでは既に大きな広がりを見せ、顧客ターゲットを明確化し、顧客側と地域双方のソリューション型ビジネスモデルとして成熟化する消費者に対する新たな観光形態として注目を集めています。このビジネスモデルは、観光ビジネスに留まらず観光素材として地域をマネジメントする視点に立脚し、従来型の受注型でパッケージ旅行商品を提供するランドオペレーターからの進化形とも言われており、企画提案型で個々の顧客に対するテーラーメイドで顧客視点にたった観光商品を開発し、運営、流通させようとするものです。そしてその中心的機能を担うのが「デスティネーションマネジメントカンパニー（DMC）」と言われる事業主体であり、これまで受け身であった観光商品サプライヤーであった地域が主体となってプッシュ型マーケティング、つまり積極的に消費者に企画提案していこうとするものです。

このような地域を取り込むオペレーションでは様々な利害関係者が複雑に絡み合います。それを先導する事業主体がDMCであり、その組織構成として、様々な地域住民や行政機関、大学、企業が参画し協力する地域クラスタ（様々な事業者が1つの目的で協力する観光クラスタ）を基盤としますので、地域全体のデスティネーションとしての競争力を引き上げることに繋がるものと言えます。このように着地型旅行商品で統合型少品種の旅行商品を開発することでソリューション型での観光商品テーラーメイドであるという意味においてモチベーションプログラムやインセンティブ旅行等小規模MICE市場への訴求力も持つことにもなります。

そのような意味でこのDMCに観光・景観コンサルティング機能も包含することができれば、街並みを再整備しFITへの受け入れを地域全体でコーディネートするような地域経済マネジメント、地域再生の核にもなりうるはずです。

DMCが適切に機能するためには

上記の通り日本の観光素材では、食事から温泉、豊富な観光地やそれぞれの地域に根ざす歴史・文化と豊富な観光素材があり、さらにそれらを組み合わせることで非日常的で日本的な旅行体験を構築することができます。そのような観光素材を地域が一体となって観光素材統合型の魅力ある商品を顧客視点で開発し提供しようとするもの

がDMCと言えます。

　今後通過型の周遊ツアーに留まらない地域生態系を機能させるための宿泊に繋がるよう、自然景観や温泉を活かした滞在型プログラムの開発や複数の魅力ある旅行商品を繋げることで体験価値が向上するよう地域を跨ぐ商品開発を意識する必要があります。最後にテーラーメイド型の旅行商品として高い商品価値を付与させる上で、やはりこれまでの価値の3視点、経済的価値（費用対効果）、競合商品と比べた場合の値段の納得感、心理的価値（ブランディング）を具備させるという視点が重要です。

10章　その他各論

レストランの運営

　料飲部門の運営形態については、直営を維持するか、又は賃貸や運営委託とするのか、特にビジネスホテルにおける朝食を含めて様々な運営方法があるだけに議論も多いのではないでしょうか。そこで今回は、この料飲部門の運営形態が顧客満足度や印象にどのような影響を与えうるのか調査した結果をご紹介したいと思います。まず、調査結果から申し上げますと（全国の男女200名に対するアンケート調査）、大半の顧客は、満足できるものであれば直営か外部運営かを気にしないという結果でした。つまり、料飲部門の運営形態についてアウトソースすること自体は、満足できるものであれば問題とはならないようです。

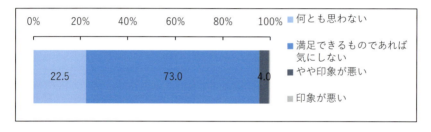

あなたがビジネスホテルを利用するとしたら、ホテルにあるレストランが直営ではなく、テナントである場合、どのような印象を抱きますか。

　また特に朝食については顧客側の期待も大きく、マーケット内での競争も激しさを増しているのではないでしょうか。以下では特にビジネスホテルにおける朝食の運営形態に焦点を絞り、もし外部委託とするのであればどのような点に留意すべきかについて整理してみたいと思います。

市場調査

　そもそも現状の運営形態を見直す必要があるのかについて、まずは周辺競合施設がどのような朝食メニューを提供しているのか把握する必要があります。その結果を踏まえ、現状の運営で問題がないのか、運営内容にテコ入れが必要なのか、または外部

に委託してでも特色を持たせるべきか、外部に委託し運営上の負担を軽減できるのか等を検討することになります。ホテルの立地は商業地域にあることが多く、大半はクリアするとは思いますが、昼食や夕食に十分な顧客が見込めないと料飲運営を受ける側にとっても大きなリスクとなりかねません。そのようなケースでは委託先も見つからない可能性もあります。出店側の採算性が見込めない場合では、フランチャイズ契約という手もあります。知名度があり夜間のバー機能も有するような店舗があれば、宿泊客にとっても利便性が高まります。また、ホテル設計段階で軽食の提供を当初から想定し厨房スペースが限られているようなケースであっても、そのような店舗であれば、チェーンメリットを活かしたメニューの充実も期待できるかもしれません。

契約形態、条件次第では、ホテル側に新たなリスクが伴い、当該ホテルの市場価値にも影響を与えかねません。様々な検討の結果、アウトソースをするとなれば、次にどのような契約とするかです。

アウトソース契約上の留意点

料飲部門をアウトソースする場合、建物の賃貸借契約に基づいたアウトソースか、あるいは運営委託契約に基づく場合が代表的だと思いますが、特に留意点の多い建物賃貸借契約に基づくアウトソースに焦点を絞ってポイント整理をしてみたいと思います。

建物賃貸借契約には、賃借人保護を重視する借地借家法による普通賃貸借契約と、2000年法改正で新たに設けられた定期建物賃貸借契約があります。主な相違点は期間と賃料改定の取扱いです。（期間について）従来の普通賃貸借では1年未満の契約や20年を越える契約はできませんでしたが、定期賃貸借であれば、1年未満の契約期間や20年以上という契約も可能となっています（定期賃貸借契約を有効に締結するには、事前に書面を交付し説明するとともに、公正証書等の書面を介した契約が必要となります）。また、期間内解約については、定期賃貸借では原則的には契約を解約することができません。また契約期間満了時の取扱いについて普通賃貸借は、契約期間満了により自動的には終了せず、原則更新されるのですが、定期賃貸借では、契約期間満了により契約は終了しますので、継続する場合には新たに賃貸借契約を締結す

る必要があります。普通賃貸借では、不増額の特約がないこと（逆に減額しないという不減額特約があっても原則として減額請求は可能）、賃料設定時から相当の期間が経過していること、客観的にみて賃料が不相当となっていること等複数要件を具備すれば契約当事者双方に賃料増減額請求権が認められています。一方定期賃貸借では、特約を付して賃料増減額請求権を排除することが可能となります。事前に十分に議論する必要があるものの1つに原状回復に関する取り決めがあります。アウトソースすると決めた場合には併せてアウトソースが終了した場合も事前に十分検討しておく必要があります。テナント退去時の原状回復修繕義務については特にトラブルになり易い項目でもあります。そのようなことがないよう、賃貸がスタートした際の賃貸床の状況について合意しておくとともに、契約期間中及び契約期間満了時の費用負担を明確に定めておく必要があります。借主の通常の使用による物件の破損、損耗は貸主負担、借主の故意や過失等による物件の破損、損耗が、通常借主負担となります。それを超えて借主に費用負担を強いるような特約については、特約の性格や必要性、事前の借主側への説明と承諾等について、十分な議論と当事者双方の合意が必要となります。

アウトソース運営上の留意点

　もし賃貸契約を採用するのであれば、営業状況等を鑑み慎重にテナント管理を行なうという意味で、一定期間が経過した後には一旦当初の契約は終了させ、その都度改めて運営状況や条件等を議論した上で、新たな契約を締結するという定期賃貸借契約の方がホテルのリスク管理という観点から望ましいのかもしれません。

　レストランのアウトソースには運営上の潜在リスクも伴います。個々の顧客にとっては、今回の弊社調査結果の通り「満足できる内容であれば気にしない」のかもしれませんが、ホテル全体の客層に影響するような営業をされると、これは大問題です。以前まとめました通り、ホテルの客層はホテルの「写し鏡」であり、客層がホテル独特の質感を形成していると言っても過言ではありません。また、レストランを利用した体験自体もホテルの印象を大きく左右するはずです。味やボリューム、値ごろ感や細かなサービス内容、スタッフの振る舞い等々、レストランでの顧客体験はホテルの

印象を左右させうる大きな「勝負どころ」でもあります。さらには衛生面のリスク管理という問題もあるでしょう。アウトソースするに当たって完全に任せてしまうというスタンスでは、ホテルの質感や印象管理が困難になってしまいます。契約条件の検討に当たっては、アウトソース先と十分なコミュニケーションが取れる工夫や仕組みが必要です。

コテージタイプの宿泊施設

　以下では全国の男女200名を対象としたコテージタイプの宿泊施設に関するアンケート調査結果をご紹介します（2013年弊社実施）。まず、今回調査対象とした人のうちコテージを重視する人の割合です。コテージに宿泊した経験者数がどれほどあるかも調査結果に影響している可能性がありますので、その点には留意が必要ですが、コテージを「大変重視する」と答えた人は全体の2.5%にすぎませんでした。「やや重視する」という人を加えても13%程度で、大半の回答は、ホテル棟、コテージいずれでも特に関係ないというものでした。一方で、「重視する」と答えた人に対して、コテージタイプの宿泊施設であれば、追加でどれほど支払ってもよいかと調査しますと、高い水準で追加支払いを受容するというもので、1,000円以上支払っても良いと答えた人が全体の50%、700円以上1,000円未満と答えた人の割合が26.9%という結果でした。つまり、重視すると答えた人の8割近くの人が少なくとも700円以上を支払っても良いと考えているようです。

あなたが観光旅行に行くとしたら、ホテル棟ではなく、ヴィラ棟（コテージタイプ）に宿泊することを重視いたしますか。

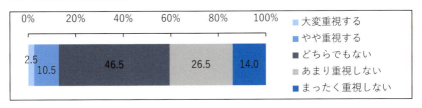

ホテル棟ではなく、ヴィラ棟(コテージタイプ)に宿泊する際、追加で支払ってもよいと思う金額をお選びください(「重視する」、「やや重視する」と答えた方対象)。

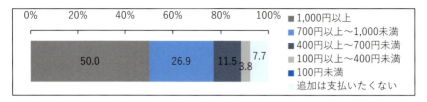

　この重視した人にとって追加仮払許容額は、これまで様々な調査を行なってきた中でも高い水準といえます。重視すると答えた人がこれほど高い価値を認めているということは、コテーきょう用ジタイプの宿泊施設に対して明確な意味づけを行なっている結果だと考えられます。一度利用した人であればその体験から良い印象を持った可能性もありますが、大半は明確な理由や目的を持ち、コテージを利用すること自体を重視しているのでしょう。重視する人の割合だけをみますとそれほど大きなマーケットシェアが取れるわけではないのかもしれませんが、市場全体の10%〜13%前後はコテージタイプの宿泊施設を重視している潜在的需要と考えられます。コテージタイプの宿泊施設では、清掃やメンテナンス、インルームサービス等運営面でもハードルの高い施設となりますが、コテージのターゲット層に対しては積極的な値付けが可能であることを示唆しているように思います。コテージタイプの宿泊施設があれば、それだけでプレミアム料金が見込めるわけではなく、顧客ニーズに沿った立地性、顧客目線のサービスやハードウェアの設えがあってこそ、はじめてプレミアム料金を見込むことができるのだと思います。

「顧客目線」のむずかしさ

　一般的に良いホテルとそれ以外のホテルを画するものとは何なのでしょうか。様々な意見や視点があろうかと思いますが、弊社で準備を進めているホテル品質認定基準をご紹介しますと、究極的には「顧客目線にあるかないか」だと考えています。顧客目線にあるサービスやホテルの設えが、ホテル側の意図を顧客側に伝えているのです。つまり人ではないホテルが、あたかも人のように振る舞うことで共感の対象となるの

です。共感が沸き起こると、感情を揺さぶります。この感情の揺さぶりがホテルの価値だと考えているわけです。ただし、顧客目線のサービスメニューやハードウェアの設えがあれば、自動的に共感を呼ぶわけではありません。

　共感脳として研究がすすめられている脳細胞の1つに「ミラーニューロン」という脳細胞があります。これは、あたかも「鏡」のように振る舞います。何らかの意図をもった「第三者（人）」の行動を見るだけで、その人の脳細胞の反応と同じ反応を、それを見た人にも引き起こす細胞で、人が抱く共感の源泉ではと言われています。つまりは、共感を引き起こすには、「人」を介する必要があるのです。ハードウェアの良さやサービスメニューの充実等については、顧客がそれに注目し、思考を通してその良さや意味が認識されるのですが、先程の「ミラーニューロン」が共感の源泉だとすれば、人であるスタッフや客層への共感は自動的に起こっているはずです。つまり、「共感」の順序は、まずスタッフレベル（ロビー等での客層を含む）で起こり、その後のサービスやハードウェアの細部に対する知覚や認識が、当初の「共感」感覚を補強する形で、ホテル全体に対する「共感」を強化しているものと考えることができます。つまり、ホテルのコンセプトと一貫性が感じられるスタッフの振る舞いやスタッフと接している他の顧客（客層）が共感の「核」となり、その他のサービスやハードウェアの設えにスタッフや客層に対する「共感」が波及し、ホテル全体のコンセプトやホテル全体の意図を顧客に伝えているのです。「顧客目線」がありそれに価値が生じるためには、「共感」されるコンセプトに基づいたスタッフによるサービスを軸にすべてのサービスが継続的であり且つ一貫している必要があります。このように「顧客目線」でのサービスを継続的に提供すると同時に顧客にそれを感じ取ってもらう、つまり伝達するためには、スタッフを中心に人を介する必要があることから、簡単なことではなく、ブランドによる内部統制や徹底した研修体制の構築等が必要となるのです。

長期滞在型ホテル

　ホテルにとって長期滞在者の存在は、客室稼働率の底上げにも影響するでしょうし、また、通常のホテル利用客以上に高いレベルの快適性やサービスレベルが求められる

のであれば、そのニーズに的確に対応することで、全体の顧客満足にもプラス効果が期待できるはずです。そこで今回は、ホテルの「長期滞在」に焦点を充てた弊社調査結果をご紹介したいと思います。

　長期滞在をする場合に求められる提供サービスと、1泊、2泊で求められるサービスと比較し何が異なるのでしょう。そこで、長期滞在の定義として、「1週間以上の滞在」とした上で、主要なホテルサービスを挙げ、長期滞在時に必要と感じるかアンケート調査を実施した結果をご紹介します。さらに、その結果と比較するため、長期滞在時に限らず、通常ホテルを利用する際にもそのサービスがあれば「リラックスできると感じるのか」を調査することで、長期滞在時に特有のニーズを調べてみました（※）。

（※）「絶対にほしい」、「あればうれしい」、「どちらでもない」、「必要ない」の選択式

長期滞在時に求められるサービス、トップ3

　長期滞在をする場合に求められるサービス（以下「長期滞在要素」と言います）と、あればリラックスできると考えるホテルサービス（以下「リラックス要素」と言います）を併せて調査しました（全国の男女合計200名）。大半は高い関係を示しており、リラックスできる要素があれば、長期滞在者ニーズにも対応しているという関係にあることが分かります。まずは、長期滞在時に「絶対にほしい」との評価が特に高い、トップ3をみてみます。「客室の清潔感」については、「リラックス要素」として求められる以上に、長期滞在時には必要と答える人が多いようで、「リラックス要素」としては48％の人が求めている一方で、「長期滞在要素」としては60.5％もの人が「絶対にほしい」と答えています。また、朝食についても、高いニーズが見込まれ、調査結果でも、「長期滞在要素」47％、リラックス要素47.5％という結果でした。また朝食と同レベルで求められているのが、夕食です。45％の人が「長期滞在要素」として絶対必要と答えています。

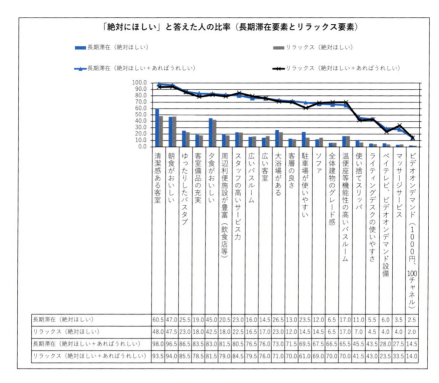

長期滞在時特有のサービスニーズ

　上記「長期滞在時に求められるサービス、トップ3」では、「客室の清潔感」、「朝食がおいしい」、「夕食がおいしい」が特に強く求められており、またそれらは、長期滞在時に限らず、通常のホテル利用時において、リラックスするためにもほしいサービスと感じられているようです。では次に、長期滞在特有の顧客ニーズについてみてみたいと思います。つまり、「リラックス要素」に対する評価より、「長期滞在要素」に対する評価が高いものです。まずは、先ほどの「客室の清潔感」です。これは上記でも触れましたが、通常の「リラックス要素」としての評価以上に高いニーズが見込まれます。

　その他「周辺利便施設が豊富」、「夕食がおいしい」、「大浴場がある」、「駐車場が使

いやすい」、「使い捨てスリッパ」、「ゆったりしたバスタブ」、「充実した客室備品」、「スタッフの高いサービス力」、「VOD」について、通常のリラックス要素としての評価以上に、長期滞在時に強く求められているようです。つまりこれらが通常ニーズ以上に、長期滞在者にとって、より重要なホテルサービスという結果でした。

長期滞在時に事前にそれほど期待していないものの、あればうれしい要素

　長期滞在時において、トップ3サービス（絶対に必要と評価されたもの）として、「客室の清潔感」、「朝食がおしいこと」、「夕食がおいしいこと」が挙げられました。ではその他、長期滞在時に事前にそれほど期待していないものの、もしあればうれしいサービスとはどのようなものでしょう。

「広い客室」については、「絶対にほしい」が14.5％程度ではありますが、「あればうれしい」という人が61.5％と高く、「絶対にほしい＋あればうれしい」を合計しますと、76％に及びます。広さに対して「絶対にほしい」という人が少ない一方で、「あればうれしい」という人が多いというのは、事前期待の問題だと思われます。つまり、事前にそれほど期待していないものの、「もしあればうれしい」ということです。客室の広さで現れているように、「絶対にほしい」という答えは、「事前に期待している」部分と言い換え、「あればうれしい」は、事前期待では考えていないものの、重要要素であるものとし、以下事前期待はそれほど高くはないが、「あればうれしい」と重視されているホテルサービスについて整理してみます。

「絶対にほしい」と答えた人の割合がそれほど高くないものの、「あればうれしい」と答えた人の割合が多く、それら合計が高い調査項目を見てみますと、「ゆったりしたバスタブ」、「客室備品の充実」、「周辺利便施設が豊富」、「スタッフの高いサービス力」、「広いバスルーム」、「広い客室」、「客層の良さ」、「ソファ」、「建物全体のグレード」、「機能性の高いバスルーム」に対しては、「絶対にほしい＋あればうれしい」と答えた人の比率が65％を超えています。つまり、あまり期待はしていないものの、長期滞在するのであればほしいと考えている要素です。

大浴場の効果ですが、73％の人がほしいと答えています（絶対にほしい＋あればうれしい）。やはり大浴場があることで、長期滞在者の支持を得られるようです。以前

実施した調査で、もし大浴場があれば、追加でいくら支払ってもよいと考えるか、を調べた際、金額が約 400 円、支払う人の割合が 40%（100 人いれば、40 人が追加支払いを許容し、その平均金額が 400 円）という結果でした。つまり、大浴場の効果は、長期滞在者による稼働率の底上げと、追加支払い許容者による料金支払いということになります。

　最後に客層とスタッフサービスについても考えてみたいと思います。客層の醸成には時間がかかるかもしれませんが、長期滞在するのであれば 71.5% の人が重視しているようです（絶対ほしい＋あればうれしい）。スタッフサービスはさらに多くの人が求めています（絶対にほしい＋あればうれしい、80.5%）。これは長期滞在者のみではなく、リラックス要素としても 84.5%（絶対にほしい＋あればうれしい）の人が重視していました。さらに長期滞在するのであれば、気心が知れたスタッフにサービスしてほしい、また時空を共有するのであれば安心感に繋がる「客層の統一感」も求められているのかもしれません。

【著者紹介】北村 剛史（きたむら たけし）

2000年に不動産鑑定評価会社である㈱谷澤総合鑑定所に入社、その後、産業再生機構に出向し店舗不動産、その他事業用不動産のデューデリジェンスを担当。2006年にホテル旅館専門の不動産鑑定評価会社である㈱日本ホテルアプレイザルの設立メンバーとして移籍。2011年には㈱ホテル格付研究所を設立し、ホテル旅館品質認証基準の研究に着手。2013年、文部科学省「国立青少年教育施設の組織・制度の見直し等の基本調査」委員、2015年、世界のホテル評価リーディングカンパニーであるHVSのアジア統括支所「HVS香港」と戦略的提携契約を締結し海外ホテル調査・評価も多数手掛ける。
慶應義塾大学大学院システムデザイン・マネジメント研究科（SDM）博士後期課程単位取得退学。
ホテル・旅館の不動産鑑定評価会社である㈱日本ホテルアプレイザルの取締役。

㈱ホテル格付研究所　代表取締役所長／㈱日本ホテルアプレイザル　取締役
不動産鑑定士、MAI(米国不動産鑑定士)、MRICS(英国王室認定チャータードサーベイヤーズ)
e-mail　Takeshi.Kitamura@j-h-a.co.jp

ホテル・ダイナミクス
－個人消費時代に抑えておくべき新たなホテル力学－

2016年9月20日　第1刷発行

著　者　　北村 剛史
発行者　　太田 進
発行所　　株式会社 オータパブリケイションズ
　　　　　〒104-0061　東京都中央区銀座4-10-16　シグマ銀座ファーストビル3F
　　　　　電話　03-6226-2380　　info@ohtapub.co.jp
　　　　　http://www.ohtapub.co.jp　http://www.hoteresonline.com/

印刷・製本　富士美術印刷株式会社

©Takeshi Kitamura 2016 Printed in Japan
落丁・乱調本はお取替えいたします。
　ISBN978-4-903721-61-3
定価はカバーに表示してあります。

〈禁無断転訳載〉
本書の一部または全部の複写・複製・転訳載・磁気媒体・CD-ROMへの入力等を禁じます。
これらの承諾については、電話03-6226-2380　まで照会ください。